U0106560

《簡帛》是由武漢大學人文社會科學重點研究基地——武漢大學簡帛研究中心主辦的專業學術集刊,圍繞相關的三個層面,一以戰國文字爲主的古文字研究,二以簡帛爲主的先秦、秦漢出土文獻整理與研究,三以簡帛資料爲主要着眼點的先秦、秦漢史研究,發表論文和動態、評介、資料性文字。集刊實行嚴格的匿名審稿制度,堅持原創性、規範化、國際性,每年上、下半年各出版一輯。

簡帛

BAMBOO AND SILK MANUSCRIPTS

■ 武漢大學簡帛研究中心　主辦

第二十五輯

上海古籍出版社

目　次

CONTENTS

加嬭編鐘及有關曾楚史事

黄錦前

摘　要：本文在詳細考釋加嬭編鐘銘文的基礎上，對其内涵進行分析，指出編鐘年代爲春秋中期偏晚，絶對年代爲公元前 566 年，並就鐘銘所記有關曾人族源、曾隨關係、曾楚關係、兩周時期曾國有關史事及其對相關古文字資料理解的作用等方面，分析挖掘其對曾國歷史考古及先秦歷史語言研究的重要價值和意義。

關鍵詞：加嬭編鐘　曾侯寶　族源　曾國之謎　曾楚關係

2019 年 5 月，湖北隨州棗樹林墓地（屬義地崗墓群）M169（位於 M168 曾侯寶墓北側，墓主係加嬭）出土一套加嬭編鐘，①銘文記載了曾國始封、曾楚關係等關鍵歷史信息，部分内容與曾侯與編鐘可互相印證；新見異體字頗多，寫法別具一格，用字、措辭的時代和地域特徵也很鮮明，有重要史料和語料價值。

一、銘　文　考　釋

加嬭編鐘共 19 件，可分爲四組，銘文内容基本相同：

> 唯王正月初吉乙亥，曰：伯舌受命，帥禹之堵，有此南洍。余文王之孫子，穆之元子，之邦于曾。余非敢作慝，楚既爲代，虘（吾）逑匹之，密臧我猷，大命毋改。余虢虢子加嬭曰：嗚呼！龔公早陟，余復其疆畕，行相曾邦，以長

---

① 湖北省文物考古研究所、北京大學考古文博學院、隨州市博物館、曾都區考古隊：《湖北隨州棗樹林墓地 2019 年發掘收獲》，《江漢考古》2019 年第 3 期，第 3—8 頁；郭長江、李曉楊、凡國棟、陳虎：《嬭加編鐘銘文的初步釋讀》，《江漢考古》2019 年第 3 期，第 9—19 頁。

辝夏。余典册厥德，殷（繄）民之氐巨，攸攸駾駾。余爲婦爲夫，余滅顆下屖，冀畏儔公，及我大夫，冀冀爲政，作辝邦家。余擇辝吉金玄鏐黄鏄，用自作宗彝和鐘，以樂好賓、嘉客、父兄及我大夫，用孝用享，受福無疆，屢其平龢，休淑孔皇，大夫庶士，齋翼疇獻、歌舞、宴饎、飲食，賜我靈終、黄耇，用受害福，其萬年毋改，至于孫子，石（世）保用之。

"唯王正月初吉乙亥"，王指周王，係用周正。

"曰：伯舌受命"，銘文自此以下至"大命毋改"皆屬"曰"的内容，爲其所領屬。"曰"前省略主語，"曰"者據上下文看應係曾侯，詳下文。"伯舌"即隨州文峰塔墓地M1所出曾侯與編鐘的"伯适"。① "受命"，謂受天之命。《書·召誥》："惟王受命，無疆惟休，亦無疆惟恤。"《史記·日者列傳》："自古受命而王，王者之興何嘗不以卜筮決於天命哉！"大盂鼎（集成 5.2837②）"丕顯文王，受天有大命"；逨盤"丕顯朕皇高祖單公，桓桓克明慎厥德，夾紹文王武王達殷，膺受天魯命，敷有四方，並宅厥勤疆土，用配上帝"；③晋公盄（集成 16.10342；銘圖 06274④）、晋公盤（銘續 0952⑤）"唯王正月初吉丁亥，晋公曰：我皇祖唐公膺受大命，左右武王，教畏百蠻，廣闢四方，至于不廷，莫不及𤞷。王命唐公建宅京師，君百𢀜晋邦"；秦公簋（集成 8.4315）"秦公曰：丕顯朕皇祖受天命，冪宅禹迹，十又二公，在帝之坏"；秦公鏄（集成 1.270）"秦公曰：丕顯朕皇祖受天命，肇有下國，十又二公，不墜上下，嚴龏夤天命，保乂厥秦，虩事蠻夏"；秦公鐘（集成 1.262—266）、秦公鏄（集成 1.267—269）"秦公曰：我先祖受天命，賞宅受國，烈烈昭文公、静公、憲公，不墜于上，昭合皇天，以虩事蠻方"等等，語境、銘文格式及措辭皆與加嫵編鐘銘文近同。

"帥禹之堵"，"帥"者，循也。文盨（銘圖 05664）"率道（導）于小南"，太保玉戈（銘圖 19764⑥）"六月丙寅，王在豐，命太保省南國，帥漢，誕殷南"。《詩·大雅·緜》："古公亶父，來朝走馬。率西水滸，至于岐下。"毛傳："率，循也。"《禮記·王制》："命鄉簡不帥教者以告。"鄭玄注："帥，循也。"《國語·晋語七》："君知士貞子之帥志博聞而宣

---

① 湖北省文物考古研究所、隨州市博物館：《隨州文峰塔 M1（曾侯與墓）、M2 發掘簡報》，《江漢考古》2014 年第 4 期，第 3—51 頁。

② 中國社會科學院考古研究所：《殷周金文集成》，中華書局 1984—1994 年，以下簡稱"集成"。

③ 陝西省考古研究院、寶雞市考古研究所、眉縣文化館：《吉金鑄華章——寶雞眉縣楊家村單氏青銅器窖藏》，文物出版社 2008 年，第 184—191 頁。

④ 吳鎮烽：《商周青銅器銘文暨圖像集成》，上海古籍出版社 2012 年，以下簡稱"銘圖"。

⑤ 吳鎮烽：《商周青銅器銘文暨圖像集成續編》，上海古籍出版社 2016 年，以下簡稱"銘續"。

⑥ 陳鵬宇：《太保玉戈的出土時地及銘文釋讀》，《出土文獻》第 14 輯，中西書局 2019 年，彩圖一。

惠於教也，使爲太傅。"韋昭注："帥，循也。"叔夷鐘（集成 1.276.1）、叔夷鎛（集成 1.285.6）"虩虩成湯，有嚴在帝所，溥受天命，剗伐夏司，敚厥靈師，伊小臣唯輔，咸有九州，處禹之堵"，秦公簋"鼏宅禹迹"，皆與之近同，另與曾侯與編鐘"代武之堵，懷燮四方"亦近。

"湵"，《説文》："水也。从水臣聲。《詩》曰：'江有湵。'"今本《詩·召南·江有汜》"湵"作"汜"。"汜"，《説文》："水别復入水也。"《爾雅·釋水》："水決復入爲汜。"邢昺疏："凡水之岐流復還本水者，是由幹流分出又匯合到幹流的水。"《詩·召南·江有汜》："江有汜，之子歸，不我以。"毛傳："決復入爲汜。"或謂水邊。《楚辭·天問》："出自湯谷，次于蒙汜。"王逸注："汜，水涯也。""南湵"應即江漢流域，曾侯與編鐘"營宅汭土，君庇淮夷，臨有江夏"，與此相近。

"伯𦉢受命，帥禹之堵，有此南湵"，此係交代曾之先祖南公受命封於江漢之曾，與曾侯與編鐘"王逝命南公，營宅汭土，君庇淮夷，臨有江夏"可互相補充發明。該句與曾侯與編鐘"穆穆曾侯……代武之堵，懷燮四方"句式相對應，語境亦近似。

"余文王之孫子，穆之元子"，"文王"即周文王。"元"訓善，我曾有小文討論，[①]此不贅述。"元子"也可能是長子。"穆"應係諡稱，如封子楚簋"封子楚，鄭武公之孫，楚王之士……虢虢叔楚，剌之元子，受命于天"，可證。[②]

"余"即銘文開頭"曰"者，據上下文可知應指曾侯。"穆"與曾大工尹季怡戈"穆侯之子西宮之孫曾大工尹季怡之用"的"穆侯"應即一人，[③]指曾穆侯。所"曰"之曾侯係曾穆侯之子，與曾大工尹季怡係兄弟。鐘銘"余文王之孫子，穆之元子"，戈銘"穆侯之子西宮之孫曾大工尹季怡"，兩相對照，"西宮"或即指文王。

"之邦于曾"，據介紹，第一、三、四組均寫作"之"，第二組寫作"出"，麥方尊（集成 11.6015）"王命辟邢侯出坯侯于邢"，疑尊、疑卣"唯中義子于入鄂侯于盩城"，[④]以及士

---

① 拙文《談金文"疫子""敀子""元子"及相關語詞的訓釋》，《文獻語言學》第 14 輯，中華書局 2022 年，第 107—112 頁。

② 中國國家博物館、中國書法家協會：《中國國家博物館典藏甲骨文金文集粹》73，安徽美術出版社 2015 年，第 302—306 頁。

③ 隨縣博物館：《湖北隨縣城郊發現春秋墓葬和銅器》，《文物》1980 年第 1 期，第 37 頁圖八：2、3；集成 17.11365；湖北省文物考古研究所：《曾國青銅器》，文物出版社 2007 年，第 319—320 頁。

④ CHINE DE BRONZE ET D'OR，10、11，Musée Du Président Jacques Chirac，2011，(《東波齋藏中國青銅器和金器》，法國希拉克博物館 2011 年)

山盤"王呼作册尹册命山曰：于入中侯"，①"出"與"入"相對。克罍、克盉"命克侯于燕"，②沫司土疑簋（集成 7.4059③）"王來伐商邑，誕命康侯鄙于衛"，疏公簋"王命唐伯侯于晋"，④宜侯矢簋（集成 8.4320⑤）"王命虞侯矢曰：遷侯于宜"，格式皆近同，"曾"爲地名兼國族名。

"余非敢作魗"，與班簋（集成 8.4341⑥）"班非敢覓"，蔡侯編鐘（集成 1.210、211、216—218）、編鎛（集成 1.219—222）"余非敢寧荒"，毛公鼎（集成 5.2841）"余非庸又昏，汝毋敢荒寧"，司馬楙編鎛"非敢墜慢"，⑦文公之母弟鐘"余不敢困窮"，⑧邾黛鐘（集成 1.225—237）"余不敢爲驕"，陳曼簋（集成 9.4595、4596）"不敢逸康"，配兒鉤鑃（集成 1.426、427）"余不敢誇舍"等義近。

"楚既爲代，盧（吾）述匹之"，"代"讀作"式"，《説文》："式，法也。从工弋聲。"《詩·大雅·下武》："成王之孚，下土之式。"毛傳："式，法也。"鄭箋："王道尚信，則天下以爲法，勤行之。"《書·微子之命》："世世享德，萬邦作式。"孔傳："言微子累世享德，不忝厥祖，雖同公侯，而特爲萬國法式。"《詩·大雅·崧高》："式是南邦。""述""匹"義近同。《詩·周南·關雎》："窈窕淑女，君子好述。"毛傳："述，匹也。"

"密臧我猷，大命毋改"，與晋姜鼎（集成 5.2826；銘圖 02491）"余不暇荒寧，經雍明德，宣卲我猷，用召匹辥辟，敏揚厥光烈，虔不墜"、封子楚簋"受命于天，萬世朋（弗）改"等可對照理解。

"楚既爲代，吾述匹之，密臧我猷，大命毋改"，指周室衰微，楚人興起，曾國轉而歸附述匹楚人，與曾侯與編鐘"周室之既卑，吾用燮就楚"可對讀。"吾用燮就楚"的

---

① 朱鳳瀚：《土山盤銘文初釋》，《中國歷史文物》2002 年第 1 期，第 4—7 頁；中國國家博物館、中國書法家協會：《中國國家博物館典藏甲骨文金文集粹》53，第 213—215 頁。

② 中國社會科學院考古研究所、北京市文物考古研究所琉璃河考古隊：《北京琉璃河 1193 號大墓發掘簡報》，《考古》1990 年第 1 期，第 20—31 頁，第 25 頁圖四：1、2；中國青銅器全集編輯委員會：《中國美術分類全集　中國青銅器全集》第 6 卷，文物出版社 1997 年，二一。

③ 中國青銅器全集編輯委員會：《中國美術分類全集　中國青銅器全集》第 6 卷，三〇。

④ 朱鳳瀚：《覩公簋與唐伯侯於晋》，《考古》2007 年第 3 期，第 64—69 頁，圖版三：5；中國國家博物館、中國書法家協會：《中國國家博物館典藏甲骨文金文集粹》29，第 111—113 頁。

⑤ 中國青銅器全集編輯委員會：《中國美術分類全集　中國青銅器全集》第 6 卷，一一八。

⑥ 中國青銅器全集編輯委員會：《中國美術分類全集　中國青銅器全集》第 5 卷，文物出版社 1996 年，五八。

⑦ 山東省博物館：《山東金文集成》，齊魯書社 2007 年，第 104—107 頁。

⑧ 陳佩芬：《夏商周青銅器研究》（東周篇）540，上海古籍出版社 2004 年，第 260—261 頁。

"就"，李天虹釋，謂有歸依、俯就之義，①對照加嬭編鐘來看，可信。

"余非敢作聭，楚既爲代，吾述匹之，密臧我猷，大命毋改"，與蔡侯編鐘、編鎛"余非敢寧荒，有虔不惕，佐佑楚王，寠寠爲政，天命是遲，定均庶邦，休有成慶，既聰于心，誕中厥德，君子大夫，建我邦國，爲令祗祗，不愆不忒"語境及措辭皆似。

據《左傳》記載，楚國在魯桓公六年（公元前706年）、魯桓公八年（公元前704年）、魯莊公四年（公元前690年）、魯僖公二十年（公元前640年），即楚武王、楚文王及楚成王時期，多次侵隨。楚武王時，楚人仍"不得志於漢東"（《左傳》桓公六年），但楚成王以後，"隨世服于楚，不通中國"（《左傳》哀公元年杜預注），成爲楚之附庸。

銘文所記周室衰微，楚人興起，曾國轉而歸附述匹楚人，與《左傳》等古書的記載可互爲印證。

"余文王之孫子，穆之元子，之邦于曾。余非敢作聭，楚既爲代，吾述匹之，密臧我猷，大命毋改"，銘文此爲一節，追述曾侯寶之先楚成王時穆侯之子曾侯的身份及其事迹。

"余虢虢子加嬭曰"，"虢"字原篆作 ▨ ，左下從"子"，應係譌變所致。"余虢虢子加嬭"，與叔夷鐘、叔夷鎛"赫赫成湯"，封子楚簠"虢虢叔楚，刺之元子"皆近同。"子加嬭"的"子"係美稱，金文女子稱子者屢見，如子叔嬴内君盆（集成16.10331）"子叔嬴内君"、公子土斧壺（集成15.9709）、齊侯盂（集成16.10318）、鑄鎛（齊侯鎛，集成1.271②）及子仲姜盤等的"子仲姜"，③文獻又有齊昭公夫人稱"子叔姬"，等等。

"龏公早陟"，"陟"謂升遐、升天，指君王薨逝。《書·康王之誥》："惟新陟王，畢協賞罰。"蔡沈集傳："陟，升遐也。"《君奭》："故殷禮陟配天，多歷年所。"孔傳："故殷禮能升配天享，國久長，多歷年所。"《竹書紀年》卷上："（黃帝軒轅氏）一百年，地裂，帝陟。帝王之崩，皆曰陟。""龏公早陟"，即龏公早逝。"早陟"又曰"早棄"，中山王嚳鼎（集成5.2840）"昔者，吾先考成王，早棄群臣，寡人幼童，未通智，唯傅姆是從"。"龏公"，據上下文看應即加嬭之夫曾侯寶。

"余復其疆啚"，曾侯與編鐘"余申固楚成，整復曾疆"義近同。"復"，據介紹，第二組編鐘寫作"保"，在此應讀作"覆"，訓庇護、覆護。《詩·小雅·蓼莪》："顧我復我，出入腹我。"高亨注："復借爲覆。庇護之意。"《文子·上德》："陰難陽，萬物昌；陽復陰，萬物湛。物昌無不瞻也，物湛無不樂也。"《後漢書·東平憲王蒼傳》："臣蒼疲駑，特爲陛下慈恩覆護，在家備教導之仁，升朝蒙爵命之首。""啚"應讀作"圖"，"疆啚"即疆域、版圖。

---

① 李天虹：《曾侯朕（與）編鐘銘文補説》，《江漢考古》2014年第4期，第74—75頁。

② 中國青銅器全集編輯委員會：《中國美術分類全集 中國青銅器全集》第9卷，文物出版社1997年，三七。

③ 陳佩芬：《夏商周青銅器研究》（東周篇）467，第82—85頁。

　　"行相曾邦，以長辥夏"，"相"謂治理。《左傳》昭公二十五年："公鳥死，季公亥與公思展與公鳥之臣申夜姑相其室。"杜預注："相，治也。"《荀子·成相》："凡成相，辨法方，至治之極復後王。"王先謙集解引王念孫曰："相者，治也；成相者，成此治也。"

　　"以長辥夏"，"夏"字原篆作 ▨，从子从頁，結合 ▨（郭店·唐虞之道簡 13①）、▨（璽彙 3989）、▨（璽彙 3990②）及上述"虢"字作 ▨ 其左下 ▨ 部分譌變成"子"來看，从"子"亦應係譌變所致。"夏"指夏水，即漢水。《楚辭·九章·哀郢》"去故鄉而就遠兮，遵江夏以流亡"，又"惟郢路之遼遠兮，江與夏之不可涉"。《左傳》昭公十三年："王沿夏，將欲入鄢。"杜預注："夏，漢別名。順流爲沿，順漢水南至鄢。"

　　"長"謂統治、統率。《國語·周語下》："晋聞古之長民者，不墮山，不崇藪，不防川，不竇澤。""辥"讀作"辭"，訓治。毛公鼎"命汝辭我邦我家内外"，晋姜鼎"辭我萬民"，叔夷鐘（集成 1.273）、叔夷鎛（1.285）"余命汝司辭萊"。是"長""辥"義近。"以長辥夏"，即統治漢水流域，與中山王嚳壺（集成 15.9735）"以靖燕疆"辭例相近。

　　"行相曾邦，以長辥夏"，與曾侯與編鐘"王逝命南公，營宅汭土，君庇淮夷，臨有江夏"可對讀。與周初"君庇淮夷，臨有江夏"相比，此時曾國的疆域及勢力範圍皆有明顯收縮，蓋因楚人在南土的崛起對曾國產生侵迫所致。

　　"余虢虢子加嫡曰：嗚呼！龔公早陟，余復其疆啚，行相曾邦，以長辥夏"，此節交代加嫡之夫曾侯寶早卒，故加嫡繼其君臨曾邦。

　　"余典册厥德"，與師艅鼎（集成 5.2723）、師艅尊（集成 11.5995）"艅則對揚厥德"，陳侯因資敦（集成 9.4649）"答揚厥德"等結構相近。"典册"即"典策"，謂典籍簡册，《左傳》定公四年："備物、典策、官司、彝器。"此係動詞，即載於典册。

　　"殹（繄）民之氏巨，攸攸駷駷"，"氏"謂根本。《詩·小雅·節南山》："尹氏大師，維周之氏。"毛傳："氏，本。"孔穎達正義："毛讀從邸，若四圭爲邸，故爲本，言是根本之臣也。""巨"即"矩"，謂規矩、法度。《禮記·大學》："是以君子有絜矩之道也。"鄭玄注："矩，或作巨。"《説文》："巨，規巨也。"段注："按規矩二字猶言法度。"桂馥義證："規巨也者，《管子·七臣七主篇》'夫巨不正不可以求方'，《經典》作矩。"據介紹，第三組編鐘"巨"字寫作"王"，疑亦係"巨"而非"王"字，《説文》："玉，古文巨。"古文"巨"與"王"字形近，易譌混。"殹（繄）民之氏巨，攸攸駷駷"，與王子午鼎（集成 5.2811③）"余

----

① 荆門市博物館：《郭店楚墓竹簡》，文物出版社 1998 年，第 40 頁。

② 羅福頤主編：《古璽彙編》，文物出版社 1981 年，第 368 頁。

③ 河南省文物研究所、河南省丹江庫區考古發掘隊、淅川縣博物館：《淅川下寺春秋楚墓》，文物出版社 1991 年，第 114、118、122、125 頁。

不畏不差，惠于政德，怒于威儀，闌闌獸獸，令尹子庚，繄民之所亟，萬年無期，子孫是制"可對讀，"叚（繄）民之氏巨"與"叚（繄）民之所亟"、"攸攸駥駥"與"闌闌獸獸"及令狐君孺子壺（集成 15.9719、9720）"簡簡獸獸（優優）"義近同。

"余爲嬭爲夫"，"爲嬭"二字誤奪，據第三、四組鐘銘擬補。

"余滅頯下犀"，"滅"字原篆作▨。▨字見於者汈鐘（集成 1.120—132）及侯馬盟書，[1]皆讀作"没"。"余滅頯下犀"，與曾子軌鼎（集成 5.2757[2]）"鹵犀下保"近同，"滅""頯"義近。師訇鼎（集成 5.2830[3]）"用乃孔德遜純，乃用心引正乃辟安德"、者汈鐘（集成 1.120—132）"其用兹晏安乃壽，凶逸康樂，勿有不義，汝諆之于不音，唯王命元頯乃德"等，語義亦近。大盂鼎"丕顯文王，受天有大命，在武王嗣文作邦，闢厥匿，敷佑四方"、文公之母弟鐘"丕義又匿，余文公之母弟，余霝静，朕配遠邇"等，語境及語義亦近，是"滅""頯"與"匿（慝）"義近同。

"龏畏儔公，及我大夫"，"儔"讀作"醻"，"公"指上文的龏公，加嬭之夫曾侯寶。曾侯與編鐘（M1：3—8）"吾以及大夫，宴樂爰饗，進士備御"、[4]越王者旨於賜鐘"我以樂考、嫡祖、大夫、賓客"、[5]邾公牼鐘（集成 1.149—152）"以樂其身，以宴大夫，以饎諸士"及邾公華鐘（集成 1.245）"以樂大夫，以宴士庶子"等，可參照。

"龏龏爲政，作辟邦家"，"龏"字作▨，從二龍從刀，據字形看似應釋作"副"。該句與蔡侯編鐘、編鎛"窀窀爲政，天命是遳，定均庶邦"、鑾鎛（齊侯鎛）"肅肅義政，保吾子姓，鮑叔有成勞于齊邦"結構及語義皆近，據文義似以讀作"龏"爲優。

"余爲嬭爲夫，余滅頯下犀，龏畏儔公，及我大夫，龏龏爲政，作辟邦家"，即加嬭繼其夫曾侯寶治國安邦寧民。"余典册厥德，叚（繄）民之氏巨，攸攸駥駥"，"厥"與上文"余復其疆啚，行相曾邦，以長辝夏"的"其"皆指曾侯寶，加嬭"復其疆啚，行相曾邦，以長辝夏""滅頯下犀，龏畏儔公，及我大夫，龏龏爲政，作辟邦家"，以"典册厥德，叚（繄）民之氏巨，攸攸駥駥"，即光大和弘揚曾侯寶的美德，所謂"余爲嬭爲夫"，蓋即因此而言，與晉公盞、盤"宗婦楚邦"相類。

① 侯馬盟書山西省文物工作委員會：《侯馬盟書》，文物出版社 1976 年，第 350 頁。

② 湖北省文物考古研究所：《曾國青銅器》第 428—429 頁。

③ 曹瑋主編：《周原出土青銅器》，巴蜀書社 2005 年，第 302—305 頁。

④ 湖北省文物考古研究所、隨州市博物館：《隨州文峰塔 M1（曾侯與墓）、M2 發掘簡報》第 26—31 頁圖版三四～四二，拓片一四～一八，摹本七～一〇；第 34 頁拓本一九、二〇，摹本一一、一二；第 36 頁圖版四七～四九；第 35 頁圖版四三～四六；第 37 頁圖版五〇～五二，拓片二一；第 38 頁圖版五三，拓片二二；第 39 頁圖版五四～五七；第 40 頁圖版五八～六〇，拓片二三。

⑤ 施謝捷：《吳越文字彙編》，江蘇教育出版社 1998 年，第 98—101 頁；集成 1.144。

"余虢虢子加嬭曰：嗚呼！龏公早陟，余復其疆圖，行相曾邦，以長辝夏。余典册厥德，殹（緊）民之氏巨，攸攸駥駥。余爲婦爲夫，余滅顙下犀，龏畏儔公，及我大夫，龏龏爲政，作辝邦家"，與晋公䀇、盤"公曰：余唯今小子，敢帥型先王，秉德秩秩，協燮萬邦，哀哀莫不日卑恭，余咸畜胤士，作憑左右，保乂王國，刜龒霝屖，以嚴虢若否……將廣啓邦，虔恭盟祀，昭答皇卿，協順百黹，唯今小子，敕乂爾家，宗婦楚邦"語境、語義及措辭皆多近同，可對讀。

"用受害福"，"害"字作 ▨，從玉從屮，寫法較罕見。叔多父盤（銘圖 14532、14533）"受害福"，可證。

"石保用之"，"石"字作 ▨，對照上文"庶"字作 ▨ 來看，應係"石"字，而非"庶"字闕筆。"石"（禪母鐸部）與"世"（審母月部）音近，應讀作"世"，叔夷鐘、叔夷鎛"至于世曰：武靈成，子子孫孫永保用享"，王孫遺者鐘（集成 1.261）"萬年無期，世萬孫子，永保鼓之"，鍾離公𠭯鼓座（九里墩鼓座，集成 2.429）"世萬子孫永保"等，併可證。

"余擇辝吉金玄鏐黃鎛，用自作宗彝和鐘，以樂好賓、嘉客、父兄及我大夫，用孝用享，受福無疆，屭其平穌，休淑孔皇，大夫庶士，齋翼疇獻、歌舞、宴饎、飲食、賜我靈終、黃耇，用受害福，其萬年毋改，至于孫子，石（世）保用之"，此皆係當時常見套語，不贅述。

二、年代及人物

加嬭編鐘係合瓦形鈕鐘，長環形鈕，鉦和篆間以凸棱作界格，每面有六組低乳釘形枚。篆間飾對角夔龍紋，舞飾相對的夔龍紋。形制紋飾與隨州漢東東路墓地 M129 出土的曾侯得鎛鐘①以及曾侯子鎛鐘（銘圖 15141—15149）皆近同，年代也應相仿，爲春秋中期偏晚。

同人之器及密切相關者還有：

(1) 隨仲嬭加鼎：唯王正月初吉丁亥，楚王媵隨仲嬭加飤䜌，其眉壽無期，子孫永寶用之。②

① 湖北省文物考古研究所、隨州市博物館、隨州市曾都區考古隊：《隨州漢東東路墓地 2017 年考古發掘收獲》，《江漢考古》2018 年第 1 期，第 34—39 頁。

② 曹錦炎：《"曾"、"隨"二國的證據——論新發現的隨仲嬭加鼎》，《江漢考古》2011 年第 4 期，第 68 頁圖一、二；中國國家博物館、中國書法家協會：《中國國家博物館典藏甲骨文金文集粹》69，第 286—290 頁；《銘續》0210，第 1 卷，第 251—253 頁。

(2) 加嬭鼎（銘續 0188）：唯正月初吉丁亥，楚王媵加嬭盂鼎，其眉壽無疆，永保用之。

(3) 隨仲嬭加缶：楚王媵隨仲嬭加……①

(4) 隨仲嬭加盤：楚王媵隨仲嬭加……②

(5) 隨仲嬭加匜：楚王媵隨仲嬭加……③

(6) 王子申盞盂蓋（集成 9.4643；銘圖 06071）：王子申作嘉嬭盞盂，其眉壽無期永保用之。

(7) 加嬭簠（銘續 0375）：加嬭之行簠，其永用之。

(8) 加嬭匕：加嬭行匕。④

(9) 唐侯作隨夫人鼎：陽（唐）侯作隨夫人行鼎，其永祐福。⑤

(10) 唐侯作隨夫人壺（銘續 0829）：陽（唐）侯作隨夫人行壺，其永祐福。

隨仲嬭加鼎、缶、盤、匜，加嬭鼎（楚王鼎）及王子申盞盂係楚王和王子申爲"隨仲嬭加""加嬭""嘉嬭"出嫁所作媵器，"隨仲嬭加""嘉嬭""加嬭"係一人，爲楚共王女，王子申姊妹。加嬭編鐘係加嬭自作器，年代應略晚於隨仲嬭加鼎等媵器。唐侯作隨夫人鼎、壺係唐惠侯爲隨夫人之喪所作賵器。加嬭簠、匕銘文稱"行簠/匕"，結合唐侯作隨夫人鼎、壺"唐侯作隨夫人行鼎/壺"來看，或亦係葬器，而非加嬭生前自作用器，與加嬭編鐘性質不同。該組器所自出的墓葬（即棗樹林 M169）墓主爲隨夫人，即隨仲嬭加，係曾侯寶夫人。⑥

王子申盞盂的王子申係楚共王子，於公元前 571 年被殺。《左傳》襄公二年："楚公子申爲右司馬，多受小國之賂，以逼子重、子辛。楚人殺之。故書曰：'楚殺其大夫公子申。'"因此，隨仲嬭加鼎等媵器的絕對年代，應在楚共王即位之後，王子申被

---

① 湖北省文物考古研究所、北京大學考古文博學院、隨州市博物館、曾都區考古隊：《湖北隨州棗樹林墓地 2019 年發掘收獲》第 7 頁圖版七；郭長江、李曉楊、凡國棟、陳虎：《嬭加編鐘銘文的初步釋讀》第 14 頁。

② 郭長江、李曉楊、凡國棟、陳虎：《嬭加編鐘銘文的初步釋讀》第 14 頁。

③ 郭長江、李曉楊、凡國棟、陳虎：《嬭加編鐘銘文的初步釋讀》第 14 頁。

④ 郭長江、李曉楊、凡國棟、陳虎：《嬭加編鐘銘文的初步釋讀》第 14 頁。

⑤ 黃鳳春：《談"唐侯作隨夫人"壺的國別、年代及相關問題》，復旦大學出土文獻與古文字研究中心網站 2018 年 7 月 19 日，http://www.fdgwz.org.cn/Web/Show/4278；武漢大學簡帛網 2018 年 7 月 19 日，http://www.bsm.org.cn/?guwenzi/7925.html。

⑥ 拙文《隨仲嬭加鼎補說》，《江漢考古》2012 年第 2 期，第 78—79 頁；《新刊唐侯作隨夫人諸器及有關問題》，《西部史學》第 6 輯，西南師范大學出版社 2021 年，第 3—14 頁。

殺之前,即公元前 590—前 571 年之間。加嬭編鐘等加嬭自作器應在公元前 571 年之後。加嬭簠、匕等葬器及唐侯作隨夫人鼎、壺等賵器年代又晚於加嬭編鐘等加嬭自作器。

加嬭編鐘記時云"唯王正月初吉乙亥",李學勤認爲"吉日"即"朔日",[①]查張培瑜《中國先秦史曆表》,公元前 566 年,周曆正月乙亥朔。[②] 因此,編鐘的製作時間,應在公元前 566 年,與上述有關年代推定相吻合。

因盜掘流散的曾侯寶諸器,據説有數十件,目前所見有 19 件,計有鼎 7、簋 5、簠 2、方壺 2、圓壺 1、盤 1、匜 1,除器名外,銘文基本相同。著録者有鼎 2、簋 3、簠 2、方壺 2、匜 1 等:

(1) 曾侯寶鼎(銘圖 02219—02220;銘續 0185—0187[③]):唯王五月吉日庚申,曾侯寶擇其吉金,自作升鼎,永用之。

(2) 曾侯寶簋(銘圖 04975—04976):唯王五月吉日庚申,曾侯寶擇其吉金,自作飤簋,永用之。

(3) 曾侯寶壺(銘圖 12390):唯王五月吉日庚申,曾侯寶擇其吉金,自作尊壺,永用之。

(4) 曾侯寶盤(銘續 0942):唯王五月吉日庚申,曾侯寶擇其吉金,自作盥盤。

此組器據形制紋飾看年代應爲春秋中期偏晚。

據加嬭編鐘"龏公早陟"即曾侯寶早逝,加嬭爲政可知,曾侯寶逝世時,或無子嗣,因而加嬭繼其爲政,中山王䜣鼎"昔者,吾先考成王,早棄群臣,寡人幼童,未通智,唯傅姆是從",可以佐證。結合上述隨仲嬭加鼎等媵器年代來看,曾侯寶亡故的絶對年代,應在公元前 571 年前後,不晚於加嬭編鐘的製作時間,即公元前 566 年。我曾據公布的有關器物,推定曾侯寶的墓葬應在隨州文峰塔一帶,[④]今可得驗證(即棗樹林 M168,與 M169 加嬭墓係夫妻合葬墓)。

因此,加嬭及曾侯寶諸器的年代,均在春秋中期偏晚,楚共王時或稍後。根據新

---

① 李學勤:《由蔡侯墓青銅器看"初吉"和"吉日"》,《中國社會科學院研究生院學報》1998 年第 5 期,第 85—88 頁。

② 張培瑜:《中國先秦史曆表》,齊魯書社 1987 年,第 151 頁。

③ 黄鳳春:《隨棗走廊話曾國　隨州的曾侯墓地》,《中國文化遺産》2013 年第 5 期,第 78 頁;項章:《隨州博物館藏曾侯卣鼎》,《文物》2014 年第 8 期,第 44 頁圖一,第 45 頁圖二;中國國家博物館、中國書法家協會:《中國國家博物館典藏甲骨文金文集粹》64,第 262—265 頁。

④ 拙文《出土古文字資料所見曾侯世系》,未刊稿。

出加嬭編鐘等材料,可進一步確認曾侯寶、隨仲嬭加諸器的年代及曾侯寶與隨仲嬭加的關係,過去學界在有關問題上的爭論,可以平息。

三、内涵分析

鐘銘記事,其犖犖大者,大致有四:一是交代曾人的族源,二是曾隨關係,三是曾楚關係,四是加嬭繼其夫君臨曾邦。

關於曾人的族源,過去據曾侯與編鐘和隨州葉家山 M111 出土犾簋(M111:67),[①]可以推定首封曾侯即南公,係周文王子,[②]曾侯與編鐘的"伯适",李學勤認爲即南宫括,[③]今皆可由加嬭編鐘銘文予以進一步確認。

"南公"或稱"南宫",又見於叔龜鼎(集成 4.2342[④])、季盨鼎(集成 4.2340)、或者鼎(集成 5.2662)、或者簋(集成 6.3675)、大盂鼎(集成 5.2837)、南宫乎鐘(集成 1.181)等,係因其居住宫室稱謂而得名。葉家山 M107 出土曾伯爵"曾伯作西宫寶尊彝",[⑤]"西宫"又見於曾大攻尹季怡戈,我曾據有關資料推定其爲召公奭,即葉家山 M111 所出太保鉞之"太保",與南宫係兄弟。[⑥]

加嬭編鐘銘"余文王之孫子,穆之元子",曾大攻尹季怡戈及與之同出的周王孫季怡戈(集成 17.11309[⑦])云"穆侯之子西宫之孫曾大工尹季怡""周王孫季怡",兩相對照,"西宫"應即周王孫季怡戈的"周王",加嬭編鐘的"文王",指周文王。

---

① 黄鳳春、胡剛:《説西周金文中的"南公"——兼論隨州葉家山西周曾國墓地的族屬》,《江漢考古》2014 年第 2 期,第 50—56 頁。

② 拙文《由葉家山 M107 所出"西宫"銘文談曾國的族源問題》,未刊稿。

③ 李學勤:《曾侯腆(與)編鐘銘文前半釋讀》,《江漢考古》2014 年第 4 期,第 68—69 頁;李學勤:《試説南公與南宫氏》,《出土文獻》第 6 輯,中西書局 2015 年,第 6—10 頁;凡國棟:《曾侯與編鐘銘文柬釋》,《江漢考古》2014 年第 4 期,第 61—67 頁。

④ http://www. metmuseum. org/collection/the-collection-online/search/44513? rpp ＝ 30&pg ＝ 1&ft ＝ Ritual％2BTetrapod％2BCauldron％2B％28Fangding％29％2B&pos ＝ 1&imgno ＝ 0&tabname ＝ online-resources.

⑤ 湖北省文物考古研究所、隨州市博物館:《湖北隨州葉家山 M107 發掘簡報》,《江漢考古》2016 年第 3 期,第 3—40 頁。

⑥ 拙文《由葉家山 M107 所出"西宫"銘文談曾國的族源問題》《"宫伯""西宫"考——兼談召公諸子銅器》,未刊稿。

⑦ 隨縣博物館:《湖北隨縣城郊發現春秋墓葬和銅器》第 37 頁圖七:2、3;湖北省文物考古研究所:《曾國青銅器》第 317—318 頁。

周文王係周太王之孫，季歷之子，繼其父承西伯侯之位，故稱西伯昌。銅器銘文"西宮"又稱"西宮伯""宮伯"，正相吻合。

加嬭編鐘"余文王之孫子，穆之元子"的"穆"與曾大工尹季怡戈"穆侯之子西宮之孫曾大工尹季怡之用"的"穆侯"爲一人，指曾穆侯。

鐘銘"余文王之孫子，穆之元子，之邦于曾"，"余"即銘文開頭"曰"者，據上下文可知應係曾穆侯子，穆侯下一任曾侯。下文"余非敢作魏，楚既爲代，吾述匹之，密臧我猷，大命毋改"，"余"亦係同人。

銘文所記周室衰微，楚人興起，曾國轉而歸附述匹楚人的史事，與《左傳》等古書所記楚成王以後"隨世服于楚，不通中國"成爲楚之附庸可互爲印證。楚成王在位時間約爲公元前 671—前 626 年，鐘銘所記之事，年代應在楚成王初年即公元前671 年以後，具體講應在魯僖公二十年（公元前 640 年）楚成王伐曾之後。《左傳》僖公二十年："隨以漢東諸侯叛楚。冬，楚鬪穀於菟帥師伐隨，取成而還。"因此，曾穆侯的繼任者即鐘銘的"余"，年代應在公元前 640 年前後。其父曾穆侯應與楚成王前期年代相當。

據周王孫季怡戈"穆侯之子西宮之孫曾大工尹季怡"，鐘銘這位不知名的曾侯"余"及曾大工尹季怡皆係曾穆侯之子，二者係兄弟。

曾大工尹季怡戈及周王孫季怡戈皆於 1979 年在湖北隨縣城郊公社八一大隊季氏梁（今屬隨州市曾都區淅河鎮）春秋墓葬出土。前者前鋒呈三角形，援中有脊，上刃平直微昂，闌側二長穿一小穿，長方形内，内上一橫穿。後者鋒呈三角形，上刃平直，中胡直内，闌側二長穿一小穿，内上一橫穿，援後部鑄一浮雕走獸。年代皆爲春秋中期偏早，與上述人物年代相吻合。

因此，鐘銘"伯舌受命，帥禹之堵，有此南洍。余文王之孫子，穆之元子，之邦于曾"，可進一步明確首封曾侯南公即南宮括，係文王子；同時也揭開了西宮的謎底，確認西宮即文王；周王孫季怡係曾穆侯子，文王裔孫。

關於曾楚關係，鐘銘"余非敢作魏，楚既爲代，吾述匹之，密臧我猷，大命毋改"，即周室衰微，楚人興起，曾國轉而歸附述匹楚人，與曾侯與編鐘"周室之既卑，吾用燮就楚"所言近同。與蔡侯編鐘、編鎛"余非敢寧荒，有虔不惕，佐佑楚王，䜌䜌爲政，天命是遒，定均庶邦，休有成慶，既聰于心，誕中厥德，君子大夫，建我邦國，爲令祗祗，不愆不忒"語境及措辭亦近同，皆係臣服於楚的情形；與《左傳》等古書所記楚成王以後"隨世服于楚，不通中國"，成爲楚之附庸亦可互證。

上述楚武王時，楚人仍"不得志於漢東"，成王以後，"隨世服于楚，不通中國"，淪爲楚之附庸。此後的百餘年間，雙方基本維持了一段較長時間的和平關係，隨仲嬭加嫁於曾侯寶,便是雙方通婚交好的證明。2013 年隨州文峰塔墓地出土一件春秋晚期的孟嬭玄簠(M52:3)①,銘作"孟嬭玄之行簠","孟嬭玄"亦係嫁自楚國的曾夫人。表明在這期間,曾楚之間婚姻往來不斷。

《左傳》定公四年:"冬,蔡侯、吳子、唐侯伐楚……五戰,及郢……庚辰,吳入郢,以班處宮……鬭辛與其弟巢以王奔隨……王割子期之心以與隨人盟。"清華簡《繫年》第十五章(簡82—84):"景平王即世,昭王即位。伍員爲吳太宰,是教吳人反楚邦之諸侯,以敗楚師于柏舉,遂入郢。昭王歸隨,與吳人戰于析。吳王子晨將起禍於吳,吳王闔盧乃歸,昭王焉復邦。"②皆指公元前 506 年,吳師入郢,楚昭王奔隨,因受隨人保護才幸免於難,即曾侯與編鐘所謂"楚命是争(拯),復定楚王",文獻所云"吳之入楚,昭王奔隨,隨人免之,卒復楚國,楚人德之,使列於諸侯"(《左傳》哀公元年杜預注)。正因如此,楚人與曾國結下了特殊的情誼。昭王奔隨以後,曾楚關係進入新的轉折,自此曾、楚世代交好,直至戰國中期後段曾最後滅於楚,雙方似未曾發生過較大的摩擦,楚王酓章鐘(集成1.83—84)、鎛(集成1.85)"楚王酓章作曾侯乙宗彝,奠之于西陽",即這段歷史的見證,曾侯與編鐘所謂"申固楚成",説的也就是這段相對和平的歷史。

昭王奔隨、曾楚聯姻、曾侯與"余申固楚成,整復曾疆"等一系列事件,便是加嬭鐘銘所云"余非敢爲儽,楚既爲代,吾述匹之,密臧我猷,大命毋改"之具體體現。

關於曾隨關係,2011 年公布的隨仲嬭加鼎,再次確認了文獻記載的隨國的存在。2012 年末,隨州文峰塔曾國墓地出土一件隨大司馬嘉有戈(M21:1),③又一次確證了文獻的有關記載。2009 年文峰塔 M1 出土的曾侯與編鐘銘所記曾國的有關史實與文獻記載的隨國幾無二致,是曾隨爲一的鐵證,以往學界關於曾隨的關係的争論,應可作出結論性意見。④

隨大司馬嘉有戈、曾孫卲壺(M21:3)、曾孫卲簠(M21:5)、曾孫伯國甗(M32:

① 湖北省文物考古研究所、隨州市博物館:《湖北隨州市文峰塔東周墓地》,《考古》2014 年第 7 期,第 26 頁圖二〇:2。

② 李學勤主編:《清華大學藏戰國竹簡(貳)》,中西書局 2011 年,圖版第 80、81 頁,釋文第 170 頁。

③ 湖北省文物考古研究所、隨州市博物館:《湖北隨州市文峰塔東周墓地》第 30 頁圖四〇、四一;湖北省文物考古研究所:《三苗與南土——湖北省文物考古研究所"十二五"期間重要考古收獲》,江漢考古編輯部 2016 年,第 104 頁。

④ 拙文《曾侯與編鐘銘文讀釋》,《中國國家博物館館刊》2017 年第 3 期,第 76—89 頁。

9)、曾大司馬國鼎(M32：8)及曾大司馬伯國簠(M32：6)等曾(隨)大司馬家族成員器物，①同出文峰塔墓地大司馬家族墓區，②可進一步證明曾即隨，隨即曾。唐侯作隨夫人鼎、壺等唐侯作隨夫人器群的發現，又爲曾隨爲一説提供了新的證據。③

　　新出加嬭編鐘銘文，可進一步證明曾隨爲一，有關"曾國之謎"的爭論可以徹底平息，無須再作無謂的爭論。

　　因此，鐘銘可進一步確認曾隨關係，徹底揭開曾國之謎，祛除疑問，解決爭端；也可與文獻相結合，進一步確認春秋中期以後曾楚關係及南土局勢的重要變化。

　　加嬭編鐘關於以上三個問題的記載，與曾侯與編鐘多可互相印證和發明，對準確理解曾侯與編鐘銘文和深入認識其内涵及有關史事，皆有重要作用。

　　據鐘銘可知，加嬭之夫曾侯寶早卒，且無子嗣，故加嬭代其治國，君臨曾邦，所述情形與晋姜鼎近似。

　　著名的晋姜鼎銘曰：

　　　　唯九月丁亥，晋姜曰：余唯司(嗣)朕先姑君晋邦，余不暇荒寧，經雍明德，宣卹我猷，用召匹辥辟，敏揚厥光烈，虔不墜，魯覃京師，辥我萬民，嘉遣我，錫鹵積千兩，勿廢文侯景命，俾貫通□，征緐湯，譖取厥吉金，用作寶尊鼎，用康揉綏懷遠邇君子，晋姜用祈綽綰眉壽，作臸爲極，萬年無疆，用享用德，畯保其孫子，三壽是利。

　　所謂"余唯嗣朕先姑君晋邦"，即繼承其夫之父業君臨晋邦，可知晋姜之夫或早卒，與曾侯寶近似，加嬭的特殊身份，也與晋姜近同。鼎銘"晋姜曰：余唯嗣朕先姑君晋邦，余不暇荒寧，經雍明德，宣卹我猷，用召匹辥辟，敏揚厥光烈，虔不墜，魯覃京師，辥我萬民，嘉遣我，錫鹵積千兩，勿廢文侯景命"，與加嬭編鐘"余虢虢子加嬭曰：嗚呼！龔公早陟，余復其疆嵓，行相曾邦，以長辥夏。余典册厥德，殹(繄)民之氒巨，攸攸駼駼。余爲婦爲夫，余滅顥下屌，龔畏僷公，及我大夫，龔龔爲政，作辥邦家"語境、格式及措辭等均近同。

　　因此，鐘銘所記加嬭繼其夫曾侯寶治國安邦寧民的事迹，豐富了有關曾國歷史的細節，同時也加深了我們對晋姜鼎及其所反映的春秋早期晋國歷史的認識。

---

① 湖北省文物考古研究所、隨州市博物館：《湖北隨州市文峰塔東周墓地》第 27 頁圖二四：1；第 26 頁圖一九：2；第 28 頁圖三一：1；第 25 頁圖一七：5；第 26 頁圖一九：4。

② 拙文《曾孫卲與曾孫懷銅器繫聯》，《出土文獻綜合研究集刊》第 8 輯，巴蜀書社 2019 年，第 65—70 頁。

③ 拙文《新出文獻與"曾國之謎"的新認識》，載李健勝主編《西北早期區域史學術研討會暨中國先秦史學會第十一屆年會論文集》，三秦出版社 2020 年，第 112—120 頁。

有關君婦治國,另有胡應姬鼎(銘續 0221):

> 唯昭王伐楚荆,胡應姬見于王,辭皇,錫貝十朋,玄布二匹,對揚王休,用
> 作厥嫡君公叔乙尊鼎。

據銘文,胡應姬的丈夫公叔乙在昭王伐楚的戰争中死去,而新君尚未即位,因而胡應姬才覲見王。雖然其夫死於伐楚的戰役,但她代表胡國表示仍遵從周王的調遣,協同伐楚,即銘文之"辭皇",因而得到昭王的賞賜。① 不過胡應姬應係在故君新殁新君尚未即位的情況下暫時代攝政事,與晋姜和加嬭君臨治晋(曾)邦不同。

此外,鐘銘"余文王之孫子,穆之元子,之邦于曾","曾"爲地名兼國族名,"之邦于曾"與麥方尊"王命辟邢侯出坯侯于邢",疑尊、疑卣"唯中義子于入鄂侯于盩城"及士山盤"于入中侯"等格式皆近同。疑尊、疑卣所謂"于入鄂侯于盩城",應即册封鄂侯;"盩城"據上下文看應在鄂國境内,今隨州一帶,② 今據加嬭編鐘銘,皆可以定讞。

因此,鐘銘可進一步明確曾係地名;有助於理解疑尊、疑卣等重要銅器銘文的内涵,解決一些重大歷史問題。

四、價 值 及 意 義

綜上所述,加嬭編鐘銘文對瞭解和認識曾人族源、曾隨關係、曾楚關係、兩周時期曾國有關史事,以及相關古文字資料的理解皆有重要價值,具有多方面的重要學術意義:

可進一步明確首封曾侯南公即南宫括,係文王子;同時也揭開了西宫的謎底,確認西宫即文王;周王孫季怡係曾穆侯子,文王裔孫,與曾穆侯下一任曾侯係兄弟,年代在公元前 640 年前後;其父曾穆侯約與楚成王前期年代相當。

鐘銘所記周室衰微,楚人興起,曾國轉而歸附述匹楚人,與曾侯與編鐘及《左傳》等古書所記楚成王以後"隨世服于楚,不通中國"成爲楚之附庸皆可互爲補證,與蔡侯編鐘、編鎛所記蔡國臣服於楚的境遇相類,對進一步深入認識曾楚關係,有重要意義。

可進一步確認曾隨爲一,徹底揭開曾國之謎,祛除疑問,解決争端;也可與文獻相結合,進一步確認春秋中期以後曾楚關係及南土局勢的重大變化。

可進一步確認曾侯寶、隨仲嬭加諸器的年代及曾侯寶與隨仲嬭加的關係,曾侯

---

① 詳拙文《新刊兩件胡國銅鼎讀釋》,《出土文獻》第 10 輯,中西書局 2017 年,第 37—46 頁。

② 拙文《疑尊、疑卣釋疑》,未刊稿。

寶、隨仲嫚加的墓葬在隨州棗樹林墓地(案：即棗樹林 M168、M169，係夫妻合葬墓)，平息有關爭論。

所記隨仲嫚加繼其夫曾侯寶君臨曾邦的事迹，豐富了有關曾國歷史的細節，深化了我們對春秋早期晉國歷史的認識。

鐘銘與曾侯與編鐘、晉姜鼎、晉公𥦵、晉公盤、蔡侯編鐘、蔡侯編鎛等出土古文字資料關係密切，可糾正過去對曾侯與編鐘等一些不準確的認識，進一步深化對相關資料及有關史實的理解和認識。

可進一步明確曾係地名，疑尊、疑卣"于入鄂侯于盩城"應即册封鄂侯，"盩城"在鄂國境内今隨州一帶；有助於理解疑尊、疑卣等重要銅器銘文内涵，解決一些重大歷史與地理問題。

鐘銘新見異體字頗多，如"用受害福"的"害"字作 ；用字方面，如"庶保用之"的"庶"用"石"，皆別具一格，時代和地域特徵鮮明，有重要語料價值。

之前出土的曾侯與編鐘銘文，既解決了近年學界關於葉家山之曾族屬問題的困惑，又徹底平息了幾十年來關於"曾國之謎"的種種爭論，因而是一篇史料價值極高的珍貴文獻。[1] 同樣，加嫚編鐘銘文信息量很大，與曾侯與編鐘等出土文獻多有關聯，可解決一系列曾國及兩周歷史上的重要問題，史料和語料價值皆十分重要，是又一篇殊爲難得的珍貴文獻。

補記：小文寫定於 2019 年 7 月 9 日，其後續有修訂，陸續吸收了一些有益的研究成果。近年《江漢考古》《中國史研究》《出土文獻》《青銅器與金文》等相繼刊出一些相關研究論文，亦有專門的學位論文對學界有關意見進行集釋和梳理(付雨婷：《曾國三件長篇編鐘銘文集釋》，碩士學位論文，吉林大學 2021 年)，爲避免煩瑣，本文不再就一些相同或相近的意見一一加以徵引或説明，請讀者參看。

2022 年 10 月 5 日

---

[1]　拙文《曾侯與編鐘銘文讀釋》第 76—89 頁。

郭店竹簡《唐虞之道》"溹"字考釋

——兼論上博簡《凡物流形》和天星觀卜筮簡的"繫"字*

李芳梅　劉洪濤

摘　要：根據古文字中從"甫"（"穀"之聲符）之字常常被誤釋爲從"東"之字這一現象，文章指出，郭店簡《唐虞之道》有一個舊多釋爲"涷"之字應改釋爲"溹"，分析爲從"水""甫"聲。《唐虞之道》"溹"字凡兩見，在6—7號簡文中與"殺"爲對文，在15—17號簡文中與《管子·戒》"不代王"之"代"意義相近，二者皆應讀爲"繼"，訓爲接續、傳續。同時，文章指出上博簡《凡物流形》和天星觀卜筮簡中的"繫"也讀爲"繼"，訓爲接續。

關鍵詞：郭店簡　《唐虞之道》　溹　繼

郭店簡《唐虞之道》有一字凡兩見，字形及所在辭例分別爲：

(1) ![字形] 堯舜之行，愛親尊賢。愛親，故教；尊賢，故禪。孝之殺，愛天下之民；禪之～，世亡隱德。　　　　　　　　　　　　　　　　（6—7號）

(2) ![字形] 夫古者舜居於草茅之中而不憂，登爲天子而不驕。居草茅之中而不憂，知命也。登爲天子而不驕，不～也。　　　　　　（15—17號）①

關於此字的考釋意見衆多，有學者做過專門的蒐集，②可以參看，這裏不贅。目前

---

* 江蘇省研究生科研與實踐創新計劃項目"郭店楚墓竹簡字詞新釋"（KYCX21_2534）、江蘇高校"青藍工程"中青年學術帶頭人資助項目（2021）、"古文字與中華文明傳承發展工程"規劃項目"出土簡帛典籍蒐釋譯解"（G1422）。

① 荆門市博物館：《郭店楚墓竹簡》，文物出版社1998年，第39—40、157—158頁。

② 武漢大學簡帛研究中心、荆門市博物館：《楚地出土戰國簡册合集（一）郭店楚墓竹書》，文物出版社2011年，第61、64頁；歐波：《郭店楚簡〈唐虞之道〉研究》，碩士學位論文，華南師範大學2012年，第24—25頁。

在學術界比較有影響的主要有兩種説法：一是周鳳五先生、何琳儀先生提出的釋"涷"説，① 二是張光裕先生、劉釗先生提出的釋"流"説。② 釋"涷"説的主要根據是楚簡中有些"東"字的寫法與此字右旁一致，例如包山楚簡中"東"字作"𣐺"（包二 207）、"𣐺"（包二 209）等形。周先生把二者都讀爲"重"，前者"禪之重"義爲"推闡禪讓之道"，後者"不重"義爲"不以天下爲重"。何先生皆讀爲"動"，把前者訓爲行，把後者訓爲心動。釋"流"説的主要根據是古文字經常在字形中間加一横及偏旁可以倒書這兩個形體特點，因此此字與"流"雖然在字形上存在一定差距，但也不能排除是"流"字之訛的可能。張先生未解釋詞義。劉先生讀如本字，把前者訓爲放，把後者訓爲流布。這兩種説法雖然都有一定道理，但也都存在一些未安之處，需要進一步研究。

近年來，經過學者們的不懈努力，戰國文字中"叀"及从"叀"之字逐漸被考釋出來，使我們對"叀"字的形體及特點有了較明確的認識。下面我們先把相關的字形和文例分類抄寫於下，再對它們的考釋略做説明。

(3) 𩍂　　上九：～蒙；不利爲寇，利禦寇。　　　　　　　　　（上博簡《周易》1 號）

(4) 𩍂　　初六：～于金柅，貞吉。　　　　　　　　　　　　（上博簡《周易》40 號）③

(5) 𩍂　　～鼓，禹必速出，冬不敢以寒辭，夏不敢以暑辭。

（上博簡《容成氏》22 號）④

此爲第一類寫法，字形近"重"。例(3)、例(4)之字皆見於上博簡《周易》，今本《周易》與之對應的字分別作"毄"和"繫"，所以整理者分別釋爲"毅"和"繫"。例(5)整理者釋爲"敱"，讀爲"撞"。按，整理者可能是把此字左旁釋爲"重"，因古文字"重""童"作爲聲旁可以通用，所以才直接釋寫作"敱"。不過，裘錫圭先生根據上揭上博簡《周易》之"毅"和"繫"字，把此字改釋爲"墼"，疑爲"毅"字異體，讀爲"擊"，"擊鼓"古書習見。⑤ 按此類寫法下部所从應非"土"字，所謂"土"應是在下揭第四類寫法基礎上加一

---

① 周鳳五：《郭店楚墓竹簡〈唐虞之道〉新釋》，《"中研院"歷史語言研究所集刊》第 70 本第 3 分，1999 年，第 747 頁；何琳儀：《郭店竹簡選釋》，《文物研究》第 12 輯，黃山書社 2000 年，第 200—201 頁。

② 張光裕：《〈郭店楚簡研究〉第一卷（文字編）緒説》，《中國出土資料研究》第 3 號，（東京）中國出土資料協會 1999 年，第 10 頁；劉釗：《讀郭店楚簡字詞札記》，武漢大學中國文化研究院編：《郭店楚簡國際學術探討會論文集》，湖北人民出版社 2000 年，第 79—80 頁。

③ 馬承源主編：《上海博物館藏戰國楚竹書(三)》，上海古籍出版社 2003 年，第 13、52、136、190 頁。

④ 馬承源主編：《上海博物館藏戰國楚竹書(二)》，上海古籍出版社 2002 年，第 114、267 頁。

⑤ 裘錫圭：《讀上博簡〈容成氏〉札記二則》，《古文字研究》第 25 輯，中華書局 2004 年，第 316—317 頁。

長一短兩橫畫羨筆而成,古文字中這類演變習見。① 因此嚴格來説,應釋寫作"叀",《容成氏》之字從"攴""叀"聲,爲"敱"字異體。這類寫法的"叀"跟"重"形近,所以過去或被誤釋爲"重"。

(6) 其用享用孝于我皇祖文考,不～春秋歲嘗。　　　　　　（《銘圖》12445）

此爲第二類寫法,不從上部一撇。例(6)之字舊或釋爲"敱",②魏宜輝先生根據上揭第一類寫法改釋爲"堅",讀爲"懈"。③ 按亦應釋爲"敱"。這種寫法的"叀"沒有上部撇畫羨筆,形體比較原始。

(7) 德非墮帀,純惟敬帀,文非～帀,不墜修彥。

　　　　　　　　　　　　　　　　　　　　　　（清華簡《周公之琴舞》15—16 號）④

(8) 上賓於天,下蟠於淵。坐而思之,次於千里;起而用之,～於四海。

　　　　　　　　　　　　　　　　　　　　　　（上博簡《凡物流形》甲本 28＋15 號）⑤

此爲第三類寫法,不從下部一橫。例(7)之字整理者釋爲"敕",黃傑先生改釋爲"敱",⑥蘇建洲先生從之,讀爲"懈",指出"文非懈帀"與"德非墮帀"對文,"懈"與"墮"義近。⑦ 例(8)之字整理者釋爲"練",認爲其字從"糸""柬"聲,讀爲"陳"。王挺斌先生根據上述已釋出的"敱"及從"敱"之字指出,此字應即省去"攴"旁的"繫"字。⑧ 王凱博先生進一步認爲,應讀如本字,古書中有"繫於洛水""繫遼水"等説法。⑨ 按"敱"從"叀"得聲,此"繫"字應是把聲符"敱"改爲同聲系之"叀"的異體,古文字常見這種異

①　劉洪濤:《形體特點對古文字考釋重要性研究》,商務印書館 2019 年,第 63—65、257—260 頁。

②　王人聰:《鄭大子之孫與兵壺考釋》,《古文字研究》第 24 輯,中華書局 2002 年,第 237 頁。

③　魏宜輝:《利用戰國竹簡文字釋讀春秋金文一例》,《史林》2009 年第 4 期,第 151—153 頁。

④　李學勤主編:《清華大學藏戰國竹簡(叁)》,中西書局 2012 年,第 62、134 頁。

⑤　馬承源主編:《上海博物館藏戰國楚竹書(七)》,上海古籍出版社 2008 年,第 92、105、251—253 頁。參看俞紹宏、張青松:《上海博物館藏戰國楚簡集釋(第七冊)》,社會科學文獻出版社 2019 年,第 205—209 頁。

⑥　黃傑:《初讀清華簡(三)〈周公之琴舞〉筆記》,簡帛網 2013 年 1 月 5 日,http://www.bsm.org.cn/?chujian/5955.html。

⑦　蘇建洲:《清華三〈周公之琴舞〉〈良臣〉〈祝辭〉研讀札記》,《中國文字》新 39 期,(臺北)藝文印書館 2013 年,第 71—72 頁。

⑧　王挺斌:《簡帛研讀雜識(三則)》,《簡帛》第 15 輯,上海古籍出版社 2017 年,第 9—11 頁。

⑨　王凱博:《出土文獻資料疑義探研》,博士學位論文,吉林大學 2018 年,第 14—15 頁。

體，①非省寫。推敲文義，"繫於四海"應是"至於四海"一類意思，根據陳劍先生把可以與《禮記·表記》"口惠而實不至"對讀的上博簡《從政》乙篇 1 號簡"口惠而實不係"之"係"讀爲"繼"，②我們認爲"繫於四海"應該讀爲"繼於四海"，訓爲傳續、接續，意思跟"至"相近。《吕氏春秋·上德》"死之，所以行墨者之義，而繼其業者也"，又《上農》"喪以繼樂，四鄰來瘯"，高誘注並曰："繼，續也。"《易·離·象傳》"大人以繼明照于四方"，王弼注："繼，謂不絶也。"接續不絶才能傳至四方。其中"繼明照于四方"即"明照繼于四方"，句法跟"繼於四海"相同。"於千里"上一字跟"繫（繼）"爲對文，意思應相近。此字上博簡中凡 4 見，在《子羔》4 號"～以好詩"中是"每"字，用作"敏"；③在《吳命》8 號"姑～大姬"中是"姊"字，用如本字。④ 所以這個字既可能是"每"，也可能是"姊"。如果是"每"字，我們認爲應讀爲从"番"聲之"播"。"敏""緐"等字皆从"每"聲，而"緐""番"二聲系字音近可通，例如《書·洪範》"庶草蕃廡"，《史記·宋世家》作"庶草繁廡"。"播"訓爲布散。《國語·晋語三》"惠公即位，出共世子而改葬之"章"必播於外"，韋昭注："播，布也。"《吕氏春秋·必己》"盡揚播入於河"，高誘注："播，散也。""播於千里"言散布於千里之外，跟"繼於四海"指傳續於四海義近，都能表達至、到、及一類意思。改釋爲"姊"是宋華强先生首先提出的，他讀爲"至"，後又放棄此説；⑤白於藍先生改讀爲"際"，訓爲至。⑥ 二位先生對文義的理解是非常正確的，這也可證明我們把"繫"讀爲"繼"的意見正確可從。白先生的釋讀建立在把上博簡《三德》4 號"憂懼之閒，疏達之宋"的"宋"字讀爲"際"的基礎之上。⑦ 不過上古音"際"屬精母月部，"姊"屬精母脂部，二字韵部有一定的距離，不大可能通用。《三德》"宋"字陳偉先生讀爲"次"，引《莊子·田子方》"喜怒哀樂不入於胸次"，訓爲閒、際。⑧ 其説可從。這種意義

---

① 劉洪濤：《晋系文字中的"槑"》，《簡帛》第 22 輯，上海古籍出版社 2021 年，第 25—26 頁。

② 陳劍：《上海博物館藏戰國楚竹書〈從政〉篇研究（三題）》，《戰國竹書論集》，上海古籍出版社 2019 年，第 84—86 頁。

③ 馬承源主編：《上海博物館藏戰國楚竹書（二）》第 36、187 頁。

④ 馬承源主編：《上海博物館藏戰國楚竹書（七）》第 143、321 頁。參宋華强：《〈上博（七）·吳命〉"姑姊大姬"小考》，簡帛網 2009 年 1 月 1 日，http://www.bsm.org.cn/?chujian/5132.html；《上博竹書（七）札記二則》，《中國國家博物館館刊》2011 年第 12 期，第 74—75 頁。

⑤ 宋華强：《〈上博（七）·凡物流形〉札記四則》，2009 年 1 月 3 日，http://www.bsm.org.cn/?chujian/5140.html；《上博竹書（七）札記二則》第 75 頁。

⑥ 白於藍：《簡帛古書通假字大系》，福建人民出版社 2017 年，第 510 頁。

⑦ 白於藍：《簡帛古書通假字大系》第 510 頁。

⑧ 陳偉：《新出楚簡研讀》，武漢大學出版社 2010 年，第 248 頁。

的"次"也可訓爲列。《國語・晋語三》"惠公未至,蛾析謂慶鄭曰"章"失次犯令",韋昭注:"次,行列也。"據此,《凡物流形》之"姊"也應讀爲"次"。"次"古訓爲遞、代、接,是接連、繼續之義。本字作"伙"。《説文》人部:"伙,一曰遞也。"《廣雅・釋詁三》:"伙,代也。"通作"次"。王引之《經義述聞・國語下》"遷軍接鯀"條:"接之言健也,次也。《廣雅》曰:'序、健、差、弟,次也。'(《説文》:'健,伙也。''伙,遞也。''伙'與'次'通,遞相及,亦次序也)。'健'與'接'通。(猶'捷'之作'接','嗟'之作'嗟','箋'之作'篓'也。)接和者,次和也。"①引申爲接近、到達,古訓爲即、至。《書・康誥》"勿庸以次汝封",孫星衍今古文注疏:"經文'次',《荀子》爲'即'者,'即''次'聲之緩急,義皆得爲就也。"②《史記・酷吏列傳》"内深次骨",司馬貞索隱:"次,至也。"《左傳》成公三年"次及於事",富金壁先生認爲"次"與"及"是同義連用,都是至的意思。③ 從此字從"女"來看,釋爲"姊"讀爲"次"的可能性比較大。無論是釋讀爲播散之"播",還是釋讀爲次遞、即次之"次",都跟繼續之"繼"義近。另外,王挺斌先生還懷疑下揭例(12)之字與例(8)之字是一個字。這也是非常有見地的,惜未能展開論述。我們對此有些補證,詳見下文。這一類寫法的"甫"字下部不從一横,形體較爲原始,可證第一、二類寫法並不從"土"。

(9) ![字形] 士孫伯～自作尊鬲。 (《集成》592)

(10) ![字形] 民祀惟此,日辰於維,與歲之四,辰尚若～,琴瑟常和。

(曾侯乙墓漆匫箱漆書)④

(11) ![字形] 其唯因齊,揚皇考,紹～高祖皇帝,纘嗣桓文。 (《集成》4649)

(12) ![字形] 擇良日歸玉玩、～車馬於悲仲。 (天星觀卜筮簡)⑤

此爲第四類寫法,字形近似"東"字。例(9)、例(10)之字舊多釋爲"敷"。⑥ 李春桃先生據例(7)之"穀"字以及傳抄古文中的"繫"字(![字形])所從俱似"東"字指出,上揭例

---

① (清) 王引之撰,虞思徵等點校:《經義述聞》,上海古籍出版社 2018 年,第 1279 頁。

② (清) 孫星衍撰,陳抗、盛冬鈴點校:《尚書今古文注疏》(第 2 版),中華書局 2004 年,第 366 頁。

③ 富金壁:《王力〈古代漢語〉注釋匯訂》,廣陵書社 2020 年,第 88—89 頁。

④ 饒宗頤:《曾侯乙墓匫器漆書文字初釋》,《古文字研究》第 10 輯,中華書局 1983 年,第 190—197 頁;湖北省文物考古研究所:《曾侯乙墓》,文物出版社 1989 年,圖版一二四.4。

⑤ 滕壬生:《楚系簡帛文字編》,湖北教育出版社 1995 年,第 62、1173—1174 頁。

⑥ 饒宗頤:《曾侯乙墓匫器漆書文字初釋》第 193—194 頁;黄德寬主編:《古文字譜系疏證》,商務印書館 2007 年,第 3497 頁。

（9）、例（10）之字亦應釋爲“毁”，例（9）之字爲人名，例（10）之字應讀爲“繋”，古書中“辰”與“繋”常可連用。① 例（11）之字舊多釋爲“練”，②孫超傑先生根據王凱博先生對例（8）之字的考釋認爲此字即“繋”字，讀爲“繼”，“紹繼”爲同義連用。③ 例（12）之字，上揭王挺斌先生釋爲“繋”字省體。天星觀簡尚未正式公布，王先生依據的是《戰國古文字典》摹寫的字形，其文例爲“歸三玩～車馬”，④文義並不明確，因而王先生未做討論。其實《戰國古文字典》的依據應是滕壬生先生編著的《楚系簡帛文字編》，其所附辭例爲“歸玉玩～車馬於悲中”。《楚系簡帛文字編》附録“楚簡原物照片選”一欄，恰好附有此簡的原大照片。所謂“三”作“　”，應從《楚系簡帛文字編》釋爲“玉”。“中”字原作“中”，這種寫法的“中”字在古文字中絶大部分讀爲伯仲之“仲”，如清華簡《四時》中“仲春”“仲夏”之“仲”字便作此形，而“中帝”之“中”字則作“　”（30號），二者迥然有別；⑤上博簡中這種區別也比較嚴格。⑥ 因此，簡文“中”應用作“仲”。參照下文“歸佩玉於巫”，可知“悲仲”是神靈名或祖先名，從排行爲“仲”來看，更有可能是祖先名，“悲”是其氏；“玉玩”和“車馬”則是所“歸（饋）”的物品。“繋”字處於“玉玩”和“車馬”中間，有三種可能：一、連接二者的並列連詞；二、跟二者平列的物品；三、同前面的“歸”對應，是一個動詞，應斷讀爲“歸玉玩、繋車馬”。“繋車馬於悲仲”跟上揭《易·離·象傳》“大人以繼明照于四方”和《淮南子·氾論》“司寇之徒繼踵於門”等文例相同，因此應該采用第三種分析方法，“繋”是動詞，應讀爲“繼”，訓爲接續。在上古漢語中，“繼”所指的動作往往是重複先前發出的動作，例如《左傳》定公四年“先伐之，其卒必奔；而後大師繼之，必克”、宣公二年“諫而不入，則莫之繼也。會請先，不入，則子繼之”，二例中“繼”所指代的動作實爲先前發出的“伐”與“諫”。因此，“歸玉玩、繼車馬於悲仲”，意思是在“歸玉玩”給悲仲之後，再繼續“歸”“車馬於悲仲”。

　　根據以上分析，可知“東”的第四類形體更爲原始，其形體跟“東”“束”等字相近，大概造字方法也相同，表示口袋繋縛之形，是繋縛之“繋”的表意初文。而“繡”字應該

① 李春桃：《釋“紳”“毁”——從楚帛書“紳”字考釋談起》，《簡帛研究二〇一五（春夏卷）》，廣西師範大學出版社 2015 年，第 19—21 頁。

② 孫剛：《東周齊系題銘研究》，博士學位論文，吉林大學 2012 年，第 424 頁；孫剛：《齊文字編》，福建人民出版社 2010 年，第 337 頁。

③ 孫超傑：《傳抄古文札記一則》，《出土文獻》2021 年第 3 期，第 103—106 頁。

④ 何琳儀：《戰國古文字典》，中華書局 1998 年，第 364 頁。

⑤ 黄德寬主編：《清華大學藏戰國竹簡（拾）》，中西書局 2020 年，第 128—132、162 頁。

⑥ 徐在國：《上博楚簡文字聲系（一～八）》，安徽大學出版社 2013 年，第 874—881 頁。

是加注形旁"糸"而造的後起形聲字，"繫"字則是把已成聲旁的初文"壷"改換爲"敫"的形聲結構的異體。

古文字中的從"壷"之字過去被誤釋爲從"東"或從"重"，提示我們現在釋爲從"東"或從"重"的字中有些可能要改釋爲從"壷"。郭店簡《唐虞之道》的這個字所從跟"東"字接近，主流的考釋意見中有釋"涷"之説，白於藍先生在考釋上揭例（8）之字時已注意到《唐虞之道》此字所從跟上揭例（8）、例（12）之字所從一致，認爲它們是一個字。① 白先生的意見是很有啓發性的。現在我們既然確定上舉例（8）、例（12）等字所從爲"壷"，那麽《唐虞之道》此字相應地也應改釋爲"潼"，可以分析爲從"水""壷"聲，相當於後世的何字，待考。我們認爲，二"潼"字在《唐虞之道》中都應讀爲"繼"，同樣訓爲傳續、接續。

首先來看讀音。從"壷"聲之字可以讀爲"繼"，前引孫超傑先生在論證例（12）之"繫"字應讀爲"繼"時作了詳細的論述，轉引於下：

> "繫"在見紐錫部，"繼"在見紐質部（引按："繼"亦在錫部），二者讀音相近。在古書中"繫""係"常通用無別，如《易·謙》"係謙，有疾厲"，《經典釋文》："係，本或作繫。"《莊子·應帝王》："是於聖人也，胥易技係勞形怵心者也。"《經典釋文》："係，崔本作繫。"上博二《從政》乙篇簡1有"口惠而實不係"，可與《禮記·表記》"口惠而實不至"、郭店簡《忠信之道》簡5"口惠而實弗從"對讀，陳劍先生讀"係"爲"繼"，認爲可以理解爲"以……繼續於……之後"，並引《左傳》桓公十二年"君子曰：苟信不繼，盟無益也。《詩》云：'君子屢盟，亂用是長。'無信也"爲證，於文義十分貼切。上博五《三德》簡16有"喪以係樂，四方來瘧"，范常喜先生將之與《呂氏春秋·上農》"喪以繼樂，四鄰來瘧"一句相繫聯。

其説甚是。上文我們根據孫文所引上博簡《從政》乙篇5號"係"讀爲"繼"，把例（8）"繫於四海"和例（12）"繫車馬於悲仲"之"繫"都讀爲"繼"，亦是其證。《唐虞之道》"潼"從"壷"得聲，理應也可以用作"繼"。

再來看文義。例（1）"孝之殺，愛天下之民；禪之繼，世亡隱德"講的是"孝""禪"等德行的傳流、播散及其影響，其前一句可以跟下列文獻對讀：

> （13）大道之行也，天下爲公。選賢與能，講信脩睦。故人不獨親其親，不獨
> 　　　子其子，使老有所終，壯有所用，幼有所長，矜寡孤獨廢疾者皆有所養。
> 　　　男有分，女有歸。貨惡其棄於地也，不必藏於己；力惡其不出於身也，不

---

① 白於藍：《釋上博簡〈凡物流形〉篇的"姊"與"練"》，《考古與文物》2017年第1期，第117—118頁。

必爲己。是故謀閉而不興,盗竊亂賊而不作,故外户而不閉。是謂大同。

(《禮記·禮運》)

(14) 老吾老,以及人之老;幼吾幼,以及人之幼:天下可運於掌。《詩》云:
"刑于寡妻,至于兄弟,以御于邦家。"言舉斯心而加諸彼而已。故推恩
足以保四海,不推恩無以保妻子。古之人所以大過人者,無他焉,善推
其所爲而已矣。

(《孟子·梁惠王上》)

(15) 親親、故故、庸庸、勞勞,仁之殺也。貴貴、尊尊、賢賢、老老、長長,義之
倫也。

(《荀子·大略》)

(16) 愛親,則其殺愛人。 　　　　　　　　　　(郭店簡《語叢三》40 號)①

(17) 愛父,其稽愛人,仁也。 　　　　　　　　(郭店簡《五行》33 號)②

(18) 經:愛父,其繼愛人,仁也。 　　　　(馬王堆漢墓帛書《五行》23 行)
說:愛父,其殺愛人,仁也。 　　　　　　　　　　(同上 85 行)③

例(13)"人不獨親其親"、例(14)"老吾老,以及人之老"、例(15)"親親、故故、庸庸、勞勞"、例(16)"愛親,則其殺愛人"、例(17)"愛父,其稽愛人"和例(18)"愛父,其繼愛人",都跟簡文"孝之殺,愛天下之人"意思相近。④ 例(15)、例(17)和例(18)還將之定義爲"仁",跟《論語·學而》"孝弟也者,其爲仁之本與"的論斷亦相合。例(15)楊倞注:"殺,等差也。"例(16)之"殺",學者多將之訓爲減殺、降殺。⑤ 例(18)原整理者注:"'殺'是差、減之義,與'繼'字義近。"⑥楊注把"殺"訓爲差,但同時指明是等差之"差",義爲等列、行列,跟下文"倫"義近。這是作名詞。作動詞時,其義則爲流放、流散、播散。《大戴禮記·五帝德》"殺三苗于三危,以變西戎",孔廣森注:"殺,竄字之誤。古文《尚書》曰'竄三苗'。竄之言鼠也。"王引之引王念孫曰:"孔說非也。殺非殺戮之'殺',乃'樧'之借字,謂放流之

---

① 荆門市博物館:《郭店楚墓竹簡》第 100、211 頁。

② 荆門市博物館:《郭店楚墓竹簡》第 33、150、153 頁。

③ 湖南省博物館、復旦大學出土文獻與古文字研究中心編纂,裘錫圭主編:《長沙馬王堆漢墓簡帛集成》,中華書局 2014 年,第 1 册第 103、106 頁,第 4 册第 59、78 頁。

④ 例(18)之"稽",裘錫圭先生讀爲"繼"。按,應讀如本字,訓至。《莊子·徐無鬼》"大信稽之",成玄英疏:"稽,至也。"甲骨文也有類似用法,例如"其稽五旬□"(《花東》266)、"丁稽乙亥不出狩"(《花東》366)等。參趙平安:《釋花東甲骨中的"瘥"和"稽"》,《新出簡帛與古文字古文獻研究續集》,商務印書館 2018 年,第 3—8 頁。

⑤ 劉釗:《郭店楚簡校釋》,福建人民出版社 2005 年,第 217 頁;陳劍:《金文"象"字考釋》,《甲骨金文考釋論集》,綫裝書局 2007 年,第 265 頁。

⑥ 國家文物局古文獻研究室:《馬王堆漢墓帛書(壹)》,文物出版社 1980 年,第 25 頁注 18。

也。字亦通作'蔡'。《説文》：'椒，糀糀，散之也。从米，殺聲。'昭元年《左傳》'周公殺管叔而蔡蔡叔'，杜注曰：'蔡，放也。'釋文：'上蔡字，音素葛反，放也。《説文》作"椒"，音同。下蔡叔，如字。'正義曰：'椒爲放散之義，故訓爲放也。'又《説文》'寂，讀若《虞書》"寂三苗"之"寂"'，今《書》作'竄'。《字林》：'竄，七外反，與寂同音。''寂''竄''殺''椒''蔡'五字聲近而義同，皆謂放流之也。然則'殺三苗'即'竄三苗'，故《孟子·萬章篇》亦云'殺三苗于三危'，非'寂'字之誤。"① 又《方言》卷三"散，殺也"，錢繹箋疏："《説文》：'椒，分離也。'經典通作'散'。《樂記》云'馬散之華山之陽而弗復乘'，鄭注：'散，猶放也。'《説文》：'椒，糀糀，散之也。'徐鍇傳引昭元年《左氏傳》曰'殺管叔而椒蔡叔'，云：'言放之若散米，音桑怛反。'今本作'蔡'字，杜注：'蔡，放也。'《釋文》：'上"蔡"字音素葛反，《説文》作"椒"，从"殺"下"米"。'《玉篇》：'椒，糀糀，散也。《書》作"蔡"。'是'椒'與'蔡'通。《禹貢》'二百里蔡'，《正義》引鄭注云：'蔡之言殺，減殺其賦。''散''椒''殺'並聲之轉耳。"② 放散、播散義之"殺"跟傳繼之"繼"義近，故而例(18)才用"殺"來解釋"繼"，而例(1)才用二者作對文。"禪之繼，世無隱德"，意思是禪讓之行流傳、播散開來，世間就會再無隱匿未現的德行。禪讓的本質是"尊賢"，是"選賢與能"，使有德者居位，因而隨着禪讓的全面推廣而使有德者全部居位，當然就"世無隱德"了。這就從文義上證明我們把《唐虞之道》之字釋爲"溥"讀爲"繼"是正確的。

例(2)講"舜居於草茅之中而不憂"，因爲知道這是"命"。此爲古代儒家一貫秉持的"死生有命，富貴在天"(《論語·顔淵》)和"善否己也，窮達以時"(郭店簡《窮達以時》14 號)之思想。③ 又講舜"登爲天子而不驕"，是因爲他"不溥"。根據文義，"溥"應該是占有、據有一類意思。郭店簡《老子》甲篇 17 號"聖人居亡爲之事，行不言之教，萬物作而弗始也，爲而弗恃也，成而弗居"，④其中"弗居"就是不占有、不據爲己有。不過表達不占有、不據有一類意思的詞很多，"溥"字的準確釋讀還需要進一步分析。值得注意的是，王博先生和裘錫圭先生都指出，例(2)所述可與《管子·戒》下引一段文字對讀。⑤ 現引述於下：

(19) 仁從中出，義從外作。仁，故不以天下爲利；義，故不以天下爲名。<u>仁，</u>

---

① (清) 王引之撰，虞思徵等點校：《經義述聞》第 701—702 頁。

② (清) 錢繹撰：《方言箋疏》，上海古籍出版社 1984 年，第 213 頁。

③ 荆門市博物館：《郭店楚墓竹簡》第 28、145 頁。

④ 荆門市博物館：《郭店楚墓竹簡》第 4、112 頁。

⑤ 王博：《關於〈唐虞之道〉的幾個問題》，《中國哲學史》1999 年第 2 期，第 31 頁；裘錫圭：《讀〈郭店楚墓竹簡〉札記三則》，《中國出土文獻十講》，復旦大學出版社 2004 年，第 281—285 頁。

故不代王;義,故七十而致政。是故聖人上德而下功,尊道而賤物。道
德當身,故不以物惑。是故身在草茅之中而無懾意,南面聽天下而無驕
色,如此而後可以爲天下王。　　　　　　　　　　　　　　(《管子·戒》)

其中"仁,故不代王;義,故七十而致政"一句是"不溥"的具體所指。"七十而致政"指
的是臣。《禮記·曲禮上》:"大夫七十而致事。"又《王制》:"五十而爵,六十不親學,七
十致政。""不代王"則指君。裘錫圭先生指出,應爲不繼世爲王之義,也就是實行禪
讓。① 其説可信。一般認爲,《禮記·禮運》所載的大同社會是實行禪讓制度的社會,
跟它相對的是小康社會。小康社會的主要特徵是"各親其親,各子其子,貨力爲己。
大人世及以爲禮,城郭溝池以爲固,禮義以爲紀",其中"世"指父子相傳,"及"指兄弟
相傳,都指世襲制度。除"代""世""及"之外,"繼"也指世襲。《孟子·萬章上》:"唐、
虞禪,夏后、殷、周繼,其義一也。"《莊子·秋水》:"帝王殊禪,三代殊繼。"都是"繼"與
"禪"對舉。例(2)所説的是舜,身份是天子君王,則"不溥"應與例(19)"不代王"相當,
"溥"應讀爲"繼"。"繼"是"禪"的反面,所以"不繼"就是"禪"。舜推崇禪讓之道,"尊
道而賤物",不把貴爲天子、富有天下當作一回事,因而才能"登爲天子而不驕",才能
"君民而不驕,卒王天下而不矣(喜)"(《唐虞之道》18 號),才能"及其有天下也,不以天
下爲重"(《唐虞之道》19 號)。

2021 年 11 月初稿

2022 年 5 月修改

---

① 裘錫圭:《讀〈郭店楚墓竹簡〉札記三則》第 283 頁。

楚簡"戔"字補釋

唐 佳 肖 毅

摘　要： 楚簡所見从"戔"諸字，出現頻率高，形體變化大，各家考釋意見紛繁，向難論定。綜合字形排比、辭例分析以及文獻對讀等三方面的證據，我們認爲，裘錫圭先生早年釋"戔"的意見最具卓識。受裘先生的啓發，我們從字形演變規律出發，考釋出楚簡"戔"字系列變體，梳理了从"戔"諸字的各種用法。結合楚簡"戔"字變體或近"小""少"形，而"小""少"又可與"雀"通假的情況來看，《尚書·秦誓》中的"截截"，應即"戳戳"之訛，古韻應歸"元部"，與其異文"戔戔""諓諓"爲一字異體，當從僞《孔傳》訓"察察"。清華拾《四告》中的兩個"戳"字，亦是"戳"字訛體，分別讀爲"察告""察叩"，與包山簡可相互證。

關鍵詞： 楚簡　訛變　戔　《尚書》　戳

　　楚簡所見"戔"字，形體變化較大，以致各家解釋歧異。① 綜合字形排比、辭例分析以及文獻對讀等三方面的證據，我們認爲，裘錫圭先生的説法最中肯綮，裘先生指出（下文簡稱"裘文"）：

　　　　包山和郭店簡所見的"詧"（察）、"竊"二字和郭店簡所見的"淺"、"俴"（見《語叢二》19 號簡，原未釋）等字的聲旁（以下以"△"代替），其實已見於三體石經，石經《春秋》"踐土"之"踐"的古文，所從聲旁與郭店簡"淺"字所從之"△"，寫法幾乎全同。楚簡從二"戈"的"戔"字及"戔"旁，其二"戈"多作並列形，"△"實即由此種"戔"形訛變而成。郭店簡有"△戈"

---

① 楚簡从"戔"諸字的學術史討論，請參張峰、譚生力：《論古文字中戔字變體及相關諸字形音義》，《江漢考古》2016 年第 4 期，第 113—116 頁；又譚生力：《楚文字形近、同形現象源流考》，中國社會科學出版社 2018 年，第 190—203 頁。此不贅述。今按，本文引譚説，均以其專著爲據。

字(見《性自命出》),可視爲"戔"之繁體;又有從"口""△戈"省聲之字(見
《尊德義》),有學者釋讀爲"察",可從。包山簡有與"殺"連文的"戔"字變
體,讀"戔"或讀"殘"均可;又有從"邑"△聲之字,其△旁加"刀",或可視
爲"剗"。①

由於裘文扼要,對楚簡"戔"字形體演變過程以及從"戔"諸字在楚簡中的用法等問題
並未展開,對"竊"字的看法也有可商之處。② 因此,我們草成此文,作爲裘説的補正。
爲便行文,我們沿用裘説,將"戔"字構件亦稱"△"。

一、"戔"字形體演變過程

根據楚文字形體演變的一般規律,我們認爲,楚簡"△"字演變過程可分爲兩類四
系,具體如下。

第一類,"△"之二"戈"作上下結構,自成一系:

A1. 🔲 帛書・乙5・33

此類構形極罕見。無獨有偶,《十鐘山房印舉・三・九》著録下揭一方秦單字印:

應釋"淺",其二"戈"亦作上下結構。殊可注意的是,該印"戈"字表戈柲的豎畫斷開,
其橫畫下部變作"×"形,這一現象在第二類"△"變體中常見。

第二類,"△"之二"戈"作左右結構。裘文指出:"楚簡從二'戈'的'戔'字及'戔'
旁,其二'戈'多作並列形,'△'實即由此種'戔'形訛變而成。"③誠如斯言,此類訛變可
分B、C、D三系。

先説B系,"△"作如下諸形:

---

① 裘錫圭:《〈太一生水〉"名字"章解釋——兼論〈太一生水〉的分章問題》"附識",《古文字研究》第22輯,中
　　華書局2000年,第225頁;又氏著《中國出土古文獻十講》,復旦大學出版社2004年,第254—255頁;又
　　氏著《裘錫圭學術文集・簡牘帛書卷》,復旦大學出版社2012年,第354—355頁。今按,裘先生在《文集》
　　編按指出:"作者後來對'△'字的看法已有改變,認爲'△'與'戔'無關。"筆者認爲,裘先生釋"戔"之説可
　　信,故文中引裘説,均以《古文字研究》第22輯爲據。
② 我們認爲楚簡"竊"字形體與"△"無關,另詳《釋"竊"》待刊稿。
③ 裘錫圭:《〈太一生水〉"名字"章解釋——兼論〈太一生水〉的分章問題》"附識",第225頁。

B1. 上博七·武王·9

B2. 包山·30　　包山·22　　上博二·容·18

B3. 清華八·邦道·10

　　B2第一例,其右部所從之“△”,實由B1省變而來。楚簡“戈”字構件,長橫末端多作弧筆,末端弧筆偶與橫畫下一撇(即與戈柲交叉的撇畫)粘連,或並作一筆,“”(清華十·四告·8)右部“＞”形即其例。在B1基礎上,橫畫下兩“×”形構件重複,省略其一,剩下的“×”形,其撇畫與上部橫畫粘連,即變作B2第一例所從之“△”(“△”上部豎畫的來源,請參看C系的討論)。上揭B2第二例,其右半所從,譚生力先生以爲“累增義符”,①與B2第一例之“△”爲一字異體,非是。據上揭B2第三例,知是楚簡“劃”字,不必與B2第一例之“△”混同。

　　B3所從之“△”,可視爲B2第一例之“△”所訛,即橫畫下本應交叉的兩筆,起筆粘連,變作“人”形。②

　　再説C系,“△”作如下諸形:

C1. 郭店·成·34

C2. 郭店·語一·68　　清華九·命一·10

C3. 安大一·小戎·45

C4. 郭店·五行·13

C5. 清華六·子産·1

C6. 包山·19

C7. 郭店·五行·46

C8. 郭店·五行·39

C9. 包山·128反

C10. 包山·128

C11. 包山·126

　　我們知道,在楚文字中,如果豎畫與橫畫交叉,則豎畫在與橫畫交叉處斷開。③　這

---

① 譚生力:《楚文字形近、同源現象源流考》第202頁。

② 魏宜輝:《楚系簡帛文字形體訛變分析》,南京大學博士學位論文,第二章中“筆畫粘連訛變”相關討論,2003年,第29—35頁。

③ 蕭毅:《楚簡文字研究》,武漢大學出版社2010年,第75頁。

就是説，C1 上部表戈柲的四筆在上横畫處斷開，由並列兩"V"形構件，變作四筆(或省作三筆)豎寫；①中部兩横畫之間的豎筆下部粘連，變作"亚"形；下部兩"×"形構件與下部横畫斷開，變作"廾"形，則整體變作 C2 右半之"△"。

上揭 C3，安大簡整理者隸作"轏"：

> 簡文作""，從"車"，"弄"("弄"字從"廾"，"辛"省聲)聲。上古音"辛"屬溪紐元部，"戔"屬精紐元部，二字古音相近。"轏"爲"轏"之異體。"轏""俴"諧聲可通。毛傳："俴，淺。"②

此説可商。從文字形體演變規律來看，C3 右部所從，係 C2 之"△"變體，即 C2 之"△"，省略頂部四筆(或三筆)變作一横筆。綜合 B、C、D 三系形變來看，"△"頂部多作四豎筆(或三豎筆)，因此，C3 右半部分，似乎與"△"無關。關於這一點，我們可以參考表1"對""業"諸字的變化：

表 1

令鼎(集成 2803)	同簋(集成 4271)	九年衛鼎(集成 2831)	仲業簠(集成 3783)

由此看來，C2 所從"△"頂部四豎筆(或三豎筆)是可以變作一横筆的。又，上引整理者已經説明"轏"字對應今本作"俴"。那麽，"轏"右半從"△"，釋爲"轏"，則與今本若合符節(詳下文)。

C4 所從之"△"，則是在 C2 右部基礎上，下部替換形符，由"廾"換作"又"。

C5 所從之"△"，則是在 C4 右部基礎上繁化，於頂部豎畫上加横筆。

C6 所從之"△"，亦是在 C4 右部基礎上繁化所致。我們發現，楚文字"又"字右側

---

① 《古璽彙編》5505 著録下揭一方單字璽：

釋"錢"，其右部所從"戔"字横畫上部四筆豎寫，是其證。又白於藍主編《先秦璽印陶文貨幣石玉文字彙纂》，將此印歸入"齊系"，有待商榷。我們在《古璽文分域研究》中指出，古璽"金"旁"四點微微張開、不超出横畫者"，多見於楚璽。結合上引裘文論楚簡"戔"字二"戈"多作並列形來看，上揭"錢"單字璽，爲楚璽的可能性更大。

② 黄德寬、徐在國主編：《安徽大學藏戰國竹簡(一)》，中西書局 2019 年，第 103 頁。

常加斜筆繁化,如"旻""事"諸字。① 對比 C4 之"△",C6 之"△"不同之處即在於下部所從"又"右側加一斜筆。

　　C7 所從之"△",裘文已經指出與三體石經"踐"字古文的聲旁相同。今按,三體石經"踐"字如下:

三體石經·僖公

裘說是。C7 右下部分,譚生力先生以爲"水"字,②非是。應當注意,楚簡"水"字如上揭 C2(第二例)、C5、C7 等左半所從,其區別特徵在於:第一,兩側四點或與中部筆畫平行,或向下呈"穴"形;第二,中部筆畫彎曲呈"乙"形。而 C7 右下所從與此不符,絕非"水"字。我們認爲,C7 右下實從"手",係 C4 之"△"下半所從"又"的形符替換。因此,C7 所從之"△"可視爲 C4 右半所變。

　　關於 C8,裘按認爲與 C4 的"△"有別,謹慎存疑。③ 我們認爲,C8 實即 C4 之"△"所變。首先,C4"△"中部"立"形構件下橫畫變作曲筆,上揭 C2 第二例、C5 皆其證。石經"踐"字古文聲旁同此。其次,C4 右下"又"形中豎加贅筆作"刀"形。則整體變作 C8。關於 C8 末尾有"刀"形構件,楚簡"義"字或作:

上博四·曹沫·36

其右下所從"戈"字構件,亦有類似的變化。湯餘惠、何琳儀、曹錦炎等先生曾先後提到,④齊系文字有一種尾形飾筆,一般多加於豎畫末尾,如"佫"或作" "(《璽彙》0328)即其例。與之相似的飾筆也見於燕璽、晉璽、楚璽,我們稱其爲"尾飾"。⑤ C8 末尾的"刀"形,其實就是在中部豎畫末尾附加贅筆,亦即"尾飾",應即 C4 之"△"的變體。

　　C9 所從之"△",應直接來源於 C1。即 C1 上部斷作四筆(或三筆);中部兩橫畫之間的豎筆下部粘連,變作"立"形;下部兩"×"形構件重複,省略其一,剩下一"×"形構件,與"立"形下橫畫粘連。上部和中部的變化,與 C1→C2 類似;下部的變化與 B1→

---

① 蕭毅:《楚簡文字研究》第 43—44 頁。

② 譚生力:《楚文字形近、同源現象源流考》第 203 頁。

③ 荆門市博物館:《郭店楚墓竹簡》,文物出版社 1998 年,第 154 頁。

④ 湯餘惠:《略論戰國文字形體研究中的幾個問題》,《古文字研究》第 15 輯,中華書局 1986 年,第 50 頁;何琳儀:《戰國文字通論》,中華書局 1989 年,第 90 頁;曹錦炎:《古璽通論》,上海書畫出版社 1996 年,第 80—81 頁。

⑤ 蕭毅:《古璽文分域研究》,崇文書局 2018 年,第 46—48 頁。

B2 類似。

  C10 所從之"△"，應是 C9 之"△"所變。楚簡文字有一種"筆畫剥離"現象，即 X 構件離開 Y 構件時帶走 Y 構件的部分筆畫，且不影響 Y 構件的形體，如表 2"異""絹"等字的變化：[1]

表 2

包山·52	包山·114	望山·2-21	包山·277

C9 右下"×"形與"立"形下橫畫粘連，若剥離"立"形構件，即可變爲 C10 右下所從。因之，C10 之"△"源係 C9 之"△"。

  C11 右部的"△"，亦是 C9 之"△"所變。上文提到，楚簡文字常見筆畫斷開現象，在斷開過程中，筆畫往往也會發生省略，"速"或作""（包山·219）即其例。由此反觀，C9 之"△"，"立"中部兩筆斷開省略，也就變成 C11 右部的"△"。

  再説 D 系，"△"作如下諸形：

D1. 清華八·邦道·12

D2. 郭店·語二·19

D3. 郭店·性·38

D4. 清華二·繫年·44

D5. 安大一·黄鳥·53[2]

D6. 郭店·性·22

D7. 郭店·尊·17   郭店·成·19

D8. 清華七·越公·44   上博七·凡乙·15

D9. 上博七·凡甲·24

D10. 清華九·成人·19   上博七·凡甲·14   上博七·凡乙·10

    上博七·凡甲·20   上博六·季桓·27

---

① 蕭毅：《楚簡文字研究》第 72—74 頁。

② 安大簡"水"旁部分近似"手"形，應是書手個人所致，不能作爲 C7 之"△"下部從"手"的反證。

　　D2，裴文釋"俴"，可從。D2 右邊的"△"，來源於 D1，其演變過程，與 C1→C2 相仿。即豎畫在與橫畫交叉處斷開，上部兩"V"形筆畫變作四豎筆，中部變作"亚"形，下部變作兩豎筆。

　　D3，裴文釋"戔"，視作"戔"之繁體，可從。至於 D3 所從之"△"，只是在 D2 所從之"△"基礎上略有變化。即 D2"△"中部"亚"形第二橫畫起筆作弧筆，下部兩豎筆起筆粘連，變作"人"形，所以貌似與 D2"△"略異。然究所由，皆與楚簡文字演變的一般規律相符。

　　D4 所從之"△"，是在 D2 右半的基礎上，下部兩豎筆變作三豎筆。類似的變化可參表 3"保""辛"諸字：[1]

表 3

《集成》194	包山 • 197	包山 258	新蔡乙三 • 50

　　D5 所從之"△"，則是在 D2 右半的基礎上，簡化"亚"形下兩豎筆。或許是出於文字整體構形考慮，在"亚"形構件下繁化加"止"，如"及"或作" "（新蔡乙四 • 9）是其例。當然，也有可能是先繁化加"止"，因"止"占用"亚"形下兩豎筆的空間，導致"占位簡化"。[2]

　　上揭 D6，裴按釋爲"淺澤"二字合文，[3]可從。其所從"△"，中部"亚"形第二橫畫起筆作弧筆，與 D3"亚"形相似；下部受"澤"字合文影響有所省略，也可能和 D5 一樣，屬於"占位簡化"。應當注意，D6 之"△"，受"澤"字上部"罒"形的影響，構形特徵不太典型。

　　D7，裴文認爲"從'口''戔'省聲"，[4]我們的觀點與此不同。一方面，從簡帛用字習慣的角度來看，B2、C4、D10 用法與 D7 相同（詳下文），這説明從"言"從"△"之字，來源較早。另一方面，從文字構形的角度分析，D10 第一例本從"言"。上揭 D5 説明"亚"形下部筆畫可以省略，在此基礎上，D7 之"△"，中部"亚"形構件與"言"字"口"上所從相同，其"亚"形構件兩者共用，即成 D7 左半。因此，我們認爲，D7 之"△"與"言"相糅

---

① 　蕭毅：《楚簡文字研究》第 114—115 頁。

② 　蕭毅：《楚簡文字研究》第 33 頁。

③ 　荆門市博物館：《郭店楚墓竹簡》第 182 頁。

④ 　裴錫圭：《〈太一生水〉"名字"章解釋——兼論〈太一生水〉的分章問題》"附識"，第 225 頁。

合的可能性更大，即从"言"，从"△戈"省聲。換句話説，D7 所从之"△"與 D5 所从之"△"相同。

D7 左上豎筆，或作三畫，或作四畫，訛變成 D8 左上"小""少"二形。在 D8 左上"少"形的基礎上，中部横畫與豎畫交叉，訛作"十"形，與兩側"八"形筆畫構成近似"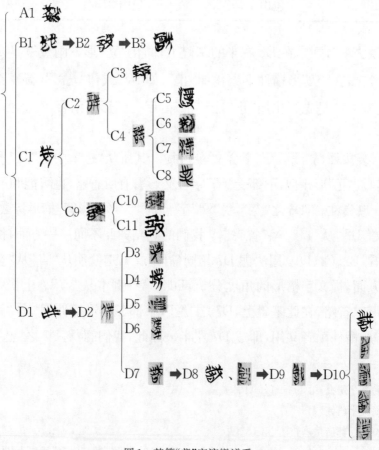"(清華一・皇門・1)右上所从，整體變作 D9 字。因此，D8、D9 所从之"△"與 D5、D7 的"△"相同，只是"立"形上部四豎筆(或三豎筆)有所變化。

至於 D10 之"△"，則是在 D7、D8、D9"△"進一步省變而來。這就是説，"立"形構件本是"△"與"言"共用，但在形變過程中，"立"形構件逐漸與"△"脱離，變爲"言"字的獨立構件。必須注意，上揭 D10 諸字有一共同特徵，即"言"字獨立構形，則"△"之豎筆(或"小""少"形)下方必有一横畫。這一横畫或獨作，如 D10 第四例；但多數情況下，與右部"戈"之横畫共作一筆，即 D10 前三例。易言之，D10 之"△"，已變作"┴┴"，即"┴┴"爲"△"的區別性特徵。

綜上所述，我們認爲，楚簡中"△"的演變歷程，可分兩類四系，詳見圖1：

圖1　楚簡"戔"字演變譜系

二、“戔”及從“戔”之字的用法

認識了楚簡的“△”字，可以連帶認出楚簡從“△”之字。下面，我們從用法的角度，對這些字予以梳理。①

（一）｛淺｝：淺、轏、俴

表 4

郭店·性·22（合文）	上博六·用曰·20	清華九·命一·10	清華六·子產·1
清華六·子產·1	郭店·五行·46	郭店·五行·46	上博四·曹沫·46
安大一·小戎·45	郭店·語二·19		

（1）笑，喜之～澤也。樂，喜之深澤也。　　　　　　　　　　（郭店·性·22）

（2）深，莫敢不深；～，莫敢不～。　　　　　　　　　　　　（郭店·五行·46）

（3）有袒之深，而有弔之～。　　　　　　　　　　　　　　　（上博六·用曰·20）

（4）求信有事，～以信深，深以信～。　　　　　　　　　　　（清華六·子產·1）

（5）而不告我於～深。　　　　　　　　　　　　　　　　　　（清華九·命一·10）

表 4 前 7 例“淺”字，辭例皆與“深”對文，讀如本字。

安大簡《小戎》的“轏”字，整理者從毛傳訓爲“淺”，可從。馬王堆漢墓帛書《脈法》：“膿深而砭轏，謂之不遝，一害；膿轏而砭深，謂之過，二害。”張家山簡本《脈書》

---

① 楚簡從 B1、C1、D1 諸形的字，學術界對其釋文、讀法討論成熟，毋庸贅言。我們在本節主要考察楚簡從“△”變體諸字的讀法。

“轂”作“淺”,是其證。① 上博四《曹沫之陳》的“轂”字,讀法待考,暫附於此。

至於《語叢二》的“倿”字,文例如下:

> 迟(急)生於欲,～生於迟(急)。

“迟”字李零先生讀爲“急”,②可從。“倿”字,劉釗先生讀爲“悁”,意爲嫉妒或固執。③我們認爲,“倿”或可讀爲“淺”,上引今本《小戎》“倿”字,毛傳訓“淺”即其例。簡文是説急迫生於欲望,淺薄生於急迫。

(二)〈殲〉:澸

表 5

安大一·黄鳥·52	安大一·黄鳥·53	安大一·黄鳥·54

(1) 彼蒼者天,～我良人。……彼蒼者天,～我良人。……彼蒼者天,～我☐

表 5 諸字,整理者隸作“澸”,並謂:

> 《毛詩》作“殲我良人”。“澸”……“淺”之異體。……上古音“戔”屬精紐
> 元部,“殲”屬精紐談部,音近可通。④

其右上從“△”,右下加“止”爲繁化,應釋“澸”,即“淺”字。整理者據今本《詩經·黄鳥》讀爲“殲”,可備一説。我們認爲,“淺”似可讀爲“踐”或“殘”,亦“滅”義。馬王堆漢墓帛書《戰國縱横家書·虞卿謂春申君章》“淺亂燕國”,整理小組“淺”讀爲“踐”。⑤ 銀雀山漢墓竹簡《孫臏兵法·見威王》“商奄反,故周公淺之”,整理小組:“淺,當讀爲‘踐’或‘殘’。《尚書大傳》:‘周公以成王之命殺禄父,遂踐奄。踐之云者,謂殺其身,

---

① 裘錫圭主編:《長沙馬王堆漢墓簡帛集成(伍)》,中華書局 2014 年,第 205—206 頁。

② 李零:《郭店楚簡校讀記》,《道家文化研究(郭店楚簡專號)》第 17 輯,三聯書店 1999 年,第 539—540 頁;又氏著《郭店楚簡校讀記》,北京大學出版社 2002 年,第 171 頁。

③ 劉釗:《郭店楚簡〈語叢二〉箋釋》,《古墓新知——紀念郭店楚簡出土十周年論文專輯》,香港國際炎黃文化出版社 2003 年,第 254 頁;又氏著《古文字考釋叢稿》,嶽麓書社 2005 年,第 284—285 頁。

④ 黄德寬、徐在國主編:《安徽大學藏戰國竹簡(一)》第 110 頁。

⑤ 裘錫圭主編:《長沙馬王堆漢墓簡帛集成(叁)》,中華書局 2014 年,第 254 頁。

執其家,潴其宫。'《史記·周本紀》:'召公爲保,周公爲師,東伐淮夷,殘奄。'"①皆其證。

(三)〔察〕

上揭 C4 郭店簡《五行》"諓"字,馬王堆漢墓帛書本《五行》作"察",裘按據以將見於包山簡、郭店簡的"諓"讀爲"察",②可從。"諓"字古音從母元部,"察"字古音初母月部,聲母同爲齒音,韵部月、元對轉,音近可通。

應當注意,〔察〕這個詞,在楚簡中有幾種不同用法。從詞性的角度分析,有名詞與動詞之别;同爲動詞,根據其所接賓語的不同,可分若干小類。

1. 〔察〕: 敠

表 6

清華七·越公·33

(1) 其見有～、有司及王左右。

整理者謂:"有察與有司、有正等結構相同,疑專指掌糾察之職官。"③〔察〕用爲名詞,作職官名,僅 1 例。

2. 〔察〕: 諓、謿、諓

表 7

![包山12]	![包山15反]	![包山22]	![包山24]
包山·12	包山·15反	包山·22	包山·24
![包山27]	![包山30]	![包山42]	![包山54]
包山·27	包山·30	包山·42	包山·54

---

① 山東博物館、中國文化遺産研究院:《銀雀山漢墓簡牘集成(貳)》,文物出版社 2021 年,第 7—9 頁。

② 荆門市博物館:《郭店楚墓竹簡》第 151 頁。

③ 李學勤主編:《清華大學藏戰國竹簡(柒)》,中西書局 2017 年,第 132 頁。

續　表

包山·125	包山·126	包山·128	包山·128 反
包山·137	包山·137	江陵 M370·2	上博四·曹沫·45
清華七·越公·38	清華九·成人·19	清華九·成人·25	

(1) 子左尹命漾陵邑大夫～邨室人某瘟之典之在漾陵之參鈢。　（包山·12）

(2) 新佶辻尹不爲其～。　　　　　　　　　　　　　　　（包山·15 反）

(3) 不以死於其州者之～告。　　　　　　　　　　　　　（包山·27）

(4) 鄙邑大夫命少宰尹鄴瞀～問大粱之戠舊之客苛坦。　　（包山·157）

(5) 凡市賈争訟，反背欺詒，～之而孚，則詰誅之。　　（清華七·越公·38）

這一類的{察}，凡 19 例，都與獄訟相關。《周禮·秋官·鄉士》"(鄉士)聽其獄訟，察其辭"，鄭玄注："察，審也。"①即其義。

3.{察}：戔、娥、諓、譏、屡

表 8

郭店·語一·68	郭店·五行·8	郭店·五行·13	郭店·窮·1
郭店·性·38	郭店·尊·8	郭店·尊·17	郭店·成·19

① 《周禮注疏》卷三十五《鄉士》，影印清嘉慶二十一年阮元校刻《十三經注疏》江西南昌府學刻本，中華書局 1980 年，第 875 頁下欄。

續　表

郭店・五行・37	郭店・五行・39	上博五・鮑叔牙・5	上博五・融師・6
上博六・季桓・16	上博六・季桓・18	上博六・季桓・27	上博七・凡甲・14
上博七・凡甲・18	上博七・凡甲・20	上博七・凡甲・22	上博七・凡甲・22
上博七・凡甲・22	上博七・凡甲・23	上博七・凡甲・24	上博七・凡甲・24
上博七・凡甲・24	上博七・凡甲・24	上博七・凡甲・25	上博七・凡乙・10
上博七・凡乙・15	上博七・凡乙・15	上博七・凡乙・15	上博七・凡乙・17
上博七・凡乙・17	上博七・凡乙・17	上博七・凡乙・17	上博七・凡乙・17
上博七・凡乙・18	清華六・子儀・12	清華七・越公・52	清華八・邦道・10
清華八・邦道・10	清華八・邦道・11	清華九・命一・3	清華十・四告・19
清華十一・五紀・63	清華十一・五紀・64	清華十一・五紀・64	清華十一・五紀・126

(1) ～其見者,情安失哉。　　　　　　　　　　　　　　(郭店·性·38)

(2) 毋以一人之口毀譽,徵而～之,則情可知。　　(清華八·邦道·11—12)

(3) ～者出所以知己,知己所以知人。　　　　　　　　(郭店·尊·8—9)

(4) ～天道以化民氣。　　　　　　　　　　　　　　　　(郭店·語一·68)

(5) 不柬,不行。不匿,不～於道。有大罪而大誅之,柬也。有小罪而赦之,
　　匿也。有大罪而弗大誅也,不行也。有小罪而弗赦也,不～於道也。

　　　　　　　　　　　　　　　　　　　　　　　　(郭店·五行·37—39)

(6) ～智而神,～神而同,～同而僉,～僉而困,～困而復。

　　　　　　　　　　　　　　　　　　　　　　　　(上博七·凡乙·17)

這一類的{察},出現較多,凡 48 例,多與某種具體行爲或抽象的"道"相關。《禮記·喪服四制》"皆可得而察焉",鄭玄注:"察,猶知也。"①《吕氏春秋·本味》"察其所以然。"高誘注:"察,省。"②是其義。

4.{察}：諓、諽、譏

表 9

卺	諽	譏
上博六·季桓·6	上博九·舉治·25	清華七·越公·40
譏	譏	譏
清華七·越公·44	清華七·越公·44	清華七·越公·45

(1) 如夫仁人之未～。　　　　　　　　　　　　　　　　(上博六·季桓·6)

(2) ～之於堯,堯始用之。　　　　　　　　　　　　　　(上博九·舉治·5)

(3) 王乃好徵人,王乃趣使人～省城市邊縣小大遠邇之勾落。

　　　　　　　　　　　　　　　　　　　　　　　　(清華七·越公·44)

(4) 王既～知之,乃命上會,王必親聽之。　　　　　　(清華七·越公·45)

---

① 《禮記正義》卷六十三《喪服四制》,影印清嘉慶二十一年阮元校刻《十三經注疏》江西南昌府學刻本,第1696 頁上欄。

② 許維遹撰,梁運華整理:《吕氏春秋集釋》卷十四《本味》,中華書局 2009 年,第 310 頁。

這一類的｛察｝,凡 6 例,皆與舉薦人才有關。《史記·刺客列傳》"嚴仲子乃察舉吾弟困污之中而交之",司馬貞《索隱》:"察謂觀察有志行乃舉之,劉氏云察猶選也。"①《後漢書·班彪傳上》"後察司徒廉爲望都長",李賢注:"察,舉也。"②

(四)｛蔡｝

1.｛蔡｝:劓

表 10

上博二·容·18

(1) 田無～。

"劓",整理者讀爲"蔡",指野草,③可從。

2.｛祭｝:戔、劓、鄒、鄒

表 11

包山·19	包山·36	包山·41	包山·43
包山·48	包山·140	包山·140 反	包山·145
包山·183	包山·188	上博九·陳公·3	

---

① （漢）司馬遷撰:《史記》(點校本二十四史修訂本)卷八十六《刺客列傳》,中華書局 2014 年,第 3048—3049 頁。

② （漢）班固撰:《後漢書》(點校本二十四史)卷四十上《班彪列傳》,中華書局 1965 年,第 1329 頁。

③ 馬承源主編:《上海博物館藏戰國楚竹書(二)》,上海古籍出版社 2002 年,第 264 頁。

(1) 九月乙巳之日不將～君以廷。　　　　　　　　　　　　　（包山・36）

(2) ～君之右司馬均臧受幾。　　　　　　　　　　　　　　　（包山・43）

(3) 癸亥之日不將昱～以廷。　　　　　　　　　　　　　　　（包山・48）

(4) ～陽人陳楚。　　　　　　　　　　　　　　　　　　　　（包山・183）

(5) 戰於～昝，師不絶。　　　　　　　　　　　　　　（上博九・陳公・3）

"剗""鄝""鄝"字，李家浩先生讀爲"酇"，即《漢書・地理志》南陽郡屬縣，地在今湖北省光化西北。[①] 吳良寶先生讀爲"蔡"，即《漢書・地理志》南陽郡蔡陽縣，地在今湖北襄樊市東。[②] 今從吳説。上揭包山簡 145，舊釋"羡"，[③]非是，當釋"戔"，亦讀爲"蔡"，地名。另外，《鑒印山房新獲古璽印選》005 著録一方古璽：

釋文"鄹(許)陳(委)粟鉌"。[④] 我們認爲，""字更可能从阝、从木、从戔。"戔"字在上揭 C1 基礎上，兩"V"形構件與第一横畫交叉，第二横畫下部省略一個"×"形，可釋"榔"，讀爲"蔡"，亦地名。

(五)〔漸〕：屡

表 12

羼
清華九・治政・23

---

① 李家浩：《談包山楚簡"歸鄩人之金"一案及其相關問題》，《出土文獻與古文字研究》第 1 輯，復旦大學出版社 2006 年，第 28 頁；又氏著《安徽大學語言文字研究叢書・李家浩卷》，安徽大學出版社 2013 年，第 161 頁。

② 吳良寶：《楚地"鄝易"新考》，張光裕、黃德寬主編：《古文字學論稿》，安徽大學出版社 2008 年，第 431 頁；又氏著《出土文獻史地論集》，中西書局 2020 年，第 8—9 頁。

③ 高智：《〈包山楚簡〉文字校釋十四則》，《于省吾教授百年誕辰紀念文集》，吉林大學出版社 1996 年，第 194 頁。

④ 許雄志編著：《鑒印山房新獲古璽印選》，河南美術出版社 2017 年，第 6—7 頁。

(1) 武威,譬之若蓼莿之易戲;文威,譬之若温甘之～鄆。

"屦"字,整理者釋"犀",讀爲"雋",意即"肥美,雋永"。[1] 陳民鎮先生指出:"整理者最初將'犀'讀作'漸',可能更爲合理。"[2]侯瑞華先生舉《史記·秦始皇本紀》中"斬""踐"異文的例子,證成陳説,認爲:"所謂'漸鄆',指味道逐漸淳厚悠長,和'易戲'即味道容易消减相對。"[3]陳、侯二先生之説可從。

(六)〔殘〕: 屦

表 13

清華九·治政·35

(1) 府庫倉鹿,是以不實,車馬不完,兵甲不修,其民乃寡以不正,亓德～於百姓,虐殺不辜,罪戾刑戮。

"屦"字,整理者讀爲"淺",認爲"德淺"與"德厚"相對。[4] 網友"激流震川 2.0"改讀爲"殘",重新斷句:

> 府庫倉鹿,是以不實,車馬不完,兵甲不修,其民乃寡。以不正其德,～於百姓,虐殺不辜,罪戾刑戮。

並謂:

> 《莊子·漁父》:"諸侯暴亂,擅相攘伐,以殘民人。"《戰國策·齊策五》:"夫士死於外,民殘於内。"……皆可説明"殘於百姓"之意。《商君書·慎法》"非侵於諸侯,必劫於百姓",《逸周書·時訓解》"困於百姓",並與簡文"殘於百姓"句式一致,可以爲證。[5]

其説可從。

① 黃德寬主編:《清華大學藏戰國竹簡(玖)》,中西書局 2019 年,第 139 頁。
② 陳民鎮:《讀清華簡〈治政之道〉筆記》,清華大學出土文獻研究與保護中心網站,2019 年 11 月 22 日。
③ 侯瑞華:《清華大學藏戰國竹簡〈治政之道〉校釋五則》,《文物春秋》2020 年第 5 期,第 49—50 頁。
④ 黃德寬主編:《清華大學藏戰國竹簡(玖)》第 142 頁。
⑤ 網友"激流震川 2.0":《清華九〈治政之道〉初讀》,武漢大學簡帛網簡帛論壇,2020 年 1 月 23 日。

(七){踐}：㳝

表 14

㳝
清華二·繫年·44

(1) 遂朝周襄王于衡雍，獻楚俘馘，盟諸侯於～土。

"㳝"字，整理者讀爲"踐"，①可從。"㳝土"即見於《左傳》《史記·晉世家》等古書中的"踐土"。

三、據"戋"之變體校讀古書

秦穆公潛師襲鄭，晉襄公敗之於殽，穆公悔過，誓告群臣，即《尚書·秦誓》。其中有一段：

> 惟古之謀人，則曰未就予忌；惟今之謀人，姑將以爲親。雖則云然，尚猷詢茲黄髮，則罔所愆。番番良士，旅力既愆，我尚有之。仡仡勇夫，射御不違，我尚不欲。惟截截善諞言，俾君子易辭，我皇多有之。②

"惟截截善諞言"，僞孔安國傳："惟察察便巧，善爲辨佞之言。"《經典釋文》："截，才節反。馬云：諞語，截削省要也。"孔穎達疏："截截猶察察，明辯便巧之意。"③《公羊傳》文公十二年引作"惟諓諓善竫言"，④《楚辭·九歎》王逸注引作"諓諓靖言"，⑤《説文》言部引作"截截善諞言"，⑥《説文》戈部引作"戋戋巧言"。⑦

---

① 李學勤主編：《清華大學藏戰國竹簡(貳)》，中西書局 2011 年，第 154 頁。

② 《尚書正義》卷二十《秦誓》，影印清嘉慶二十一年阮元校刻《十三經注疏》江西南昌府學刻本，第 256 頁中欄。

③ 《尚書正義》卷二十《秦誓》，第 256 頁中欄。

④ 《春秋公羊傳注疏》卷十四《文公》，影印清嘉慶二十一年阮元校刻《十三經注疏》江西南昌府學刻本，第 2272 頁上欄。

⑤ (宋) 洪興祖撰，白化文等點校：《楚辭補注》卷十六《九歎》，中華書局 1983 年，第 306 頁。

⑥ (漢) 許慎：《説文解字》卷三上《言部》，影印清同治十二年陳昌治刻本，中華書局 1963 年，第 55 頁上欄。

⑦ (漢) 許慎：《説文解字》卷十二下《氏部》，第 266 頁下欄。

《説文》戈部："戳，斷也。从戈，雀聲。"①《玉篇·戈部》："戳，字亦作截。"②是"戳"
"截"一字。上揭 D8、D9、D10 諸形，主要見於上博七《凡物流形》甲本、乙本，凡 22 例，
詳表 8。曹錦炎先生釋"戳"，以爲"識"字異體。③ 廖名春先生從之，讀爲"得"。④ 何有
祖先生釋"察"。⑤ 徐在國先生釋"戳"，分析爲从"言"，"戋（截）"聲，疑"誓"字異體。⑥
通過上文的分析，我們已經辨明該字當釋"識"，讀爲"察"。但是，徐文對"戳"字的分
析，對我們很有啓發：

> 我們認爲"鞘路"與新蔡簡中的"鞾路"同，當讀爲"雀"。上古音雀，溪紐藥
> 部字；肖，心紐宵部。韵部對轉。還有一條證據，信陽簡 2—11 有"雀韋"，天星
> 觀簡作"小韋"。劉信芳先生認爲"從辭例分析，'小韋'即信陽之'雀韋'"。其
> 説可從。天星觀簡中的"小"也應讀爲"雀"。"雀"字學者多分析爲从小从佳，
> 小亦聲。雀、爵二字古通，例極多不備舉。上博楚簡中的"爵"字从少，馮勝君
> 博士認爲"少"是聲符。可從。小、少一字分化。這也是"小"（或"肖"）讀"雀"
> 之證。……以上可以證明，从"戈"，"少"聲的字應該是"戳"字。⑦

既然小、少、雀可相通假，那麼，《尚書·秦誓》中的"戳"可能就是 D8 或 D10 的訛體。

第一，從形體的角度分析。上文說到，D8 的"小""少"與"立"形構成"△"，D10 的
"小""少"與其下橫畫構成"△"。但是，在通常情況下，"小""少"本身獨立成字參與構
形，一般作獨立構件看待，上舉曹先生釋"戳"，徐先生釋"戳"，即源於此。由此可見，
書手在對構形不明的情況下，徑直將"小""少"視爲獨立構件，亦即 D8 左半"小""少"
與"言"分離；D10 左半"小""少"獨立，其下部橫畫視爲"戈"字所从。然後誤以"小"
"少"爲聲旁，假"雀"替換，省略形旁"言"字，順理成章變爲《尚書·秦誓》中的"戳"字。
換句話説，《秦誓》中的"戳"字，原來就是"纖"（或"識"）字。

第二，從語音的角度分析。《秦誓》"戳""戋"的異文關係，歷代治《尚書》者，都認
爲是"音近假借"。但是，《説文》"戳"以"雀"爲聲符，"雀"字古音在藥部（或歸宵部），

---

① （漢）許慎：《説文解字》卷十二下《氏部》，第 266 頁下欄。

② 顧野王：《大廣益會玉篇》卷十七《戈部》，影印康熙四十三年張氏澤存堂刻本，中華書局 1987 年，第 81 頁
下欄。

③ 馬承源主編：《上海博物館藏戰國楚竹書（七）》，上海古籍出版社 2008 年，第 250 頁。

④ 廖名春：《〈凡物流形〉校讀零札（二）》，清華大學簡帛研究網，2008 年 12 月 31 日。

⑤ 何有祖：《〈凡物流形〉札記》，武漢大學簡帛網，2009 年 1 月 1 日。

⑥ 徐在國：《談上博七〈凡物流形〉中的"誓"字》，《古文字研究》第 28 輯，中華書局 2010 年，第 449—451 頁。

⑦ 徐在國：《談上博七〈凡物流形〉中的"誓"字》第 450 頁。

"戔"聲係字在元部,相去絕遠。事實上,清人對"截"字的古韵歸部問題,意見並不統一,何九盈先生對此有過評述:

> 截聲,王念孫歸祭部,黄侃歸曷部,朱駿聲歸他的"小之舉分部"(藥)。朱誤。致誤之由是拘守"截"從"雀"得聲。段玉裁的處理比較靈活。他歸十五部,但又説:"按雀聲在二部,於古音不合,蓋當於雙聲合韵求之。"《詩·商頌·長發》二章叶"撥達達越發烈截"。六章叶"旆鉞烈曷蘖達截伐桀"。依韵文當歸月部。①

據此,"截"字在《詩經》押韵與《説文》諧聲中相左,段玉裁取《詩經》押韵歸十五部,自有道理。一方面,從古韵歸部原則上説,《商頌》押韵早於《説文》諧聲,更爲存古。另一方面,《秦誓》"截"字係"戗"之訛,是"截"本當從"戔"得聲,古音應歸"元部",在《詩經》中與月部字相押,應屬"元月合韵"。

第三,從語義的角度分析,"截"字的來源現在尚不清楚,《説文》訓"斷",古書有徵,這可能跟"截"從"戈"有關。我們注意到,《説文》無"劃"字,從出土文獻有"劃",以及"截"字形、音來源於"戔"等方面來看,"截"字可能就是"劃"。

綜上所述,我們認爲,《秦誓》的"截"實即"戗"之訛。"截截",異文作"戔戔""諓諓"的情況,也能證明我們對"截"字的分析屬實。必須注意,"戗戗"訛作"截截"始於戰國,則"截截"屬隸古定,係古文《尚書》,與"戔戔"等異文有今古文的差別。段玉裁《古文尚書撰異》:"《秦誓》'截截善諞言',《説文·言部》引之,馬季長本及枚氏本同,此《古文尚書》也。《今文尚書》作'戔戔靖言'。"②殊爲有見。但從字形關係上講,它們都是一字異體。

明白了"截""戔""諓"異文的關係,我們再來討論《秦誓》"截截"的訓釋問題。上引馬融訓"截削省要",僞《孔傳》《孔疏》訓"察察",多少與"截"相關。但是,從蔡沉《書集傳》訓"辯給貌"以後,③治《尚書》學者大都從異文"諓諓"着眼,訓"淺薄巧言"。以段玉裁《古文尚書撰異》爲代表,上引《公羊傳》文公十二年何休《解詁》:"諓諓,淺薄之貌。"《楚辭·九歎》王逸注:"諓諓,讒言貌也。"又,《國語·越語》"又安知是諓諓者

---

① 陳復華、何九盈:《古韵通曉》,中國社會科學出版社 1987 年,第 354 頁;又何九盈、陳復華:《古韵三十部歸字總論》,《音韵學研究》第 1 輯,中華書局 1984 年,第 227 頁;又何九盈:《古韵三十部歸字總論》,《音韵叢稿》,商務印書館 2002 年,第 82 頁。今按,《音韵叢稿》論證最詳,今據引。

② (清)段玉裁:《古文尚書撰異》卷三十一《秦誓》,《續修四庫全書》第 46 册影印清七葉衍祥堂刻本,上海古籍出版社 2002 年,第 283 頁上欄。

③ (南宋)蔡沉撰,王豐先點校:《書集傳》卷六《秦誓》,中華書局 2017 年,第 229 頁。

乎",韋昭注:"諓諓,巧辯之言。"①《撰異》據以認爲:"'戔戔',何氏淺薄之訓近是。……馬季長曰:'諓諓,辭語。戳削省要也。'僞《孔傳》釋戳戳爲察察,似皆緣詞生訓。"②《撰異》據漢人舊説,從何休"淺薄"之訓,似可通。但是,放在《秦誓》文本之中,則稍嫌滯礙。

應當説明,《秦誓》是穆公歸咎自身語,襲鄭敗殽的相關史實,見於《左傳》僖公三十二年至文公二年,並無讒言之臣一類的角色。《左傳》僖公三十三年:

> 秦伯素服郊次,鄉師而哭,曰:"孤違蹇叔,以辱二三子(引者按:即孟明、西乞、白乙三帥),孤之罪也。不替孟明,孤之過也,大夫何罪?"③

又《左傳》文公元年:

> 秦大夫及左右皆言於秦伯曰:"是敗也,孟明之罪也,必殺之。"秦伯曰:"是孤之罪也。周芮良夫之詩曰:'大風有隧,貪人敗類。聽言則對,誦言如醉,匪用其良,覆俾我悖。'是貪故也,孤之謂也。孤實貪以禍夫子,夫子何罪?"④

由此可見,穆公不斷強調"孤之罪",自悔其過。所謂"惟戳戳善諞言,俾君子易辭",實與芮良夫"聽言則對,誦言如醉"道理相同,其意皆在表明,秦穆公已經意識到,殽之敗的原因是"孤實貪"。這就是説,穆公這句話的意思,其實是告誡自身不要重蹈覆轍,所以緊接有"我皇多有之"的話。既然並無臣子"諓諓讒言",那麽,"諓諓"訓"淺薄巧言"也就無所來由,不太恰當。劉起釪先生《尚書校釋譯論》也察覺到這一矛盾,認爲"似仍可歸於僞孔所釋",⑤但苦於無徵,並未詳談。

上文提到,見於郭店《五行》的"諓"字,帛書本作"察"。《秦誓》"戳戳",本係"鐖鐖"之訛,僞《孔傳》訓"察察"。彼此互相發明,可知"戳戳"訓"察察"淵源有自。因此,上引僞《孔傳》"惟察察便巧,善爲辨佞之言",應是相沿已久的故訓,可以據信。

説到這裏,我們順便談談清華十《四告》中的兩個"戳"字:

---

① 徐元誥撰,王樹民、沈長雲點校:《國語集解(修訂本)》卷二十一《越語下》,中華書局 2002 年,第 587 頁。

② (清)段玉裁:《古文尚書撰異》卷三十一《秦誓》,第 283 頁下欄。

③ 《春秋左傳正義》卷十七,影印清嘉慶二十一年阮元校刻《十三經注疏》江西南昌府學刻本,第 1833 頁下欄。

④ 《春秋左傳正義》卷十八,第 1837 頁下欄。

⑤ 顧頡剛、劉起釪:《尚書校釋譯論》,中華書局 2005 年,第 2176 頁。今按,劉氏在"校釋"部分,從僞孔訓"察察",是對的。但在"今譯"部分,取"讒賊"義,我們則不太贊同。

(1) 曾孫滿拜手稽首,敢 ![截]告。(簡 26)

整理者謂:

截,"告"的修飾詞。"截"的本義爲截斷、割斷,可引申爲直接、坦誠一類
的意思。①

我們認爲,"截"的"直接、坦誠"義,出現得很晚,兩漢以前的古書未見用例。既然"截"
字有與"姦"相訛之例,那麼,《四告》中的"截"也可能是"姦"之訛,在此讀爲"察"。上
舉包山簡常見"不察某某以告""不以某某之察告",是"察""告"搭配之例,可證。

(2) 乃冲孫虎哀告 ![截]叩。(簡 40)

整理者謂:"截,從攵旁。"②"截叩"無説。我們認爲,"截"亦爲"姦"之訛,"戈""攵"形旁
替換,讀爲"察"。"察叩"與上舉包山簡"察問"義近。

四、結　　論

綜上所述,我們以裘文爲綫索,從字形演變規律出發,考釋出楚簡"戔"字的各種
變體,將其分爲兩譜四系。在此基礎上,我們統計了楚簡從"戔"諸字的各類用法,認
爲楚簡從"戔"諸字可表{淺}、{殲}、{察}、{蔡}、{漸}、{殘}、{踐}等詞。

根據楚文字"戔"D8、D10 兩類變體,我們認爲,《尚書・秦誓》"截"字,實即"姦"字
之訛,本從"戔"得聲,古韵應歸元部。其異文作"戔""諓"諸形,當屬一字異體,其文本
差異是漢代今古文之別。"截截",僞孔傳訓"察察",可與郭店簡《五行》"諓"字,馬王
堆帛書本作"察"互證,確鑿可靠。至於清華簡《四告》中的兩個"截"字,我們也認爲是
"姦"之訛,讀爲"察","察告""察叩"都可與包山簡相關文句對讀。

---

① 黄德寬主編:《清華大學藏戰國竹簡(拾)》,中西書局 2020 年,第 121 頁。
② 黄德寬主編:《清華大學藏戰國竹簡(拾)》第 124 頁。

附録: 篇 名 簡 稱 表

殷周金文集成	集成
古璽彙編	璽彙
楚帛書	帛書
包山楚簡	包山
望山楚墓竹簡	望山
郭店楚墓竹簡・窮達以時	郭店・窮
郭店楚墓竹簡・五行	郭店・五行
郭店楚墓竹簡・成之聞之	郭店・成
郭店楚墓竹簡・尊德義	郭店・尊
郭店楚墓竹簡・性自命出	郭店・性
郭店楚墓竹簡・語叢一	郭店・語一
郭店楚墓竹簡・語叢二	郭店・語二
江陵磚瓦廠 M370	江陵 M370
新蔡葛陵楚墓	新蔡
上海博物館藏戰國楚竹書(二)・容成氏	上博二・容
上海博物館藏戰國楚竹書(四)・曹沫之陳	上博四・曹沫
上海博物館藏戰國楚竹書(五)・鮑叔牙與隰朋之諫	上博五・鮑叔牙
上海博物館藏戰國楚竹書(五)・融師有成氏	上博五・融師
上海博物館藏戰國楚竹書(六)・孔子見季桓子	上博六・季桓
上海博物館藏戰國楚竹書(六)・用曰	上博六・用曰
上海博物館藏戰國楚竹書(七)・武王踐阼	上博七・武王
上海博物館藏戰國楚竹書(七)・凡物流形(甲本)	上博七・凡甲
上海博物館藏戰國楚竹書(七)・凡物流形(乙本)	上博七・凡乙
上海博物館藏戰國楚竹書(九)・陳公治兵	上博九・陳公

上海博物館藏戰國楚竹書（九）·舉治王天下	上博九·舉治
清華大學藏戰國竹簡（壹）·皇門	清華一·皇門
清華大學藏戰國竹簡（貳）·繫年	清華二·繫年
清華大學藏戰國竹簡（陸）·子產	清華六·子產
清華大學藏戰國竹簡（陸）·子儀	清華六·子儀
清華大學藏戰國竹簡（柒）·越公其事	清華七·越公
清華大學藏戰國竹簡（捌）·治邦之道	清華八·邦道
清華大學藏戰國竹簡（玖）·治政之道	清華九·治政
清華大學藏戰國竹簡（玖）·成人	清華九·成人
清華大學藏戰國竹簡（玖）·迺命一	清華九·命一
清華大學藏戰國竹簡（拾）·四告	清華十·四告
清華大學藏戰國竹簡（拾壹）·五紀	清華十一·五紀
安徽大學藏戰國竹簡（一）·小戎	安大一·小戎
安徽大學藏戰國竹簡（一）·黃鳥	安大一·黃鳥

談楚簡中兩個"卯"聲字的讀法 *

王凱博

摘　要： 本文探討兩個"卯"聲楚文字的讀法，認爲《性情論》簡38"人之絮肰（然）可與和安者"、《殷高宗問於三壽》簡19"留邦晏（偃）兵"之"絮"、"留"讀爲"穆"，意即安、和、静。

關鍵詞： 性情論　絮　殷高宗問於三壽　留　穆

一、"人之絮肰（然）可與和安者"

上博簡《性情論》簡38：

> 人之△肰（然）可與和安者，不又（有）夫畚（奮）犿（猛）之情則悉（侮）。①

以△代替的原簡字形寫作：

整理者注釋："△，字待考，可讀作'悦'。""△，《郭店楚墓竹簡·性自命出》作'迯'。"②

《性情論》與郭店簡《性自命出》是内容大致相同、可以對讀的同一種竹書文獻。

---

* 本文得到國家社科基金重大項目"楚系簡帛文字職用研究與字詞合編"（20&ZD310）、第 65 批中國博士後科學基金項目"戰國時代新見通今詞的歷時用字研究"（2019M652599）的資助。

① 馬承源主編：《上海博物館藏戰國楚竹書（一）》，上海古籍出版社 2001 年，放大圖版第 108 頁，釋文第 273 頁。

② 馬承源主編：《上海博物館藏戰國楚竹書（一）》第 273—274 頁。

《性自命出》"逆"(簡 46),學界一般讀爲喜悦義的"悦",①上引注釋謂"逆"的異文△"可讀作'悦'",即基於此。

出土簡帛異文關係並不單純,大致有以下三種:一是語音層面的通假,二是同義詞、近義詞的替换,三是字形的訛誤。△與"逆"屬於哪種,需要先弄清楚△的釋字問題。

容易分辨△下部是"系",整理者未能隸定全字,大概是由於不識其上所从爲何。徐在國、黄德寬認爲△是個上从《説文》八部""(别)、下从"丰"的雙聲字,讀作"悦"。② 劉信芳則指出△上部與包山 265 號簡"兆"作者相同,隸釋爲"絩",讀作和樂義的"陶"。③ 按所謂"兆"字形不够清晰,以往研究者誤釋"兆",後來劉國勝比較楚簡"卯""留"的一些形體,改釋爲"卯",④其説可信。

李天虹最先將△正確地隸釋爲"綤",但没有解釋字形,隨釋文亦括讀爲"悦"。⑤後來馮勝君爲釋"綤"之説補充字形證據,指出△上部應與包山 135 號簡"卯"作者相同,並説"此字含義當與'悦'相近,未知讀爲何字",⑥比較審慎。

在知道△當釋"綤"之後,"綤"與異文"逆"關係如何,亟須解答。史傑鵬也認爲"綤"讀爲"悦",⑦試圖將"綤"與"逆(悦)"從語音層面溝通起來。但"綤"與"逆(悦)"分屬古音懸隔的幽、月二部,徑言通假,不能無疑。蘇建洲則改换思路,將"綤"讀作與"悦"義相近的"愮"或"陶",⑧認爲"綤"與"逆(悦)"是近義詞替换而非表示同一詞。

---

① 如,趙建偉:《郭店竹簡〈忠信之道〉、〈性自命出〉校釋》,《中國哲學史》1999 年第 2 期;李零:《郭店楚簡校讀記(增訂本)》,北京大學出版社 2002 年,第 107、110 頁。當然還有其他研究意見,如陳偉讀爲"悦"、訓簡易(見其《郭店竹書别釋》,湖北教育出版社 2003 年,第 203、205 頁)。由下文讀"綤"爲和、安、静義的"穆"看,此説不確。

② 徐在國、黄德寬:《〈上海博物館藏戰國楚竹書(一)緇衣·性情論〉釋文補正》,《古籍整理研究學刊》2002 年第 2 期,第 6 頁;徐在國:《上博楚簡文字聲系(一~八)》七,安徽大學出版社 2013 年,第 2814 頁。

③ 劉信芳:《關於上博藏楚簡的幾點討論意見》,《新出楚簡與儒學思想國際學術研討會論文集》,清華大學出版社 2002 年,第 3 頁。

④ 劉國勝:《包山遣策"大牢"考》,"中國簡帛學國際論壇 2006 學術研討會"論文,武漢 2006 年。

⑤ 李天虹:《郭店竹簡〈性自命出〉研究》,湖北教育出版社 2003 年,第 217 頁。

⑥ 馮勝君:《郭店簡與上博簡對比研究》,綫裝書局 2007 年,第 237 頁。

⑦ 史傑鵬:《由郭店〈老子〉的幾條簡文談幽、物相通現象暨相關問題》,簡帛網 2010 年 4 月 19 日,http://www.bsm.org.cn/?chujian/5443.html;刊載《簡帛》第 5 輯,上海古籍出版社 2010 年,第 132 頁;收入其《畏此簡書:戰國楚簡與訓詁論集》,江西高校出版社 2018,第 114—132 頁。

⑧ 蘇建洲:《〈上博一·性情論〉簡 38 釋詞一則》,復旦大學出土文獻與古文字研究中心網 2008 年 11 月 25 日,http://www.fdgwz.org.cn/Web/Show/555;蘇建洲:《上博竹書字詞考釋三題》,《簡帛研究二〇〇七》,廣西師範大學出版社 2010 年,第 44—47 頁;蘇建洲:《上博楚簡字詞考釋兩篇》,《楚文字論集》,(臺北)萬卷樓圖書股份有限公司 2011 年,第 93—100 頁。

　　筆者反復考量，認爲"絮"可讀作"穆"。"絮"是从糸、卯聲的形聲字，上古音"卯"是明母幽部字，"穆"是明母覺部字，聲同，幽、覺二韵是嚴格的陰入對轉關係。馬王堆漢墓帛書《十六經·觀》"五穀溜孰"，對照《國語·越語下》"五穀稑熟"，可知"溜"應讀爲"稑"。① 《説文》禾部："稑，疾孰也。从禾、坴聲。《詩》曰：'黍稷種稑。'穋，稑或从翏。""稑""穋"實係一字異體。又，"繆"與"穆"通假是古漢語的一般常識，"卯""翏"二聲系字通假之例亦頗多見。② 綜合上述信息，"絮"可以讀爲"穆"當無問題。

　　古文獻中正有"穆然"一詞。如《史記·孔子世家》："有所穆然深思焉，有所怡然高望而遠志焉。"還有"悦穆"一詞。如《文子·精誠》："夫道者，藏精於内，棲神於心，静漠恬惔，悦穆胸中，廓然無形，寂然無聲。"《淮南子·泰族》也有此數句，"悦穆胸中"却作"訟繆胸中"。高誘注："訟，容也；繆，静也。"按高注，"訟繆"比較難解。王引之校釋云："高所見本作'訟'，故訓爲'容'，'訟''容'古同聲也。其實'訟'乃'説'字之誤。'説'，古'悦'字。'繆'與'穆'同，'穆'亦和悦也。《大雅·烝民》箋曰：'穆，和也。'《管子·君臣篇》'穆君之色'，尹知章曰：'穆，猶悦也。'"③

　　"悦穆"的構詞方式乃兩個近義詞之平列組合，"悦"與"穆"都是和悦、安和、和静之義。郭店簡《老子》甲組簡21也有"悦穆"一詞，原寫作"敓繓"。④ 比較巧合的是"繓"也从糸，頗疑"絮"與"繓"實皆係聲符不同的"繆"字異體，⑤ 故可同時借讀爲"穆"就是自然之事了。

　　現在知道，《性情論》簡38"絮"可讀爲"穆"，是和、安、静義，與其異文《性自命出》簡46"逸（悦）"是近義詞替換而非語音通假關係。

二、"畱邦晏（偃）兵"

清華簡《殷高宗問於三壽》簡18—19：

　　龏（恭）神以敬，和民甬（用）政，畱邦晏（偃）兵，四方達盜（寧），元折（哲）

① 裘錫圭主編：《馬王堆漢墓簡帛集成（肆）》，中華書局2014年，第154頁注〔二三〕。

② 張儒、劉毓慶：《漢字通用聲素研究》，山西古籍出版社2002年，第128—129頁【翏通卯】條。

③ （清）王念孫撰，徐煒君等校點：《讀書雜志》五，上海古籍出版社2014年，第2434—2435頁。

④ 參陳劍：《郭店楚簡〈老子〉釋義兩則》，《古籍整理研究學刊》2014年第6期，第53—54頁。

⑤ 楚文字"繓"，一般認爲是"繆"字異體，參史樹青：《長沙仰天湖出土楚簡研究》，上海圖書發行公司1955年，第27頁；劉釗：《釋楚簡中的"繓"（繆）字》，《出土簡帛文字叢考》，（臺北）臺灣古籍出版有限公司2004年，第113—118頁；又收入《古文字考釋叢稿》，嶽麓書社2005年，第218—225頁。

並進，譖（讒）諝（諛）則敝（屏）。①

整理報告注釋：“畱，讀爲‘留’。《國語·楚語上》‘舉國留之’，韋昭注：‘治之也。’”②其理解“畱（留）邦”爲治邦之意，或從之。③ 按“治之也”古來僅此一見，或已指出“與‘留’的他義相去甚遠”，並辨析爲語境釋義。④

後來研究者對“畱”提出新的看法，如黃傑讀爲“保”；⑤王寧讀爲“揉／柔”，訓安，“畱（揉／柔）邦”即安邦之意；⑥廣瀬薰雄亦讀爲“留”，引《管子·正世》尹注“留謂守常不變”爲訓。⑦ 同一短句中“晏（偃）兵”言停息爭戰，“畱邦”表意應有關聯，讀作“保邦”“揉／柔邦”合乎語境，⑧但缺乏出土文獻的通假例證。⑨

筆者認爲“畱”或應讀爲“穆”。形聲字“畱”的子聲符與“纍”的聲符都是“卯”，既然《性情論》簡38“纍”可讀爲“穆”，則此“畱”讀爲“穆”自然也無問題，其理據一如前述。

簡文“畱（穆）邦”謂安和、安定、靜穆邦國，其語意與“晏（偃）兵”及後句“四方達窞（寧）”一貫。《三國志·吳志·諸葛恪傳》：“恪素性剛愎，矜己陵人，不能敬守神器、穆靜邦內，興功暴師，未期三出，虛耗士民，空竭府藏。”“（不能）穆靜邦內”後是“暴師”，與簡文“畱（穆）邦”“晏（偃）兵”表意相反，亦佐證“畱”可讀作“穆”。

① 李學勤主編：《清華大學藏戰國竹簡（伍）》，中西書局2015年，上冊放大圖版第95頁，下冊釋文第151頁。“諝”讀爲“諛”是陳劍意見，參其《〈清華簡（伍）〉與舊説互證兩則》，復旦大學出土文獻與古文字研究中心網2015年4月14日，http://www.fdgwz.org.cn/Web/Show/2494。

② 李學勤主編：《清華大學藏戰國竹簡（伍）》下冊，第157頁注〔六三〕。

③ 如，李美辰：《清華簡武丁類文獻集釋與研究》，碩士學位論文，吉林大學2016年，第115、118、169頁；郭倩文：《〈清華五〉、〈上博九〉集釋及新見文字現象整理與研究》，碩士學位論文，華東師範大學2016年，第224頁；白於藍編著：《簡帛古書通假字大系》，福建人民出版社2017年，第136頁；張岱松：《清華簡（壹—伍）詞彙研究》，博士學位論文，中國社會科學院2017年，第97頁。

④ 參朱城：《〈漢語大字典〉取用欠當古注建項釋義舉例》，《古漢語研究》2008年第1期，第94頁；朱城：《〈漢語大字典〉釋義論稿》，暨南大學出版社2015年，第22頁。

⑤ 見網友“暮四郎”在簡帛網簡帛研讀版塊“清華五《殷高宗問於三壽》初讀”主題網帖下第23樓發言內容，2015年4月12日。

⑥ 王寧：《讀〈殷高宗問於三壽〉散札》，復旦大學出土文獻與古文字研究中心網2015年5月17日，http://www.fdgwz.org.cn/Web/Show/2525。

⑦ 廣瀬薰雄：《清華簡〈殷高宗問於三壽〉研讀》，“‘出土文獻與學術新知’學術研討會暨出土文獻青年學者論壇”論文，長春2015年。

⑧ “安”“定”“寧”等字從宀，“畱”也從宀，讀“畱”爲安、定義的“穆”，然則幾字取義近似，殆非偶然。

⑨ 從用字習慣看，楚文字習慣以“脜”表示｛柔｝，參禤健聰《戰國楚系簡帛用字習慣研究》，科學出版社2017年，第261頁。一些“孚”聲楚文字的讀法，學界爭議頗多，當中似有表示安、定義之｛保｝者，如《説命》中簡3“甬（用）孚（保）自豰（逸）”、楚帛書甲篇“思（使）敎（保）奠（定）四亟（極）”等，其可能性較大。

從清華簡《趙簡子》篇談
趙簡子的職與責

袁　證

摘　要： 清華簡《趙簡子》篇中的"寏將軍"，當是見於《老子》的"偏將軍"，爲與上將軍相對的副將稱號。此時趙簡子擔任的偏將軍，正式名稱可能是居晋國六卿之末的下軍佐。簡文中記載趙簡子突然向成鱄問詢田氏代齊之事，或許與當時晋國國内外的政治形勢有關，即齊國此時已成爲晋國最主要的對手，作爲晋國執政者的趙簡子理應對齊國國内的田氏代齊之事高度關注。

關鍵詞： 清華簡　趙簡子　偏將軍　六卿制度

一、《趙簡子》篇中的"寏將軍"與趙簡子的任職

(一)《趙簡子》篇中的"寏"字

清華簡《趙簡子》篇有一字⬚，凡兩見：

(1) 趙簡子既受寏將軍(簡 1)

(2) 今吾子既爲寏將軍已(簡 2)

對該字的釋讀，各家衆説紛紜。整理者認爲可能是以"電"或"黿"爲聲符的字，也可能是從蠅省聲的字，讀爲"承"，訓繼。① 楊蒙生先生讀爲"命"。② 程浩先生讀爲

---

① 李學勤主編：《清華大學藏戰國竹簡(柒)》，中西書局 2017 年，第 108 頁。

② 楊蒙生：《讀簡叢札》，"第二届古文字與出土文獻語言研究學術研討會"論文，重慶 2017 年 10 月，第 246—247 頁。

“孟”，訓爲長。① “武汶”先生讀爲“元”，“元將軍”指中軍將軍。② “黄縣人”先生讀爲“偏”。③ “明珍”先生認爲當从“黿”聲，讀爲“篁”，訓副，或讀爲“造”，訓始。④ 陳治軍先生認爲可讀“繩”，訓正，或讀爲“上”。⑤ “汗天山”先生釋爲“弄”，讀爲“冢”，即“主”。⑥ “水之甘”先生隸爲“䀾”。⑦ 許文獻先生讀爲“裨”，認爲即傳世文獻習見之“裨將軍”。⑧ 王寧先生讀爲“上”。⑨ 顧史考先生認爲該字从“黽”聲，可讀“盟”。⑩ 侯乃峰先生釋爲“黿”，讀“冢”，“冢將軍”即“大將軍”。⑪ 滕勝霖先生讀作“右”，訓“上”。⑫

　　我們贊同將這個字讀爲“偏”。“䡥”可看作一個从“黽”得聲的字，麥耘先生指出先秦“黽”字有多個音，來源各不相同，其一爲明母真部，後來大部分字變爲耕部，但也在個别詞中保留真部音，如黽池、黽勉。⑬ 偏，《説文》“从人，扁聲”，屬滂母真部。文獻中可見明母與滂母通假之例，如“撫”字，《説文》“从手，無聲”，滂母“撫”字寫作明母“無”字之例數見；⑭“撫”之《説文》古文作“㧞”，从亡得聲，亡字屬明母。䡥讀爲偏，從讀音上講是可行的。

---

① 程浩：《清華簡第七輯整理報告拾遺》，《出土文獻》第 10 輯，中西書局 2017 年，第 133—135 頁。
② 見“暮四郎”：《清華七〈趙簡子〉初讀》，簡帛網簡帛論壇 2017 年 4 月 23 日，http://www.bsm.org.cn/forum/forum.php?mod=viewthread&tid=3459&extra=page%3D3，“武汶”於 2017 年 4 月 24 日在 4 樓的發言。
③ 見“暮四郎”：《清華七〈趙簡子〉初讀》，“黄縣人”於 2017 年 4 月 25 日在 5 樓的發言。
④ 見“暮四郎”：《清華七〈趙簡子〉初讀》，“明珍”於 2017 年 4 月 26 日在 11 樓的發言。
⑤ 陳治軍：《清華簡〈趙簡子〉中從“黽”字釋例》，復旦大學出土文獻與古文字研究中心網 2017 年 4 月 29 日，http://www.fdgwz.org.cn/Web/Show/3017。
⑥ 見“暮四郎”：《清華七〈趙簡子〉初讀》，“汗天山”於 2017 年 5 月 1 日、4 日、9 日在 17 樓、27 樓和 46 樓的發言。
⑦ 見“暮四郎”：《清華七〈趙簡子〉初讀》，“水之甘”於 2017 年 5 月 3 日在 23 樓的發言。
⑧ 許文獻：《清華七〈趙簡子〉从黽二例釋讀小議》，簡帛網 2017 年 5 月 8 日，http://www.bsm.org.cn/?chujian/7539.html。
⑨ 王寧：《釋楚簡文字中讀爲“上”的“嘗”》，復旦大學出土文獻與古文字研究中心網 2017 年 4 月 27 日，http://www.fdgwz.org.cn/Web/Show/3014。
⑩ 顧史考：《〈趙簡子〉初探》，“《清華簡》國際研討會”論文，香港、澳門 2017 年 10 月，第 141—148 頁。
⑪ 侯乃峰：《清華簡七〈趙簡子〉篇从黽之字試釋》，《古文字研究》第 32 輯，中華書局 2018 年，第 366—371 頁。
⑫ 滕勝霖：《〈清華大學藏戰國竹簡（柒）〉集釋》，西南師範大學出版社 2021 年，第 125—126 頁。
⑬ 麥耘：《“黽”字上古音歸部説》，《華學》第 5 輯，中山大學出版社 2001 年，第 168—173 頁。
⑭ 井侯簋“無令于有周”，銀雀山簡《唐勒賦》“唐勒無罊曰……”，張家山漢簡《引書》“兩手各無夜（腋）下”、“左手無項，右手無左手”，此類“無”字皆當讀“撫”。

"偏將軍"一詞見於《老子》"是以偏將軍居左，上將軍居右"，偏將軍與上將軍相對，爲副職。

據此，先前所見的一些从"黽"之字，或許也當讀作从"扁"聲的字。如：

(1) 一兩領（鞍）屨，紫韋之納，紛（粉）純，紛（粉）黽。　　（長臺關簡 2 - 028）

(2) ……緌組之綏，二黽顁（鞍），靈光之帶。　　　　　　　　（包山簡 270）

(3) 一乘韋車。頤牛之革頯，縞純。黽發。黽轙鞅。頤韋橐。虎鞁。
　　　　　　　　　　　　　　　　　　　　　　　　　　　（包山簡 273）

(4) 一頡正車……其上載……繙芋結項，告頡，繎綏（鞍）。一周頤，緅頤之橐。
　　　　　　　　　　　　　　　　　　　　　　　　　　　　（包山竹牘）

(5) 車，黽衡厄。　　　　　　　　　　　　（天星觀簡遣策）①

(6) 桓公又問於管仲曰："仲父，黽天下之邦君，孰可以爲君，孰不可以爲君？"
　　　　　　　　　　　　　　　　　　　　　　　（清華簡《管仲》簡 16）

(7) 用果念（臨）政（正）九州而寧君之。　　（清華簡《子犯子餘》簡 11—12）

上舉从"黽"諸字，學界討論頗多。② 我們認爲(1)(2)(3)(4)(5)中从"黽"之字皆可讀"編"，《廣雅·釋器》"編，條也"，"編"即皮條或編繩。《玉篇·系部》："編，繩編以次物也。"(6)(7)中从"黽"之字疑讀爲"徧"，《説文》"徧，帀也"，朱駿聲《通訓定聲》"徧，字亦作遍"，《孔子家語·致思》"吾少時好學，周徧天下"，《荀子·正名》"有時而欲徧舉之"，用法與此同。

(二) 偏將軍之職與趙簡子的關係

除《老子》外，其他先秦文獻中再未見到"偏將軍"這一稱呼。作爲將領職官名的

---

① 天星觀簡尚未正式發表。此處據滕壬生《楚系簡帛文字編》（湖北教育出版社 1995 年，第 950 頁）所列字形釋寫。

② 如：包山簡整理者認爲是黿字異體，借作貂（湖北省荆沙鐵路考古隊：《包山楚簡》，文物出版社 1991 年，第 66 頁）；劉信芳先生釋爲"草"（《楚簡釋字四則》，《古文字研究》第 24 輯，中華書局 2002 年，第 375 頁）；李家浩先生讀爲"繩"（《信陽楚簡"樂人之器"研究》，《簡帛研究》第 3 輯，廣西教育出版社 1998 年，第 10 頁）；宋華强先生認爲"黽"是"蠅"字的異體，"繎"是"繩"字的異體，讀爲"繩""繡""論"等（《戰國楚文字从"黽"从"甘"之字新考》，《簡帛》第 13 輯，上海古籍出版社 2016 年，第 1—9 頁）；清華簡《管仲》篇整理者隸爲黿，讀"舊"（李學勤主編：《清華大學藏戰國竹簡（陸）》，中西書局 2016 年，第 112 頁）；清華簡《子犯子餘》篇整理者認爲可讀"承"或"烝"（《清華大學藏戰國竹簡（柒）》，第 98 頁）；陳偉先生讀爲"命"（《也説楚簡从"黽"之字》，簡帛網 2017 年 4 月 29 日，http://www.bsm.org.cn/?chujian/7531.html），等等。

"偏將軍",始設於西漢末年王莽執政時期,但文獻明確記載這是王莽"稽前人,將條備焉",①故有學者認爲這一職位始於戰國時期。②

實際上,《老子》中的"偏將軍"或許只是對副將的非正式稱謂,與上將軍相對,未必就是正式的職官名稱。王莽"稽前人",只是表明他設置職官時參考了古制,並不能證明古時便有"偏將軍"一職。《漢書·馮奉世傳》記載"典屬國任立、護軍都尉韓昌爲偏裨",後文又云"裨將、校尉三十餘人,皆拜",可見這裏的偏、裨都是對副將的代稱。《老子》中出現的"偏將軍"一詞恐亦如此。

先秦典籍中未見確切作爲職官名的"偏將軍",而依晋國的六卿制度,以趙簡子的身份,他繼承的也不會是六卿之外的職位。李沁芳先生對晋國的六卿制度有詳細介紹:"六卿既爲軍隊將佐,又負責治理國家,掌管晋國政治、軍事和外交事務。晋國軍隊以中軍最爲尊貴,其次爲上軍,再次爲下軍,……體現在六卿中其排序爲:中軍將、中軍佐、上軍將、上軍佐、下軍將、下軍佐。……晋國六卿的任命遵循世卿世禄制、順次升遷、依次遞補、數個卿族輪流執政的原則。"③趙氏家族自晋文公時期便已成爲六卿之一,趙簡子是趙氏家主的繼承人,自然也是六卿的合法繼任者。這裏涉及一個問題,就是"某軍將""某軍佐"是否爲具體的職官名。《左傳》宣公十二年記晋楚邲之戰時,作爲中軍副將的彘子(先穀)"以中軍佐濟"。從這樣的表述來看,"某軍將""某軍佐"是具體職官名稱的可能性較高。

還有一種可能,就是"偏將軍"一詞是簡文抄寫者從便於楚人理解的角度考慮,將晋國官職改寫爲類似等級的楚國官職。類似的情況,如上博簡《競建内之》與《鮑叔牙與隰朋之諫》兩篇中,記載傅説"既祭焉",李璐先生認爲:"獨見於楚地簡帛的傅説參與祭祀文字記載,可以感受到在楚地特色文化的浸潤之下,傅説故事所增加的巫術祭祀色彩。這樣的故事記載豐富了傅説故事的情節,也是楚地特有的文學產物。"④但是,無論傳世文獻或出土文獻,迄今未見楚國有"偏將軍"一職,所以"偏將軍"也不太

---

① 《漢書·王莽傳》:莽見四方盜賊多,復欲厭之,又下書曰:"予之皇初祖考黄帝定天下,將兵爲上將軍,建華蓋,立斗獻,内設大將,外置大司馬五人,大將軍二十五人,偏將軍百二十五人,裨將軍千二百五十人,校尉萬二千五百人,司馬三萬七千五百人,候十一萬二千五百人,當百二十二萬五千人,士吏四十五萬人,士千三百五十萬人,應協於易'弧矢之利,以威天下'。予受符命之文,稽前人,將條備焉。"於是置前後左右中大司馬之位,賜諸州牧號爲大將軍,郡卒正、連帥、大尹爲偏將軍,屬令長裨將軍,縣宰爲校尉。

② 參見袁純富:《也談宜城楚皇城出土的二方印章》,《江漢考古》1987年第1期,第101—102頁。

③ 李沁芳:《晋國六卿研究》,博士學位論文,吉林大學2012年,第1—2頁。

④ 李璐:《先秦兩漢傅説故事及〈説命〉研究》,碩士學位論文,西北師範大學2021年,第38頁。

可能是簡文作者將晋國職官名進行楚地化改造的產物。

綜上，簡文中"偏將軍"這一稱呼是對副將的代稱，並非具體的官職名稱。

對於這個"偏將軍"所指代的具體職位，我們認爲當是"下軍佐"。趙簡子初入政壇時，六卿排位如下：

中軍將	韓起（韓宣子）	中軍佐	荀吳（中行穆子）
上軍將	魏舒（魏獻子）	上軍佐	士鞅（范獻子）
下軍將	荀躒（智文子）	下軍佐	趙鞅（趙簡子）

第一次升遷是在中行穆子去世之後：

中軍將	韓起（韓宣子）	中軍佐	魏舒（魏獻子）
上軍將	士鞅（范獻子）	上軍佐	荀躒（智文子）
下軍將	趙鞅（趙簡子）	下軍佐	荀寅（中行文子）

第二次升遷在韓宣子去世後：

中軍將	魏舒（魏獻子）	中軍佐	士鞅（范獻子）
上軍將	荀躒（智文子）	上軍佐	趙鞅（趙簡子）
下軍將	荀寅（中行文子）	下軍佐	韓不信（韓簡子）

第三次升遷在魏獻子去世後：

中軍將	士鞅（范獻子）	中軍佐	荀躒（智文子）
上軍將	趙鞅（趙簡子）	上軍佐	荀寅（中行文子）
下軍將	韓不信（韓簡子）	下軍佐	魏侈（魏襄子）

至范獻子去世前，趙簡子先後擔任過兩個副職：下軍佐和上軍佐。從簡文中范獻子"昔吾子之將方少……就吾子之將長……今吾子既爲偏將軍已"這樣的表述方式來看，這更像是一種對初掌權柄的年輕人進行告誡之言。若是在趙簡子參政多年、已升兩級之後才來告誡，則甚顯遲鈍。整理者認爲簡文反映的時代是士鞅爲中軍將、趙鞅

爲上軍將之時，①這一觀點恐難信服。

簡文言范獻子向趙簡子"進諫"，似乎與兩人的等級地位不符。實際上，由於晋國的六卿制度決定了"各軍還是相對獨立的，本軍內部軍將有絕對的指揮權，本軍佐應服從本軍帥的命令，而不是越級服從更高級別的統帥"，②除了作爲最高執政卿的中軍將，其餘五卿對非同一軍的下級卿則没有直接領導權。范獻子級別雖高於趙簡子，但兩人並非同屬一軍，此時的范獻子不是正卿，簡文使用"進諫"一詞或許是爲體現其謙謹且不失法度。"進諫"一詞也從側面印證簡文內容叙述的時期是趙簡子初任下軍佐時。

二、《趙簡子》"齊君失政，陳氏得之" 之問與晋國對外政策

簡文叙述趙簡子突然向成鱄問詢："齊君失政，陳氏得之，敢問齊君失之奚由？陳氏得之奚由？"趙簡子問的是田氏代齊之事，而簡文前一部分范獻子對他的規勸及後文成鱄對他的回答講的都是晋國本國之事，成鱄更是明確表示："齊君失政，臣不得聞其所由；陳氏得之，臣亦不得聞其所由。"由此可以想見，對於田氏代齊之事，趙簡子比其他人更爲在意。推其原因，這或與當時晋國國內六卿主政的態勢有關，趙簡子屬六卿之一，作爲執政者，對於當時晋國最主要的對手——齊國的政局高度關注，這是很正常的。此外，當時晋國的統治集團已經將對外視綫由南轉北，即其對手由楚國轉爲齊國，在這一背景下，趙簡子理應對齊國國內的重大事件表現出極大興趣。以下我們從三方面加以論述。

(一) 春秋後期晋國內外的政治局勢

春秋後期，晋國所實行的六卿制度的負面影響日趨顯現。六卿制度的特點是軍政合一、共掌國政。這往往會導致君權受到威脅以及大貴族相互爭鬥。春秋後期的晋國，一方面，君主勢力愈發衰落；另一方面，各大族間的鬥爭也愈發激烈。實際上，歷代君主並非意識不到六卿制度的這兩個弊端，這一制度之所以能長期維持，可能恰好是得益於這兩個結果之間的微妙關係。能够威脅到君主，説明六卿的權力的確很大，巨大的權利當然有巨大的誘惑力，各卿族之間自然會不遺餘力地爭奪，於是大族

① 李學勤主編：《清華大學藏戰國竹簡(柒)》第 108 頁。
② 李沁芳：《晋國六卿研究》第 66 頁。

間矛盾不斷激化；而正是由於家族之間爭鬥不休、相互制約，難以形成一家獨大的局面，更不容易超越君權，只能依附於君主而生存，這樣的局面正爲國君所樂見。當然也會出現某一家族在某個特定時期發展迅速，力壓其他大族的情況，此時，君主必須趁其羽翼未豐之際，先發制人。景公時期清除趙氏的"下宮之難"和厲公時期滅亡郤氏的"車轅之役"便屬於此種情況。

不過，在春秋晚期的晉國，這樣的相互關係已經不能够保證晉君的地位了。首先是國君的實力衰減，逐漸爲各個卿族所超越，世家大族即使有違背君意的行動，君主也無力鎮壓。之後隨着各家族間勢力平衡的狀態被打破，彼此間的生死對抗日趨激烈。

此種態勢始於平公時期。史書中對晉平公的負面評價很多，《趙簡子》篇中也有對晉平公"宮中三十里，馳馬四百駟，𣎴其衣裳，飽其飲食，宮中三臺，是乃侈矣，然則失霸諸侯"的批判。平公即位時年紀尚輕，政事皆委六卿，這本來沒有什麽問題，然平公在位長達二十六年，却始終耽於享樂，引發世人擔憂："齊使晏嬰如晉，與叔嚮語。叔嚮曰：'晉，季世也。公厚賦爲臺池而不恤政，政在私門，其可久乎！'晏子然之。"（《史記·晉世家》）由於晉平公在位時期的不作爲，導致了世家大族的過度膨脹。韓非言："平公失君道。"（《韓非子·難一》）大族之間的兼併行動自此展開。平公八年（前550年），六卿聯手攻滅欒氏；頃公十二年（前514年），六卿滅祁氏、羊舌氏。

與此同時，晉國之外的局勢也發生諸多變化。自文公以來，晉國對北方諸侯國有着絶對的控制力和領導力，其間雖經歷過邲之戰敗後短暫的低潮期，但很快便重新恢復了霸權。晉國强大的軍事實力是其能够領導中原各諸侯國最主要的基礎，而其能領導中原各諸侯國的能力也是其能與楚國長期爭霸，甚至多處上風的基礎。但向戌弭兵之後，因國内六卿之間内鬥激烈，國勢開始下滑，這兩個基礎便有所動搖。

威脅晉國的因素首先來自秦國。秦自崤之戰後，長期與楚結盟，與晉爲敵，雖因麻隧、櫟林兩戰慘敗，一直不敢輕起戰端，但仍屬具有相當實力的大國。秦晉相鄰，來自卧榻之側的威脅始終令晉國統治集團感到不安。

西有强秦，東有强齊。春秋時期齊國首先稱霸，但桓公之後，一直只能屈從於晉國，作爲一個二等國家存在，甚至還多次被迫接受晉國驅使。齊國對於自身的地位一直心有不甘，一見晉國出現不穩定迹象，便試圖起身挑戰其霸權。齊頃公時，因晉軍在邲之戰失利，齊國便輕視晉國，結果在鞌之戰中被迎頭痛擊，頃公險些被俘；齊靈公同樣對屈服於晉不甘心，却在平陰之戰中受到沉重打擊，國都也險些淪陷；齊莊公趁晉國國内欒盈作亂，出兵攻晉，不想引來以晉爲首的十一國聯軍報復，自己也遭到殺身之禍。很明顯，齊國始終不願誠心服從晉國，而晉國則不得不對其多加警惕，軟硬兼施，不敢放鬆。

　　魯國緊鄰齊國，一直受其壓迫，故自晋文公之後，始終依附於晋，表現得極爲衷心。但晋國作爲諸侯盟主，有協調各國關係的義務，有時難免牽動某些國家的利益，從而引發不滿。晋魯關係開始惡化即源於此。晋平公之母是杞國人，所以對杞頗爲照顧。公元前544年，晋國令知悼子"合諸侯之大夫以城杞"，此舉引發鄭、衛等國不滿。又"使司馬女叔侯"到魯國"治杞田"，即令魯歸還從杞國奪取的土地。因爲魯國沒有全部返還，晋平公之母大爲不滿。叔侯辯解道："杞，夏餘也，而即東夷。魯，周公之後也，而睦於晋。以杞封魯猶可，而何有焉？魯之於晋也，職貢不乏，玩好時至，公卿大夫相繼於朝，史不絶書，府無虛月。如是可矣，何必瘠魯以肥杞？且先君而有知也，毋寧夫人，而焉用老臣？"但這位國母並未就此作罷。前535年，晋人又"來治杞田"，此番魯人雖不滿，但畏懼之下已不敢不從，只得將成的守護官員調往別處，土地歸還杞國。前529年，晋國組織平丘之會，"邾人、莒人愬于晋曰：'魯朝夕伐我，幾亡矣。我之不共，魯故之以。'晋侯不見公"。對此，魯國方面在言語中表現出極度不滿，晋人別無他法，只能拿"寡君有甲車四千乘在"這種威脅之語恫嚇。①

　　鄭國地處晋、楚兩霸之間，外交上長期奉行左右搖擺、唯强是從的政策，對晋本就不忠誠。

　　衛國一直以來奉行追隨晋國的政策，但在平丘之會時，諸侯軍隊停留在衛，晋大夫羊舌鮒"求貨於衛，淫芻蕘者"（《左傳》昭公十三年，前529年），衛人求助於叔向才解決了這件事。公元前506年召陵之會，晋國打算讓蔡國在衛國之前歃血，衛靈公心生不滿，手下大夫祝佗道古論今，長篇大論一番，最終才勸服晋人，讓衛在蔡之前歃血。② 衛與晋之間產生了嫌隙。

　　齊國敏鋭地察覺到衛晋間關係的微妙變化。前503年，"秋，齊侯、鄭伯盟于鹹，徵會于衛。衛侯欲叛晋，諸大夫不可。使北宫結如齊，而私於齊侯曰：'執結以侵我。'齊侯從之，乃盟于瑣"（《左傳》定公七年）。齊、鄭、衛三國結盟，威脅晋國的霸主地位，前502年的鄟澤之盟，衛靈公或因此而在會上受到晋國大夫的侮辱。③ 這更堅定了衛靈公叛離晋國的決心。同年，魯國發生陽虎之亂，"陽虎欲去三桓"，但沒有成功。陽虎出逃，後來被趙簡子收留。魯國對此大爲不滿。齊國不失時機，拉攏魯國。前500年，"公會齊侯于祝其"，齊、魯結盟，齊國於是向魯國"歸鄆、讙、龜陰之田"。第二年，

---

① 事見《左傳》襄公二十九年、昭公七年、昭公十三年。

② 事見《左傳》定公四年。

③ 事見《左傳》定公八年。

魯國和鄭國和好，"及鄭平，始叛晉也"。齊、鄭、衛、魯先後結盟叛晉，晉國霸業的危機已顯露無遺。①

綜上所述，在春秋後期，晉國内外的政治局勢已發生較大變化：對内，國家由六卿全面掌控；對外，一個新的聯盟對其構成嚴重威脅，而這個聯盟以齊爲盟主。

(二) 晉國對外政策的轉變

自晉文公稱霸以來，晉國的對外政策主要是"秉直道以率諸侯"(《孟子·告子下》)，矛頭指向楚國。但自平公以來，晉國漸衰，楚國也有些力不從心，這才有了第二次弭兵之盟。弭兵之後，南北間的對抗大爲緩和，晉國遂將注意力轉向穩定中原和向北拓疆。這一政策隨着六卿勢力的膨脹表現得更加明顯。六卿作爲晉國的實際統治者，需要對晉國整體的國家利益和軍事戰略有所考量；但同時，由於互相之間激烈競爭與對抗的現狀，又必須將維持自家穩定、擴大勢力範圍作爲政治工作的首要重心，不願將視綫投往太過遙遠的江南地區。自此，與楚國對抗的旗手轉爲吳國。

晉國這一轉變的迹象是比較明顯的。自文公之後，直到平公時期，晉國先後與楚進行了十餘場大戰，規模遠超其與別國的戰爭。於楚之外，交戰最多的國家是秦，這也是因爲秦是楚的盟國。但弭兵之後，直到晉亡，再未與楚發生過戰爭。前 506 年的召陵之會，晉國召集十九國會盟，打算應蔡國之請伐楚，結果晉卿荀寅三言兩語便讓此事作罷。《左傳》中寫荀寅從中作梗是因爲他沒有收到蔡國的賄賂。但細看荀寅的一番言論，其實只是説出了晉國執政者的心聲而已："國家方危，諸侯方貳，將以襲敵，不亦難乎！水潦方降，疾瘧方起，中山不服，棄盟取怨，無損於楚，而失中山，不如辭蔡侯。吾自方城以來，楚未可以得志，祇取勤焉"(《左傳》定公四年)。真正取消伐楚的原因並不是沒有給賄賂，而是荀寅講出來的那些現實狀況。否則主持此次大會的范獻子也不至於如此輕易就轉變態度。

向戌弭兵之後，與晉國交戰最多的國家是齊，原因即前文提到的，齊國在集結新的聯盟挑戰晉國霸權。從地理上看，齊、衛、魯、鄭、秦五國自西向東對晉國構成包圍態勢。晉國絕不願任由周遭國家盡皆轉爲敵國。因此，全力維持晉國在中原諸國的地位，是現階段晉國執政者的第一要義。而且，由於晉君大權逐漸旁落，而世家大族間又矛盾重重，忙於爭權奪利，難以一致對外，實際上，此時的晉國，能做到的也只能是盡力維持盟主的地位而已。這在晉國對外的政治活動和軍事行動上得到了充分反映。

---

① 事見《左傳》定公十年和十一年。

首先是借助會盟來彰顯地位。晋國於前529年召集平丘之會,又於前506年召集召陵之會。前482年,晋國作爲中原諸國的首領與吴國進行了黄池之會。我們似不能簡單認爲,這幾次會盟與此前晋國主持的會盟一樣,乃屬例行活動。在兩件事情上可以看出這其中存在的差異:一是晋國刻意炫耀武力,平丘之會出動兵車達四千乘,却並没有作戰,所以只是單純作爲顯示其仍具有無可替代的霸主實力的一種手段罷了;二是黄池之會上,晋國與吴國在誰先歃血的問題上發生争執。争執結果如何,在史書中有不同説法,《左傳》《史記·吴世家》中記載的是晋終先盟,《國語》《春秋公羊傳》還有《史記》的《秦本紀》《晋世家》《趙世家》中則是吴先。李尚師先生認爲:"黄池之會草草收場,所以説'黄池之會'本身就無所謂誰先誰後了。要不,怎麼稱爲'會'而不稱爲'盟'呢?"①或許先後問題確實無所謂,但我們需要了解的是,這不是晋人第一次同别國代表争執誰先歃盟的問題了。早在第二次弭兵大會上,晋人就曾與楚有争執。② 如今在黄池,晋人又一次争盟,對方同樣都是被中原諸國視作"蠻夷"的國家。晋國的行爲是在表示:自己是華夏諸國的領袖,這點必須得到尊重。史料中對黄池之會的歃血順序有分歧,或許表明這場争執並不像弭兵會上那樣簡單地就解決掉了。要知道,向戌弭兵時的局勢是晋國比楚國略占優勢,然而最終晋人表現大度,讓楚國先歃血。大度的行爲某種程度上也是强者的一種體現。可見黄池之會時,晋國的勢力已不能同六十多年前相提並論了。

除借助會盟外,晋國又高舉起了"尊王攘夷"的旗幟。前520年,周王室發生"王子朝之亂",晋國遂出兵平亂。其間過程曲折,晋國曾委派趙簡子召集八國代表在黄父集會,商討孰爲正統的問題。確定之後,晋國即刻發兵平定了叛亂。這次行動的象徵意義是很明顯的。當年晋文公發兵平定王子帶叛亂時,子犯對晋文公説"求諸侯,莫如勤王。諸侯信之,且大義也。繼文之業,而信宣於諸侯,今爲可矣"(《左傳》僖公二十五年)。此次晋國願意出兵,應該也是基於同樣的目的。

一面"尊王",一面"攘夷",史料中即頻現晋國的北伐行動。③ 晋國在向戌弭兵之

① 李尚師:《晋國通史》,山西人民出版社2014年,第808頁。

② 事見《左傳》襄公二十七年。

③ 前541年,"晋中行穆子敗無終及群狄于大原";前530年,"晋荀吴僞會齊師者,假道於鮮虞,遂入昔陽,秋八月壬午,滅肥……晋伐鮮虞,因肥之役也";前529年,"晋荀吴自著雍以上軍侵鮮虞,及中人,驅衝競,大獲而歸";前527年,"晋荀吴帥師伐鮮虞,圍鼓";前521年"河鼓叛晋",次年"荀吴略東陽,使師僞糴者,負甲以息於昔陽之門外,遂襲鼓滅之,以鼓子鳶鞮歸,使涉佗守之"。前509—505年更是連年兵戈不止,頭一年"鮮虞伐晋",第二年"晋伐鮮虞",第三年"鮮虞人敗晋師于平中,獲晋觀虎",第四年"晋士鞅、衛孔圉帥師伐鮮虞",第五年"晋士鞅圍鮮虞,報觀虎之役也"。上述史料皆出自《左傳》。

前,對北伐戎狄從未表現得這麼積極,發生這種轉變的原因之一就是:企圖借"攘夷"這一"政治正確"的手段,彰顯晋國的地位。

(三) 晋國對外新政策與趙簡子的關係

趙簡子在晋國對外新政策的制定過程中起了什麼作用,僅憑《趙簡子》内容還不足以説明這個問題。詳查傳世史籍,在趙簡子地位尚不高時,他雖參與了幾件大事,如主持黄父之會、鑄刑鼎等,但都屬於執行上級的命令,不能確定這些是否符合趙簡子本人的意願,所以也不足以説明問題。不妨將時間範圍擴大,考察趙簡子掌權後采取的政策和行爲,依此來做分析。

前 501 年,范獻子死,智文子繼任正卿。智文子的權勢不比范獻子,無法像前任一樣壓制其他五卿,趙簡子這才開始施展自己的政治主張。趙簡子一生中有三件事值得注意:一是廢嫡子,改立趙毋卹爲繼承人;二是經營晋陽城,將趙氏的政治中心遷往北方;三是與北方代人通婚,借機探聽虚實,並希望能"以夷治夷"。其中以廢嫡事件最顯離奇。趙簡子假托神意,宣傳其子毋卹之德,繼而廢太子伯魯之位。[①] 白國紅先生認爲:"分析史料,結合地下出土資料,可以斷定趙毋卹之立乃是趙簡子'立賢'的結果","趙簡子確立'北進戰略'時……伯魯身爲長子,此時已成年。但它並不能領會其父的戰略意圖,顯然他並不勝任趙氏繼承人這一角色。這應該是其被廢的主要原因。"[②]

白國紅先生將趙簡子一生中實施的改繼承者、經營晋陽、與代人通婚三件大事稱爲趙簡子的"北進戰略",認爲這一戰略確立於前 501 年范獻子死後。[③] 但我們認爲,這三項行動,實際上是晋國在向戎弭兵之後所采取的政策的一種延續,而這一政策又恰好與趙氏本身的發展壯大能够有效結合。誠如前文所述,這一時期晋國幾乎已是六卿的天下,晋國的對外政策可以等同於六卿的對外政策。六卿相互競争,執行政策時自然會爲本族發展做更多考量。以齊國爲首的聯盟以及秦國從三面包圍晋國,晋國能够維持對這些國家的優勢已經不容易了,向南擴張已不可能,所剩的只有向北擴張。由前文可知,在前 501 年范獻子死前,晋國已與北方戎狄頻繁交戰,故"北進戰略"並非趙簡子首創,只能説,趙簡子是在繼續執行晋國多年來對外政策的同時,因利乘便,使這一政策與趙氏自身的發展達到相輔相成。

---

① 事見《史記·趙世家》。
② 白國紅:《春秋晋國趙氏研究》,中華書局 2007 年,第 135 頁。
③ 白國紅:《春秋晋國趙氏研究》第 133—137 頁。

簡文中趙簡子對齊國田氏奪權行動的關注，則屬晉國對外政策的另一個方面——與齊國對抗的需要的體現。儘管在簡文所述的時代，趙簡子的政壇之路還在范獻子的陰影之下，但不代表作爲六卿之一的趙簡子不該了解晉國的對外政策和主要外敵的政局狀況，況且，他也知道自己總會有執掌大權的一天。

三、結　語

清華簡《趙簡子》篇中的"䢔將軍"，可能是與上將軍相對的副將——偏將軍，其正式名稱大概是居晉國六卿之末的下軍佐。趙鞅初登執政之位，却先問詢齊國之事，顯得很突然，因爲整篇簡文主要都是叙述有關晉國自身的事情，像問詢前范獻子對他的規勸和問詢之後成鱄對他的回復，皆爲晉國之事。據此，可以看出趙簡子對田氏代齊之事格外關注。究其原因，我們認爲這可能與當時晉國國内外的政治形勢有關。當時晉國國内爲六卿主政，趙簡子屬六卿之一，作爲執政者，在晉國的統治集團將對外視綫由南轉北，即外交的主要對手由楚國轉爲齊國這一背景下，對於最主要對手的政局高度關注，表現出極大興趣，這是很正常的。但從趙簡子問詢之後，成鱄答以"齊君失政，臣不得聞其所由；陳氏得之，臣亦不得聞其所由"來看，當時在晉國國内，或許都還不太關注齊國國内之事。這也反襯出趙簡子作爲晉國執政者的政治敏鋭。

試論清華簡書手的職與能

肖芸曉

摘　要：清華竹書的不少副文本(paratext)特徵，如篇題、簡號與標識符號的分類都與筆迹分類高度吻合，可見這些内容以外的文本特質的成因都與書手密切相關，並非完全"隨機"。清華簡的標識符號更可能來自書手，而非讀者，即説明這些符號當被理解爲對於竹書文字意義的控制，而非某一讀者反復閱讀理解的痕迹。由此看來，書手在掌控文字内容之外，或許對文本的物質型態與文意的固定與流動也發揮了關鍵作用。

關鍵詞：清華簡　書手　形制　標識符號　閱讀習慣

　　書手在製作竹書中究竟扮演了怎樣的角色？不同的竹書似乎會呈現出不同的答案。早在武威漢簡的整理過程中，陳夢家先生就指出《儀禮》簡既有"一篇由一人一次抄齊"，又有"數人數次抄成"的情況；即使同人所抄，同篇，甚至同簡中也屢見同字的不同寫法，可見"書手並不如經師那麽固守師法家法"。[①] 半個多世紀以來，這種書手工作的不穩定性也被多批材料不斷證實。[②] 多位學者都曾指出，書手的抄寫水平並不統一，"有人抄得比較好、有人抄得比較差"，導致簡帛文字呈現出多種

---

① 陳夢家：《由實物所見漢代簡册制度》，《漢簡綴述》，中華書局 1980 年，第 299 頁。

② 比如，李守奎先生曾指出，包山楚簡中卜筮祭禱文書可能由八名抄手共同完成，且貞人和抄手也並非同一人；常見一件文書由一至三人書寫、同一支簡由多人書寫，甚至輪替書寫的情況。見李守奎：《包山卜筮文書書迹的分類與書寫的基本情況》，《中國文字研究》第 8 輯，大象出版社 2007 年，第 63—67 頁；朱曉雪：《包山卜筮祭禱簡字迹分類分析》，《出土文獻研究》第 12 輯，中西書局 2013 年，第 47—57 頁。這種一書手寫多篇或一篇／一卷多書手的情況在郭店簡與上博簡中也十分常見，參李松儒：《郭店楚墓竹簡字迹研究》，碩士學位論文，吉林大學 2006 年；《戰國簡帛字迹研究——以上博簡爲中心》，上海古籍出版社 2015 年。這種現象在清華簡中也十分常見，下文詳論。

層次的差異。① 關於書手的工作程序,也有多位先生做出過精彩論斷,尤其以馮勝君先生爲代表,指出戰國書手有時忠於底本,有時又在書寫的過程中自主改變文字;②或在轉録的過程"馴化"他國文字,③甚至有可能在模仿其他地域書法風格之時在形體結構上保留固有文字特點。④ 那麽,這種書手水平參差不齊,工作方式各異,時而忠實照抄原文,又時而自主改動底本的工作方式,不禁令人好奇,書籍簡牘的書手究竟在典籍流傳的過程中發揮了怎樣的作用? 難道他們的工作習慣與方法真的是完全"隨機"?

　　清華簡迄今已出版了十一輯,整理出了一批極爲珍貴的戰國竹書。這些竹書的意義不僅在於它們是戰國時代文獻的直接遺存,還在於它們是當時文獻知識活動

---

① 比如,裘錫圭先生曾評價郭店簡的書手"水平不夠,而非粗心大意",從而導致了不少文字錯誤;李學勤先生也認爲,與郭店簡相比,其他的一些出土文獻書法水平較高,見[美] 艾蘭、魏克彬編,邢文譯:《郭店老子——東西方學者的對話》,學苑出版社 2003 年,第 127—128 頁;李零:《簡帛古書與學術源流》,三聯書店 2004 年,第 120 頁。熊佳暉先生也指出《五行》篇書手文化程度較低,是由"書手嚴格照抄處於'馴化'過程中的底本而形成的文本"而來,參熊佳暉:《郭店簡〈五行〉篇的成書方式與書手文化水平探析——由物質性與文本説起》,《出土文獻》2020 年第 1 期,第 91—101 頁。

② 關於書手對文本的自主影響,比如在《繫年》書手在"弔""保"等字的"人"形"爻"形後加寫小撇,郭永秉先生也有論及,見《清華簡〈繫年〉抄寫時代之估測——兼從文字形體角度看戰國楚文字區域性特徵形成的複雜過程》,《文史》2016 年第 3 輯,第 5—42 頁。又比如,程浩先生曾指出,清華簡《金縢》中的"壇"與"坦",《筮法》"昏"與"聞",《厚父》"威"與"畏",《殷高宗》"茂"與"懋"皆爲清華書手"有意識地對位置相近的兩個同字詞加以區分,其目的就是減少讀者對文句的誤讀",可見書手對竹書文字的重要作用,參程浩:《清華簡同簡同字異構例》,《古文字研究》第 31 輯,中華書局 2016 年,第 401—403 頁。李松儒先生也認爲清華簡《越公其事》中的一詞多形現象來源於書手有意避複,見《清華柒〈越公其事〉中的一詞多形現象研究》,《出土文獻研究》第 17 輯,中西書局 2018 年,第 73—96 頁。關於郭店簡,林素清先生也指出,即使同一書手所書寫的一段短文,甚至同一語詞,也屢見各式異體字現象,參林素清:《楚簡文字綜論》,《古文字與商周文明》,"中研院"歷史語言研究所 2002 年,第 145—157 頁;劉志基:《楚簡"用字避複"芻議》,《古文字研究》第 29 輯,中華書局 2012 年,第 672—681 頁。其他古文字資料也有書手有意"用字避複"的現象,參看徐寶貴:《商周青銅器銘文避複研究》,《考古學報》2002 年第 3 期,第 261—276 頁;劉志基、鄒燁:《西周金文用字避複再研究》,《漢字研究(韓)》第 7 輯,韓國漢字研究所 2012 年,第 21—45 頁。

③ 馮勝君:《從出土文獻談先秦兩漢古書的體例(文本書寫篇)》,《文史》2004 年第 4 輯,第 25—35 頁;《從出土文獻看抄手在先秦文獻傳布過程中所產生的影響》,《簡帛》第 4 輯,上海古籍出版社 2009 年,第 411—424 頁;《有關出土文獻的"閲讀習慣"問題》,《吉林大學社會科學學報》2015 年第 1 期,第 139—148 頁。

④ 馮勝君:《試論清華簡〈保訓〉篇書法風格與三體石經的關係》,《清華簡研究》第 1 輯,中西書局 2012 年,第 92—98 頁。

的產物;不僅能够展現出戰國時代書籍的樣態,更能够揭示當時知識活動的細節,豐富我們對於戰國書手工作機制的理解,並反思包括書手在内的先秦知識群體在竹書製作與文獻流變中起的重要作用。我們認爲清華簡的許多形制特徵(如篇題、簡號、標識符號)都與書手分類存在明顯的對應關係,説明竹書文字的書寫者與形制的決定者十分相關,或即是一人。説明書手在決定字迹甚至正字的過程中也在某種程度上決定了竹書的形制特徵,可見清華簡書手本身在製作竹書的過程中發揮了相對較高的能動作用。此外,標識符號的形態與書手分類的大致統一也説明這些符號更可能來自書寫者而非閲讀者,這些符號當被視爲竹書製造者對文意正確理解的規定,而非是某一讀者對於文本的闡釋。與此同時,簡背劃綫與竹節修治則似與書手無甚關聯。

一、清華簡的形制特徵

戰國竹書的形制特徵似乎難以總結出特定標準。關於楚簡的篇題,陳偉先生曾總結爲"或有或無,似無定規",①這一特質也似乎在其他形制特點上成立:寫不寫,怎麼寫,在哪寫篇題、簡號、標識符號,甚至竹書尺寸與簡背劃綫,似乎每種竹書有各自的規制,相當隨機。自 2010 年起,清華竹書已出版 11 卷,共 56 篇竹書;概覽形制信息,似乎也很難發現明顯的標準。比如前 11 卷的清華竹書共有 14 篇存在標題,30 篇存在簡號,25 篇存在連續的背劃綫。

存在篇題(14 篇)	存在簡號(30 篇)	存在連續背劃綫(25 篇)
1.《耆夜》(背,尾)	1.《尹至》(背)	1.《尹至》
2.《周武王有疾周公所自以代王之志》(金縢)(背,尾)	2.《尹誥》(背)	2.《尹誥》
3.《祭公之顧命》(正,尾)	3.《耆夜》(背)	3.《程寤》
4.《傅説之命上》(背,尾)	4.《金縢》(背)	4.《耆夜》
5.《傅説之命中》(背,尾)	5.《皇門》(背)	5.《金縢》
6.《傅説之命下》(背,尾)	6.《祭公之顧命》(背)	6.《祭公之顧命》
7.《周公之琴舞》(背,首)	7.《繫年》(背)	7.《繫年》
8.《赤鳩之集湯之屋》(背,尾)	8.《傅説之命》上(背)	8.《傅説之命》上

① 陳偉:《楚簡册概論》,湖北教育出版社 2012 年,第 27 頁。

9.《厚父》(背,尾)　　　9.《傅説之命》中(背)　　　9.《傅説之命》中

10.《封許之命》(背,尾)　　10.《傅説之命》下(背)　　10.《傅説之命》下

11.《殷高宗問於三壽》(背,尾)　11.《周公之琴舞》(背)　　11.《周公之琴舞》

12.《子犯子餘》(背,首)　　12.《芮良夫毖》(背)　　　12.《赤鳩之集湯之屋》

13.《越公其事》*(正,尾)①　13.《赤鳩之集湯之屋》(背)　13.《筮法》

14.《芮良夫毖》*(正,首)②　14.《筮法》(正)　　　　　14.《算表》

　　　　　　　　　　　15.《厚父》(背)　　　　　15.《殷高宗問於三壽》

　　　　　　　　　　　16.《封許之命》(背)　　　16.《子産》

　　　　　　　　　　　17.《命訓》(背)　　　　　17.《邦家之政》

　　　　　　　　　　　18.《殷高宗問於三壽》(背)　18.《心是謂中》

　　　　　　　　　　　19.《攝命》(背)　　　　　19.《邦家處位》

　　　　　　　　　　　20.《邦家之政》(背)　　　20.《成人》

　　　　　　　　　　　21.《邦家處位》(背)　　　21.《廼命一》

　　　　　　　　　　　22.《治政之道》(正)　　　22.《廼命二》

　　　　　　　　　　　23.《廼命一》(正)　　　　23.《禱辭》

　　　　　　　　　　　24.《廼命二》(正)　　　　24.《四時》

　　　　　　　　　　　25.《四告》(背)　　　　　25.《五紀》

　　　　　　　　　　　26.《四時》(正)

　　　　　　　　　　　27.《司歲》(正)

　　　　　　　　　　　28.《行稱》(正)

　　　　　　　　　　　29.《病方》(正)

　　　　　　　　　　　30.《五紀》(正)

　　若將形制特徵以發表各輯爲單位分類,這種形態上的不確定性也十分明顯:

----

① 與其他各篇篇題不同,《越公其事》篇題並未脱離正文、寫於簡背或簡正空白處,而是與正文相連無間隔。由於文末"越公其事"四字與前文不連屬,故整理者認爲篇末四字是總結全文的篇題,而非内容。但是,也有學者認爲這四字是内容而非篇題:"事"讀爲"使",意爲"越公你役使、驅使我吧",與上文接續。見王輝:《説"越公其事"非篇題及其釋讀》,《出土文獻》第 11 輯,中西書局 2017 年,第239—241 頁。

② 《芮良夫毖》篇的篇題爲整理者據簡文重擬,簡 1 背原篇題爲"周公之頌志",但有明顯刮削痕迹。參李學勤主編:《清華大學藏戰國竹簡(叄)》,中西書局 2012 年,第 86、114 頁。

Vol.1(9)	尹至	尹誥	程寤	保訓	耆夜	金縢	皇門	祭公之顧命	楚居
篇題①	×	×	×	×	√V尾下	√V尾下	×	√R尾下	×
簡號	√V	√V	×	×	√V	√V	√V	√V	×
背劃綫②	√	√	√	√亂	√	√	√反	√亂	√反
簡背③	J	J	J	N	W	W	J	W	J
尺寸(cm)	45/0.6	45/0.6	44.5/0.6	28.6/0.5	45/0.6	45/0.6	45/0.6④	45/0.6	47.5/0.6

Vol.2(1)	繫年
篇題	×
簡號	√V

① "R"或"V"即簡背正(Recto)或簡背(Verso)；"首"代表篇題位於卷首，"尾"代表位於卷尾，"上""下"代表篇題在一支簡的上半或下半。

② "亂"代表背劃綫散亂；"反"代表反向背劃綫；"雙"代表雙層的V形劃綫。

③ "W"意爲簡背整篇修治，"J"爲僅修治竹節，竹簡過短，看不到竹節，從而無法判斷簡背修治情況標爲"N"。

④ 關於《皇門》簡尺寸，整理者釋文正文中描述爲 44.4 cm，但在書後的《竹簡信息表》中可見最長幾爲簡長達 45 cm(簡 6,8,12)，故將其暫定爲 45 cm。

見李學勤主編：《清華大學藏戰國竹簡(壹)》，中西書局 2010 年，第 163,279 頁。

續　表

Vol.2(1)（繫年）

Vol.2(1)	繫年
背劃綫	√
簡背	W
尺寸(cm)	45/0.6

Vol.3(8)

篇題	傅說之命上	傅說之命中	傅說之命下	周公之琴舞	芮良夫毖	良臣	祝辭	赤鳩之集湯之屋
簡號								
背劃綫	√V尾下	√V尾下	√V尾下	√V尾上	√V尾上	×	×	√V尾下
	√V	√V	√V	√V	√V	×	×	√V
	√亂	√亂	×	×	×	√雙	√雙	√
簡背	W	W	W	W	W	N	N	J
尺寸(cm)	45/0.6	45/0.6	45/0.6	45/0.6	45/0.6	32.8/0.6	32.8/32.8/0.6	45/0.6

Vol.4(3)	篇題	簡號	背劃綫	簡背	尺寸(cm)
筮法	×	√R	√	J	35/0.8
別卦	×	×	×	N	16/0.5
算表	×	×	√	W	43.6/1.2

Vol.5(6)	篇題	簡號	背劃綫	簡背	尺寸(cm)
厚父	√V尾下	√V	×	J&W①	44/0.6
封許之命	√V尾下	√V	×	J	45/0.65
命訓	×	√V	×	J	49/0.65
湯處於湯丘	×	×	×	J	44.4/0.6
湯在啻門	×	×	×	J	44.4/0.6
殷高宗問於三壽	√V尾上	√V	√	J	45/0.6

① 《厚父》篇部分竹簡簡背整簡修治，部分竹簡僅修治竹節。

Vol.6 (6)	鄭武夫人規孺子	管仲	鄭文公問太伯甲	鄭文公問太伯乙	子儀	子產
篇　題	×	×	×	×	×	×
簡　號	×	×	×	×	×	×
背劃綫	×	×	×	√	×	√
簡　背	W	J	W	W	W	J
尺寸(cm)	45/0.6	44.5/0.6	45/0.6	45/0.6	41.6/0.6	45/0.6

Vol.7(4)	子犯子餘	晋文公入於晋	趙簡子	越公其事
篇　題	√V 首上	×	×	√R 尾下,無間隔
簡　號	×	×	×	×
背劃綫	√亂	√亂	×	√
簡　背	J	J	W	W
尺寸(cm)	45/0.5	45/0.5	41.6/0.6	41.6/0.6

Vol.8 (8)	攝命	邦家之政	邦家處位	治邦之道	心是謂中	天下之道	八氣五味五祀五行之屬	虞夏殷周之治
篇　題	×	×	×	×	×	×	×	×
簡　號	√V	√V	√V	×	×	×	×	×
背劃綫	√雙	√反	√雙	√	√	√亂	√亂	√亂
簡　背	W	W	J	J	J	W	W	W
尺寸(cm)	45/0.6	45/0.6	41.5/0.5	44.6/0.6	45/0.6	41.6/0.6	41.6/0.6	41.6/0.6

Vol.9(5)	治政之道	成人	迺命一	迺命二	禱辭
篇　　題	×	×	×	×	×
簡　　號	√R	×	√R	√R	√R
背劃綫	√	√反	√	√	√
簡　　背	W	W	J	J	J
尺寸(cm)	44.5/0.6	45.2/0.7	44.5/0.6	44.5/0.6	44.5/0.6

Vol.10(5)	四告	四時	司歲	行稱	病方
篇　　題	×	×	×	×	×
簡　　號	√V	√R①	√R	√R	√R
背劃綫	×	×	×	×	×
簡　　背	J	J	J	J	J
尺寸(cm)	45.7/0.6	45/0.6	45/0.6	32.8/0.6	32.8/0.6

Vol.11(1)	五　　紀
原篇題	×
簡　　號	√R

---

① 《四時》與《司歲》兩篇竹書同編一卷且編號連續,且部分編號重複。見黃德寬主編:《清華大學藏戰國竹簡(拾)》,中西書局 2020 年,第 127 頁。

續　表

Vol.11(1)	五　　紀
背劃綫	√
簡　背	﹍
尺寸(cm)	45／0.6

以此觀之,清華簡的形制安排似乎呈現出令人熟悉的"隨機"特質——或有或無,位置形態並無一定之則。但很多時候,今人不得已歸之於"隨機"的結論,只因尚未探明古書規律。對清華簡而言,若將書手的分類納入考量,不少形制特徵的規律便立刻明朗起來。

二、書手分類與形制分類

近年來,戰國竹書字迹的研究取得了長足進步。在整理竹書的過程中,整理者即指出《尹至》與《尹誥》,[①]《湯處於湯丘》與《湯在啻門》,[②]《鄭文公問太伯》甲乙篇,[③]《子犯子餘》與《晉文公入於晉》[④]都分別由於尺寸與字體相近從而判斷分別出於同一書手。在此之上,以李松儒、賈連翔先生爲代表的學者們對清華簡的字迹分析與分類作出重要貢獻,指出不少書手書寫了不止一篇竹書,也存在一些多人合寫一篇或一卷的情况。[⑤] 若將迄今爲止的筆迹分類研究總結如下表,則可看到各自書迹

---

① 李學勤主編:《清華大學藏戰國竹簡(壹)》,中西書局 2010 年,第 127 頁。

② 李學勤主編:《清華大學藏戰國竹簡(伍)》,中西書局 2015 年,第 134 頁。

③ 李學勤主編:《清華大學藏戰國竹簡(陸)》,中西書局 2016 年,第 118 頁。

④ 李學勤主編:《清華大學藏戰國竹簡(柒)》,中西書局 2017 年,第 91 頁。

⑤ 李松儒先生的字迹分析主要從現代筆迹鑒定的角度,故而對字形結構本身複雜多變的戰國簡牘格外有指導意義,參李松儒:《清華簡書法風格淺析》,《出土文獻研究》第 13 輯,中西書局 2014 年,第 27—33 頁;《清華五字迹研究》,《簡帛》第 13 輯,上海古籍出版社 2016 年,第 62—67 頁;《〈清華大學藏戰國竹簡〉(陸)之〈管仲〉字迹研究》,《書法研究》2016 年第 4 期,第 34—45 頁;《清華六〈鄭武夫人規孺子〉等四篇字迹研究》,《第三十一屆中國文字學國際學術研討會論文集》,第 95—114 頁;《清華七〈子犯子餘〉與〈趙簡子〉等篇字迹研究》,《出土文獻》第 11 輯,中西書局 2019 年,第 177—192 頁;《清華簡〈良臣〉〈祝辭〉的形制與書寫》,《漢字漢語研究》2020 年第 1 期,第 32—38 頁;《再論〈祭公〉與〈尹至〉等篇的字迹》,《戰國文字研究的回顧與展望》,中西書局 2017 年,第 252—260 頁;《清華簡〈治政之道〉〈治邦之道〉中的"隱秘文字"及其作　(轉下頁)

上的差別：

筆迹 A.（11＋3＝14） 尹至，尹誥，赤鳩之集湯之屋，耆夜，金縢，傅説之命上、中、下，周公之琴舞，芮良夫毖，殷高宗問於三壽筆迹 A′.① 祭公之顧命，厚父，攝命	尹至03 / 厚父02	耆夜09 / 厚父02	金縢01 / 攝命01	金縢03 / 厚父05	尹誥02 / 厚父05
筆迹 B.（12） 皇門，鄭武夫人規孺子，鄭文公問太伯（甲、乙），子儀，子犯子餘，晉文公入於晉，趙簡子，越公其事，天下之道，八氣五味五祀五行之屬，虞夏殷周之治	子儀09	皇門09	皇門02	皇門05	孺子13
筆迹 C.（10） 算表，湯處於湯丘，湯在啻門，管仲，廼命一，廼命二，禱辭，四時，司歲，病方	命一07	湯丘12	湯丘10	命二06	管仲01

（接上頁）用》，《文史》2021 年第 2 輯，第 5—26 頁；《談清華十〈四時〉〈司歲〉〈行稱〉的製作與書寫》，"'古文字與出土文獻'青年學者西湖論壇"論文，杭州，中國美術學院 2021 年；本文中，李松儒先生並未將《算表》納入筆迹 C 中。

　　關於《趙簡子》與《越公其事》兩篇的筆迹歸屬，史槟英先生認爲不當與《皇門》《鄭武夫人規孺子》等篇等同，見《也説清華大學藏戰國竹簡（七）寫手問題》，武漢大學簡帛網 2018 年 6 月 15 日，http://www.bsm.org.cn/?chujian/7889.html；羅運環：《清華簡（壹—叁）字體分類研究》，《出土文獻研究》第 13 輯，中西書局 2014 年，第 27—33 頁。此外，李美辰先生從用字角度也曾坐實了不少李松儒先生的書手分類，參《清華簡書手抄寫用字習慣探研》，《漢語史學報》第 23 輯，上海教育出版社 2020 年，第 150—157 頁。

　　近年來，賈連翔先生也對清華簡書手分析做出了一系列重要貢獻，比如《清華簡九篇書法現象研究》，《書法叢刊》2011 年第 4 期，第 21—36 頁；《談清華簡文字的基本筆畫及其書寫順序》，《出土文獻研究》第 13 期，中西書局 2014 年，第 77—89 頁；《戰國竹書文字布局小識》，《出土文獻》第 7 輯，中西書局 2015 年，第 187—192 頁；《戰國竹書整理的一點反思——從〈天下之道〉〈八氣五味五祀五行之屬〉〈虞夏殷周之治〉三篇的編連談起》，《出土文獻》第 13 輯，中西書局 2018 年，第 142—152 頁；《從清華簡〈治邦之道〉〈治政之道〉看戰國竹書的"同篇異制"現象》，《清華大學學報（哲學社會科學版）》2020 年第 1 期，第 43—47 頁；《清華簡〈四告〉的形制及其成書問題探研》，"'古文字與出土文獻'青年學者西湖論壇"論文，杭州，中國美術學院 2021 年；《清華簡"〈尹至〉書手"字迹的扩大及相關問題探討》，《出土文獻綜合研究集刊》第 13 輯，巴蜀書社 2021 年，第 79—100 頁。

① 賈連翔先生認爲《尹至》類書手的書寫存在時間差，可大致分爲兩大類六小批，《攝命》《厚父》《祭公》三篇與其他 11 篇《尹至》類筆迹的竹書的書寫稍晚，見賈連翔《清華簡"〈尹至〉書手"字迹的扩大及相關問題探討》。

續　表

筆迹 D.(3) 筮法,子產,心是謂中	子產28	筮法父象61	心中06	子產19	筮法十七命62
筆迹 E.(2) 良臣,祝辭		良臣03	良臣09	良臣03	祝辭01
筆迹 F. 封許之命、四告(書手丁)	封許05		封許07		封許07

可見不同筆迹間的運筆習慣各有區別。① 若將書手分類與形制特徵一同觀察,則可見書手分類與不少形制特徵緊密相關,②似乎不少物質信息的分類都與書手的分類吻合:標題、簡號、標識符號的安排似乎很大程度上取決於書手:

筆迹 A.(14)	赤鳩	尹至	尹誥	耆夜	金縢	傅上	傅中	傅下	周公	芮	殷	祭公	厚父	攝命
篇題		√V		√V	√V	√V	√V	√V	√V	√V*	√V	√R	√V/×	
簡號	√V	√V	√V	√V	√V	√V	√V	√V	√V	√V	√V	√V	√V	√V

---

① 例如李孟濤(Matthias L. Richter)先生曾指出,筆迹的分類誠然可信,但某類筆迹並不一定代表某位書手,筆迹與書手不能等同:他認爲,因爲一方面一個人的筆迹可能會隨時間或環境變化,另一方面也存在多人模仿某類字體的可能,類似後人練習模仿"顏真卿體"或"柳公權體"。(Matthias L. Richter, "Tentative Criteria for Discerning Individual Hands in the Guodian Manuscripts," in *Rethinking Confucianism: Selected Papers from the Third International Conference on Excavated Chinese Manuscripts*, Mount Holyoke College, South Hadley, Mass., April 2004; "The Fickle Brush: Chinese Orthography in the Age of Manuscripts," *Early China* 31(2007): 171-192;李孟濤:《試談郭店楚簡中不同手蹟的辨別》,《簡帛研究二〇〇六》,廣西師範大學出版社 2008 年,第 10—29 頁;Matthias L. Richter, "Faithful Transmission or Creative Change: Tracing Modes of Manuscript Production from the Material Evidence," *Asiatische Studien/Études Asiatiques* 63.4 (2009): 889-908)基於現有材料,似乎也無法完全否認這些可能——但考慮到清華簡筆迹間文字書寫的差異,似乎很難想象一書手在改變某一"書法"時轉換大量文字的結構並保持統一;無論如何,理論上言"筆迹"而非"書手"的分類是更爲嚴謹的表達;但對戰國竹書來説,我們似乎也沒有看到當時人們刻意模仿、追求模仿某類筆迹,從而形成"一人多筆迹"或"多人同筆迹"的證據。

② 由於是在討論同類書迹內部的共性與書迹間工作方式的異同,便未將目前一書迹僅見一篇的情況,如《保訓》《程寤》《楚居》《繫年》等篇,並未在下表中列出。

筆迹A.(14)	赤鳩	尹至	尹誥	耆夜	金縢	傅上	傅中	傅下	周公	芮	殷	祭公	厚父	攝命
尺寸(cm)	45/0.6	45/0.6	45/0.6	45/0.6	45/0.6	45/0.6	45/0.6	45/0.6	45/0.6	45/0.6	45/0.6	45/0.6	44/0.6	45/0.6
背劃綫	√	√	√	√	√	√亂	√亂	×	×	×	√	×	√	√
簡背	J	J	J	W	W	W	W	W	W	W	J	W	J&W	W
篇章符	(符)	(符)	(符)	(符)	(符)	(符)	(符)	(符)	(符)	(符)	(符)	(符)	(符)	(符)
句讀符	(符)	(符)	—	(符)	(符)	(符)	(符)	(符)	(符)	(符)	(符)	(符)	(符)	

筆迹B.(12)	皇門	鄭武	鄭甲	鄭乙	子儀	趙簡子	子犯	晉文	越公其事	天下之道	八氣五味	虞夏
篇題	×	×	×	×	×	×	√V	×	√R	×	×	×
簡號	√V	×	×	×	×	×	×	×	×	×	×	×
尺寸	45/0.6	45/0.6	45/0.6	45/0.6	41.6/0.6	41.6/0.6	45/0.5	45/0.5	41.6/0.6	41.6/0.6	41.6/0.6	41.6/0.6
背劃綫	√	×	×	×	×	×	√	√	√	√	√	×
簡背	J	W	W	W	W	W	J	J	W	W	W	W
篇章符	(符)	(符)	(符)	(符)	(符)	(符)	(符)	(符)	(符)	—	(符)	(符)
句讀符	—	(符)	(符)	(符)	—	(符)	(符)	(符)	(符)	(符)	(符)	(符)

筆迹 C.(10)	湯處於湯丘	湯在啻門	管仲	廼命一	廼命二	禱辭	算表	四時	司歲	病方
篇題	×	×	×	×	×	×	×	×	×	×
簡號	×	×	×	√R	√R	√R	×	√R	√R	√R
尺寸	44.5/0.6	44.5/0.6	44.5/0.6	44.5/0.6	44.5/0.6	44.5/0.6	43.6/1.2	45/0.6	45/0.6	32.8/0.6
背劃綫	×	×	×	√	√	√	√	√	√	×
簡背	J	J	J	J	J	J	J	J	J	W
篇章符										
句讀符										

筆迹 D.(3)	筮法	子產	心是謂中
篇題	×	×	×
簡號	√R	×	×
尺寸	35/0.8	45/0.6	45/0.6
背劃綫	√	√	√
簡背	J	J	J
篇章符			
句讀符			

筆迹 E.(2)	良臣	祝辭
篇題	×	×
簡號	×	×

續　表

筆迹 E.(2)	良　臣	祝　辭
尺　寸	32.8/0.5	32.8/0.5
背劃綫	√	√
簡　背	N	N
篇章符		
句讀符		

據此,我們可以總結出不少有趣的現象。

1. 篇題

我們看到,書手 A 所書的 14 篇竹書中有 11 篇寫有標題,無篇題的《尹至》與《尹誥》篇幅短小,僅有四支簡或五支簡,似乎難以獨立成册,它們可能與内容相關且有篇題的《赤鳩》原編爲一卷,①也就是説《尹至》與《尹誥》所在的簡卷也存在篇題。同理,賈連翔先生曾指出,《厚父》與《攝命》部分竹材相同,且下部刻劃綫存在關聯,②那麽或許它們也存在編爲一卷的可能,從而共用篇題,與伊尹三篇的情況相同;即便《厚父》與《攝命》分屬兩卷,書手 A 的 14 篇竹書所在簡卷也只有《攝命》一篇暫無篇題,可以説書寫篇題是書手 A 的特徵之一。

與此相對,其他書手所寫的 42 篇竹書中則篇題十分罕見,僅有 3 例。在已發表的清華簡 14 篇有篇題的竹書中,11 篇由書手 A 寫就,另外三篇爲《封許之命》《子犯子餘》與《越公其事》。其中《越公其事》篇題格式特殊,與簡文正文連屬,與其他篇題形制不同。③賈連翔先生曾指出,《厚父》簡 1—4 與《封許之命》全篇存在共用同筒竹簡的情況,兩位書手的工作是共時的。④也就是説,書手 A 與《封許之命》書手共用竹材,兩位書手書寫過程相關;同書手 A 多寫篇題一樣,《封許之命》也存在篇題,且《厚父》

---

① 見拙文:《試論清華竹書伊尹三篇的關聯》,《簡帛》第 8 輯,上海古籍出版社 2013 年,第 471—476 頁。

② 賈連翔:《清華簡"〈尹至〉書手"字迹的扩大及相關問題探討》第 96—97 頁。

③ 如前文所述,從行文上《越公其事》篇題同正文無間隔,從而尚有學者們對文末"越公其事"四字是否爲篇題尚存疑慮,參王輝《説"越公其事"非篇題及其釋讀》。

④ 賈連翔:《清華簡"〈尹至〉書手"字迹的扩大及相關問題探討》第 98 頁。

和《封許之命》篇題都在篇題之後加寫小點,可見這兩位共時書手在書寫篇題這點也一致。那麼,則可以說清華簡的篇題書寫與書手密切相關。

這些篇題究竟源於書手 A 個人題加還是從既有底本轉寫,尚須進一步研究。我們也應注意,書手與竹書内容之間或許也有關聯:例如書手 A 所書多爲"書""詩"類時代較早的文獻,書手 B 所書則有不少近似於《國語》《戰國策》等時代稍晚的文獻内容,書手 C 則在書寫歷史文獻之餘書寫了數篇有關天文術數、數學、醫療的文獻。那麼,所書内容便有可能與書手的專長、收藏,甚至喜好聯繫起來;無論他們的身份是否是以抄書爲生的職業書手,還是如馮勝君先生所推論的"像吕不韋、孟嘗君這樣的大貴族所豢養的爲其抄書的門客",[①]他們的工作方式與書寫技藝,無疑是典籍流傳與文獻知識中重要的一環。儘管這種竹書内容與書手分類的對應關係並非絕對,每類書迹中也都存在時代與性質與其他文獻不同的竹書,筆迹的歸屬分類本身也存在討論的空間,但這種内容與筆迹之間的關聯,提醒我們在今後的研究中應更加關注書手個人因素在竹書與文本的製作中所起的關鍵作用。

至於這些篇題本身,多爲對於竹書内容的總結,如"殷高宗問於三壽",且這種總結式的篇題中存在不少"○○之○○"的句式,如"祭公之顧命""傅說之命""周公之琴舞""周公之頌志""封許之命",以及"赤鳩之集湯之屋""周武王……代王之志"。同時,也存在以竹書主人公爲題的情況,如"厚父""子犯子餘"。關於古書書名,余嘉錫先生曾總結爲"古書之命名,多後人所追題,不皆出於作者之手,故惟官書及不知其學之所自出者,乃別爲之名,其他多以人名書"。[②] 至於《詩》《書》之篇名,"文成之後,或取篇中旨意,標爲題目"。[③] 而"總結文意"和"以人名書"這兩點也體現在清華簡篇題的命名規律中。當然,篇題的意義遠不止於將其總結爲"個人行爲"——如何指稱、分類、分篇、合併,本身即是對文本知識的控制與重塑。這個問題也有進一步探討的空間。

2. 簡號

書手 A 所寫的 14 篇竹書全部存在簡號,全部寫於簡背竹節處;而書手 B 的 12 篇竹書只有《皇門》一篇在簡存在簡號,寫於簡背竹節處,其餘 11 篇皆無簡號;書手 C 則

---

① 馮勝君:《從出土文獻看抄手在先秦文獻傳布過程中所產生的影響》第 423—424 頁。
② 余嘉錫:《古書通例》,上海古籍出版社 1985 年,第 26—27 頁。
③ 余嘉錫:《古書通例》第 28 頁。此外簡帛古書的標題的重要研究包括林清源:《簡牘帛書標題格式研究》,藝文印書館 2004 年;程鵬萬:《簡牘帛書格式研究》,上海古籍出版社 2017 年,第 141—158 頁;張顯成:《簡帛標題初探》,《新出土文獻與古代文明研究》,上海大學出版社 2004 年,第 299—307 頁。

有多篇竹書將簡號寫在簡正底部,與其他書手寫於簡背的習慣不同。可見是否書寫、在何處書寫簡號也與書手關係甚密,可能也是書手個人習慣的反映。關於簡號的意義,一方面或許在於將編連散亂後的簡重新尋回簡序,或許也是對於竹書長度以及文本的控制與固定(一旦確定了簡數,便有了竹書長度的標尺),甚至也可幫助讀者索引定位文獻的内容,類似我們今天頁碼的原型。

3. 標識符號

總體而言,我們認爲清華簡的標識符號也與書手有關,多數書手存在相對穩定的標識符號書寫習慣,多數符號的形體與位置大體一致,同時也存在一些多種型態符號混雜的情況。具體而言,通過比對各個書手的篇章符與句讀符,我們發現書手 A 所書篇章符多爲"L",書手 B 則多爲短點,書手 C 則呈現出多種篇章符的形態;至於句讀符,我們發現書手 A 的句讀符多數寫於兩字間隔中間,時而上下浮動,而書手 B 與 C 的句讀符則緊貼前字之後,同時書手 B 所書的《皇門》《子儀》等篇目句讀符較少甚至沒有句讀符。若將清華簡的三位主力書手所寫標識符號列出:

	篇　章　符	句　讀　符
書手 A		
書手 B		
書手 C		

　　儘管這種分類並非絕對,但書手分類與標識符號書寫分類的大致吻合即說明清華簡的符號更可能來自竹書的書寫者而非某一讀者——那麼,這些符號即是竹書製作者是對於文本意義的規定與固定,而非來自某位讀者對未加標點文字的理解與闡

釋。換言之,書手内部符號統一的竹書更可能是被製作者加寫標點以輔助讀者的"新書",而非來自被某一讀者手書"點讀"過的"舊書"。

當然,我們必須承認,這種分類是相對的而不是絕對的,我們也見到一些書迹内部標識符號不統一的竹書,比如筆迹 A(《尹至》書手)與筆迹 A′的《祭公》《厚父》篇的句讀符號便不完全相同,但這並不令人意外——同字迹間的字型結構尚不統一,何況簡略一筆的句讀符號。這種細微的差別可能源於底本的影響,也可能由於書寫批次的不同。我們也必須强調,本文對書手能動性的關注並非是試圖削弱底本的重要性——任何竹書的完成必然是書手與底本共同作用、讀者之知識與底本之權威相互較量的結果。

4. 背劃綫與簡背修治

與篇題、簡號、標識符號相比,簡背劃綫與簡背修治似乎與書手關係較小,每一書手内部都存在背劃綫與竹節修治的多種情形。正如不少學者指出,部分清華簡與北大簡的簡背劃綫應早於破筒製簡,[①]那麼這一工序便更可能早於書寫過程,背劃綫的存在與形體不一定取决於書手。賈連翔先生也曾指出,《四告》篇分段的竹節修治情形不同,或呈圓弧型態,或呈平直型態,那麼竹節的不同形態便更可能源於不同加工者的差異,從準備竹材到書寫簡册的過程或存在分工。[②] 這與我們對於書手分類的形制安排的觀察也是相同的。

據此,我們可以作出如下總結:清華簡的不少形制特徵都與書手十分相關,每個書手各有大致上特定且固定的形制安排:寫不寫,怎麼寫,在哪裏寫,篇題、簡號、與標識符號的書寫。同時,簡背修治與簡背劃綫的情形或與書手並不直接相關,體現出竹材修治與竹簡書寫的分工。儘管書手的形制特徵並不絕對,書手之間也或有複雜的師承、同門或合作關係,但形制信息的"書寫紀律"或"書寫習慣"足以讓我們重新審視書手這一群體在决定竹書面貌中起到的重要作用。對多數清華簡的書手們來説,他們不僅負責美觀且儘量正確地書寫簡文,也負責在形制上統一安排篇題、簡號、與標識符號,從而對文本的指稱、長度、内部順序以及文意理解都試圖加以固定與控制。這些副文本(paratext)信息的意義,不僅在於幫助後世學者復原竹書、理解文意、釋讀文字,更在於他們能夠如實反映當時學人在製造文本時的考量,體現出當時的書者與

---

① 韓巍:《西漢竹書老子簡背劃痕的初步分析》,《北京大學藏西漢竹書[貳]》,上海古籍出版社 2012 年,第 227—335 頁;Thies Staack, "Identifying Codicological Sub — units in Bamboo Manuscripts: Verso Line's Revisited," *Manuscript Cultures* 8(2015): 157 - 186。

② 賈連翔:《清華簡〈四告〉的形制及其成書問題探研》第 93—94 頁。

讀者如何看待與使用他們的書籍。這些基本統一的形制安排既可能源於書手本人在書寫過程中的主動控制，也可能源自外界的被動要求（比如來自書手的雇主或上級監管者），也或許是書手忠實反映底本的情況——但無論如何，這種統一必然是一種人爲控制的結果。我們强調書手的能動作用，並非局限於清華簡這二十一種筆迹所指涉的這二十一個“人”，而是强調以書手爲代表的知識群體在文獻傳播中的關鍵作用：在製造與傳遞文獻的過程中，一篇竹書的完成遠非機械“抄書”這一個動作可以實現。

一旦了解到清華簡書手們在形制安排上的能動作用，我們的下一個問題便是書手們在書寫文本時在何種程度上影響了竹書的面貌？限於篇幅，本文便不涉及。

三、結　　論

第一，清華簡的書手們不僅負責書寫文字，更在形制上決定了不少竹書的副文本（paratext）安排。不少形制特徵（如篇題、簡號、與標識符號）的分類都與筆迹分類高度吻合，可見不少形制的規制與書手相關，並非完全的“隨機”。

第二，清華簡的標識符號更可能來自書手，而非讀者，即説明這些符號當被理解爲對於竹書文字意義的控制，而非某一讀者反復閱讀理解的痕迹。可見書手在掌控文字書寫之外，或許對的物質型態與文意的固定也發揮了關鍵作用。

據戰國竹簡校釋《荀子·勸學》之"流魚"及相關問題

吳昊亨

摘　要：《荀子·勸學》中的"流魚"當如王先謙、屈守元等説作"沈魚"。"沈魚"指"潛在水中的魚"，其中"沈"最早在戰國時很可能寫作一個以"蚩"或者"疐"爲聲符的字，通"沈"，含有"蚩"或"疐"偏旁的字一部分在幽部，一部分在侵部，該字後來在轉寫過程中被誤作"流"。《荀子》的《非十二子》《大略》《君子》篇中的一些"流"字原本也應當作"沈"。

關鍵詞：荀子　流魚　沈魚　蚩　疐

《荀子·勸學》篇有如下記載：

> 昔者瓠巴鼓瑟而流魚出聽，伯牙鼓琴而六馬仰秣。故聲無小而不聞，行無隱而不形。玉在山而草木潤，淵生珠而崖不枯。爲善不積邪，安有不聞者乎？

對於"流魚"有不同解釋，有的將"流"讀如字，如楊倞注：

> 瓠巴，古之善鼓瑟者，不知何代人。流魚，中流之魚也。①

有的認爲"流"爲誤字，或者可通"游"，如盧文弨認爲：

> 流魚，《大戴禮》作"沈魚"，《論衡》作"鱣魚"，亦與"沈魚"音近，恐"流"字誤。《韓詩外傳》作"潛魚"。或説流魚即游魚，古流、游通用。

---

① 此處及以下各家意見參見(戰國) 荀況著，王天海校釋：《荀子校釋》，上海古籍出版社 2005 年，第 23—24 頁。其中"沈"現在習慣作"沉"，爲了與古籍統一下文皆作"沈"。

或以爲"流"通"沈",如王先謙認爲:

> 流魚,《大戴禮》作"沈魚",是也。魚沈伏,因鼓瑟而出,故云"沈魚出聽"。《外傳》作"潛魚",潛亦沈矣。作"流"者,借字耳。《書》"沈湎",《非十二子》《大略篇》作"流湎",《君子篇》"士大夫無流淫之行",《群書治要》引作"沈淫",此沈、流通借之證。盧引或説"流魚即游魚",既是游魚,何云"出聽"? 望文生義,斯爲謬矣!

屈守元認爲:

> 《慎子·外篇》亦作"潛"。竊疑潛、沈、淫諸字皆音之轉。至於作"流",當是字誤。《荀子·非十二子篇》《大略篇》《君子篇》之"流"字,亦即"沈"字之誤。"游"則作"流",而又誤者也。潛、沈、淫三字音假,其義當如王先謙所説。而王氏未指出流、游爲字誤耳。

儘管王先謙等認爲"流魚"與"出聽"不够契合,仍有學者將"流"讀爲"游",如駱瑞鶴解釋:

> 古流、游通用。游魚,謂游於水中之魚,義與"出聽"不悖。蓋後人以文有"出"字,故改爲沈、潛字,王氏據以爲説,斯亦謬矣。

又王天海認爲:

> 流、游一聲之轉,古時通用之例甚多。《楚辭·大招》:"螭龍並流,上下悠悠只。"聞一多疏證:"流、游,古通。謂螭龍相傍而浮游也。"馬王堆漢帛書《經法·道原》:"鳥得而蜚,魚得而流,獸得而走。"皆"流"借爲"游"之證。"游魚出聽",其文本妙,何煩改爲沈、潛?"流"字不誤。楊注雖未得,然説"流"字誤者,皆穿鑿也。

以上"流魚"異文,除了"沈魚""潛魚""鱏魚"還有"淫魚""淵魚",見於《慎子》《論衡》《淮南子》以及《文選》李善注等,這些書各自不同版本也有差別,①另外其他學者對於"流魚"的解釋還有很多,但總體上與上述大同小異,這裏都不煩列舉。

按,儘管駱瑞鶴、王天海等提供了大量"流""游"互通的例子,甚至分析了"游魚"在

---

① 可參何志華、朱國藩、樊善標編著:《〈荀子〉與先秦兩漢典籍重見資料彙編》,香港中文大學出版社 2005 年,第 23—24 頁;黃暉:《論衡校釋》,中華書局 1990 年,第 78、243—245 頁;張雙棣:《淮南子校釋》,北京大學出版社 1997 年,第 1633 頁;(梁)蕭統編,(唐)李善注:《文選》,上海古籍出版社 1986 年,第 1599 頁;(戰國)荀況著,王天海校釋:《荀子校釋》第 23—24 頁。

邏輯上的合理性,但筆者認爲這種説法還不能成立,這没能解釋爲什麽"游魚"在其他版本中作"沈魚""潛魚""淫魚",駱瑞鶴認爲原文有"出"字,故改爲"沈、潛"字,這並不能讓人信服。筆者認爲屈守元的分析最爲合理,這可以通過戰國竹簡文字進一步證明。

在楚簡文字中有一種聲符"蚩"(也寫作"䖵"),以之爲聲符的字往往與一些侵部的字互通,如:

1.《小弁》《巧言》則言讒人之害也。　　　　　　　　　　(上博一《孔子詩論》8)

2. 吾安爾而設爾,爾無以勵匡正我,抑忌諱讒媚,以隳惡吾外臣。

(上博八《志書乃言》3＋上博八《命》4)

3. 然以讒言相謗,爾使我得尤於邦多已。　　　　(上博八《志書乃言》4＋6)

4. 乃讒太子共君而殺之,或讒惠公及文公。　　　(清華貳《繫年》31—32)

5. 恭神以敬,和民用正,留邦偃兵,四方達寧,元哲並進,讒謠則屏,寺名曰聖。

(清華伍《殷高宗問於三壽》18—19)

6. 讒人在側弗知。　　　　　　　　　　　　　　(清華捌《治邦之道》24)

7. 少師無極讒連尹奢而殺之,其子伍員與伍之雞逃歸吳。　(清華貳《繫年》81)

8. 趯趯葛屨,可以履霜。攣攣女手,可以縫裳。　　　　　　(安大《詩經》100)

9. 六四:顛頤,吉。虎視䖵=,其欲攸攸,無咎。　　　　　(上博三《周易》25)

《孔子詩論》8	《志書乃言》3	《志書乃言》4	《繫年》31 上	《繫年》31 下
《殷高宗問於三壽》19	《治邦之道》24	《繫年》81	《詩經》100	《周易》25

以上諸例,1—7 中"讒""讟"學者皆讀爲"讒",如今已毫無争議。[①] 安大簡《詩經》中的"攣攣女手"對應《毛詩》"摻摻女手",整理者認爲"攣"是"摻"異體,實際上以"讒"

[①] 可參俞紹宏、張青松編著:《上海博物館藏戰國楚竹書集釋》第一册,社會科學文獻出版社 2019 年,第 90—92 頁;俞紹宏、張青松編著:《上海博物館藏戰國楚竹書集釋》第八册,社會科學文獻出版社 2019 年,第 116—117、125—126 頁;李學勤主編:《清華大學藏戰國竹簡(伍)》,中西書局 2015 年,第 157 頁;蘇建洲、吳雯雯、賴怡璇:《清華二〈繫年〉集解》,(臺北)萬卷樓圖書股份有限公司 2013 年,第 323—324、599 頁;李學勤主編:《清華大學藏戰國竹簡(捌)》,中西書局 2018 年,第 138 頁。

爲聲符,"讒"屬於崇母侵部,①"摻"屬於生母侵部,音近可通。② 上博三《周易》簡 25 之"蟲"實際上就是"融"字,"融融"傳世本《周易》作"眈眈"。

然而,不管是"蚰"還是"蝕",也作爲"流"的偏旁:

10. 人之巧言利詞者,不有夫詘詘之心則澫。　　　　（上博一《性情論》37—38）

11. 君子不以澫言傷人。　　　　　　　　　　　（上博二《從政甲》19）

12. 逆澫載水。　　　　　　　　　　　　　　　（清華壹《楚居》3）

13. 唯上之澫是從。　　　　　　　　　　　　　（清華捌《治邦之道》8）

14. 絶源澫漸,其胡能不涸。　　　　　　　　　　（上博六《用曰》6）

15. 故大人不倡澫。　　　　　　　　　　　　　（郭店《緇衣》30）

16. 是君子之於言也,非從末澫者之貴,窮源反本者之貴。（郭店《成之聞之》11）

17. 成王猶幼在位,管叔及其群兄弟乃澫言于邦曰:"公將不利於孺子。"

（清華壹《金縢》6—7）

《性情論》38	《從政甲》19	《楚居》3	《治邦之道》8
《用曰》6	郭店《緇衣》30	《成之聞之》11	《金縢》7

以上例 10—17 之"澫""澫"文中皆用爲"流",學術界毫無異議。③ 關於爲何從"蚰"或"蝕"的字會分別讀爲幽部字"流"與侵部字目前大致有兩種看法,曾憲通認爲古文字"澫(流)"所從"蚰(㐬)"來自"毓"的聲符"㐬",是聲符"㐬"的訛變,"毓"屬於覺部,而"蟲(融)""謙(讒)"以"虫"爲聲符,"虫"屬冬部,"流"屬幽部,幽、覺、冬對轉。④

---

① 也有一些音韵學家將"讒"歸入談部,但談部與侵部本身也相差不大。

② 黃德寬主編:《安徽大學藏戰國竹簡(一)》,中西書局 2019 年,第 137—138 頁。

③ 可參俞紹宏、張青松編著:《上海博物館藏戰國楚竹書集釋》第一冊,第 413—414 頁;俞紹宏、張青松編著:《上海博物館藏戰國楚竹書集釋》第二冊,社會科學文獻出版社 2019 年,第 160—161 頁;李學勤主編:《清華大學藏戰國竹簡(壹)》,中西書局 2018 年,第 158、181 頁;俞紹宏、張青松編著:《上海博物館藏戰國楚竹書集釋》第六冊,社會科學文獻出版社 2019 年,第 253—255 頁;荊門市博物館:《郭店楚墓竹簡》,文物出版社 1998 年,第 130、167 頁。

④ 曾憲通:《再説"蚰"符》,《古文字研究》第 25 輯,中華書局 2004 年,第 243—248 頁。

李家浩則認爲"流"所从"蚩（充）"與"毓"無關，而是應在幽部，上古侵部與東、冬、幽三部關係密切，故可通。① 這裏是非曲直我們姑且不論，可以肯定的从"蚩""蠱"的字有兩系讀音。

筆者認爲所謂"流魚"的"流"有一個版本最開始也是寫作一個从"蚩"或"蠱"的字，具體部首不詳（不排除本身也从"氵"，與"潼"同形），它通"沈"。② 但在傳抄過程中由於其他人對這個字產生了誤解，把它當成了"流"，漸漸地直接寫作了"流"，於是便有了"流魚"這種寫法。另一方面，還有很多人知道這不是"流"，所要記錄的是｛沉｝，於是傳抄最後轉變成了"沈"。

這樣一來就有多種演變軌跡，一條保持作"流"，另一條在"沈"基礎上衍生出了"潛、鱏、淫"變體，"潛"與"沈"音義具近，尚屬合理，"淫""鱏"則純是音近，它們與"沈"是通假關係。至於"淵魚"，只是大意與"沈魚"略同。

那麼有沒有可能最初是"流"而誤作"沈"呢？我們認爲這種可能性遠遠低於前一種。一來"沈"有很多假借字而"流"沒有，説明"沈"可能更早，這樣才有足够的時間產生這些衍生字。二來，更重要的是，從表達效果上看"沈"要遠遠優於"流"。駱瑞鶴、王天海等論證了"流（游）"的可行性，但其實也只是理論上説得通。"伯牙鼓琴而六馬仰秣"中"六馬仰秣"楊倞注："仰秣，仰首而秣，聽其聲也。"③馬吃草本來應該是俯首的，但伯牙的琴聲竟然能讓馬抬起頭邊聽邊吃，説明伯牙技藝高超。相應地，若將"沈魚"帶入，是説瓠巴鼓瑟的技藝精湛，竟然能讓沉潛在水底的魚出來聽，本身既有反差對比，也可以與下一句形成排比。但若將"游魚"帶入則沒有了反差對比，其感染力遠不如"沈魚"。考慮到下文"六馬仰秣"不存在文獻分歧，我們認爲在最早版本裏一開始也是與之對仗的"沈魚出聽"，而不是如駱瑞鶴説先爲"流（游）魚聽"後變成"沈魚出聽"。《荀子》的文采衆所周知，我們認爲"沈魚"比"游魚"的更具有文學性，更符合先秦諸子的常有的縱橫捭闔、排山倒海的氣勢。

總之，不管是從文獻角度還是文學角度看，"沈"的合理性都大於"流"。

最後順便説一下"流湎"與"流淫"。王先謙、屈守元認爲《荀子》的《非十二子》《大略》《君子》篇的這幾個"流"字都是"沈"字之誤，可以與"流魚"的形成互相參照。

> 故多言而類，聖人也；少言而法，君子也；多少無法而流湎然，雖辯，

---

① 李家浩：《楚簡所記楚人祖先"鬻（鬻）熊"與"穴熊"爲一人説——兼説上古音幽部與微、文二部音轉》，收入黃德寬主編《安徽大學漢語言文字研究叢書·李家浩卷》，安徽大學出版社2013年，第188—197頁。

② 鬸（融）以"蚩"爲聲符，可通"眈"，那麼以"蠱"爲聲符的字自然也可以通"沈"。

③ 可參（戰國）荀況著，王天海校釋：《荀子校釋》第24頁。

小人也。　　　　　　　　　　　　　　　　　　　　　　　　　　　(《非十二子》)

聖王在上,分義行乎下,則士大夫無流淫之行,百吏官人無怠慢之事,衆庶百姓無姦怪之俗,無盜賊之罪,莫敢犯大上之禁。　　　　　　　　　(《君子》)

多言而類,聖人也;少言而法,君子也;多少無法而流喆〈湎〉然,雖辨,小人也。　　　　　　　　　　　　　　　　　　　　　　　　　(《大略》)①

學者對於"流湎""流淫"也有衆多解釋,②筆者認爲當按照王先謙、屈守元説作"沈湎""沈淫",原因很簡單,"沈湎""沈淫"成詞且典籍常見,放入文中文從字順,並且其他書中有異文"沈湎"可對應,而"流湎""流淫"則罕見且語焉不詳。"流湎""流淫"中"流"的産生途徑應當與"流魚"的"流"一樣,也是最初很可能存在一個從"蚩"或"畫"的形體,後來被誤會成了"流",最終流傳至今。

_____

① 其中"喆"學者皆據《非十二子》篇改爲"湎"。

② 可参(戰國) 荀況著,王天海校釋:《荀子校釋》第 217、968、1102 頁。

《詩》簡讀札三則 *

陳　晨

摘　要：安大簡《詩經·碩鼠》簡 81"逫皮樂₌或₌""逫皮樂₌土₌"、簡 82"逫皮樂₌蒿₌"中的重文符號皆應從《毛詩》讀三遍，這是《詩經》類文獻中獨有的一種重文符號的特殊用法；阜陽漢簡《詩經》簡 S014"印其離"當從《毛詩》讀；上博簡《民之父母》引《周頌·昊天有成命》"夙夜基命宥密"句應該讀爲"夙夜諆命有密"。同時，本文對《尚書·洛誥》"王若弗敢及天基命定命"中"基命"的相關訓釋問題也做了考證。

關鍵詞：《詩經》　重文符號　印其離　夙夜基命宥密

一、安大簡《詩經·碩鼠》重文符號補釋

安徽大學藏戰國竹簡《詩經·碩鼠》簡 81"逫皮樂₌或₌""逫皮樂₌土₌"和簡 82"逫皮樂₌蒿₌"，分別對應《毛詩·碩鼠》三章之"適彼樂國，樂國樂國""適彼樂土，樂土樂土""適彼樂郊，樂郊樂郊"。其中"樂₌或₌""樂₌土₌""樂₌蒿₌"的讀法引起了學者們的關注。

整理者書中説：

>　　"樂""或"下有重文符號，若以《毛詩》爲準，則此處重文符號表示重複兩次，但其他古文字材料中未見如此用法。另外一種可能是《毛詩》是後人整理的結果，而簡本保留了早期的樣貌，本句原作"適彼樂國，樂國"。後兩章

---

* 本文寫作得到 2022 年度河北省社科基金青年項目"簡帛《詩經》類文獻與毛詩詩義解説比較研究"（HB22ZW020）、2020 年度河北師範大學博士基金項目"簡帛《老子》對讀研究"（S20B004）資助。

"樂土""樂郊"與此類似。①

秦樺林先生提出了不同的意見，其文中説：

> 《韓詩外傳》兩引此文，並作："逝將去女，適彼樂土；適彼樂土；爰得我
> 所。"又引次章亦云："逝將去女，適彼樂國；適彼樂國，爰得我直。"……安大
> 簡《詩·碩鼠》"逿（適）皮（彼）樂₌或₌""逿（適）皮（彼）樂₌土₌""逿（適）皮
> （彼）樂₌薈₌"三句，……很可能在傳抄過程中有意刪改，蓋其所據底本原作
> "逿（適）皮（彼）樂或樂₌或₌"，抄手貪圖省事，故删去中間的"樂或"二字。②

吴洋先生也對這種現象做出了説解，其文中説：

> 後世學者在傳授和解讀《詩經》時，爲了湊成整齊的四字句，必須進行補
> 充，於是就造成了《毛詩》和《韓詩》不同的選擇。③

我們認爲安大簡《碩鼠》這三處帶有重文符號的簡文仍當從《毛詩》讀，重文符號
前的文字需要讀三次，這是《詩》類文獻一種重文符號的特殊用法。眾所周知，絕大多
數戰國秦漢簡帛的重文符號確實重複兩次，但也不絕對，並不像整理者所説"其他古
文字材料中未見如此用法"，有的重文符號表示重複讀三次或四次。程燕先生引了清
華簡《耆夜》中的例子證明了這一點。④ 在尹灣漢簡《神烏賦》的引《詩》中也出現了類
似的情況。《神烏賦》簡127引《詩·小雅·青蠅》，簡文作："《詩》云₌青繩，止于杆。"⑤
整理者釋寫作："《詩》[云]：'云₌（云云）青繩（蠅），止于杆（?）。'"⑥從釋文看，整理者認
爲此處缺一個"云"字，故用"[]"表示簡文誤脱。裘錫圭先生説："也有可能書寫者在
這裏是用重文號的每一點代表一個重文的，'云'字加兩點就代表三個'云'字，跟一般

① 安徽大學漢字發展與應用研究中心編：《安徽大學藏戰國竹簡（一）》，中西書局2019年，第123頁。

② 秦樺林：《安大簡〈詩·碩鼠〉札記》，簡帛網2019年9月25日。

③ 吴洋：《讀安大簡〈詩經〉札記》，《國學學刊》2020年第2期，第13頁。

④ 程燕、滕勝霖：《安大簡〈詩經〉在文本流傳中的啓示》，《光明日報》2021年12月20日，第13版。

⑤ 原文"杆"字，整理者釋文作"杆（?）"，表示這個字的釋讀仍有疑問。裘錫圭先生釋作"杆"，認爲作"杆"可
與下兩句之"言"押韻。又説："也可以把這個字釋爲'杆（杆）'，看作'杆'的形近誤字。"（裘錫圭：《〈神烏
傅（賦）〉初探》，連雲港市博物館、中國文物研究所編：《尹灣漢墓簡牘綜論》，科學出版社1999年，第4
頁）張顯成、周群麗先生釋爲"杆"，認爲在簡文中指"盛湯漿的器皿"。（張顯成、周群麗：《尹灣漢墓簡牘
校理》，天津古籍出版2011年，第160頁）今按，該字簡文寫作"[]"，同簡的"于"字作"[]"，"汙"字寫作
"[]"，二字豎筆末端都明顯向左勾，與該字存在差別，故當釋作"杆"。

⑥ 連雲港市博物館等編：《尹灣漢墓簡牘》，中華書局1997年，第149頁。

以兩點或兩短横代表一個重文不同。"①裘錫圭先生認爲《神烏賦》此處並没有缺字,而是重文符號重複兩遍,是正確的説法。不過可能跟重文符號是一點或兩點關係並不大。

類似的用法還出現在清華簡《耆夜》中,程燕先生文中也提到,不過並未詳述,下面將《耆夜》中的三個例子稍作展開説明。《耆夜》簡3:"王夜(舉)觶(爵)誯(酬)繹(畢)公,复(作)訶(歌)一夂(終)曰樂=脂(旨)=酉(酒)=。"簡文中"樂脂酉"三字後均有重文符號,整理者將詩名讀爲"樂樂旨酒",是正確的,目前並没有不同意見。作爲詩名的"樂樂旨酒"同時也是詩的第一句,這與《詩經》中一些取詩文的首句爲詩名的現象相同,如《王風·君子於役》《小雅·十月之交》等。此處簡文中的"樂=脂=酉="讀爲:《樂樂旨酒》:"樂樂旨酒。"②"脂""酉"二字後的重文符號皆表示該字讀兩遍,這是與戰國秦漢簡帛中的慣例相同的。但是"樂"後只有一個重文符號,該字却需要讀四遍。同篇簡6:"周公夜(舉)觶(爵)誯(酬)繹(畢)公,复(作)訶(歌)一夂(終)曰贔=",其中"贔"字之後亦有重文符號,該字整理者認爲可讀爲"央"或"英",③學者們有一些不同的意見。④不過"贔贔"應該是摘取了首句前兩字爲詩名,這一點是可以基本肯定的。整首詩都是四言的形式,所以首句一定是"贔贔戎服"四字。如此一來"贔"字應該跟上文"樂"字一樣,在文中讀四遍。簡7—8:"周公或夜(舉)觶(爵)誯(酬)王,复(作)祝誦一夂(終)曰明=上帝","明="與上文的兩例情况相同,亦需讀四遍。

綜上,在尹灣漢簡《神烏賦》中"云=","云"字讀三遍。在清華簡《耆夜》中"樂="

---

① 裘錫圭:《〈神烏傅(賦)〉初探》第4頁。

② "樂"字整理者和程燕先生文中都隸定作"藥",該字字形黄人二、趙思木先生《讀〈清華大學藏戰國竹書(壹)〉書後(四)》一文中已經做過明確辨析(簡帛網2011年2月17日),本文采用後者觀點。

③ 李學勤主編:《清華大學藏戰國竹簡(壹)》,中心書局2010年,第153頁。

④ 如沈培先生讀爲"儆儆"或"敬敬"(《清華簡字詞考釋二則》,復旦大學出土文獻與古文字研究中心網站2011年1月9日),蘇建洲先生讀爲"盛盛"(《〈清華簡〉考釋四則》,復旦大學出土文獻與古文字研究中心網站2011年1月9日),宋華強先生讀爲"競競"或"勍勍"(《清華簡校讀散札》,簡帛網2011年1月10日),網友"子居"先生讀爲"贔贔"(《清華簡〈耆夜〉解析》,孔子2000網站2011年10月10日),張崇禮先生讀爲"熒熒"(復旦大學出土文獻與古文字研究中心網站2014年6月9日),林素英先生讀爲"粲粲"(《清華簡文字考釋二則》,清華大學出土文獻研究與保護中心編《清華簡研究》第二輯,中西書局2015年),張樹國先生讀爲"嬰貝"(《由樂歌到經典:出土文獻對〈詩經〉詮釋史的啓迪與效用》,《浙江學刊》2016年第2期)等。按照《詩經》類文獻的慣例,此處非常可能是一個疊音詞,例如"采采卷耳""采采茮苢"等。以上學者的意見皆有可參考之處,不過這個疊音詞的釋讀應該往形容詞方向考慮,詳參丁聲樹先生《詩卷耳茮苢"采采"説》一文,《丁聲樹文集》,商務印書館2020年,第78—98頁。

"矗＝""明＝"，重文符號前面的字均需讀四遍。從這些例子中都可以看出戰國秦漢簡中的重文符號並不都是重複一次。李均明先生等編寫的《當代中國簡帛學：1949—2019》一書中講到簡牘符號時說"用今天的眼光看，或許這些簡牘符號具有較大的隨意性。簡牘符號作爲輔助記錄和閱讀的手段，是在當時特定的語境下形成的，具有約定俗成的性質，隨意性這個問題在古人那里是不存在的"，①是非常有道理的。本文提到的幾個例子也有"特定的語境"，它們的共同點是都出現在《詩經》類文獻中，由於《詩經》中有較多的疊音詞和由重疊雙音節詞構成的詩句，所以重文符號的使用比較普遍。而且《詩經》屬於經典文獻，傳誦度比較高，詩歌四言的形式也是非常固定的，不太會有引起誤會的可能。同時我們認爲重文符號確如李書中所説無所謂，或是不存在"隨意性"，重文符號只表示重複，至於重複幾次，要依據"特定的語境"。

故此，我們認爲安大簡《碩鼠》的三例用法與上文所提到《神烏賦》和《耆夜》中的重文符號都屬於有"特定的語境"，需重複兩遍。安大簡《碩鼠》三章的"適（適）皮（彼）樂＝或＝""適（適）皮（彼）樂＝土＝""適（適）皮（彼）樂＝薅＝"當如《毛詩》讀。《韓詩》與《毛詩》的差異或許也因重文符號而起，在傳抄過程中，《韓詩》傳受者很可能對重文符號使用的"特定的語境"理解不到位，所以按照一般的用法，認爲重文符號讀兩遍，但如此則句式不整，或以爲"適彼"二字後誤脱去重文符號，因此補了"適彼"二字。

二、阜陽漢簡《詩經》"印其離"改讀辨析

阜陽漢簡《詩經》S011、S012、S013、J13、S014 的內容是《召南·殷其雷》的殘句，與今本異文較多。② 其中較爲重要的是一則"印其離"，不少學者對其含義進行了考證。爲便於討論，現將簡文殘缺之處補全，釋文抄錄於下：

【印其離，在】南山之陽。何斯韋（違）斯，莫敢 S011【或遑。振振君子，歸哉歸哉。】

【印其】離，在南山之側。S012【何】斯韋（違）S013斯，莫敢 J13【遑息。

---

① 李均明等著：《當代中國簡帛學研究：1949—2019》，中國社會科學出版社 2019 年，第 83 頁。

② 其中 S 是整理者胡平生、韓自强先生《阜陽漢簡詩經研究》一書中的簡號，J 是《中國簡牘集成》中的編號，《中國簡牘集成》中的 J13 不見於《阜陽漢簡詩經研究》，圖版見於第十四册第 320 頁，釋文見於第十八册第 1706 頁（胡平生、韓自强：《阜陽漢簡詩經研究》，上海古籍出版社 1988 年；中國簡牘集成編輯委員會：《中國簡牘集成》（2 編），敦煌文藝出版社 2005 年）。

振振君子,歸哉歸哉。】

　　印其離,在南山之下。何斯韋（違）S014【斯,莫敢遑處。振振君子,歸哉歸哉。】S015

毛詩《殷其雷》原詩如下:

　　　　殷其雷,在南山之陽。何斯違斯,莫敢或遑。振振君子,歸哉歸哉。
　　　　殷其雷,在南山之側。何斯違斯,莫敢遑息。振振君子,歸哉歸哉。
　　　　殷其雷,在南山之下。何斯違斯,莫或遑處。振振君子,歸哉歸哉。

整理者對全詩每章頭兩句的考釋説:

　　　　起首二句,毛傳云:"殷,雷聲也,山南曰陽,雷出地奮,震驚百里;山出雲雨,以潤天下。"鄭箋云:"雷以喻號令于南山之陽,又喻其在外也。召南大夫以王命施號令于四方,猶雷殷殷然發聲于山之陽。"按:《阜詩》首句作"印其離",可解爲同音假借,亦可解爲與毛、鄭詁訓不同。"離",似爲別離之義。"印""殷"可讀爲"慇"。《説文》:"慇,痛也。"段注謂即《邶風·柏舟》"耿耿不寐,如有隱憂"之"隱",臧鏞堂所見建本正作"隱",亦"慇"之假借字。毛傳:"隱,痛也。"《廣雅·釋詁》:"殷,痛也。"《爾雅·釋訓》:"慇慇,憂也。""印(殷)其離",傷痛別離也。"何斯違斯",林義光説前一"斯"字及"違","皆離也";後一"斯"字訓爲"此","言何故離此也",則文意恰與"印其離"相承,可以參考。《阜詩》"違"作"韋",字通。"歸哉歸哉",姚際恒説"是望其歸之辭"。前有別離,後乃望歸,前後亦正相呼應。①

陸錫興先生同意整理者看法,其文中説:

　　　　《楚辭·離騷》序云:"離,別也。騷,愁也。"洪興祖《補注》引太史公曰:"離騷者,猶離憂也。"義同。而此篇言召南大夫遠行從政,而期"歸哉,歸哉",皆"傷痛別離"之旨。②

胡旋先生認爲兩讀皆可,文中説:

　　　　"印其離"無論讀爲"礘其雷",還是讀爲"慇其離",都文從字順。若讀爲"礘其雷",則該詩運用了"興"的藝術手法,主人公由雷聲而想起在外服役未

①　胡平生、韓自强:《阜陽漢簡詩經研究》第42—43頁。
②　陸錫興:《詩經異文研究》,中國社會科學出版社2001年,第13—14頁。

歸的丈夫。若讀爲“愍其離”，則該詩直入主題，開頭便是主人公傷痛其夫離別在外。至於這兩種讀法孰優孰劣，則見仁見智了。①

我們認爲簡文“印其離”仍當從《毛詩》讀爲“殷其雷”。清人馬瑞辰《毛詩傳箋通釋》引《文選》李善注、《廣雅》等言：“殷爲破之省借。”②胡旋先生從之，我們認爲似不必改讀爲“破”。“殷”在早期文獻中即有“盛”“大”“衆”等義，如《左傳》成公十六年：“方事之殷也。”杜預注：“殷，盛也。”③《莊子·山木》：“此何鳥哉，翼殷不逝，目大不覩。”陸德明釋文云：“司馬云：殷，大也。”④《詩·鄭風·溱洧》：“殷其盈矣。”毛傳：“殷，衆也。”⑤表示雷聲之大的“破”是從“殷”分化而來，出現時代較晚，典籍借用“殷”表示物之盛大，不必改讀。整理者讀爲“愍其離”雖説比較通順，不過從《詩經》的體例和詩義表達上來看，從毛讀爲妥，理由如下。

首先，從《詩經》的體例來看。《詩經》中“……，在……”是一個固定的句式，經常出現在全詩或者某一章的開頭，在《詩經》中有如下一些詩句：

(1) 關關雎鳩，在河之洲。　　　　　　　　　　　　（《周南·關雎》）

(2) 爰有寒泉，在浚之下。　　　　　　　　　　　　（《邶風·凱風》）

(3) 泛彼柏舟，在彼中河……泛彼柏舟，在彼河側……　（《鄘風·柏舟》）

(4) 孑孑干旄，在浚之郊……孑孑干旟，在浚之都……孑孑干旌，在浚之城……　　　　　　　　　　　　　　　　　　　　　（《鄘風·干旄》）

(5) 有狐綏綏，在彼淇梁……有狐綏綏，在彼淇厲……有狐綏綏，在彼淇側……　　　　　　　　　　　　　　　　　　　　　（《衛風·有狐》）

(6) 綿綿葛藟，在河之滸……綿綿葛藟，在河之涘……綿綿葛藟，在河之漘……　　　　　　　　　　　　　　　　　　　　　（《王風·葛藟》）

(7) 湛湛露斯，在彼豐草……湛湛露斯，在彼杞棘……　（《小雅·湛露》）

(8) 菁菁者莪，在彼中阿……菁菁者莪，在彼中沚……菁菁者莪，在彼中陵……　　　　　　　　　　　　　　　　　　　（《小雅·菁菁者莪》）

---

① 胡旋：《阜陽漢簡詩經集釋》，碩士學位論文，吉林大學 2013 年，第 19—20 頁。

② （清）馬瑞辰：《毛詩傳箋通釋》卷三《召南·殷其雷》，中華書局 1989 年，第 91 頁。

③ （晉）杜預注，（唐）孔穎達等正義：《春秋左傳正義》卷二十八，（清）阮元校刻《十三經注疏》，中華書局 1980 年，第 1918 頁。

④ （清）郭慶藩撰，王孝魚點校：《莊子集釋》卷七《山木》，中華書局 2004 年，第 695—696 頁。

⑤ （漢）鄭玄箋，（唐）孔穎達疏：《毛詩正義》卷四《國風·鄭風·溱洧》，（清）阮元校刻《十三經注疏》，中華書局 1980 年，第 346 頁。

(9) 皎皎白駒，在彼空谷。 （《小雅·白駒》）

(10) 駉駉牡馬，在坰之野……駉駉牡馬，在坰之野……駉駉牡馬，在坰之

野…… （《魯頌·駉》）

(11) 日之方中，在前上處。 （《邶風·簡兮》）

(12) 彼姝者子，在我室兮……彼姝者子，在我闥兮…… （《齊風·東方之日》）

(13) 所謂伊人，在水一方……所謂伊人，在水之湄……所謂伊人，在水之

涘…… （《秦風·蒹葭》）

其中(1)—(10)中的詩句都是位於全詩的開頭或某一章的開頭處，與《殷其雷》的句式和位置完全相同。(11)—(13)這三組詩句的位置在詩篇中間，不在全篇或者某章的開頭。不難發現的是，這十三組詩句中"在……"前面一句中都有一個主詞，或是人或是物，完整地表達了"某人或某物在某處"的意思，無一例外。同理可知，"印其離/殷其雷"亦當符合《詩經》中這一慣例，所以"印其離/殷其雷"當是"在南山之陽""在南山之側""在南山之下"的主詞，與上舉十三處詩句中的主語一樣，表示具體的人或事物，很顯然"印其離"不符合這一《詩經》用語慣例。此外，我們發現這一慣例大多出現在《國風》之中，可見這種句式爲當時民歌所習用。這幾句詩的意思是"盛大的雷聲在南山之陽""盛大的雷聲在南山之側""盛大的雷聲在南山之下"。

其次，從藝術手法上來說，胡旋先生指出讀爲"殷其雷"是運用了"興"的手法，這一看法是正確的。上文所提到的十三組詩句中的前十處基本都是用"興"的手法，從表現手法上來說更符合《詩》的文學性，能够使讀者身臨其境，更有畫面感。正如馬瑞辰所言："蓋以雷聲之近而可聞，興君子之遠而難見。"[1]周嘯天先生説："詩篇一開始就寫雷聲隆隆，雨意甚濃，陰沉沉的天氣與陰沉沉的思婦之心達成一種微妙的聯繫，以雷聲殷殷興起情人的焦灼感。"[2]劉毓慶、李蹊先生也提道："詩以雷聲起興，好像也是實寫。雷聲從'山陽'至於'山側''山下'……雷聲越來越近，雨越來越緊。與妻子'歸哉歸哉'的聲音相呼應，構成了一幅'滿天風雨滿天愁'、悽悽慘慘的夫妻離別圖。"[3]若簡文讀爲"慇其離"，其表達效果則遠不及之。

綜上，無論從《詩經》的用語習慣，還是從藝術表達來說，這句詩讀爲"殷其雷"要比"慇其離"更好。

---

① （清）馬瑞辰：《毛詩傳箋通釋》卷三《召南·殷其雷》第 91 頁。

② 周嘯天：《詩經楚辭鑒賞辭典》，四川辭書出版社 1990 年，第 46—47 頁。

③ 劉毓慶、李蹊譯注：《詩經》，中華書局 2011 年，第 48 頁。

三、從上博簡《民之父母》引《周頌·昊天有成命》釋"夙夜基命宥密"及《尚書·洛誥》"王如弗敢及天基命定命"

上博簡《民之父母》簡 8 引《周頌·昊天有成命》作"城（成）王不敢康，迵（夙）夜晉命又簪"，整理者從《毛詩》將後一句讀爲"夙夜基命宥密"。[①] 黎廣基先生認爲"基命"謂周人始受天之命，又將"密"釋爲"宓"，"宥密"讀爲"有服"，整句意爲"日夜服行上天之基命"。[②] 趙建偉先生將"基命"釋爲"共命"，即"恭命"，意爲"恭奉昊天之成命"。又從于省吾先生關於本詩的釋讀意見，將"又簪"讀爲"有勉"。[③]

夙夜基命宥密，毛傳云："基，始。命，信。宥，寬。密，寧也。"[④]《禮記·孔子閒居》可與上博簡《民之父母》對讀，是同篇文獻的不同版本。其中引本句作"夙夜其命宥密"，鄭玄注云："《詩》讀'其'爲'基'，聲之誤也。基，謀也。密，静也。言君夙夜謀爲政教以安民，則民樂之。"[⑤]鄭玄關於"基"的兩條注釋意見有所不同。"基"訓爲"謀"亦見於《爾雅·釋詁》。[⑥] 于省吾先生認爲《孔子閒居》中的"其"字當如字讀，將該句詩讀爲"夙夜其命有勉"，指出"命"就是"昊天有成命"之"命"。[⑦] 季旭昇先生認爲"基命"當從鄭玄注《孔子閒居》釋，理解爲"經營文武傳下的天命"，又認爲"密"當讀爲"毖"，訓慎，"宥密"即寬和謹慎。[⑧]

今按，《周頌·昊天有成命》"夙夜基命宥密"，當讀爲"夙夜謀命有密"。簡文中的"晉"是"諆"的異體，讀如字，訓謀。《昊天有成命》作"基"，《孔子閒居》引作"其"都應該是假借用法，本字當作"諆"，訓爲"謀"。首先，從本句的語法上看，"成王"是

---

① 馬承源主編：《上海博物館藏戰國楚竹書（二）》，上海古籍出版社 2002 年，第 166 頁。

② 黎廣基：《上博竹書（二）〈民之父母〉"夙夜基命宥密"考》，《中國文字研究》第 6 輯，廣西教育出版社 2005 年，第 59—65 頁。

③ 趙建偉：《楚簡校記》，丁四新主編《楚地簡帛思想研究（三）》，湖北教育出版社 2007 年，第 186 頁。

④ （漢）鄭玄箋，（唐）孔穎達等正義：《毛詩正義》卷十九《周頌·昊天有成命》，（清）阮元校刻《十三經注疏》第 587 頁。

⑤ （漢）鄭玄注，（唐）孔穎達等正義；《禮記正義》卷五十一《孔子閒居》，（清）阮元校刻《十三經注疏》第 1617 頁。

⑥ 《爾雅》卷上《釋詁》，中華書局 2016 年，第 2 頁。

⑦ 于省吾：《于省吾著作集·澤螺居詩經新證》，中華書局 2009 年，第 82 頁。

⑧ 季旭昇主編：《上海博物館藏戰國楚竹書（二）讀本》，萬卷樓圖書股份有限公司 2003 年，第 15 頁。

主語，"夙夜"是時間狀語，其後應該是表示動作的謂語，因此作"諆"，訓爲"謀"更符合語法。其次，"諆"見於傳世文獻和出土文獻，皆可訓謀。如《後漢書·張衡傳》"回志揭來從玄諆，獲我所求夫何思"，李賢注："諆，或作謀。諆亦謀也。"①《玉篇·言部》《廣韵·之韵》皆云："諆，謀也。"②又如師袁簋"折首執訊無諆"，張世超先生等著《金文形義通解》中認爲該字即記志、計算本字，"計"有謀劃之義，因此又可引申訓爲"謀"。③ 是很有道理的。需要説明的是，《説文》言部亦有"諆"字，訓爲"欺"，④應該是"欺"的異體字，與訓爲"謀"的"諆"同形，但表示兩個不同的詞。另外，天星觀卜筮祭禱簡中也出現了這個字，原簡文作"𧧂"，滕壬生先生隸定爲"諆"，⑤關於該字的釋讀目前尚有爭議。⑥

毛詩之"宥"和簡文"又"，當讀爲"有"。宥從有得聲，故可相通，古書中亦不乏其例。如《書·梓材》"戕敗人宥"，《論衡·效力》引作"强人有"，《校釋》云："古'宥'字或作'有'。"⑦無論在楚簡中，還是在傳世文獻中，用"又"表示"有"都極其常見。"有"在這句詩中作助詞，爲形容詞詞頭。這種用法在《詩經》中比較常見，如"有蕡其實"（《周南·桃夭》）、"憂心有忡"（《邶風·擊鼓》）、"庸鼓有斁"（《商頌·那》）等。之所以不從今本如字讀"宥"的原因在於文義方面。《昊天有成命》上文云"昊大有成命，二后受之"，鄭箋云："昊天，天大號也。有成命者，言周自后稷之生，而已有王命也。文王、武王受其業，施行道德，成此王功。"⑧詩文中的"之"代指上句的"成命"，"成王不敢康，夙夜基命宥密"中的"命"也應該指天之"成命"，"夙夜基命"是指成王早晚都順此天命，謀劃經營。因此"宥密"是形容"基命"的，用以表達成王謀劃經營天命的狀態。"密"可從古注訓安寧，表示成王專心安寧地順應、謀劃天命。

《尚書·洛誥》也有"基命"，原文作"王如弗敢及天基命定命"，此處的王亦指成王。古今諸家關於這句話的解釋比較紛繁。首先是關於此句的斷句，僞孔傳主張這

① （南朝宋）范曄撰，（唐）李賢等注：《後漢書》卷五十九《張衡列傳》，中華書局 1965 年，第 1939 頁。

② （梁）顧野王：《大廣益會玉篇》卷九《言部》，中華書局 1987 年，第 42 頁；周祖謨校：《廣韵校本》上平聲卷第一，中華書局 2011 年，第 63 頁。

③ 張世超等撰著：《金文形義通解》，中文出版社 1996 年，第 505、506 頁。

④ （漢）許慎撰，（宋）徐鉉校定：《説文解字》卷三《言部》，中華書局 2013 年，第 50 頁。

⑤ 滕壬生：《楚系簡帛文字編（增訂本）》，湖北教育出版社 2008 年，第 222 頁。

⑥ 相關意見可參考何相玲《天星觀卜筮祭禱簡集釋及研究》，碩士學位論文，華僑大學 2021 年，第 49 頁。

⑦ 黃暉撰：《論衡校釋：附劉盼遂集釋》卷十三《效力》，中華書局 2017 年，第 677 頁。

⑧ （漢）鄭玄箋，（唐）孔穎達等正義：《毛詩正義》卷十九《周頌·昊天有成命》，（清）阮元校刻《十三經注疏》第 587 頁。

十個字連讀,將"及"理解爲"及知",孔穎達疏將"及"訓爲"與"。① 清人孫詒讓認爲"王如弗敢及"爲一句,將"及"解釋爲"逮及前王"。② 于省吾、劉起釪等從之。③ 其次是關於"基命"的解釋,古注中基本都將"基"訓作"始"。近人周秉均《尚書易解》將"基"訓爲"謀",書中說:"及天基命定命,謂參與上天謀命以周家之定命也。上'命'字動詞,下'命'字名詞。"④其中關於"及"和"基"的訓解是非常正確的,不過對於兩個"命"的解讀稍顯迂曲。"王如弗敢及天基命定命"中的"及天""基命""定命"是三個動賓短語,它們有共同的主語成王,"基命""定命"是並列關係,它們與"及天"是承接關係。整句話的意思因爲在洛邑營建都城是一件大事,必須順應天意,成王因自謙,在前期謀劃和最終確定營建洛邑的這件事情上,好像有所畏懼,因此不敢參與上天的旨意。表達了成王對天命的敬畏,對營建洛邑的重視與謹慎,及其謙遜的態度。正因爲成王在此事上表現得謙遜又謹慎,所以才有後文說周公代替成王占卜和考察,以曉明天意。

　　綜上,《周頌·昊天有成命》和《尚書·洛誥》中"基命"之"基"都是"諅"的假借,訓爲"謀"。"基"字本身從土,本義爲地基,引申爲基礎和開始之義,即《爾雅》所言"始"也,至於《爾雅》訓爲"謀"則是"基"的假借義,本字在早期出土文獻和傳世古書中都寫作"諅",當如學者所說與"計""記"關係密切。因"諅"與"基"諧聲,故可通假。

---

① (唐)孔穎達疏:《尚書正義》卷十五《洛誥》,(清)阮元校刻《十三經注疏》第 214 頁。

② (清)孫詒讓撰著,雪克點校:《大戴禮記斠補》,齊魯書社 1988 年,第 32 頁。

③ 于省吾:《雙劍誃群經新證　雙劍誃諸子新證》,上海書店出版社 1999 年,第 98 頁;顧頡剛、劉起釪:《尚書校釋譯論》,中華書局 2005 年,第 1459—1460 頁。

④ 周秉鈞:《尚書易解》,華東師範大學出版社 2010 年,第 199 頁。

史遷不采《秦記》始皇詔書説

——也説嶽麓秦簡《秦始皇禁伐湘山樹木詔》

胡平生

摘　要：本文認爲《嶽麓書院藏秦簡（伍）》所記《秦始皇禁伐湘山樹木詔》以及出土資料所見秦二世繼位文告等，皆爲秦末胡亥、趙高之流的政治宣傳，奉國中官所撰《秦記》應都有記載。在依然充斥着秦代遺留宣傳品的漢初環境中，司馬遷不采信《秦始皇禁伐湘山樹木詔》，不采信《秦二世元年文告》，不采信"二世繼位詔書"，拒絶《秦記》，正確地記述了秦末的史實。

關鍵詞：嶽麓秦簡　伐湘山樹　秦二世繼位　秦記

　　《嶽麓書院藏秦簡（伍）》所收《秦始皇禁伐湘山樹木詔》是出土文獻界近年來的熱門話題。① 近有孫家洲教授大文《史籍失載的秦始皇荆楚故地的一次出巡及其詔書析證——嶽麓書院藏秦簡〈秦始皇禁伐湘山樹木詔〉新解》刊出，②勾起我幾年來一直縈繞腦際的關於這一問題的再思考，今不揣淺陋敷衍成文，還請方家指正。

　　2017 年元月上旬，我有幸參加了嶽麓書院陳松長教授主持組織的《嶽麓書院藏秦簡（伍）》（以下簡稱《嶽麓（伍）》）的釋文審定會，當時衆多學者對竹簡文字的研討情形還歷歷在目。先將《嶽麓（伍）》所刊這段簡文逐録於下：

　　　　・廿六年四月己卯，丞相臣狀、臣綰受制相（湘）山上："自吾以天下已
　　　　并，親撫晦（海）内，南至蒼梧，凌涉洞庭之水，登相（湘）山、屏山，其樹木野

---

① 陳松長主編：《嶽麓書院藏秦簡（伍）》，上海辭書出版社 2017 年。

② 孫家洲：《史籍失載的秦始皇荆楚故地的一次出巡及其詔書析證——嶽麓書院藏秦簡〈秦始皇禁伐湘山樹木詔〉新解》，《中國史研究》2021 年第 4 期，第 53—64 頁。

美，望駱翠山以南，樹木□見亦美，其皆禁勿伐。"臣狀、臣綰請："其禁樹木盡
如禁苑樹木，而令蒼梧謹明爲駱翠山以南所封刊。臣敢請。"制曰："可。"

•廿七。056—058①

關於秦皇巡游洞庭的史實，參與研討的學者都了若指掌，大家立即想到了《史
記•秦始皇本紀》繫於二十八年始皇南巡渡江事：

始皇還，過彭城，齋戒禱祠，欲出周鼎泗水。使千人没水求之，弗得。乃
西南渡淮水，之衡山、南郡。浮江，至湘山祠。逢大風，幾不得渡。上問博士
曰："湘君何神?"博士對曰："聞之，堯女，舜之妻，而葬此。"於是始皇大怒，使
刑徒三千人皆伐湘山樹，赭其山。上自南郡由武關歸。②

以這段文字"對應"簡文，似乎是没有問題的。不過秦始皇的形象迴然不同，或者説根
本就是兩個人，一個是暴虐狂躁的暴君，一個是仁愛有加的明皇。參會的學者當時就
展開熱烈的討論，焦點是兩段文字究竟是不是説的同一時間的同一事件。由於竹簡
"廿"下一字恰殘去右半，從殘畫看，就有"六""八""九"幾種不同意見。我是贊成"六"
字説的，最後會上也通過了先釋爲"六"，如何解釋，可以各自爲説的決定。

嶽麓書院會後，當年就有于振波先生發文，力主"二十九年"説。于文先於 10 月
在江西南昌舉辦的"中國秦漢史研究會第十五届年會暨海昏歷史文化國際學術研討
會"宣讀，再刊於《湖南大學學報(社科版)》。③ 于文的結論是，秦始皇二十八年出巡
時，曾下令伐木赭山以懲罰敢於興風作浪的湘山之神湘君，……嶽麓書院藏秦簡中的
秦律令抄録於秦末，説明這條詔令直到此時仍然具有法律效力，也證明其發布時間應
該在秦始皇二十九年的出巡期間。相關釋文應該修正爲"廿九年"，而不是"廿六年"。
這條詔令也可補《史記》對秦始皇二十九年第三次出巡路綫記載的疏漏。④ 于文試圖
調和《史記》所記與簡文詔書的内容，互不否定。

後來陸續發表的幾篇相關文章，如秦樺林、晏昌貴、符奎等的文章，⑤各有千秋。

---

① 陳松長主編：《嶽麓書院藏秦簡(伍)》第 57—58 頁。

② (漢) 司馬遷撰：《史記》卷六《秦始皇本紀》，中華書局 1959 年，第 248 頁。

③ 于振波：《嶽麓書院藏秦簡始皇禁伐樹木詔考異》，《湖南大學學報(社會科學版)》2018 年第 3 期，第 41—45 頁。

④ 于振波：《嶽麓書院藏秦簡始皇禁伐樹木詔考異》第 45 頁。

⑤ 秦樺林：《〈嶽麓書院藏秦簡(伍)〉第 56—58 號簡札記》，簡帛網 2018 年 3 月 11 日；晏昌貴：《禁山與赭
山：秦始皇的多重面相》，《華中師範大學學報(人文社會科學版)》2018 年第 4 期，第 129—137 頁；符奎：
《自然、家庭與帝國：人性視角下的秦始皇——從嶽麓秦簡秦始皇"禁伐樹木詔"談起》，《簡帛研究二〇一
九(春夏卷)》，廣西師範大學出版社 2019 年，第 136—147 頁。

從簡文詞語文意的釋解而言，各家也已各盡所能，講解得非常好、非常明白了。另一方面，如孫家洲教授所說，幾位作者視角和側重點各有不同，對詔書文本的解讀旨趣互有異同。① 儘管如此，我還是以爲他們幾篇文章的大體路數基本上是相同的，因爲秦始皇南巡湘山、禁伐樹木是肯定的，差別不過是排到哪一年。陳松長教授進一步從竹簡文字字形入手論證爲何要將此事繫於二十六年，他說："這條令文經反復研讀，其內容大致明曉，但頗有歧義的是其起首的'廿六年'的'六'字的釋文隸定問題，從內容看，它所記載的是秦始皇'廿六年''南至蒼梧'，'登相山、屏山'時所頒布的令文，但這與史書記載明顯不符，因爲《史記・秦始皇本紀》記載：二十八年，東巡上泰山，經渤海，登琅琊。其後，他'乃西南渡淮水，之衡山、南郡。浮江，至湘山祠'。據此，秦始皇到湘山應該是在二十八年，故簡文中的'廿六年'的'六'可能有誤。而正好這個字保存得並不完整，故有的學者認爲可能應隸定爲'八'或'九'字。其實，該字形雖有殘損，但關鍵筆畫還是很清楚的……通過字形比較，此字顯然只能是'六'字，肯定不能釋爲'八'或'九'字。我們認爲，不僅從字形上判斷此字應該是'六'字，而且將簡文所記事件與曆日天象和史書記載比對，也可證明此處不能隨便改釋爲'八'或'九'字。"②

討論此簡的文字還有許多，在此就不一一引述和討論了。新刊孫家洲教授的文章，似更加全面，更加深入，更具特色，更有文采，發表後影響也更大。他認爲，秦始皇二十六年"是秦始皇統一戰爭過程中最爲游刃有餘的一年，甚至是他心態上最爲輕鬆和愜意的一年"，"此時，作爲征服者的秦始皇，攜統一天下之威而南下荊楚，縱情享受統一戰爭的成果，也向曾經拼死抵抗的荊楚遺民炫耀武力，在秦始皇的内心深處，應該有此必要"。③ 因此，秦始皇南巡湘山應該繫於這一年。家洲教授的文章突出了將嶽麓簡秦皇禁伐樹木詔書繫於廿六年的歷史背景和秦皇個人風格特徵，結論是"《史記》漏載的不僅僅是秦始皇出巡途中的一道詔書，而是漏載了秦始皇的一次特殊的出巡"。④ 竊以爲，這樣一來，不幸依然落入與前述各家相似邏輯之窠臼。

① 孫家洲：《史籍失載的秦始皇荊楚故地的一次出巡及其詔書析證——嶽麓書院藏秦簡〈秦始皇禁伐湘山樹木詔〉新解》第 54 頁。

② 陳松長：《〈嶽麓書院藏秦簡(伍)〉的内容及分組略説》，《出土文獻研究》第 16 輯，中西書局 2017 年，第 94—95 頁。

③ 孫家洲：《史籍失載的秦始皇荊楚故地的一次出巡及其詔書析證——嶽麓書院藏秦簡〈秦始皇禁伐湘山樹木詔〉新解》第 58—59 頁。

④ 孫家洲：《史籍失載的秦始皇荊楚故地的一次出巡及其詔書析證——嶽麓書院藏秦簡〈秦始皇禁伐湘山樹木詔〉新解》第 57 頁。

　　我的意見是顛覆性的。我認爲,嶽麓秦簡所記秦皇南巡及詔書,原本是《秦記》所記内容,司馬遷一定是看到過的,只不過他斷定那些内容都是秦王朝政治宣傳的伎倆,所以不是"史籍失載",是《秦記》有載,但史遷不予采信!

　　從《史記》看,司馬遷曾大量閲讀《秦記》資料,文獻中有明確記載。《六國年表》曾多次記載司馬遷讀《秦記》事,今不嫌繁瑣徵引如下:

　　　太史公讀《秦記》,至犬戎敗幽王,周東徙洛邑,秦襄公始封爲諸侯,作西時用事上帝,僭端見矣。《禮》曰:"天子祭天地,諸侯祭其域内名山大川。"今秦雜戎翟之俗,先暴戾,後仁義,位在藩臣而臚於郊祀,君子懼焉。及文公踰隴,攘夷狄,尊陳寶,營岐雍之閒,而穆公脩政,東竟至河,則與齊桓、晋文中國侯伯侔矣。是後陪臣執政,大夫世禄,六卿擅晋權,征伐會盟,威重於諸侯。及田常殺簡公而相齊國,諸侯晏然弗討,海内争於戰功矣。三國終之卒分晋,田和亦滅齊而有之,六國之盛自此始。務在强兵并敵,謀詐用而從衡短長之説起。矯稱蜂出,誓盟不信,雖置質剖符猶不能約束也。秦始小國僻遠,諸夏賓之,比於戎翟,至獻公之後常雄諸侯。論秦之德義不如魯衛之暴戾者,量秦之兵不如三晋之强也,然卒并天下,非必險固便形埶利也,蓋若天所助焉。……秦既得意,燒天下詩書,諸侯史記尤甚,爲其有所刺譏也。詩書所以復見者,多藏人家,而史記獨藏周室,以故滅。惜哉,惜哉!獨有《秦記》,又不載日月,其文略不具。然戰國之權變亦有可頗采者,何必上古。秦取天下多暴,然世異變,成功大。傳曰"法後王",何也?以其近已而俗變相類,議卑而易行也。學者牽於所聞,見秦在帝位日淺,不察其終始,因舉而笑之,不敢道,此與以耳食無異。悲夫!

　　　余於是因《秦記》,踵春秋之後,起周元王,表六國時事,訖二世,凡二百七十年,著諸所聞興壞之端。後有君子,以覽觀焉。①

　　又,《史記·秦始皇本紀》贊曰:

　　　始皇既殁,胡亥極愚,酈山未畢,復作阿房,以遂前策。云"凡所爲貴有天下者,肆意極欲,大臣至欲罷先君所爲"。誅斯、去疾,任用趙高。痛哉言乎!人頭畜鳴。不威不伐惡,不篤不虛亡,距之不得留,殘虐以促期,雖居形便之國,猶不得存。

　　　子嬰度次得嗣,冠玉冠,佩華綬,車黄屋,從百司,謁七廟。小人乘非位,

①　(漢)司馬遷撰:《史記》卷一五《六國年表》,第685—686頁。

莫不怳忽失守,偷安日日,獨能長念却慮,父子作權,近取於户牖之間,竟誅
猾臣,爲君討賊。高死之後,賓婚未得盡相勞,餐未及下咽,酒未及濡脣,楚
兵已屠關中,真人翔霸上,素車嬰組,奉其符璽,以歸帝者。鄭伯茅旌鸞刀,
嚴王退舍。河決不可復壅,魚爛不可復全。賈誼、司馬遷曰:"向使嬰有庸主
之才,僅得中佐,山東雖亂,秦之地可全而有,宗廟之祀未當絶也。"秦之積
衰,天下土崩瓦解,雖有周旦之材,無所復陳其巧,而以責一日之孤,誤哉!
俗傳秦始皇起罪惡,胡亥極,得其理矣。復責小子,云秦地可全,所謂不通時
變者也。紀季以酅,《春秋》不名。吾讀《秦紀》,至於子嬰車裂趙高,未嘗不
健其決,憐其志。嬰死生之義備矣。①

　　從道理上説,《秦記》是一定會收録我們今天所見到的始皇禁伐樹木詔書的。我
曾多次説過一個看法,即秦始皇稱帝之後,不斷强化以行政力量製造輿論、控制輿論。
秦王朝在王綰、馮劫、李斯、趙高等主持下,非常注重大樹特樹秦皇權威、秦皇功業。
秦始皇四海巡游,到處刻石立碑,歌功頌德,諸如《嶧山刻石》《泰山刻石》《琅琊刻石》
《之罘刻石》《東觀刻石》《會稽刻石》《碣石刻石》等等。這些刻石當然都是製造輿論、
控制輿論、樹立權威的方法。臭名昭著的"焚書坑儒"事件也發生在那個時候。二世
時又有"指鹿爲馬"之事。《秦始皇本紀》記廷議周青臣、淳于越之辯,丞相李斯説:"今
皇帝并有天下,別黑白而定一尊。私學而相與非法教,人聞令下,則各以其學議之,入
則心非,出則巷議,夸主以爲名,異取以爲高,率群下以造謗。如此弗禁,則主勢降乎
上,黨與成乎下。禁之便。臣請史官非《秦記》皆燒之。非博士官所職,天下敢有藏
《詩》《書》、百家語者,悉詣守、尉雜燒之。有敢偶語《詩》《書》者棄市,以古非今者族。
吏見知不舉者與同罪。令下三十日不燒,黥爲城旦,所不去者,醫藥卜筮種樹之書。
若欲有學法令,以吏爲師。"②《秦記》是秦官方的史籍,按照一般的史官傳統,《秦記》當
然必須記録秦始皇巡游事項的。惟撰寫《秦記》的史官,也必依憑官方的立場觀點方
法,不可能有任何貶抑秦皇的記録。想來當時《秦記》所書應該就是我們今天所見到
的嶽麓簡的内容。司馬遷不采《秦記》所記秦皇"禁伐湘山樹木"詔書,但他對所記録
此事似有十分的把握。

　　據《太史公自序》,我們知道司馬遷年輕時就曾游歷過秦皇南巡北巡之地。他説:
"遷生龍門,耕牧河山之陽。年十歲則誦古文。二十而南游江、淮,上會稽,探禹穴,闚
九疑,浮於沅、湘;北涉汶、泗,講業齊、魯之都惟,觀孔子之遺風,鄉射鄒、嶧;厄困鄱、

---

① （漢）司馬遷撰:《史記》卷六《秦始皇本紀》,第292—293頁。
② （漢）司馬遷撰:《史記》卷六《秦始皇本紀》,第255頁。

薛、彭城,過梁、楚以歸。"①因此,他對秦皇南巡的路途乃至沿途風土人情,皆熟知。有學者認爲,他可能訪鄉老,問耆宿,采擷舊聞逸聞,作爲寫作的素材。明人馬存《子長游贈蓋邦式》贊司馬遷云:

> 子長生平喜游,方少年自負之時,足迹不肯一日休,非真爲景物役也,將以盡天下之大觀以助吾氣,然後吐而爲書。今於其書觀之,則其平生所嘗游者皆在焉。南浮長淮,泝大江,見狂瀾驚波,陰風怒號,逆走而橫擊,故其文奔放而浩漫;望雲夢洞庭之陂,彭蠡之瀦,涵混太虚,呼吸萬壑而不見介量,故其文停滀而淵深;見九疑之絕綿,巫山之嵯峨,陽臺朝雲,蒼梧暮煙,態度無定,靡曼綽約,春裝如濃,秋飾如薄,故其文妍媚而蔚紆;泛沅渡湘,弔大夫之魂,悼妃子之恨,竹上猶有斑斑,而不知魚腹之骨尚無恙者乎? 故其文感憤而傷激,北過大梁之墟,觀楚漢之戰場,想見項羽之喑嗚,高帝之慢罵。龍跳虎躍,千兵萬馬,大弓長戟,俱游而齊呼,故其文雄勇猛健,使人心悸而膽栗;世家龍門,念神禹之鬼功,西使巴蜀,跨劍閣之鳥道,上有摩雲之崖,不見斧鑿之痕,故其文斬絕峻拔而不可攀躋;講業齊魯之都,觀夫子遺風,鄉射鄒嶧,彷徨乎汶陽洙泗之上,故其文典重溫雅,有似乎正人君子之容貌。凡天地之間萬物之變,可驚可愕,可以娱心,使人憂使人悲者,子長盡取而爲文章,是以變化出没,如萬象供四時而無窮,今於其書而觀之,豈不信矣,予謂欲學子長之爲文,先學其游可也。②

所以,司馬遷不采《秦記》之"禁伐湘山樹木詔",但他所寫的"使刑徒三千人皆伐湘山樹,赭其山"的故事,必有所本。有人認爲,太史公在記載秦始皇五次出巡時,取材來自兩個層面,一個層面是官府藏的資料,另一個層面則是司馬遷游歷所記録的石碑,以及各地人民的口述故事。③ 也有人認爲,司馬遷是受到漢代楚地反秦宣傳的影響,政治宣傳中秦始皇就是暴君形象,秦皇伐光湘山樹木,正是其暴虐的表現。④ 現在,

---

① (漢)司馬遷撰:《史記》卷一三〇《太史公自序》,第 3293 頁。

② 《古文集成》卷二,《四庫全書》本。

③ 《簡牘新發現:一紙環保詔書,揭示秦始皇人性化的一面》,歷史新知網 2019 年 6 月 11 日,https://www.lishixinzhi.com/miwen/720783.html。

④ 秦東興:《史記冤枉了秦始皇》,騰訊網 2020 年 7 月 30 日,https://new.qq.com/rain/a/20200730A0397A00;另參李開元:《解構〈史記·秦始皇本紀〉——兼論 3＋N 的歷史學知識構成》,《史學集刊》2012 年第 4 期,第 58 頁;蘇俊林:《真假之間——秦始皇史迹的"二重"文獻考察》,《古代文明》2021 年第 2 期,第 76 頁。

《史記》的資料出自何處，今已不得而知，關鍵是司馬遷不信《秦記》的鬼話，不采用《秦記》之説。

　　除嶽麓秦簡所記"秦皇禁伐湘山樹木詔"之外，近些年與秦皇有關的頗有影響力的簡牘資料還有北大藏漢簡《趙正書》、湖南益陽兔子山遺址出土《秦二世胡亥文告》兩種資料，也是與傳世文獻材料記載迥然不同的史料。《秦二世胡亥文告》，最早由發掘者湖南省文物考古研究所張春龍研究員發布，①經陳偉、陳侃理、何有祖、李鋭、楊先雲、鄔文玲等考訂文字，釋解簡牘文字，通讀内容，研究亦不斷深化研究。《趙正書》，②經許多學者考證，文意也已無窒礙。這兩件是研討秦史繞不開的材料，近些年來參與討論的學者很多。

　　《趙正書》，文字較長，不具引。其記秦皇出游，至柏人病重，死前留下遺言，丞相李斯等勸説始皇立胡亥繼位。"丞相斯、御史臣去疾昧死頓首言曰：'今道遠而詔期羣（群）臣，恐大臣之有謀，請立子胡亥爲代後。'王曰：'可。'"胡亥即位後，即殺扶蘇、蒙恬。三年後，又殺李斯，而重用趙高，使行丞相、御史事。"曰：胡亥，所謂不聽閒（諫）者也，立四年而身死國亡"。要害是立胡亥爲代後，乃始皇認可。③

　　《秦二世胡亥文告》，其文曰：

　　　　天下失始皇帝，皆遽恐悲哀甚，朕奉遺詔，今宗廟吏及箸，以明至治大功德者具矣、律令當除、定者畢矣。以元年與黔首更始，盡爲解除故罪，今皆已下矣，朕將自撫天下【正面】吏、黔首，其具行事，分徭賦援黔首，毋以細物苛劾縣吏。亟布。

　　　　以元年十月甲午下，十一月戊午到守府。【背面】④

　　"文告"是秦二世胡亥上臺後發布的詔書。最可注意的是三點：一是講他的繼位

①　湖南益陽兔子山遺址出土簡牘(一)：《秦二世胡亥文告》(J9③1)，湖南文物考古研究所網站 2014 年 12 月 10 日。

②　北京大學出土文獻研究所編：《北京大學藏西漢竹書(叁)》，上海古籍出版社 2015 年，第 147—194 頁。

③　北京大學出土文獻研究所編：《北京大學藏西漢竹書(叁)》第 187—194 頁。

④　釋文參陳偉：《〈秦二世元年十月甲午詔書〉通釋》，《江漢考古》2017 年第 1 期，第 124—126 頁；陳侃理：《〈史記〉與〈趙正書〉——歷史記憶的戰爭》，《中國史學》第 26 卷，(日本) 朋友書店 2016 年，第 25—37 頁；何有祖：《秦二世元年詔書解讀》，《文獻》2020 年第 1 期，第 49—55 頁；李鋭：《〈趙正書〉研究》，《史學集刊》2020 年第 5 期，第 80—89 頁；楊先雲：《秦二世繼位之謎——"秦二世元年十月甲午詔書"簡解讀》，2020 年 4 月 13 日，https://mp.weixin.qq.com/s/jSdQlUV4sDFm6cOSQ5Ydzg；鄔文玲：《秦漢簡牘中兩則簡文的讀法》，《出土文獻研究》第 15 輯，中西書局 2016 年，第 217—222 頁。承陳偉、陳侃理、何有祖、李鋭、楊先雲諸位先生賜下大作，謹致謝忱。

乃"奉遺詔";二是去除苛律,"解除流罪";三是寬鬆賦斂,"毋以細物苛劾"。

這兩份資料的互證,發揮了疊加的作用,一些學者看到後頗受感動,扭轉了對秦二世的不良印象,相信胡亥確實是奉始皇遺命繼位的。有學者對《秦二世元年文告》和《趙正書》從不同角度加以肯定,如雷依群先生即從繼承制度、政治理念等方面論證扶蘇本不得立,而立胡亥爲太子才是秦始皇的真正心願。①

但是,更多的學者是不認同此説的。許多學者對這兩種資料抱着不相信的態度,認爲是"小説家言"。吴方基、吴昊兩位先生指出所謂"遺詔","乃是趙高、胡亥、李斯三人所僞造""胡亥是通過趙高、李斯矯詔得以繼位一事以及繼承皇位的不合法性是毋庸置疑的"。② 也有人認爲,司馬遷撰寫《史記》時收集史料,與《趙正書》有相似的資料,《趙正書》及相關文本,司馬遷撰著《史記》時應當看到。③ 也有人説,如果司馬談、司馬遷父子明知秦皇臨終前已指定胡亥爲繼承人,他們在漢初也應能見到同於兔子山秦牘的二世詔書,爲何却並未采用這一説法,可能有難言之隱。④ 孫家洲教授也不相信兔子山遺址出土《秦二世元年文書》和《趙正書》爲信史。他先後兩次發文考證胡亥繼位不合法。2015 年,孫教授寫《兔子山遺址出土〈秦二世元年文書〉與〈史記〉紀事抵牾釋解》一文,維護《史記》傳統記述的正確性,指出《秦二世元年文書》靠不住,《趙政書》的史料價值不宜估計太高。如此,直到現在,我們還不能斷言:《趙政書》與"秦二世元年文告"已經構成了共同質疑《史記》紀事真實性的"證據鏈"。⑤ 趙高串通李斯,篡改秦皇遺詔,擁立胡亥繼位,"是政治陰謀的産物、不具備'合法性',是讀史者耳熟能詳的歷史定論"。⑥ 在 2022 年發表的另一篇論文《秦二世繼位"迷案"新考》中,孫教授更指出,《秦二世元年文書》文本儘管是真實的,但是所述歷史内容却不足以憑信。《史記》關於秦二世"繼位"出於陰謀篡奪之説,應該是符合史實的。⑦ 辛德勇教授

---

① 雷依群:《論扶蘇不得立爲太子》,《咸陽師範學院學報》2014 年第 5 期,第 1—3 頁。

② 吴方基、吴昊:《釋秦二世胡亥"奉召登基"的官府文告》,簡帛網 2014 年 5 月 27 日,http://www.bsm.org.cn/?qinjian/6203.html。

③ 《秦二世到底有没有篡位? 趙正書和史記看法不一,北大教授獨闢蹊徑》,百度網 2022 年 2 月 25 日,https://baijiahao.baidu.com/s?id=1725741744480464124&wfr=spider&for=pc。

④ 《民間捐贈北大 3300 多枚竹簡,却打臉司馬遷,揭開秦始皇傳位之謎》,百度網 2020 年 2 月 20 日,https://view.inews.qq.com/k/20220220A092J600?web_channel=wap&openApp=false。

⑤ 孫家洲:《兔子山遺址出土〈秦二世元年文書〉與〈史記〉紀事抵牾釋解》,《湖南大學學報》2015 年第 3 期,第 17—20 頁。

⑥ 孫家洲:《兔子山遺址出土〈秦二世元年文書〉與〈史記〉紀事抵牾釋解》第 17 頁。

⑦ 孫家洲:《秦二世繼位"迷案"新考》,《史學集刊》2022 年第 1 期,第 78—86 頁。

也不相信《秦二世元年文書》和《趙正書》，他的幾篇論文後來結集爲《生死秦始皇》。①他是全然不信秦二世奉遺詔繼位的"小說家"的記述的，其所考各項固然也有不少問題，但基本觀點我是贊同的。他與孫教授的不同是，孫教授對於《秦二世文書》和《趙正書》的語言文字是基本肯定的，而辛教授是基本否定的。我其實主要贊同的是辛教授在《生死秦始皇》中的批秦言論，但感到遺憾的是，孫、辛二位都没有提到，諸如《秦二世元年文告》的内容，《秦記》都是會記述在册的，惟未被史遷采用。孫文説道："這道偶然被發現的秦二世即位詔書，在當時一定是面向秦朝統治疆域内廣爲散發的，是對廣大吏民'廣而告之'的，希望天下人周知。如果在其他地方再出土同樣内容的秦二世詔書，都毋庸置疑，因爲秦二世的繼位過程不論是否有不可告人的密計運作，他都會希望天下人聽到來自詔書的'權威宣示'。"②《史記·秦始皇本紀》贊語云："吾讀《秦紀》，至於子嬰車裂趙高，未嘗不健其決，憐其志。嬰死生之義備矣。"③可知《秦記》是一直記到子嬰史實的。我深信，《秦二世元年文告》和《趙正書》中的"詔書"，當時一定是被《秦記》記録在册的。

再回過頭來說前面説過的《秦記》所記始皇禁伐湘山樹木詔書和秦二世元年文告。度過了秦末的胡亥、趙高所施加的高强度的政治恐怖壓迫，經歷了喧囂一時的胡亥、趙高的政治正確氣氛，在彌漫充塞着的胡亥、趙高鼓吹的令人窒息的政治宣傳後，在漢初那樣的依然充斥着秦代遺留宣傳品的環境中，司馬遷不采信《秦二世元年文告》，不采信《趙正書》所記"二世繼位詔書"，却在《陳涉世家》記下了"二世不當立"的輿情：

> 陳勝曰："天下苦秦久矣。吾聞二世少子也，不當立，當立者乃公子扶蘇。扶蘇以數諫故，上使外將兵。今或聞無罪，二世殺之。百姓多聞其賢，未知其死也。項燕爲楚將，數有功，愛士卒，楚人憐之。或以爲死，或以爲亡。今誠以吾衆詐自稱公子扶蘇、項燕，爲天下唱，宜多應者。"吳廣以爲然。④

誠如《漢書·司馬遷傳》之贊語云："然自劉向、揚雄博極群書，皆稱遷有良史之材，服其善序事理，辨而不華，質而不俚，其文直、其事核，不虛美、不隱惡，故謂之實録。"⑤

史遷，良史也。

---

① 辛德勇：《生死秦始皇》，中華書局 2019 年。

② 孫家洲：《秦二世繼位"迷案"新考》第 80 頁。

③ （漢）司馬遷撰：《史記》卷六《秦始皇本紀》，第 293 頁。

④ （漢）司馬遷撰：《史記》卷四八《陳涉世家》，第 1950 頁。

⑤ （漢）班固撰：《漢書》卷六二《司馬遷傳》，中華書局 1962 年，第 2738 頁。

《嶽麓書院藏秦簡（柒）》中所見秦代官府建築材料研究*

謝偉斌

摘　要： 秦朝縣官官府掌控的材料稱"縣官材物"，爲"縣官材"和"它小物"的省稱。"縣官材"指官府所屬的建築木材，"它小物"指官府內部采集製作的低價值物品。"麗邑材竹"指供麗邑使用的建築木材、竹材，用於秦始皇陵及其附屬建築建設。"麗邑材竹"可能由"木功右□守丞"在秦嶺北麓組織人員砍伐，再由灞河順流而下，供東園主章和主章長丞調度和使用。

關鍵詞： 縣官材物　縣官材　它小物　麗邑材竹

《嶽麓書院藏秦簡（柒）》中有一組簡文涉及官府建築材料運輸，對我們認知秦代官府建築材料的運輸、管理和使用有着重要的意義。

一、縣官材、它小物與縣官材物

《嶽麓書院藏秦簡（柒）》中出現了"縣官材"與"它小物"：

> ☑□□水，節（即）多承（拯）縣官材、它小物，賞有律令。今縣官材2125及麗邑伐材固有久劾（刻），請明告黔首：勉承（拯）流材，有得縣官材及麗邑伐1623材竹者，皆出置水旁而言所近鄉官，鄉官亟載取，輒以令賞承（拯），勿敢

---

* 本文爲"古文字與中華文明傳承發展工程"協同攻關創新平臺成果之一，《嶽麓秦簡與秦代制度研究》（G2606）的前期成果之一。

留難∟。1632①

以上簡文基本是關於材料運輸的管理：積極撈取“縣官材”和“它小物”的人，按照律令規定獎賞。而今“縣官材”和“麗邑材竹”上均刻有標記，通過水路順流而下，官府鼓勵黔首撈取流材，若發現“縣官材”或“麗邑材竹”則報告給附近鄉官，及時撈取，並按令給予撈取者獎勵。關於簡文中出現的“縣官材”“它小物”和“麗邑材竹”，我們應該如何理解？

首先，來看“縣官材”：

> 材，木梃也。梃，一枚也。材謂可用也。論語：無所取材。鄭曰：言無所取桴材也。貨殖傳曰：山居千章之材。服虔云：章、方也。孟康云：言任方章者千枚。按漢人曰章，唐人曰橦、音鐘。材方三尺五寸爲一橦。材引伸之義、凡可用之具皆曰材。②

從《説文解字注》來看，材的本義指樹幹，文獻中指有用之木材，後引申爲有用之物均可稱材。又《周禮·天官·大宰》有：“五曰材貢，鄭玄注引鄭司農曰：櫄幹栝柏篠簜也。”③其中櫄幹栝柏爲樹名，篠簜爲竹名，均屬建材。因此，材又可指用於建築的木材。而在出土文獻中所見之“材”，除通“財”“裁”之字外，其餘所見多取木材義(見表1)：

表1　出土文獻所見“材”

名稱	出　處	釋　文	含　義
材木	睡虎地秦簡·田律	春二月，毋敢伐材木山林及雍(壅)隄水	木材
材興	睡虎地秦簡·徭律	縣嗇夫材興有田其旁者，無貴賤，以田少多出人	通“裁”，酌情
材	睡虎地秦簡·爲吏之道	臨材(財)見利，不取句(苟)富	通“财”，財富
伐材	里耶秦簡(貳)	二人伐槧：强、童　二人伐材：刚、聚	木材

① 陳松長主編：《嶽麓書院藏秦簡(柒)》，上海辭書出版社2022年，第134—135頁。

② (漢)許慎撰，(清)段玉裁注：《説文解字注》，上海古籍出版社1988年，第252頁。

③ 楊天宇撰：《周禮譯注》，上海古籍出版社2004年，第24頁。

名稱	出　　處	釋　　文	含　義
材木	张家山漢簡	禁諸民吏徒隸，春夏毋敢伐材木山林	木材
材木	居延漢簡釋文合校	制詔納言其□官伐材木取竹箭	木材

值得注意的是，里耶簡中有徒隸强、童伐槧，剛、聚伐材，説明槧與材性質不同。而槧即用於書寫的素牘，本質也爲木材，但却與材分開，故而材在此應指建築之木，而非木材。又"西工室伐幹沮、南鄭山，令沮、南鄭聽西工室致"，[①]其中幹指製作弓箭的木材。以上説明，當時官府已經根據木材的用途進行了分類，並且有特定的名稱。

此外，《嶽麓書院藏秦簡(肆)》還中出現了與"縣官材"相似的"縣官木"：

• 内史吏有秩以下□□□□□□爲縣官事□而死所縣官，以縣官木爲槽，槽高三尺，廣一【尺】0527八寸，袤六尺，厚毋過二寸，毋木者，爲賣(買)，出之，署密緻其槽，以橐里約兩歂(歟)，勿令解绝。0531[②]

嶽麓肆 0527 號簡提到的"縣官木"，供内史地區有秩吏以下因公殉職的官吏造棺之用。若是縣官官府無木，則由官府購木再製棺。《張家山漢簡·賜律》又有"千石至六百石吏死官者，居縣賜棺及官衣。五百石以下至丞、尉死官者，居縣賜棺"，説明漢朝的官府也會給去世的官員賜棺，而且千石以下的官吏由其居縣官府賜棺，與嶽麓肆所載一致。由此可知，"縣官木"指縣官官府之木，其所有權屬於官府，而由其製作的器物亦屬於官府，均由官府負責調配使用，而"縣官材"也是由官府管控調配。因此，"縣官材"中的"縣官"也應該指縣官官府，"縣官材"即縣官官府所管控的建築木材。

再看"它小物"：

它，當指其他。"小物"指小件物品，如《睡虎地秦簡·金布律》："有買(賣)及買殹(也)，各嬰其賈(價)；小物不能各一錢者，勿嬰。"[③]"小物"往往價值不高，在此，或許與其來源有關。

在《里耶秦簡(貳)》卅二年十月己酉朔乙亥司空守圂徒作薄中有：

一人取籂(蒸)：廄 BXII

① 陳松長主編：《嶽麓書院藏秦簡(肆)》，上海辭書出版社 2015 年，第 204 頁。

② 陳松長主編：《嶽麓書院藏秦簡(肆)》第 215—216 頁。

③ 睡虎地秦墓竹簡整理小組編：《睡虎地秦墓竹簡》，文物出版社 1990 年，第 37 頁。

　　　　二人伐槧：强、童 BⅩⅢ

　　　　二人伐材：剛、聚 CⅠ

　　　　……

　　　　二人取芒：阮、道 EⅠ

　　　　……

　　　　一人爲笥：齊 FⅡ

　　　　一人爲席：娉 FⅢ

　　　　三人治臬：倈、兹、緣 FⅣ

　　　　五人轂（轚）：婢、般、橐、南、儋 FⅣ₉₋₂₂₈₉^①

　　徒作簿是司空等官吏調度徒隸的記録，記録了日期、人數以及工作種類等信息。徒隸所有的工作均爲官府安排，因此，其勞動成果也當屬於官府所有。如里耶 2289 號木牘記録有徒隸取篆，篆爲照明之物，由麻秆兼葭蘆葦竹木等製作而成；徒隸强、童伐槧，剛、聚伐材。槧即用於書寫的素牘，材即建築用材；芒，爲多年生草本植物，可用於編草鞋；笥、席均由竹製作而成，而里耶 8－162 號木牘又有"二人伐竹"，^②説明竹材也來自徒隸砍伐；轂，在《里耶秦簡（貳）》中作壏，整理者認爲其指未燒制的土磚。^③ 在西北地方也發現許多由戍卒製作土磚的記録，如敦煌漢簡 1731 號簡有"丁未六人作壏四百廿　　率人七十　　初作"。^④ 由於西北地方的建築方法都來自中部地區，因此，中部地區一定也有類似情況，由官府組織戍卒或者徒隸作壏。此外，里耶 9－18 號木牘還有"其五人爲甄廡取茅：賀 └ 府 └ 成 └ 臧 └ 眄"，^⑤五人爲甄廡取茅草，其中甄廡爲製作陶器的工房，茅草或許爲制陶過程中所需。

　　以上種種資料和物品，多由官府内部組織人員采集和製作，成本低廉。從價值上來看，與"縣官材"對比後，自然可稱之爲小物：

　　　　出錢買二百買木一長八尺五寸大四圍以治罷卒籍令史護買 E. P. T52：277^⑥

　　居延新簡中有令史購買木材的記録，也有木材的尺寸、金額、購買人以及用處的

①　陳偉主編：《里耶秦簡牘校釋（第二卷）》，武漢大學出版社 2018 年，第 456—457 頁。

②　陳偉主編：《里耶秦簡牘校釋（第一卷）》，武漢大學出版社 2012 年，第 98 頁。

③　陳偉主編：《里耶秦簡牘校釋（第二卷）》第 460 頁。

④　甘肅省文物考古研究所編：《敦煌漢簡》，中華書局 1991 年，第 286 頁。

⑤　陳偉主編：《里耶秦簡牘校釋（第二卷）》第 23 頁。

⑥　甘肅省文物考古研究所、甘肅省博物館、文化部古文獻研究室、中國社會科學院歷史研究所編：《居延新簡——甲渠候官與第四燧》，文物出版社 1990 年，第 247 頁。

記録。其中一枚僅長八尺五寸大四韋的木材，便需要二百錢，而用於建築的木材長度遠不止於此，價格自然更高。因此，"縣官材"才會單獨區分，不僅其上有久刻，還單獨有律令管理。此外，嶽麓柒中還有"縣官材物"：

　　……載材物縣官。□ 所 載縣官材物殹（也），勿没，伍人、典、田典弗

捕，₁₀₆₃ 弗得，貲各一甲， 令、丞、尉貲 各一盾。有能捕若 詗告 ☐₁₁₄₇ ①

雖然 1063 和 1147 號簡簡文部分殘缺，但大意基本明確，是關於"縣官材物"的運輸保障："縣官材物"由運輸工具所載運至縣官官府，不能隨意放任遺失，若伍人、里典和田典不能抓捕盜取"縣官材物"的人，又或者找不到遺失的"縣官材物"，則罰一甲，而縣令、縣丞、縣尉則罰一盾。

將兩則律文對比後，我們發現"縣官材物"或許就是"縣官材"和"它小物"的省稱。材物，本指木材和物品，也可泛指一切材料，如《周禮·秋官·大行人》："五歲壹見，其貢材物。"鄭玄注："材物，八材也。"②因此，"縣官材物"指縣官官府所管控的木材和物品，與"縣官材"和"它小物"的内涵相同，實則爲二者省稱，可引申爲一切縣官官府所管控資料。

二、麗邑材竹與秦始皇陵

我們再看《嶽麓書院藏秦簡（柒）》中其他有關"麗邑材竹"的簡文：

　　有得麗邑伐材竹久劾（刻）者，匿弗言，與盜同灋。有能捕若詗告吏，購之如律₁₆₃₀。 謹 布令，令 黔首 明智 （知），毋巨（距）罪。縣官丞舉所承（拯）得麗邑伐材竹數，移麗邑₀₃₄₁， 其 縣官界中有棄麗邑 ㇄ 材竹而弗舉及 不從令者，貲官嗇夫、吏 主者₁₀₈₁各一甲，丞、令、令史各一盾。　·十九₀₈₇₀③

從簡文可知，官府對於"麗邑材竹"的管理相當嚴格：若有人敢私藏"麗邑材竹"，則與盜同法，而縣官所管轄的縣境内有遺落的"麗邑材竹"未收取，或者未將收取的材竹送往麗邑，官嗇夫、吏主者罰一甲，而丞、令、令史等官員則罰一盾。

---

① 陳松長主編：《嶽麓書院藏秦簡（柒）》第 137 頁。

② 楊天宇撰：《周禮譯注》第 567 頁。

③ 陳松長主編：《嶽麓書院藏秦簡（柒）》第 135—136 頁。

　　首先,除"麗邑材竹"外,簡文中還有"麗邑伐材竹""麗邑伐材"等。實際上,應該均指"麗邑材竹",意爲供麗邑使用的木材和竹材,而非麗邑砍伐的材竹。簡文中提到縣官界中若有發現"麗邑材竹",則需運往麗邑,若只是在麗邑砍伐材竹,何需他縣運輸材竹。

　　其次,再看材竹爲何。前文已提到材指建築木材,而竹亦可作爲建材:如《異物志》:"有竹曰篃,其大數圍,節間相去局促,中實滿,堅强以爲屋椽,截斷便以爲棟樑,不復加斤斧。"①南方有篃竹,其堅者,可作椽甚至梁柱。

　　此外,再看麗邑何解。整理者注:"麗邑,位於今陝西臨潼縣東北十四里。"②與"縣官材"相比,"麗邑材竹"的管理更爲嚴格:"縣官材"的主要責任人爲伍人、里典和田典,而且並未提到要將其送往特定的地點。由此可知,"麗邑材竹"的等級較高,這或許與其性質有關。

　　實際上,"麗邑材竹"應指用於建造秦始皇陵及其附屬建築的木材與竹材。麗邑即驪山所在之地,秦始皇自登基之日起便在驪山開始修建皇陵,至秦二世元年才完成:

　　　　隱宮徒刑者七十餘萬人,乃分作阿房宮,或作麗山。發北山石椁,乃寫蜀、荆地材皆至……因徙三萬家麗邑,五萬家雲陽,皆復不事十歲……九月,葬始皇酈山。始皇初即位,穿治酈山,及並天下,天下徒送詣七十餘萬人,穿三泉,下銅而致椁,宮觀百官奇器珍怪徙臧滿之……四月,二世還至咸陽,曰:"先帝爲咸陽朝廷小,故營阿房宮爲室堂。未就,會上崩,罷其作者,復土酈山。酈山事大畢。今釋阿房宮弗就,則是章先帝舉事過也。"復作阿房宮。③

　　古人講究事死如事生,地下陵墓實際上是地上宮殿的縮影,秦始皇陵也極盡奢華,不僅建築用料講究,奇珍異寶更是不計其數。甚至阿房宮也曾因始皇駕崩而停工,調集其所有工匠徒隸,舉國之力加緊修建始皇陵,人數最多時達七十餘萬,直至始皇陵修建完畢後才復工。由此想見,始皇陵修建時所需耗材之大、耗時之久與建築等級之高。

　　因此,我們有理由相信運往"麗邑材竹"是供修建始皇陵及其附屬建築所用,屬於皇室材,也可稱之爲廣義上的"縣官材物":里耶8-461號木牘有"王室曰縣官,公室

---

① (漢)楊孚撰,吳永章輯佚校注:《異物志輯佚校注》,廣東人民出版社出版2010年,第184頁。

② 陳松長主編:《嶽麓書院藏秦簡(柒)》第172頁。

③ (漢)司馬遷撰:《史記》卷六《秦始皇本紀》,中華書局2014年,第327、337—341頁。

曰縣官……王游曰皇帝游，王獵曰皇帝獵”，[1]秦朝頒布“更名方”後，之前的王室即皇室與公室即官府，均可稱縣官。此外，簡文所載的隨水運輸方式雖快，但運輸的過程中也容易損耗，也只有皇陵這種等級的建築，才能讓官府單獨在律令中加以說明，與普通的“縣官材”有所區分，並加强監督力度，由縣官對其負責，以便保障資料運輸安全。

至於“麗邑材竹”的來源，或可推測一二，《嶽麓書院藏秦簡(肆)》有：

> 泰上皇時内史言：西工室司寇、隱官、踐更多貧不能自給程(糧)。議：令縣遣司寇入禾，其縣毋禾$_{0587}$當貴者，告作所縣償及貸。西工室伐榦沮、南鄭山，令沮、南鄭聽西工室致。其入禾者及吏移西$_{0638}$工室。・二年曰：復用。$_{0681}$[2]

嶽麓肆中這則律令，或以爲是秦王二年，或以爲是秦二世二年。無論何者，均反映了秦西工室組織司寇、隱官和踐更去沮、南鄭山伐榦的史實。在他們伐木後，官府再分配給工匠製作弓箭等。值得注意的是，西工室伐榦的沮和南鄭位於秦嶺以南，説明當時已經在秦嶺山脈進行伐木。而麗邑附近的主要河流爲灞河(圖1)，灞河上游位於秦嶺北麓，若是在秦嶺北麓砍伐木材，再通過灞河順流而下，最後由附近的縣官收集統一運往麗邑，完全有可能。秦嶺不僅木源充足，而且路途近，即便木材流失也不至於太多，管理難度也低。

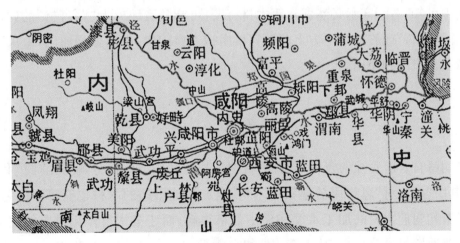

圖1　秦關中諸郡局部[3]

① 陳偉主編：《里耶秦簡牘校釋(第一卷)》第156—157頁。

② 陳松長主編：《嶽麓書院藏秦簡(肆)》第204頁。

③ 參見譚其驤主編：《中國歷史地圖集》第二册，中國地圖出版社1996年，第5頁。

　　此外,《秦始皇本紀》中提到的北山石來自富平縣北山,①位於關中渭南縣,説明秦朝也講究就近取材。雖然記載有蜀地和荆地的木材,但始皇陵規模巨大,而且還有附屬建築,如麗邑作爲陵邑,就遷入三萬家,必然需要大量建築材料,短時内難以供應。因此,這些附屬建築的用料等級可以降低,並非全都需要使用荆蜀二地的木材,一方面節省資料,另一方面尊卑有别;其次,秦始皇突然駕崩,秦二世爲加快修建皇陵甚至停工阿房宫,而荆蜀二地路途遥遠,倘若全部從荆蜀隨水運輸,只怕能够順利到達關中的木材不過十之一二,不僅勞民傷財,還耗時曠久,又如何能滿足建築需要呢?

　　從西工室伐幹一事中,我們知道有專門的機構負責伐木製弓。那麼"麗邑材竹"是否也有對應的機構負責?

　　　　將作少府,秦官,掌治宫室……屬官有石庫、東園主章、左右前後中校七
　　令丞。如淳曰:章謂大材也。舊將作大匠主材吏名章曹掾。師古曰:今所
　　謂木鐘者,蓋章聲之轉耳。東園主章掌大材,以供東園大匠也……又主章長
　　丞。師古曰:掌凡大木也。武帝太初元年更名東園主章爲木工。②

　　將作少府是秦朝掌管宫室建築的最高官員,其下有屬官東園主章,掌管建築大材,並將木材供給東園大匠加工。其下又有主章長丞,也是掌管建築大材。秦始皇陵屬於皇室建築,東園主章、主章長丞無疑要負責其木材供給。此外,里耶壹8-462號簡有"卅五年三月庚子泰山木功右□守丞勅追/",③"右"下一字原釋爲材,今不確。但從木功中可知,右□守丞必然與建築木材有關,可能負責地方上"縣官材"的砍伐與加工。"麗邑材竹"或許就由地方上此類官員組織人員砍伐,再運輸至麗邑,由東園主章和主章長丞調度和使用。

三、結　　論

　　秦朝縣官官府管控的資料稱"縣官材物",根據其價值高低分爲"縣官材"和"它小物"。其中"縣官材"專指用於建築的木材,至於其他用途的木材也有專門的名稱,這反映了秦朝對於木材的加工水準和使用效率很高,而建築木材作爲重要的建材更是與其他普通資料區分開來,甚至有相關律令對黔首和官員進行獎懲;"它小物"當指由

①　董珊:《西安閻良發現秦銘刻石新考》,《文物》2019年第10期,第60—68頁。
②　(漢)班固撰,(清)王先謙補注:《漢書補注・百官公卿表上》,上海古籍出版社2012年,第891頁。
③　陳偉主編:《里耶秦簡牘校釋(第一卷)》第160頁。

官府内部組織人員采集和製作資料和物品，從價值上來看，遠低於"縣官材"，但也爲官府日常運作所需。因此，同樣也受到了官府的重視。除供普通地方官府使用的"縣官材物"外，還有專供皇室使用的"麗邑材竹"，"麗邑材竹"爲供麗邑使用的木材、竹材，當用於秦始皇陵及其附屬建築的建設。

　　"縣官材物"受官府高度控制的性質，極大地促進了秦朝手工業和建築業的發展：首先，資料基本自給自足，減少了地方官府購買資料的費用和運輸成本，節約了時間和成本；此外，在如始皇陵、阿房宫等大型工程建設時，還可以充分調動地方上的資料，並且有着完整的管理系統。正是由於龐大材料體系的支持，秦朝短短十數年間能在各地營造出數以百計的巍巍宫殿，令人驚歎。

里耶"墾草"簡與秦"墾草令"相關問題研究 *

董　飛

摘　要: "草田"並非"荒地",而是官府掌握的無主荒田,故"墾草"所開墾的並非荒地,而是荒蕪的田地。商鞅變法頒布"墾草令",與當時秦與三晋間流行的"盡地力之教"即"任地"的治理觀念有關,對土地進行規劃與管理,最大限度地墾辟土地、繁殖人口,以此達到富國强兵的變法目的。秦將"盡地力之教"的觀念應用於新占領地即"新地"的治理,具體而言便是以城邑爲據點,盡力墾辟土地以擴大人口承載力,以此鞏固對"新地"的控制。里耶"墾草"簡便是這一情形的縮影。

關鍵詞: 墾草令　墾草　草田　任地　里耶秦簡

關於"墾草令",《商君書·更法》中有"於是遂出墾草令"的記載,[①]《商君書·墾令》亦多見"草必墾矣"的表述。[②] 在先前的研究中,以高亨爲代表的學者多將"墾草"理解爲"墾荒",進而認爲"墾草令"是一項開墾荒地的命令。[③] 新公布的里耶秦簡 9 -

---

* 本文係國家社科基金重大項目"中韓日出土簡牘公文書資料分類整理與研究"(項目批准號: 20&ZD217)的階段性成果。

① 蔣禮鴻:《商君書錐指》卷一《更法》,中華書局 2014 年,第 5 頁。

② 蔣禮鴻:《商君書錐指》卷二《墾令》第 6 頁。

③ 高亨《商君書注譯》對"墾草令"的注解爲:"墾草令是孝公頒布的一個命令,内容是督促鼓勵農民開墾荒地,即墾令篇所説那樣。"參見高亨:《商君書注譯》,中華書局 1974 年,第 17 頁。此外,20 世紀 70 年代出現的諸多與《商君書》有關的"譯注""選注"亦持類似觀點,將"墾草令"解讀爲:"開墾荒地的命令。"參看山東大學《商君書》選注小組:《〈商君書·更法〉注譯》,《文史哲》1974 年第 4 期,第 46—49 頁。中文系部分工農兵學員、中文系古典文學教研組:《〈商君書·更法〉譯注和簡析》,《山東師範大學學報》(轉下頁)

15 簡、9－2344 簡均與"墾草田"有關,簡文謄録如下:

> 卅三年六月庚子朔丁巳,【田】守武爰書:高里士五(伍)吾武【自】言:謁狠草田
> 六畝武門外,能恒藉以爲田。 ∟典緩占。正
>
> 六月丁巳,田守武敢言之:上黔首狠草一牒。敢言之。/衙手。
>
> 【六】月丁巳日水十一刻刻下四,佐衙以來。/□發。背9-2344 ①

> 卅五年三月庚寅朔丙辰,貳春鄉兹爰書:南里寡婦愁自言:謁狠草田故
> 桑地百廿步,在故步北,恒以爲桑田。
>
> 三月丙辰,貳春鄉兹敢言之:上。敢言之。/訹手。正
>
> 四月壬戌日入,戍卒寄以來。/暉發。   訹手。背9-15 ②

根據里耶秦簡 9－2344 簡的記載,高里士五(伍)吾武"墾草田六畝武門外",並提
到"上黔首墾草一牒",可知"墾草"即"墾草田"之省稱。陳偉先生認爲"草田"即"未墾
種的荒田"。③ 按照高亨等前輩的理解,"墾草令"爲"開墾荒地的命令",則"墾草令"重
在擴大耕種面積,采取的是擴張性的農耕策略;而按照陳偉"未墾種的荒田"的觀點,
則"墾草令"重在對農業生產的恢復,屬於積蓄實力、休養生息的性質。故"草田"的性
質以及"墾草令"的内容,還可以做進一步討論。

一、"草田"的性質

先來看里耶秦簡中的 9－2344 簡,該簡牘形制、内容完整,簡文中所提到的"高
里",是遷陵縣都鄉下轄的一個里。④ 而這裏的"田守"指的是代理田嗇夫,是縣廷中主
管一縣農事的吏員。⑤ 這封發往遷陵縣縣廷的"爰書"報告了都鄉高里有一個士五爵

(接上頁) 1974 年第 5 期,第 62—65 頁。蔣禮鴻在《商君書錐指》中對"墾草令"並未出注。

① 陳偉主編:《里耶秦簡牘校釋(第二卷)》,武漢大學出版社 2018 年,第 477 頁。

② 陳偉主編:《里耶秦簡牘校釋(第二卷)》第 21 頁。

③ 陳偉主編:《里耶秦簡牘校釋(第二卷)》第 22 頁。

④ 晏昌貴、郭濤:《里耶秦簡所見遷陵縣鄉里考》,《簡帛》第 10 輯,上海古籍出版社 2015 年,第 145—154 頁。

⑤ 關於田守,應該理解爲"代理田嗇夫"之意。陳偉、鄒水傑認爲"田嗇夫"是縣廷中主管農事的吏員,王彥
輝認爲其是鄉一級行政單位中設置的與"鄉部"平行的系統。王彥輝先生的依據是張家山漢簡《二年律
令》中"代户,貿賣田宅,鄉部、田嗇夫、吏留弗爲定籍,盈一日,罰金各二兩",認爲"田嗇夫"位列"鄉部"之
後,因此田嗇夫設置於鄉一級行政單位。誠如鄒水傑對此處的分析"這裏的'鄉部、田嗇夫、吏' (轉下頁)

位的"吾武",主動到縣廷中的田嗇夫官署報告稱在"吾武"門外墾草田六畝,希望能"恒藉以爲田",即將這六畝田登記在自己名下。爲"吾武"登記的"典"的名字是"縵"。簡文"上黔首狠草一牒敢言之",説明與這封文書一起送到縣廷的,應該還有一封内容與"黔首狠草"有關的文書。簡文背面則是文書抵達遷陵縣縣廷的時間以及文書啓封者的簽名。至於都鄉"高里士五(伍)吾武"與"田守武"是否爲同一人的問題,雖然無從考證,但由於遷陵縣人口較少,重名概率不大,存在兩者是同一人的可能性。這一枚簡牘記載了高里士五(伍)吾武登記"墾草田六畝"的情況,這一情況被製作成簿籍,與這件文書一併送往遷陵縣縣廷,而上述簿籍被冠以"墾草一牒"的名稱,這便建立起"墾草"與"墾草田"之間的聯繫,可見"墾草"爲"墾草田"之省稱。除此之外,這枚簡也反映出民衆開墾並占有"草田"所要履行的一些程序:先在"典"處進行登記,繼而前往鄉田嗇夫處報告,最後由田嗇夫上報縣廷備案即可。

根據里耶秦簡中的簡 9-15 可知:秦王朝遷陵縣貳春鄉"南里"的寡婦"憖"來到鄉官處登記,稱其在"故桑地"墾草田一百二十步,具體位置是"故步北",開墾後的土地仍然用作桑樹的種植。寡婦"憖"墾草田的位置是"故桑地",且墾草田的用途仍是種桑樹,説明這里原本就是一片桑林。只是出於種種緣故荒廢掉了,而登記"恒以爲桑田"的目的則在於獲得官府對其擁有對這片桑田所有權的承認。這里的"草田"是荒廢的桑田,並非"荒地"。可見"墾草"強調的並非開墾荒地以擴大耕種面積,而是對已有荒田的重新利用。據《説文解字》:"田,陳也。樹穀曰田。象四口。十,阡陌之制也。凡田之屬皆从田。待季切。"[①]《商君書》:"爲田開阡陌封疆。"可知"阡陌"乃是"田"的重要組成部分。故"草田"雖荒蕪,然阡陌仍在,其性質仍然是"田",與"荒地"無關。

《漢書·孫寶傳》中的一段記載也可以印證這一點:"時帝舅紅陽侯立使客因南郡太守李尚占墾草田百數頃,師古曰:"隱度而取之也。草田,荒田也。占,音之贍反。"頗有民所假少府陂澤,略皆開發,師古曰:"舊爲陂澤,本屬少府,其後以假百姓,百姓皆已田之,而立總謂爲草田,占云新自墾。"上書願以入縣官,師古曰:"立上書云新墾得此田,請以入官也。"有詔郡平田予

(接上頁) 應爲鄉部嗇夫、田嗇夫、廷吏並列;是鄉部承後省'嗇夫'二字,而不是鄉部田嗇夫"可見王彦輝對簡文存在誤讀。因此,此處的"田守"爲"代理田嗇夫",是縣廷中主管農事的吏員。參見陳偉:《里耶秦簡所見的"田"與"田官"》,《中國典籍與文化》2013 年第 4 期,第 140—144 頁;鄒水傑:《再論秦簡中的田嗇夫及其屬吏》,《中南大學學報(社會科學版)》2014 年第 5 期,第 228—236 頁;王彦輝:《田嗇夫、田典考釋——對秦及漢初設置兩套基層管理機構的一點思考》,《東北師大學報(哲學社會科學版)》2010 年第 2 期,第 49—56 頁。

① (漢)許慎撰:《説文解字》,中華書局 1990 年,第 290 頁。

直,錢有貴一萬萬以上。寶聞之,遣丞相史案驗,發其奸,劾奏立、尚懷奸罔上,狡猾不道。"①結合顏師古的注釋,我們可以對這一段文字進行一個初步的分析:南郡有一些本屬於"少府"的陂澤,當地民衆與官府有協議,借用土地以謀生,並且已經進行了初步的耕種。而皇帝的舅子紅陽侯派自己的門客疏通了南郡太守李尚的關係,將這些百姓所耕種的土地,以"草田"的名義登記在客的名下,名義上屬於客,實際上屬於紅陽侯。並説這些都是客自己新墾的田地,準備將這些土地以高於實際一萬萬錢的價格賣給官府,被孫寶彈劾。劉立、李尚等顛倒黑白,把這些田地登記在客名下,隱瞞了這些田本屬於少府的事實,這些土地原本的性質是"陂澤"即湖泊、沼澤,即使假予民衆開發、耕種,其土地所有權亦屬於"少府",不稱之爲"草田";而紅陽侯劉立與李尚隱瞞了這些土地歸屬於少府的情況後,便可以"謂爲草田,占云新自墾",可見土地有主與否,是構成草田的重要因素之一。顏師古注云:"草田,荒田也。"②《晋書・郭翻傳》:"居貧無業,欲墾荒田,先立表題,經年無主,然後乃作。稻將熟,有認之者,悉推與之。"③可見"荒田"原本便是田地,只是暫時荒廢,且確爲無主之田,可資爲證。故高亨等前輩學者認爲"墾草"是開墾荒地的意見是值得商榷的。

我們可以對"草田"的性質做一個簡單的界定:首先,"草田"並非"荒地",而是廢弃、荒蕪的田地;其次,"草田"乃是無主之田,在"墾草田"之後,在鄉里的"典"處進行登記,並前往鄉田嗇夫處報告,再由田嗇夫上報縣廷備案後,"草田"便可以"恒藉以爲田",記在"墾草田"者的名下。在遷陵縣等秦新占領地域推行"墾草"可以起到恢復農業生産、休養生息的作用。

二、"盡地力之教"與"墾草令"在秦的頒行

在入秦之前,商鞅在魏國丞相公叔痤的門下做中庶子,對魏國政治有相當的瞭解。魏國曾任用李悝進行變法,一時國力大增,秦國的河西地區便是在這樣的背景下被魏奪去的。李悝變法時曾提出過"盡地力之教",對土地進行規劃與充分利用。這一治理觀念對商鞅有重要影響,落實在秦國的變法實踐中,體現之一便是"墾草令"的推行。先來看何謂"盡地力之教":

> 是時,李悝爲魏文侯作盡地力之教,以爲地方百里,提封九百頃,除山

---

① (漢) 班固撰:《漢書》卷七十七《孫寶傳》,中華書局 1962 年,第 3258 頁。

② (漢) 班固撰:《漢書》卷七十七《孫寶傳》第 3258 頁。

③ (唐) 房玄齡等撰:《晋書》卷九十四《郭翻傳》,中華書局 1974 年,第 2446 頁。

澤、邑居參分去一,爲田六百萬畝,治田勤謹則畝益三升,不勤則損亦如之。

地方百里之增減,輒爲粟百八十萬石矣。　　　　　　　　(《漢書·食貨志》)①

這是李悝對土地進行的規劃:以百畝爲單位,土地九百頃,除了山澤、房屋面積占三分之一以外,還可以墾辟出六百萬畝土地,努力耕種則每畝增産三升;反之亦然。值得注意的是,李悝曾制定《法經》,據《晉書·刑法志》記載:“商君受之以相秦。”②我們可以在《商君書·算地》中找到與之高度相合之處,可見“盡地力之教”對商鞅的影響:

　　　　故爲國任地者,山林居什一,藪澤居什一,溪谷流水居什一,都邑蹊道居什一。惡田居什二,良田居什四。此先王之正律也,故爲國分田數小。畝五百足待一役,此地不任也。方土百里,出戰卒萬人者,數小也。此其墾田足以食其民,都邑遂路足以處其民,山林藪澤溪穀足以供其利;藪澤隄防足以畜。故兵出糧給而財有餘;兵休民作而畜長足。　　　(《商君書·算地》)③

與李悝“除山澤、邑居參分去一,爲田六百萬畝”略有不同的是,商鞅的規劃中“山林、藪澤、溪谷流水、都邑蹊道”占十分之四,剩下的均爲土地,其中惡田十分之二,良田十分之四。然後據此進一步規確定百畝中可以徵發的兵員數量。以上是李悝以及其商鞅對於“盡地力之教”進行的理論推演,然而,無論是《漢書·食貨志》所載李悝的“盡地力之教”還是繼承了李悝學説的《商君書·算地》,都不是停留在紙面上的學説,而是要進行實踐的變法主張。具體落實下來,便是要使得“山澤、邑居”等等之外的土地盡數墾辟,以增加糧食生産、滿足税收與軍賦需求。由此可見商鞅頒行“墾草令”與“盡地力之教”之間的密切關係。④ 在《商君書·算地》中,這種對土地進行規劃與充分利用的“盡地力之教”,也被稱爲“任地”。

在商鞅變法之前,秦獻公曾有心推行什伍、編訂户籍,但無疾而終,歸根結底是集權制的官僚制度尚未建立,王權的觸角無法探入基層的孔隙。商鞅變法廣泛推行縣制、官僚制度草創,民衆全部被編入什伍,這便極大地增強了王權的控制力,爲“盡地力之教”在秦國的推行奠定了基礎。由此可見,商鞅變法時的“墾草令”,應該就是爲了貫徹“盡地力之教”

① (漢)班固撰:《漢書》卷二十四上《食貨志》,第1124頁。

② (唐)房玄齡等撰:《晉書》卷三十《刑法志》,第922頁。

③ 蔣禮鴻:《商君書錐指》卷二《算地》,第43頁。

④ 《商君書·算地》中對這一舉措的必要性有這樣的論述:“民過地則國功寡而兵力少;地過民則山澤財物不爲用。夫棄天物遂民淫者,世主之務過也;而上下事之,故民衆而兵弱,地大而力小。”也就是在最大限度地墾辟土地、增加糧食生産,以實現富國强兵的目的。參見蔣禮鴻:《商君書錐指》卷二《算地》,第42—43頁。

而制定的,其目的在於督促民衆墾辟田地,盡力達到《商君書·算地》所規劃的"恶田居什二,良田居什四"的標準。秦居關中,這裏土壤肥沃、乃是"周餘民"故地,擅於耕種的周族早年在此居住,只是由於戰亂等緣故,田地多有拋荒。結合本文第一部分的討論可知"草田"即"荒蕪的田地",故對荒蕪土地重新墾辟的行爲被稱爲"墾草田",也就是"墾草"。

在"盡地力之教"即"任地"這一治理觀念的指導下,"墾草"的命令在秦國境内各個郡縣鄉里得到較好的推行,最大限度地墾辟了土地、養育了人口、訓練了兵源。這便將秦國國力發揮到極致,將整個國家變成了一部强大的戰爭機器。從而爲富國强兵、統一六國奠定了堅實的基礎。

三、里耶"墾草"簡與秦的"新地"治理

公元前 230 年,秦軍攻韓,拉開了統一戰爭的序幕,如摧枯拉朽般兼併了東方六國。秦在短時間内便如同摧枯拉朽般兼併了東方六國,將其稱爲"新地"並派遣"新地吏"前去治理。究竟該如何治理這數倍於己的土地及人口,是擺在秦人面前的一個全新的問題。在戰國中後期,統一已經是人心所向、大勢所趨,不少士人都思考過"統一"的問題,前文提到的流行於三晋與秦的"盡地力"即"任地"的學説,其中也包含有相關内容:

> 量土地肥墝而立邑。建城稱地,以城稱人,以人稱粟。三相稱,則内可以固守,外可以戰勝……明乎禁舍開塞,民流者親之,地不任者任之。夫土廣而任則國富,民衆而制則國治。富治者,車不發軔,甲不出橐,而威制天下。
>
> (《尉繚子·兵談》)[1]

正如《兵談》篇所反映的那樣,在戰國時秦人的觀念中,若想控制一塊土地,其最好的方式莫過於在此築城並徙入民衆,以城池爲據點對周邊土地進行墾殖,農戰並舉、以農養兵,從而完成並鞏固對這一帶的控制。這種以城控地的手段若想發揮最大效能,則要使得土地面積、人口數量、糧食產量之間的比例達到一個最優的狀態。也就是《尉繚子·兵談》篇中提到的:"量土地肥墝而立邑,建城稱地,以城稱人,以人稱粟。三相稱,則内可以固守,外可以戰勝。"值得注意的是,銀雀山漢墓竹簡"守法守令十三篇"之一的《田法》中存在與《兵談》篇連鎖之處:"量土地肥墝(墝)而立邑建城,以城再(稱)……三相再(稱),出可以戰……"[2]而同屬於"守法守令十三篇"的《王法》篇

---

① 《中國軍事史》編寫組:《武經七書注譯》,解放軍出版社 1986 年,第 147—148 頁。
② 銀雀山漢墓竹簡整理小組:《銀雀山竹書〈守法〉〈守令〉等十三篇》,《文物》1985 年第 4 期,第 27—38 頁。

則有這樣的文字:

> 凡欲富國墾草仞邑……上家□畝四,中家三畝,下家二畝……一縣半墾
> 者,足以養其民。其半山林溪浴(谷),蒲葦魚鱉所出,薪蒸……而歸之。少
> 者曰:我且往長焉。壯者曰:我且往觀焉。老者曰:我且往死焉。是故不刑
> 一民,不傷一丈夫,而海之外内可得……　　　　　　　　　　(《王法》)①

綜合前引《漢書·食貨志》《商君書·算地》篇可知,《王法》篇中“一縣半墾者,足
以養其民。其半山林溪浴(谷),蒲葦魚鱉所出,薪蒸……”明顯受到“盡地力之教”即
“任地”這一治理觀念的影響。因此,《尉繚子·兵談》“建城稱地,以城稱人,以人稱
粟”即“三相稱”的内在要求便是“盡地力”,也就是在盡可能墾辟土地的情況之下,擴
大人口承載力,在此基礎之上“建城稱地,以城稱人,以人稱粟”,以此鞏固對於城邑的
控制。②

簡言之,在秦人的觀念中,控制新占領地,要以城邑爲據點,第一步是將這一帶除
了邑居、山澤等確實無法開墾的土地全部納入“可墾”的範疇,並制定“一縣半墾”“除
山澤、邑居參分去一”等墾田規劃。下一步便是鼓勵民衆墾辟田地,努力貫徹相關規
劃。隨着土地的墾辟,能夠承載的人口以及徵召的兵員數量也就水漲船高。如此一
來,對這裏的控制隨之鞏固。③

---

① 銀雀山漢墓竹簡整理小組:《銀雀山竹書〈守法〉〈守令〉等十三篇》第27—38頁。

② “新地”的設置並不是一成不變的,在滿足一定條件之後,將不再被稱爲“新地”而轉化爲“故地”,譬如原
先的楚國鄢、郢,秦國之南郡。至於滿足哪些條件,尚有待進一步的研究,但有一點是可以明確的,便是
要建立穩固的統治。究竟怎樣才算穩固呢? “任地”便是一個重要的標準。《尉繚子·兵談》講得很明
白:“量土地肥墝而立邑,建城稱地,以城稱人,以人稱粟。三相稱,則内可以固守,外可以戰勝。”簡言之
便是實現城邑、土地、人口(兵源)、糧食的協調,從而以城控地,建立穩固的統治。

③ 《管子·八觀》載將“草田”的情況視爲考察一地之統治是否穩固的基礎性指標:“行其田野,視其耕芸,計
其農事,而饑飽之國可以知也。其耕之不深,芸之不謹,地宜不任,草田多穢,耕者不必肥,荒者不必墝,
以人猥計其野,草田多而辟田少者,雖不水旱,饑國之野也。若是而民寡,則不足以守其地,若是而民衆,
則國貧民饑。以此遇水旱,則衆散而不收。彼民不足以守者,其城不固;民饑者,不可以使戰;衆散而不
收,則國爲丘墟。”上述引文出自《管子·八觀》《管子》一書雖説是齊地著作,但其中“任地”的落脚點同樣
在於追求土地與人口的最佳比例,以實現對城邑的駐守並進而達到控制周邊土地的目的。可見《管子·
八觀》在“任地”的觀念方面與秦人存在相通之處,推測是齊、秦學術交流的結果。因此我們也將作爲反
映秦人“任地”觀念的材料加以考察。據《管子·八觀》可知,考察一地農事情況的切入點,一方面是走近
看,觀察是否“耕之不深,芸之不謹”,有没有精耕細作;另一方面是從遠處看,宏觀把握,荒蕪的田地多不
多,即“地宜不任,草田多穢”。可見在《管子·八觀》中,土地的墾辟情況是作爲人口、兵員數量、城池堅
固程度等的基礎而存在的。參見黎翔鳳:《管子校注》卷五《八觀》,中華書局2004年,第258頁。

基於上述認識,我們可以來討論里耶秦簡中 9-15、9-2344 兩枚簡的性質了。遷陵縣是秦帝國洞庭郡的"新地",秦爲了加强對這一帶的控制,勢必根據遷陵縣當地的實際情況"量身定制"一套包括良田多少、山澤多少、據此可養活民衆多少、募集兵員多少等指標在内的規劃。待遷陵縣的各項指標達到之後,便意味着較爲穩固的統治在此建立起來。而這些指標中最基本的便是墾辟田地的數量,没有足够的田地,支撑不了一定數量的人口與兵員,其他都是空談。

於是,秦在遷陵縣推行"墾草令",便是對這一"新地"加强治理的題中之義,而"墾草"在遷陵縣的實施情況,可以從以下這組簡册中窺知一二:

> 卅四年六月甲午朔乙卯,洞庭守禮謂遷陵丞:丞言徒隸不田,奏曰:司空厭等當坐,皆有它罪。正歇手背755 耐爲司寇。有書,書壬手。令曰:吏僕、養、走、工、組織、守府門、勮匠及它急事不可令田,六人予田徒756 四人。徒少及毋徒,薄移治虜御史,御史以均予。今遷陵廿五年爲縣廿九年田廿六年盡廿八年當田。司空厭等757 失弗令田。弗令田即有徒而弗令田且徒少不傅于奏。及蒼梧爲郡九歲乃往歲田厭失當坐,論即758 應令及書所問且弗應,弗應而雲當坐之狀何如。其謹按致,更上奏史展薄留日,毋騰却。它1564 如前書律令。/七月甲子朔癸酉,洞庭假守繹追遷陵。/歇手・以沅陽印行事759 七月甲子朔庚寅,洞庭守繹追遷陵。丞言/歇手・以沅陽印行事/八月癸巳朔癸卯,洞庭假正守繹追遷陵。丞日夜上勿留/卬手・以沅陽印行事,/九月乙丑旦郵人曼以來。/矞發1523 ①

據上述引文可知:秦軍於始皇二十五年在此設縣,而始皇二十六年至始皇二十八年期間,其"田"的工作近乎停滯。這便會造成兩個後果,其一是先前楚軍駐紮時墾辟的田地大多荒蕪;其二是遷陵縣現有田地的數量,距離上級制定的規劃存在相當的差距。因此始皇帝二十九年時遷陵縣"田"的工作,很大一部分應該就是在原先楚人墾辟過的田地上進行的复墾。故 9-15、9-2344 兩枚簡記録墾殖工作時的措辭爲"墾草田",目的在於使得遷陵縣田地的數目儘快與上級規定的數目相合,以此供應更多的人口、兵員,以穩固秦在遷陵縣的統治。此外,正是由於"盡地力之教"即"任地"的治理觀念將田地的墾辟情況與統治穩固相關聯,故上述簡册中"洞庭守禮"對遷陵縣墾田不力的情形措辭嚴厲,連續發送"追書"進行調查追究。

---

① [日]宮宅潔:《關於里耶秦簡 8-755~759 號與 8-1564 號的編聯》,《簡帛》第 18 輯,上海古籍出版社 2019 年,第 29—36 頁。

四、結　論

　　“草田”並非“荒地”，而是官府掌握的無主荒田，故“墾草”所開墾的並非荒地，而是荒蕪的田地。商鞅變法頒布“墾草令”，與當時秦與三晋間流行的“盡地力之教”即“任地”的治理觀念有關，對土地進行規劃與管理，最大限度地墾辟土地、繁殖人口，以此達到富國强兵的變法目的。

　　秦將“盡地力之教”的觀念應用於新占領地即“新地”的治理，具體而言便是以城邑爲據點，對周邊土地進行開墾，在城邑規模、土地面積、糧食産量、兵員數量之間建立起一個較爲協調的關係，以鞏固對“新地”的控制。里耶秦簡 9－15、9－2344 兩枚“墾草”簡，便是秦人對原先荒蕪的田地進行复墾，將遷陵縣建設成爲控制周邊的堅固據點的體現。

秦簡田嗇夫新解[*]

趙　斌

摘　要： 秦縣内有多名田嗇夫。縣治設都田嗇夫，總理全縣田事同時管理都鄉田事，屬吏有離官田嗇夫、田佐、史、田典；離鄉有都田嗇夫的離官，稱“某（常爲方位詞）田”，亦可稱田部，設有離官田嗇夫管理各鄉田事，屬吏有田部佐、史以及田典。都田嗇夫和離官田嗇夫都可以稱爲田嗇夫，具體所指則要依據語境來確定。

關鍵詞： 秦簡　田嗇夫　離官

　　秦簡中的田嗇夫一職，自睡虎地秦簡面世以來，就引起了學界熱烈地討論。^① 但學者們意見紛繁，莫衷一是。鄒水杰先生將學界對田嗇夫的主要研究歸結爲“縣吏説”“鄉吏説”和“都官説”三種觀點，^②可謂是精確的描述。筆者在閱讀了相關資料後，對田嗇夫的設置有些新的看法。因而在此略抒管見，以就正於方家。

---

* 本文得到“古文字與中華文明傳承發展工程”支持。

① 相關研究主要有裘錫圭：《嗇夫初探》，中華書局編輯部編：《雲夢秦簡研究》，中華書局 1981 年，第
　248—251 頁；卜憲群：《秦漢之際鄉里吏員雜考——以里耶秦簡爲中心的探討》，《南都學壇》2006 年第
　1 期，第 1—6 頁；王勇：《秦漢地方農官建置考述》，《中國農史》2008 年第 3 期，第 16—23 頁；王彦輝：
　《田嗇夫、田典考釋——對秦及漢初設置兩套基層管理機構的一點思考》，《東北師大學報》2010 年第 2
　期，第 49—56 頁；高士榮：《秦國及秦朝地方農官制度研究》，《西安財經學院學報》2011 第 6 期，第
　112—117 頁；陳偉：《里耶秦簡所見的“田”與“田官”》，《中國典籍與文化》2013 年第 4 期，第 140—146
　頁；鄒水杰：《再論秦簡中的田嗇夫及其屬吏》，《中南大學學報》2014 年第 5 期，第 228—236 頁；李勉：
　《再論秦及漢初的“田”與“田部”》，《中國農史》2015 年第 3 期，第 45—55 頁；劉鵬：《也談簡牘所見秦
　的“田”與“田官”——兼論遷陵縣“十官”的構成》，《簡帛》第 18 輯，上海古籍出版社 2019 年，第 57—
　74 頁。

② 鄒水杰：《再論秦簡中的田嗇夫及其屬吏》第 229 頁。

一、田牛考課資料再解讀

關於秦簡田嗇夫的討論,無論支持"縣吏説""鄉吏説"還是"都官説"的學者,都引用了一條睡虎地秦簡的材料,作爲其觀點的佐證。現將這則材料摘録如下:

1. 以四月、七月、十月、正月膚田牛。卒歲,以正月大課之,最,賜田嗇夫壺酉(酒)束脯,爲旱〈皂〉者除一更,賜牛長日三旬;殿者,誶田嗇夫,罰冗皂者二月。其以牛田,牛減絜,治(笞)主者寸十。有(又)里課之,最者,賜田典日旬;殿,治(笞)卅。　　厩苑律①

學者的分歧很大程度上源於對上述材料的不同理解。而解讀這則材料的一個關鍵之處,就是要確定田牛考課是否爲縣内的考課。唯有先將考課級別確定,才能進一步瞭解田嗇夫的設置情况。

卜憲群、高士榮、王彦輝先生均認爲是縣内的考課,所以才會有多個田嗇夫,繼而認爲鄉中設置田嗇夫,②王勇先生亦認同縣内考課的觀點,但他認爲"田嗇夫當是派駐在鄉内的都官系統農官"。③ 陳偉先生認爲"《秦律十八種·厩苑律》所記'田嗇夫',確實不好看作縣級的主管官員"。不過陳先生懷疑律這裏的"田嗇夫"是厩苑中的職官,與一般縣中的官員同名異職。④ 鄒水杰先生雖然不認同鄉中設有田嗇夫,但他認爲"田牛考核是在縣中進行的"。⑤ 李勉、劉鵬先生則認爲是秦廷對縣、道的考課。⑥

材料1應是指縣内的考課,而非全國範圍的考課。理由如下:首先,考課的内容不同。材料1是針對田牛的考課,雖然具體有何標準並不能確定,但是有一項是考核牛的肥瘦。反觀全國範圍的考課則不然。睡虎地秦簡中就有相關記載:

2. 將牧公馬牛,馬〔牛〕死者,亟謁死所縣,縣嗇診而入之,其入之其弗嗇而令敗者,令以其未敗直(值)賞(償)之。其小隸臣疾死者,告其□□之;其非

---

① 陳偉主編:《秦簡牘合集(壹)》,武漢大學出版社 2014 年,第 52 頁。

② 卜憲群:《秦漢之際鄉里吏員雜考——以里耶秦簡爲中心的探討》第 5 頁;王彦輝:《田嗇夫、田典考釋——對秦及漢初設置兩套基層管理機構的一點思考》第 51 頁。

③ 王勇:《秦漢地方農官建置考述》第 18 頁。

④ 陳偉:《里耶秦簡所見的"田"與"田官"》第 142 頁。

⑤ 鄒水杰:《再論秦簡中的田嗇夫及其屬吏》第 231 頁。

⑥ 李勉:《再論秦及漢初的"田"與"田部"》第 47 頁;劉鵬:《也談簡牘所見秦的"田"與"田官"——兼論遷陵縣"十官"的構成》第 61 頁。

疾死者，以其診書告官論之。其大厩、中厩、宮厩馬牛殿（也），以其筋、革、角及其賈錢效，其人詣其官。其乘服公馬牛亡馬者而死縣，縣診而雜賈（賣）其肉，即入其筋、革、角，及索（索）入其賈錢。錢少律者，令其人備之而告官，官告馬牛縣出之。今課縣、都官公服牛各一課，卒歲，十牛以上而三分一死；不【盈】十牛以下，及受服牛者卒歲死牛三以上，吏主者、徒食牛者及令、丞皆有辠（罪）。內史課縣，大（太）倉課都官及受服者。□□①

可以看到上述材料是對公家所有種類牛的考課，殿最的標準是牛的數量。而且，若將材料 1 看作全國範圍的考核，僅就考核牛的肥瘦中這一項標準來説，有兩點於邏輯不通：其一，試想在那樣一個通訊交通極爲不便的時代，要搜集全國每一頭牛肥瘦的數據，這工作量未免太過巨大；其二，即便假設耗費大量人力、物力而將全國的數據搜集起來，殿最的標準也不好確定。所以將材料 1 的考課認定爲全國範圍，是不合適的。故在全國考核時如材料 2 所載，只記錄牛的數量。

其次，若材料 1 爲全國範圍的考課，那麼考核與上報結果的時間節點相差太遠。嶽麓秦簡中就有關於何時上計考課結果的記録：

3. 2148/350……上計寂（最）、志、郡〈群〉課、徒隸員簿，會十月望。……②

材料 1 中的大課在正月，而此處將考核結果上報給中央的時間却是在十月，中間怎麼會差了這麼長時間？即便睡虎地秦簡與嶽麓秦簡的抄寫時代有別，但秦是以十月爲歲首這點未曾改變。所以材料 1 若是全國範圍的考課，將考核結果上報給中央的時間也應是在年末幾個月而非正月。

最後，與材料 1 不同，秦律中常見多縣一同評比時，令、丞因考課爲殿負連帶責任而受到處罰。如睡虎地秦簡所載：

4. ·驀馬五尺八寸以上，不勝任，奔繋（繋）不如令，縣司馬貲二甲，令、丞各一甲。先賦驀馬，馬備，乃粼從軍者，到軍課之，馬殿，令、丞二甲；司馬貲二甲，灋（廢）。③

5. 非歲紅（功）及毋（無）命書，敢爲它器，工師及丞貲各二甲。縣工新獻，殿，貲嗇夫一甲，縣嗇夫、丞、吏、曹長各一盾。④

① 陳偉主編：《秦簡牘合集（壹）》第 55 頁。
② 陳松長主編：《嶽麓書院藏秦簡（肆）》，上海辭書出版社 2015 年，第 211 頁。
③ 陳偉主編：《秦簡牘合集（壹）》第 173 頁。
④ 陳偉主編：《秦簡牘合集（壹）》第 178 頁。

6. ·鬃園殿，赀嗇夫一甲，令、丞及佐各一盾，徒絡組各廿給。鬃園三歲比
殿，赀嗇夫二甲而灋(廢)，令、丞各一甲。①

7. 膚吏乘馬篤、挈(觕)，及不會膚期，赀各一盾。馬勞課殿，赀厩嗇夫一甲，
令、丞、佐、史各一盾。馬勞課殿，赀皂嗇夫一盾。②

可以看到上面的材料中，令、丞受到的處罰輕於主管官吏，分別爲：材料 4 "赀二甲"，
材料 5、材料 7 "赀一盾"，材料 6 "赀一甲"。處罰的原因分別爲："先賦驀馬，馬備，乃鄰
從軍者，到軍課之，馬殿"；"縣工新獻，殿""馬勞課殿"；"鬃園殿"。

很明顯，上述材料中的令、丞以及主管官吏如縣司馬、厩嗇夫等，一定不是因爲縣
内考課被罰。③ 要知道每縣只有一個令、丞，若縣内考課也需要其負連帶責任，豈不是
只要考課就會受罰？正是因爲多縣一同評比，才會處罰考核爲殿的縣令、丞。同理，
若材料 1 對田牛的考課如同上述几則材料一樣，非縣内考課，那麼爲何不見令、丞受
到處罰呢？正因是縣内考課，所以才没有令、丞受罰的規定。

這樣，將材料 1 認定爲縣内的考課是合理的。但還有一點需要説明，鄒水杰先生
提出："雖然縣吏是按各自職掌分別治事的，事務不同，有些還不具有可對比性，但分
管不同事務的屬吏之間照樣可以評定殿最，而不一定需要在同部門或同系統中評
定。""評定田牛，既可以是田牛内部的評比，也可以是將田牛與其他機構或牲畜進行
比較。"④那麼材料 1 有無可能是鄒先生所言的這種情況呢？帶着這一疑問再來看材
料 1，可以發現，律文一開始就明確説是對"田牛"進行考核，後文還有補充："其以牛
田，牛減絜"要"治(笞)主者寸十。"顯然這些都是針對田牛管理的規定，縣中管理田牛
的機構也不會有多個，⑤因而不涉及其他機構或牲畜。此外，鄒先生所引證的材料(即
本文材料 4、7)，在前文已經分析過，並非縣内不同部門之間的評比，而是多個縣的相
同職能機構之間進行的評比。綜合來看，還是將材料 1 看作縣中田牛内部的考核
爲妥。

---

① 陳偉主編：《秦簡牘合集(壹)》第 179 頁。
② 陳偉主編：《秦簡牘合集(壹)》第 182 頁。
③ 李勉先生認爲材料 4、6、7 是秦廷對縣、道的考課(《再論秦及漢初的"田"與"田部"》第 47 頁)。但因爲這
些材料中並没有像材料 2 那樣明確説明考課的級別，故暫且認定爲非縣内考課爲妥。
④ 鄒水杰：《再論秦簡中的田嗇夫及其屬吏》第 231 頁。
⑤ 鄒先生也説："縣中官有田牛設廄管理，由皂嗇夫負責飼養是可以明確的。"鄒水杰：《再論秦簡中的田嗇
夫及其屬吏》第 230 頁。

　　如此一來,可以確定縣内設置有多名田嗇夫。① 否則卜憲群、王彦輝先生所提出的疑問便無解了,即"如果田嗇夫每縣只有一名,不是每鄉設置,也就無所謂'最''殿'的問題了"。② "如果把這段律文中的(材料1)'田嗇夫'理解爲'負責全縣農田事物的農官',則在縣與里之間缺少了'鄉'一級行政環節,變成由縣直接統'里',這恐怕與事實不符"。③ 但具體的情況是否如卜、王二位先生所説,鄉中設置有田嗇夫呢? 抑或是王勇先生所認爲的,鄉中設置有都官系統的田嗇夫呢? 幸運的是,得益於新公布的里耶秦簡,可以對此進一步探討。

二、都田嗇夫與其離官

　　據睡虎地秦簡記載,都田嗇夫在鄉設置有離官:

8. 官嗇夫貲二甲,令、丞貲一甲;官嗇夫貲一甲,令、丞貲一盾。其吏主者坐以貲、誶如官嗇夫。其它冗吏、令史掾計者,及都倉、庫、田、亭嗇夫坐其離官屬于鄉者,如令、丞。④

對於這則材料,裘錫圭先生指出:"'都倉、庫、田、亭嗇夫',是'都倉嗇夫、都庫嗇夫、都田嗇夫、都亭嗇夫'的省文。這裏'都'字之義可能與都鄉、都官之'都'有別,而與見於《漢書·百官表》的都水、都船、都内等官名的'都'字相同,是主管、總管的意思。也有可能都倉、庫、田、亭就是指都鄉的倉、庫、田、亭,都倉、庫、田、亭嗇夫既直接管理都倉、庫、田、亭,又主管全縣的倉、庫、田、亭。不管采取哪一種解釋,事情的實質並無不同。"⑤

　　王勇先生認爲此處的"都田嗇夫是中央官署派駐在縣内的農官,主管全縣公田"。⑥ 但王彦輝、陳偉、鄒水杰先生都對這一説法提出了反對意見。王先生認爲:"如果'都田嗇夫'爲'都官',則都倉嗇夫、都庫嗇夫、都亭嗇夫亦當如是觀,倉、庫、田、亭

---

① 高士榮先生也認爲一縣設有多個田嗇夫(《秦國及秦朝地方農官制度研究》第112頁)。此外,里耶秦簡中有"左田""右田""右田守"等記載,"右田"當是都田嗇夫的在鄉離官,而置守的官屬正式主管官吏往往是嗇夫。這就説明除了都田嗇夫外,其在鄉離官亦有嗇夫。詳細分析見後文。

② 卜憲群:《秦漢之際鄉里吏員雜考——以里耶秦簡爲中心的探討》第5頁。

③ 王彦輝:《田嗇夫、田典考釋——對秦及漢初設置兩套基層管理機構的一點思考》第51頁。

④ 陳偉主編:《秦簡牘合集(壹)》第162頁。

⑤ 裘錫圭:《嗇夫初探》第232頁。

⑥ 王勇:《秦漢地方農官建置考述》第17頁。

都由中央派駐,縣廷許可權豈不所剩無幾?"①陳先生亦說:"但由於與'都亭嗇夫'並言,很難歸於都官系統。""田佐某接受縣廷的貲罰","田部接受縣廷的考課","田部屬吏可在縣内鄉、司空等單位之間流動。這些都與自成系統、獨立性較强的都官特質不合"。② 鄒先生補充道:"睡虎地秦簡《秦律十八種·金布律》明確記載有'都官有秩吏及離官嗇夫',也即都官與離官應該存在禄秩等級上的差别,而不會出現都官與離官同設嗇夫的情況。"③所以"都官說"應當是與事實不符的。

對於田這一機構在鄉設的離官,或可從里耶秦簡的記載中得到一些訊息。里耶秦簡中出現了"田""左田""右田"等機構:

9. ☑□朔壬寅,司空敬敢言之:敬故爲遷陵**左田**□□,今□爲 Ⅰ
☑告遷陵□二月丁酉,史敬養馬,僕及□馬二匹食,敢言之。Ⅱ
☑陽守丞□敢告遷陵丞主:令史可以律令從事。□□□Ⅲ9-470
☑陵守丞□之敢告□、告倉、少内、**右田**、亟以律令從事,以次傳。□Ⅰ
☑五刻□□□Ⅱ
☑隸妾均以來/上半Ⅲ9-470背④

10. 廿九年四月甲子朔戊子,**田**虎敢言之:御史書曰:各第Ⅰ
官徒隸爲甲、乙次。·問之,毋當令者。敢言之Ⅱ9-699+9-802
四月戊子水下十,佐安以來。/氣半。安手。9-699背+9-802背⑤

11. 田叕稟錢千一百卅四。元年二月癸酉朔辛巳,少内守疵受**右田**守□。Ⅰ
令佐丁監。Ⅱ9-743⑥

12. ……
·小春五人,☑BⅢ
其三人付**田**。☑BⅣ8-239⑦

從材料11可以知道"右田"負責"田叕稟錢"的事務,說明其與材料12中的"田"這一機構關係密切;材料9中同時出現的"左田""右田",均是屬於遷陵縣的機構;材料10中

---

① 王彦輝:《〈里耶秦簡〉(壹)所見秦代縣鄉機構設置問題蠡測》,《古代文明》2012年第4期,第48頁。
② 陳偉:《里耶秦簡所見的"田"與"田官"》第143頁。
③ 鄒水杰:《再論秦簡中的田嗇夫及其屬吏》第230頁。
④ 陳偉主編:《里耶秦簡牘校釋(第二卷)》,武漢大學出版社2018年,第134頁。
⑤ 陳偉主編:《里耶秦簡牘校釋(第二卷)》第179頁。
⑥ 陳偉主編:《里耶秦簡牘校釋(第二卷)》第196頁。
⑦ 陳偉主編:《里耶秦簡牘校釋(第一卷)》,武漢大學出版社2012年,第120頁。

的"虎"即是田這一機構的主管官吏。結合材料8,可以認爲上面這幾則材料中的"田虎"就是"都田嗇夫虎"的簡稱,"左田""右田"就是都田嗇夫在鄉的離官。

通過里耶秦簡的記載可知,遷陵縣除了縣治所在的都鄉外,還有啓陵和貳春兩個鄉。① 而遷陵都田嗇夫在鄉的離官又恰好有左田、右田,這恐怕不是巧合。據晏昌貴、郭濤二位先生的研究,"啓陵鄉應位於秦遷陵縣以東以南一帶","貳春鄉可能位於遷陵縣的西部偏北一帶"。② 所以很有可能左田設置在啓陵鄉,右田設置在貳春鄉。

左田、右田這些都田嗇夫之離官很有可能被稱爲田部。比如里耶秦簡中就有"田部史"的記載:

> 13. 資中令史陽里扣伐閲:AⅠ
> 十一年九月隃爲史。AⅡ
> 爲鄉史九歲一日。AⅢ
> **爲田部史**四歲三月十一日。AⅣ
> 爲令史二月。AⅤ
> □計。BⅠ
> 年卅六。BⅡ
> 户計。CⅠ
> 可直司空曹。DⅠ 8-269③

陳偉先生認爲"'田部',很可能是'田'這一官署的另稱"。④ 鄒水杰先生認爲"'田'只稱爲'田',不能稱爲'田部'"。但"爲了管理上的方便,除在縣廷設有佐史外,在各離鄉也設田部佐和田部史"。⑤ 李勉先生則認爲"'田部'應該是'田'這一縣級官署派駐各鄉邑的分支機構"。⑥ 結合上文對左田、右田的分析,"田部"當是指左田、右田這些設置於鄉的離官。

由此可見裘先生對於都田嗇夫的推論是相當準確的。就遷陵縣來説,縣治設有都田嗇夫,總管全縣田事的同時也負責管理都鄉田事。左田、右田作爲都田嗇夫的派

---

① 湖南省文物考古研究所編著:《里耶秦簡(壹)》,文物出版社 2012 年,第 5 頁。

② 晏昌貴、郭濤:《里耶簡牘所見秦遷陵縣鄉里考》,《簡帛》第 10 輯,上海古籍出版社 2015 年,第 148—149 頁。

③ 陳偉主編:《里耶秦簡牘校釋(第一卷)》第 125—126 頁。

④ 陳偉:《里耶秦簡所見的"田"與"田官"》第 141 頁。

⑤ 鄒水杰:《再論秦簡中的田嗇夫及其屬吏》第 232 頁。

⑥ 李勉:《再論秦及漢初的"田"與"田部"》第 48 頁。

出機構設置於離鄉,管理各鄉田事。而里耶秦簡中的"田"就是指都田嗇夫或其主管的機構。

三、離官田嗇夫及其屬吏

本文首節在判定材料 1 的田牛考課爲縣內考核後,已可以確定秦一縣有多個田嗇夫。上節也指出鄉中有都田嗇夫的離官,所以這些離官設有嗇夫是無疑的。[①] 其實在里耶秦簡中也可尋找到蛛絲馬迹,證明左田、右田這些都田之離官設置有嗇夫。如前引材料 11 中"右田守"這一官職,就是一個重要的佐證。里耶秦簡中的"守"是指正式長官不在時的代理官吏。[②] 除守丞外,里耶秦簡所見置"守"的機構的正式長官通常都稱嗇夫,如"倉守"(6-17)、"司空守"(8-29)、"少內守"(8-58)、"厩守"(8-163)、"庫守"(8-686)、"鄉守"(8-938)、"田守"(9-2344)等。所以"右田守"極有可能如上述各類"守"一樣,是右田嗇夫不在官署時的代理官吏。

此外,裘錫圭先生也指出:"嗇夫多用半通印","秦印中有'左田'半通印,疑即某縣左鄉田佐之印。""不過'左田'也有可能應該讀爲'佐田',可以看作田嗇夫或田佐的異名。"[③]秦印中還有"北田""南田"等半通印。[④] 上文已指出遷陵都田嗇夫之離官稱爲左田、右田,所以這些半通印很有可能就是離官田嗇夫之印。因較大的縣有多個鄉,相應的就有多個田之離官,而這些離官很有可能就是以北、南這些方位詞來命名。

王彥輝先生根據張家山漢簡《二年律令·户律》的規定:"代户、貿賣田宅,鄉部、田嗇夫、吏留弗爲定籍,盈一日,罰金各二兩。"[⑤]認爲鄉設有田嗇夫,即是《二年律令·秩律》所載"司空、田、鄉部二百石"(簡 450)、"田、鄉部二百石,司空及衛〈衛〉官、校長

---

① 高士榮先生認爲都鄉有都田嗇夫,離鄉設有田嗇夫。高士榮:《秦國及秦朝地方農官制度研究》第112 頁。

② 參看陳治國《里耶秦簡"守"和"守丞"釋義及其他》,《中國歷史文物》2006 年第 3 期,第 55—60 頁;孫聞博:《里耶秦簡"守"、"守丞"新考——兼談秦漢的守官制度》,《簡帛研究二〇一〇》,廣西師範大學出版社2012 年,第 66—75 頁;秦濤:《秦律中的"官"釋義——兼論里耶秦簡"守"的問題》,《西南政法大學學報》2014 年第 2 期,第 17—24 頁;楊智宇:《里耶秦簡牘所見"遷陵守丞"補正》,《簡帛》第 13 輯,上海古籍出版社 2016 年,第 119—130 頁;袁延勝、時軍軍:《再論里耶秦簡中的"守"和守官》,《古代文明》2019 第 4期,第 57—64 頁。

③ 裘錫圭:《嗇夫初探》第 249—250 頁。

④ 劉瑞編:《秦封泥集存》(上册),中國社會科學出版社 2020 年,第 187 頁。

⑤ 張家山二四七號漢墓竹簡整理小組編:《張家山漢墓竹簡·二四七號墓(釋文修訂本)》,文物出版社2006 年,第 53 頁。

百六十石”(簡464)、“田、鄉部二百石，司空二百五十石”(簡468)這些資料中的“田”。材料1中的“田嗇夫”“設在鄉一級，作爲田部的長官才列爲考核對象。”①

但需要注意是，一方面，利用《二年律令》來解釋秦簡的内容需要謹慎，因爲無法保證秦律與《二年律令》完全一致；另一方面，根據《二年律令》中的這些資料無法分析出鄉設有田嗇夫。這一點已有學者指出。② 還可以補充的是，《秩律》中與“田”相並列的有“司空”和“鄉部”，可以確定是指司空嗇夫與鄉部嗇夫，二者分別是司空、鄉部這兩個機構的主管官吏。因此《二年律令·秩律》中的“田”應當也是指田這一機構的主管官吏，很有可能就是都田嗇夫。

離官田嗇夫的屬吏除了材料13提到的“田部史”外，還有佐。如里耶秦簡載：

14. ……

右田佐意三斗 BⅠ

都鄉佐□三斗☑ BⅡ

啓陵佐蔡三斗☑ BⅢ

田官佐□☑ C9 1418＋9－1419＋9＝2190 背③

雖然目前秦簡中未見“左田嗇夫”“左田守”“左田佐”等記載，但根據右田的情況來推測，左田長官爲左田嗇夫，屬吏同樣有史和佐。另，田典也是田嗇夫的屬吏，鄒水杰先生已做過詳細分析，故不再贅述。④

高士榮先生認爲材料1中的“爲皂者”“牛長”是田嗇夫的屬吏；⑤李勉先生亦認爲牛長是田嗇夫的屬吏，“官牛可能根據用途的不同，由不同官署飼養。”⑥但是令人感到奇怪的一點是，材料1中對於“田嗇夫”與“爲皂者”“牛長”的獎懲力度差別較大。鄒水杰先生也説：“田牛論定爲‘最’，爲皂者可復除一次更役，牛長也賜30天的勞績，但田嗇夫則只有‘壺酒束脯’；田牛論定爲‘殿’，皂者和牛長要被罰二月的勞績，田嗇夫只是受到斥責而已。很明顯，田牛之事，田嗇夫不是主要負責人。”⑦因而從這一角度

---

① 王彦輝：《田嗇夫、田典考釋——對秦及漢初設置兩套基層管理機構的一點思考》第50—51頁。

② 陳偉：《里耶秦簡所見的“田”與“田官”》第142頁；鄒水杰：《再論秦簡中的田嗇夫及其屬吏》第229—230頁；李勉：《再論秦及漢初的“田”與“田部”》第47—48頁。

③ 陳偉主編：《里耶秦簡牘校釋(第二卷)》第304頁。

④ 鄒水杰：《再論秦簡中的田嗇夫及其屬吏》第232—234頁。

⑤ 高士榮：《秦國及秦朝地方農官制度研究》第113頁。

⑥ 李勉：《再論秦及漢初的“田”與“田部”》第49頁。

⑦ 鄒水杰：《再論秦簡中的田嗇夫及其屬吏》第230頁。

來看,爲皂者、牛長不應該是田嗇夫的屬吏。其實,材料 1 中開始便説考課的對象是
"田牛",即用來耕田的牛,這與田事關係密切。又説:"其以牛田,牛減絜,治(笞)主者
寸十。"可見田嗇夫是因爲主管田事會用到田牛耕田,才會受到牽連。但因其不主管
田牛事務,所以對田嗇夫的獎懲都比爲皂者、牛長輕。故不宜認爲材料 1 中的"爲皂
者""牛長"是田嗇夫的屬吏。

綜上所述,縣治設都田嗇夫,其在鄉之離官亦設嗇夫。需要補充的是,離官田嗇
夫秩級要低於都田嗇夫,爲其屬吏。再結合材料 1 可知,無論都田嗇夫還是離官田嗇
夫都可以稱爲"田嗇夫",具體所指則要結合語境來確定。

至此,可以對秦簡中的田嗇夫在縣下的設置情況有一個新的認識:縣治設有都田
嗇夫,管理都鄉田事同時負責全縣田事,屬吏有離官田嗇夫、田佐、史與田典;離鄉設
有離官田嗇夫但秩級低於都田嗇夫,管理離鄉田事,屬吏有田部佐、史以及田典。可
見秦在縣內有一套等級隸屬明確的管理田事的系統。卜憲群先生指出:"古代官僚制
度是古代歷史上國家行政管理的基本形式之一。""整個統治機構具有等級隸屬、職責
明確、分工細密、法制化這樣一些基本特點。"①以本文討論的田嗇夫爲例,能看到卜先
生所説的這些特點。

附記:小文的寫作,得到了鄒水杰老師的指教和幫助,特此致謝!

---

① 　卜憲群:《秦漢官僚制度》,社會科學文献出版社 2002 年,第 1 頁。

釋秦漢簡牘中的"幎"字

朱國雷

摘　要：嶽麓簡和北大簡中整理者釋爲"幦"的字，實从"巾"从"夏"，似當釋爲"幎"，讀爲"厦"，指屋頂。《嶽麓(陸)》簡 111"尼宫幎(厦)上""尼幎(厦)"，皆指鳥雀停留在屋頂或屋檐上。北大《蒼頡篇》簡 34"瓦蓋焚(棼)橑，晉(堲)溉(墍)幎(厦)杅(宇)"，意即以瓦覆梁檐，以白土塗屋頂。

關鍵詞：厦　屋頂　嶽麓秦簡　北大漢簡

嶽麓書院藏秦簡和北京大學藏漢簡中都有一個整理者釋爲"幦"的字，相關簡文的整理者釋文如下：

> □曰：燕、顚鶋、扁(蝙)幅(蝠)尼宫幦上，其令諸宫皆羅去之，勿令尼幦，以爲恒。且令。　　　　　　　　　　　　　　　　　(《嶽麓(陸)》簡 111)[1]

> 柳櫟檀柘，柱橾枝(支)枎(扶)。瓦蓋焚(棼)橑，晉(堲)溉(墍)幦(幦/獿)杅。端直準繩。　　　　　　　　　　　(北大《蒼頡篇》簡 34)[2]

兩段釋文中的三"幦"字，其圖版分別作：

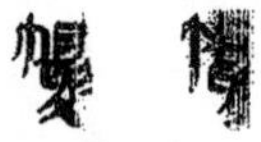

圖1　《嶽麓(陸)》簡 111 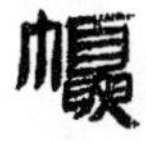　　　　　圖2　北大《蒼頡篇》簡 34

---

[1]　陳松長主編：《嶽麓書院藏秦簡(陸)》，上海辭書出版社 2020 年，第 102 頁。

[2]　原釋文無括讀，但整理者在釋文後的注釋中給出了可能的破讀意見，此處所引釋文即參考整理者注釋，遇有兩種釋讀意見的亦在括號中以"/"加以區分。詳見北京大學出土文獻研究所編：《北京大學藏西漢竹書(壹)》，上海古籍出版社 2015 年，第 101—103 頁。

嶽麓簡釋文中的"幦"字,整理者注釋説:"以巾抹拭漆過的地面。《説文》巾部:'幦,墀地以巾摁之。'此處或用爲名詞,指宮中漆過的地面。"①

北大簡釋文中的"幦",整理者注釋亦引《説文》,稱:"'幦'亦可讀作'擭'。《漢書·揚雄傳》:'擭人亡,則匠石輟斤而不敢妄斲。'顔師古注引服虔曰:'擭'古之善塗墍者也。施廣領大袖以仰塗而領袖不汙。"②

嶽麓簡、秦子簠蓋、里耶簡、北大簡中明確的"夏""夒"字形或偏旁如下(表1):

表1　"夏""夒"字形對比表

夏	嶽麓《占夢書》簡 14	《嶽麓(肆)》簡 370	北大《蒼頡篇》簡 59	
夒/从夒之字	(摹本)秦子簠蓋·《珍秦》第 31 頁③	里耶簡 9-1842 背④	北大《蒼頡篇》簡 16	北大《蒼頡篇》簡 72

據《説文》,"夒"从頁、巳、止、夊,"夏"从頁、臼、夊。表1中所舉"夏""夒"字形,儘管有一定相似性,但關鍵構件的差異明顯。對照表1,不難看出,嶽麓陸簡111、北大《蒼頡篇》簡34所謂"幦"字當釋爲"幎"。鄔可晶先生提道:"北京大學藏西漢竹書《蒼頡篇》'幦'作 幎(簡34),所从'夒'亦爲夏形。秦系文字中的'夏',與作正面形的'擭/猱'的初文十分相像,可能彼此曾混用過同一字形。所以,我們有理由懷疑秦系文字中从'夒'得聲的有些字,所从實爲'擭/猱之初文'。"⑤鄔先生的看法大體不誤,我們認爲實際上此字右旁即是"夏",與"夒"無涉。

上述嶽麓簡和北大簡原釋爲"幦"的字,實从巾夏聲,釋爲"幎",讀爲"廈"。

---

① 陳松長主編:《嶽麓書院藏秦簡(陸)》第 120 頁。
② 北京大學出土文獻研究所編:《北京大學藏西漢竹書(壹)》第 102 頁。
③ 蕭春源:《珍秦齋藏金·秦銅器篇》,澳門基金會 2006 年,第 31 頁。
④ 原整理者未釋,朱璟依先生釋爲"夒",可信,見朱璟依:《〈里耶秦簡(貳)〉文字編》,學士學位論文,復旦大學 2019 年,第 76 頁。
⑤ 鄔可晶:《"夒"及有關諸字綜理》,鄒芙都主編:《商周金文與先秦史研究論叢》,科學出版社 2019 年,第 39 頁。此條蒙唐朋同學賜示。

“厦”，古籍也寫作“夏”。《楚辭•招魂》：“冬有突厦。”王逸注：“夏，大屋也。”①《淮南子•説林訓》：“大厦成而燕雀相賀。”高誘注：“厦，屋也。”②“厦”字見於《説文》新附，解釋亦是“屋也”。可見“厦”的初始意義與“屋”接近。“屋”，《説文》訓“居也”，段玉裁注：“屋者，室之覆也，引申之凡覆於上者皆曰屋。天子車有黄屋，《詩箋》：屋，小帳也。”③邵瑛則認爲：“屋乃幄屋之本字，第二義方是室屋之屋。”④裘錫圭先生指出：“簋銘‘縠’字所从聲旁作 ，與‘殼’所从的‘壳’有異。《説文》‘屋’字古文作 ，亦以此字爲聲，疑此字即‘幄’之初文。也可能‘屋’與‘幄’本由一字分化。”⑤目前我們雖然無法確證“屋”之本義究竟爲房蓋還是帷幄，不過，“屋”可以指房蓋、帷幄、車蓋、棺蓋、帽頂等各種覆蓋物。⑥

“厦”既與“屋”同義，則也有屋蓋的意思。《淮南子•本經訓》有言：“乃至夏屋宮駕，縣聯房植，橑檐榱題，雕琢刻鏤。”北大漢簡《反淫》簡 22 與此内容類似，作“今有廣夏（厦）宫加（架），連塊接梁（梁）；素笑（題）檐榱，連檻通房”。一作“夏屋宮駕”，一作“廣夏（厦）宫加（架）”，對比可知“夏屋”之“屋”與“廣夏（厦）”之“夏（厦）”對應。《淮南子•齊俗訓》稱：“廣厦闊屋，連闥通房，人之所安也；鳥入之而憂。”“厦”“屋”連言。《太玄經•强》載：“柱不中，梁不隆，大厦微。測曰：柱不中，不能正基也。”梁柱爲房蓋的支撐部分，故而梁柱安置不合理，就無法支撐起房蓋，故稱“大厦微”。

下面我們討論嶽麓陸簡 111 與北大簡《蒼頡篇》簡 34“幄（厦）”字具體含義及相關簡文内容的理解。

我們先列出簡 111 釋文（釋讀、斷句有調整）：

……曰：燕、顫（鸇）、鷄、扁（蝙）幅（蝠）尼宫幄（厦）上，其令諸宫皆羅去之，勿令尼幄（厦），以爲恒。且令。⑦

①　崔富章、李大明主編：《楚辭集校集釋》，湖北教育出版社 2002 年，第 2171 頁。

②　何寧：《淮南子集釋》，中華書局 1998 年，第 1203 頁。

③　（清）段玉裁：《説文解字注》，上海古籍出版社 1988 年，第 400—401 頁。

④　（清）邵瑛：《説文解字群經正字》，丁福保編纂《説文解字詁林》，中華書局 1988 年，第 8554 頁。

⑤　裘錫圭：《應侯視工簋補釋》，《裘錫圭學術文集•金文及其他古文字卷》，復旦大學出版社 2012 年，第145 頁。

⑥　例子可參《漢語大字典》“屋”字的具體義項。

⑦　整理者稱：“‘曰’字前被刮削數字，僅簡首有墨迹。”（見《嶽麓書院藏秦簡（陸）》第 120 頁）准此，本文釋文在“曰”前用“……”表示。

簡文"尼",整理者稱:"停止,停留。《爾雅·釋詁下》:'尼,定也。'郭璞注:'尼者,止也,止亦定。'"①整理者對"尼"的解釋可從,②前言"尼宮幬(厦)",後言"尼幬(厦)",故而這裏的"宮幬(厦)"應當是一個偏正詞彙,即"宮之幬(厦)",指宮室的屋頂或屋檐。嶽麓陸簡111的這段簡文抄寫的大概是有關防止鳥類、蝙蝠停留宮室屋頂或屋檐下的法令。

"顫鵜",整理者注釋説:"此處可作兩解。如將顫、鵜作兩種鳥解,則顫通爲鷂。鷂,鴟類猛禽。《説文》:'鷂,晨風也。從鳥𡈼聲。𪄀,籀文鷂從廛。'鵜,海鳥。《玉篇》:'鵜,鵜鷗,海鳥。'但鷂、鵜都不是久居宮室房檐的鳥類,與文意略有不合。另一解釋將'顫鵜'作雙音節詞看待,即一種久居屋檐的鳥。"③我們認爲,整理者的第一種解釋似更可取。簡文並未明言這些動物都是要在宮室屋頂或屋檐下築巢,只是説不要讓這些動物停留、安止於這些地方。

據此,簡文中的燕、鷂、鵜、蝙蝠可以分爲兩類,燕和蝙蝠是一類,鷂和鵜是另一類。前者蓋是喜歡寄居在宮室屋頂或屋檐下的,因此自然會經常造訪。後者則很可能是出於捕食或其他目的作短期停留。燕雀喜歡寄居造訪屋下,傳世文獻亦多有證據:

> 燕雀爭善處於一屋之下,子母相哺也,姁姁焉相樂也,自以爲安矣。
>
> 　　　　　　　　　　　　　　　　　　　　　　　　　(《吕氏春秋·諭大》)

> 湯沐具而蟣虱相弔,大厦成而燕雀相賀,憂樂别也。
>
> 　　　　　　　　　　　　　　　　　　　　　　　　　(《淮南子·説林訓》)

網羅燕雀之舉,傳世文獻多見,不煩舉例。

另一方面鷂確實是一種喜歡捕食燕雀的鳥:

> 晨風,一名鷂。似鷂,青黄色,燕領,鈎喙,嚮風摇翅,乃因風飛急疾擊鳩、鴿、燕、雀食之。　　　　(《毛詩草木鳥獸蟲魚疏·鴥彼晨風》)

> 見無禮於其君者,誅之。如鷹鷂之逐鳥雀也。　　(《左傳》文公十八年)

> 鷂者,黑色,食爵,大於爵,害爵也。　　　　　　(《新序·雜事》)

---

① 陳松長主編:《嶽麓書院藏秦簡(陸)》第120頁。

② "尼"字,"jiaguwen1899"讀爲"匿",並稱"昵與暱通用,指藏匿"。見簡帛網"嶽麓秦簡六初讀"主題帖4樓"jiaguwen1899"發言,2021年6月5日,http://www.bsm.org.cn/forum/forum.php?mod=viewthread&tid=12637。此説亦通,不過似不破讀更好,故此處從整理者意見。

③ 陳松長主編:《嶽麓書院藏秦簡(陸)》第120頁。

鷗或即因捕食燕雀而亦造訪宮室的屋頂或屋檐,故而也需網羅。傳世文獻確有記載鷗因捕食鳩而爲人所羅的記載,《論衡·書虛》載:"《傳書》稱:'魏公子之德,仁惠下士,兼及鳥獸。方與客飲,有鷗擊鳩,鳩走,巡於公子案下。鷗追擊,殺於公子之前。公子耻之,即使人多設羅,得鷗數十枚。'"

如整理者所言鷄是一種海鳥,又稱鷄鷗,或作"爰居"。《國語·魯語》載:"海鳥曰'爰居',止于魯東門之外三日,臧文仲使國人祭之。"可見鷄鷗雖爲海鳥,還是會到人類聚居地的。因此也不排除鷄鷗有停留到宮室屋頂或屋檐下的舉動,左思《吳都賦》稱:"鷄鷗避風,候雁造江。"據此説,鷄鷗或因避風而停留到宮室屋頂或屋檐下,亦需網羅。

嶽麓陸簡 111 這段簡文的大意是:燕、鷗、鷄及蝙蝠在宮室屋頂或屋檐下停留,則令各宮室全部網羅去,不要讓他們停留在屋頂或屋檐下,以此規定爲常法。且令⋯⋯

再來看《蒼頡篇》簡 34 的"暊(厦)"。我們照例先給出有改動的釋文:

柳櫟檀柘,枉橈枝扶(扶)。瓦蓋焚(棼)櫋,曌(堊)塓(墍)暊(厦)灷(宇)。端直準繩。

《蒼頡篇》的這段話,語句是兩兩對應,且對仗工整。這一點將是我們後文改讀相關文句的依據。

"柳櫟檀柘,枉橈枝扶(扶)"一句,整理者原作"柳櫟檀柘,柱橈枝(支)扶(扶)"。訓"枝(支)扶(扶)"爲"支撐、支持扶持"。① 網友"jileijilei"將"柱"字改釋作"枉"。② 網友"鳽鳩"認爲枝、扶此處詞性相同,"枝"爲"枝蔓"之"枝",披離繁雜貌。③ 二説皆可信。"枝扶",傳世文獻多作"枝扶",故"枝扶"亦可讀作"枝扶"。柳樹具有彎曲的特性,櫟樹同樣如此,櫟樹因此還常被作爲不材之木的代表。檀柘則常常作爲有材之木的代表,《鹽鐵論·殊路》:"今仲由、冉求無檀柘之材,隋、和之璞。"二者剛好是柳櫟的反例,柘屬桑科樹木,傳世文獻多見"柘桑"或"桑柘"連言,《説文》亦以"桑"訓"柘"。

① 北京大學出土文獻研究所編:《北京大學藏西漢竹書(壹)》第 102 頁。

② "北大漢簡《蒼頡篇》釋文商榷"主體帖下 1 樓跟帖,復旦大學出土文獻與古文字研究中心論壇 2015 年 11 月 14 日,http://www.fdgwz.org.cn/forum/forum.php? mod = viewthread&tid = 7733&extra = & page=1。

③ "北大漢簡《蒼頡篇》釋文商榷"主體帖下 24 樓跟帖,復旦大學出土文獻與古文字研究中心論壇 2016 年 5 月 17 日,http://www.fdgwz.org.cn/forum/forum.php? mod = viewthread&tid = 7733&extra = & page=3。

或許在古人看來,桑樹和柘樹的特徵之一就是歧出枝條很多,符合木枝扶疏的特點。"柳櫟檀柘,枉橈枝扶(扶)"表達出柳櫟檀柘四種樹木各有特點,前兩者枉橈彎曲,後兩者枝繁葉茂。

"瓦蓋焚(棼)榱,晉(堊)溉(塈)嶭(厦)杅(宇)"一句,整理者原作"瓦蓋焚(棼)榱,晉(堊)溉(塈)嬽杅"。整理者認爲"嬽"是"抹拭""塗抹"的意思,"晉(堊)溉(塈)"本就有"塗抹"義,故而整理者引《説文》稱"杅"爲"所以涂也"。[①] 這樣四個字全部都與"塗抹"義有關,但這樣解釋就不能與上一句"瓦蓋焚(棼)榱"形成工整的對仗。"蓋",整理者稱:"《説文》:'苫也。''苫'即以菅茅草遮蓋屋頂,引申爲凡遮蓋皆可用之。"可見整理者認爲這裏的"蓋"用作動詞。"焚",整理者讀作"棼",解釋爲"閣樓之棟樑"。"榱",整理者指出爲"屋檐板"。[②] 以上觀點皆可從。"瓦"本爲名詞,亦可用作動詞。《急就篇》可與"瓦蓋焚(棼)榱"對讀的句子作"椽橼桷榱瓦屋梁",句中的"瓦屋",顔師古解釋爲"以瓦覆屋也",[③]即"瓦"用作動詞的佳證。《急就篇》的"瓦屋梁"對應此處的"瓦蓋焚(棼)榱",二者均爲動賓結構,"瓦蓋焚(棼)榱"意即以瓦覆梁檐。

"晉(堊)",《説文》稱:"白涂也。"段玉裁稱:"涂白爲堊,因謂白土爲堊。"[④]可見堊既可用作名詞,也可用作動詞,此處可作動詞解,即"用白土塗"。"溉(塈)",《説文》作"墍",解釋爲"仰涂也"。《尚書·梓材》曰:"若作室家,既勤垣墉,惟其塗墍茨。""茨"即茅草等材料所作的屋頂。段玉裁解釋《尚書》此句爲"按以艸蓋屋曰茨。塗墍茨者、涂其茨之下也。故必卬涂"。[⑤] 此則明言"墍"即"仰塗屋頂"。《漢書·谷永傳》"凶年不墍塗"一句,顔師古亦注解"墍"字爲"如今仰泥屋也"。"厦"有"屋頂"義,可與"墍"的"仰塗屋頂"義對應。此處"杅"字,當是和前文"棼""榱"及"厦"地位相當的一個名詞。"杅"似當讀爲"宇"。《説文》訓"宇"爲"屋邊也",也就是"屋檐"的意思,其義與"厦"關係密切。《急就篇》可與"晉(堊)溉(塈)嶭(厦)杅(宇)"對讀的句子作"泥塗堊墍壁垣牆",兩句同樣爲動賓結構。簡34"端直準繩"緊跟"瓦蓋焚(棼)榱,晉(堊)溉(塈)嶭(厦)杅(宇)","端直準繩"即"使準端、使繩直",亦是動賓短語。根據我們的理解,"端直準繩"可能也是與建築有關的短語,可作上述

---

① 北京大學出土文獻研究所編:《北京大學藏西漢竹書(壹)》第102頁。

② 北京大學出土文獻研究所編:《北京大學藏西漢竹書(壹)》第102頁。

③ 張傳官:《急就篇校理》,中華書局2017年,第326頁。

④ (清)段玉裁:《説文解字注》第686頁。

⑤ (清)段玉裁:《説文解字注》第686頁。

論證的旁證。①

"瓦蓋焚（棼）榜，晉（堊）溉（墍）幎（厦）杅（宇）"兩句和《急就篇》"榱椽欂櫨瓦屋梁，泥塗堊墍壁垣牆"兩句對應，結構近似，似是讀"幎杅"爲"厦宇"的佐證。"瓦蓋焚（棼）榜，晉（堊）溉（墍）幎（厦）杅（宇）"意即以瓦覆梁檐，以白土塗屋頂。

最後，我們順便對本文所舉秦漢簡中的"幎"字何以用來表示屋之義的"厦"談點不成熟的看法。文獻有以"屋"釋"幄"的例證，亦多借具有"覆蓋"義的从巾之字來形容房蓋。《釋名·釋牀帳》云："幄，屋也。以帛衣板施之，形如屋也。"《法言·吾子》稱："雷風陵雨，然後知夏屋之爲帡幪也。"李軌注："帡幪，蓋覆。""夏屋"，陸機《演連珠》注引作"厦屋"，《太平御覽》卷四〇一引亦作"厦屋"。② 可見表"覆蓋"義的"帡幪"正與"厦屋"對應。推測表示"房蓋"義的"厦"本借"夏"字表示，"幎"字最初可能和"幄""幠"等這些字一樣，指的是可以充當覆蓋物的紡織品。③《釋名·釋宮室》云："大屋曰廡。廡，幠也。幠，覆也。"除"幄""帡""幪""幠"外，可以表示"覆蓋"義的从巾之字還有"㡾""幪""幌""幔""幕"等。④ 後爲與"夏"的其他義項相區別，借有"覆蓋"義的"幎"字指代"夏"的"房蓋"義項。從目前資料來看，"厦"字出現較晚，⑤後世則不再假借"幎"字表示"厦"，而是新造"厦"字，"厦"行而"幎"廢，故不傳。

　　　　附記：本文寫作過程中曾得到唐朋同學的幫助，文成之後經劉國勝老師多次修改，匿名審稿專家亦提出了寶貴建議，謹此致謝。文中疏漏由本人負責。

---

① 原整理者以簡於簡34"端直準繩"後作逗號，於簡35首句"媢嚕菁華"後作句號。其意似認爲二者爲一句。但從内容看簡34與前後簡相差較大，故而秦樺林先生認爲，簡34可能不應該和簡33、簡35編聯在一起，簡33應該和簡35直接編聯。北京大學出土文獻研究所編：《北京大學藏西漢竹書（壹）》，第101—102頁；秦樺林：《北大藏西漢簡〈倉頡篇〉札記（一）》，簡帛網2015年11月14日，http://www.bsm.org.cn/?hanjian/6516.html。

② 汪榮寶：《法言義疏》，中華書局1987年，第79—80頁。

③ "幄"字从巾从夏，讀爲"厦"的意見，筆者曾發表於簡帛網"嶽麓秦簡六初讀"主體帖下。網友"jiaguwen1899"於樓下有跟帖稱："同意樓上的意見。段玉裁已經指出《説文》'幄'字實爲形訛。'幎'當是指宮室内形如厦的帳幕，就像形如屋的帳幕稱'幄'一樣。《淮南子·説林》：'大厦成而燕雀相賀。'《韓非子·喻老》：'甲冑生蟣蝨，燕雀處帷幄。'"見"嶽麓秦簡六初讀"主體帖4樓，簡帛網簡帛論壇2021年6月5日，http://www.bsm.org.cn/forum/forum.php?mod=viewthread&tid=12637。

④ 這些字表"覆蓋"義的文獻例證，王念孫曾有詳細梳理，詳見王念孫：《廣雅疏證》，中華書局2019年，第147—149頁。

⑤ 走馬樓簡中，整理者釋爲"厦"的字寫作 𰀀（簡7569），寫法與厦字不類，恐非厦字，參見走馬樓簡牘整理組編著：《長沙走馬樓三國吳簡·竹簡（壹）》，文物出版社2003年，第1051頁。

簡牘所見秦漢死事律令研究

李婧嶸

摘　要：從目前所見簡牘資料來看，秦漢法律認定的死事情形包括因行徭身亡、因縣官事罹難以及因戰事捐軀。秦漢法律對死事者的善後和置後兩方面給予特殊優待。異地死事者由死亡地官府以槥櫝轉運故鄉歸葬。死事繼承人範圍較疾死繼承有所擴大，並由繼承人平級承襲死事者爵位。秦漢政府注重優撫死事者，收攬民心，激勵吏民爲國效力，進而穩定國家社會秩序。

關鍵詞：秦漢　律令　死事　斂葬　置後

優撫爲國死事者是中國古代國家管理中的一項重要事務，有利於安撫死事者家屬，並激勵吏民爲國效勞，恪盡己責。先秦傳世文獻中已有政府優撫死事者及直系親屬的記載。西周時期，由國家賞賜死事者，並撫恤他們的妻子、父母及子女。如《周禮·地官·司門》："以其財養死政之老與其孤。"鄭玄注："死政之老，死國事者之父母也。孤，其子。"①又《禮記·月令》："立冬之日，天子親帥三公、九卿、大夫以迎冬於北郊，還反，賞死事，恤孤寡。"②

戰國時期，群雄爭霸，各諸侯國紛紛以優厚的軍功賞賜激勵將士戰鬥，優撫死事者，以穩定軍心，鼓勵將士奮勇殺敵。③ 如《管子·問》："問死事之孤，其未有田宅者有乎？"④《管子·入國》："所謂接絶者，士民死上事，死戰事，使其知識故人受資於上而祠

---

①　（清）孫詒讓撰，王文錦、陳玉霞點校：《周禮正義》，中華書局 1987 年，第 1103 頁。

②　（清）孫希旦撰，沈嘯寰、王星賢點校：《禮記集解》，中華書局 1989 年，第 487 頁。

③　參見王文濤：《春秋戰國時期優撫思想管見》，《史學月刊》2002 年第 10 期，第 24 頁。

④　黎翔鳳撰，梁運華整理：《管子校注》，中華書局 2004 年，第 486 頁。

之。”①另《吴子・勵士》:“有死事之家,歲使使者勞賜其父母,著不忘於心。”②

　　從出土簡牘資料來看,至秦漢時期,國家優撫死事者已發展爲常制,相關事項爲法律所規範。因目前所知秦漢死事律令依然零散、匱乏,學界尚未有對此的專門研究。本文擬梳理簡牘所見秦漢死事律令,並結合傳世文獻中的相關記載,總結秦漢法律界定的死事情形與原因,分析死事者的善後處理及死事者的爵位置後等問題。通過本文的討論,以期加深對秦漢官府優撫死事者方面的相關研究。

一、秦漢法律界定的死事情形

　　“死事”一詞見於秦漢傳世文獻中,如《漢書・魏豹田儋韓王信傳》載:“上曰:‘游擊將軍死事,無論坐者。’”顔師古注“死事”爲“死於國事”。③ 據睡虎地秦簡以及張家山漢簡所見“死事”詞例,學者討論了秦漢法律中“死事”的含義。何四維將“死事”解釋爲“死於服役中或者因服役而死,具體即指國家或者君主的役事”;④李均明認爲“死事,乃指爲國家利益殉難者,猶今言烈士”;⑤中國政法大學中國法制史基礎史料研讀會指出死事“具有因公、因職務而死的性質”,“戰死事”可理解爲“戰争時,因公事而死”。⑥ 學者對於“死事”的解釋相似,簡而言之,即因國事、公事身亡。

　　秦漢時期,具體哪些死亡情形可歸於死事範圍,還需根據法律的具體規定來予以確定。簡牘資料所見界定死事情形的秦漢法律如下:

　　　　簡一:諸　　　黔首繇(徭)給其行事,以其故罹(罹),厭(壓)、隨(墮)、流死,爲(075/0335)盜賊若蟲獸殺者,皆以死事爲置後。其傷折伎(肢)、朕體者,賜之各千錢。・卅二(076/0345)⑦

---

① 黎翔鳳撰,梁運華整理:《管子校注》第 1035 頁。

② 高時顯、吴汝霖輯校:《吴子》,《四部備要》第 52 册,中華書局 1989 年,第 10 頁。

③ (漢) 班固撰:《漢書》,中華書局 1962 年,第 1857 頁。

④ A.F.P. Hulsewé: *Remnants of Ch'in Law: An Annotated Translation of the Ch'in Legal and Administrative Rules of the 3rd Century B.C.*, *Discovered in Yün-Meng Prefecture*, *Hu-Pei Province*, *in 1975*. Sinica Leidensia, Vol. 17. Leiden: E. J. Brill, 1985, p.117.

⑤ 李均明:《張家山漢簡所見規範繼承關系的法律》,《中國歷史文物》2002 年第 2 期,第 28 頁。

⑥ 中國政法大學中國法制史基礎史料研讀會:《睡虎地秦簡法律文書集釋(六):〈秦律雜抄〉》,《中國古代法律文獻研究》第 11 輯,社會科學文獻出版社 2017 年,第 54 頁。

⑦ 陳松長主編:《嶽麓書院藏秦簡(柒)》,上海辭書出版社 2022 年,第 86 頁。

簡二：令曰：諸軍人、漕卒及黔首、司寇、隸臣妾有縣官事不幸死，死所令縣將吏劾〈刻〉其郡名楬及署送書，(131/1864)可以毋誤失道回留。•卒令丙卅四(132/1790)①

簡三：□□□□爲縣官有爲也，以其故死若傷二旬中死，□□□皆爲死事者，令子男襲其爵。(369)②

簡四：戰死事不出，論其後。有（又）後察不死，奪後爵，除伍人；不死者歸，以爲隸臣。(37)③

簡五：群盜殺傷人、賊殺傷人、强盜，即發縣道，縣道亟爲發吏徒足以追捕之，尉分將，令兼將，亟詣盜賊發及之所，以窮追捕之，毋敢□(140)界而環（還）。吏將徒，追求盜賊，必伍之，盜賊以短兵殺傷其將及伍人，而弗能捕得，皆戍邊二歲。卅（三十）日中能得其半以上，盡除其罪；(141)得不能半，得者獨除；•死事者，置後如律。(142)④

由上引簡牘資料來看，目前所見秦漢法律認可的死事情形可歸爲三類。第一類爲庶民行徭死事者，即簡一"諸黔首繇（徭）給其行事以其故罼（罷）、厭（壓）、隋（墮）、流死爲盜賊若蟲獸殺者"（嶽麓秦簡 0335、0345）。學者對秦漢徭制多有研究，楊振紅認爲，秦漢的"徭"爲國家正式承認的勞役，多爲臨時徵發，徵發對象一般爲傅籍男子。⑤王彦輝指出，因睡虎地秦簡、張家山漢簡均出土於地位不高的墓主墓葬之中，其所存《徭律》僅爲秦漢徭律的一部分。"徭"的内涵非常寬泛，不應限定爲"委輸傳送"；並且，官吏的"徭"爲其職事範疇之事勞，性質與庶民的力役之"徭"有所不同。⑥朱德貴指出，從嶽麓秦簡材料來看，秦法律意義上的"徭"具有特定指向，爲官府强制傅籍

①　陳松長主編：《嶽麓書院藏秦簡（伍）》，上海辭書出版社 2017 年，第 111 頁。

②　彭浩、陳偉、［日］工藤元男主編：《二年律令與奏讞書：張家山二四七號漢墓出土法律文獻釋讀》，上海古籍出版社 2007 年，第 236 頁。

③　睡虎地秦墓竹簡整理小組編：《睡虎地秦墓竹簡》，文物出版社 1990 年，第 88 頁。

④　彭浩、陳偉、［日］工藤元男主編：《二年律令與奏讞書：張家山二四七號漢墓出土法律文獻釋讀》第 148—149 頁。

⑤　參見楊振紅：《徭、戍爲秦漢正卒基本義務説——更卒之役不是"徭"》，《中華文史論叢》2010 年第 1 期，第 348—355 頁。

⑥　參見王彦輝：《秦漢徭戍制度補論——兼與楊振紅、廣瀨熏雄商榷》，《史學月刊》2015 年第 10 期，第 42—45 頁；另見沈剛：《徭使與秦帝國統治》，《秦簡所見地方行政制度研究》，中國社會科學出版社 2021 年，第 187—197 頁。

“黔首”服勞役或苦役,由縣廷所轄列曹管理。①

　　簡一的秦令(嶽麓秦簡 0335、0345)規定,黔首因行徭致亡,包括壓死、墜亡、淹死以及爲盜賊或蟲獸殺死的情況,均爲死事情形。令中所指“徭”應爲學者所言狹義的“徭”,即由秦傅籍庶民所承擔的徭役。庶民之“徭”應與徒隸被臨時徵調外出服役之“奴徭”及官吏受差使外出從事吏務之“吏徭”相區分,②後兩種“徭”並不包含在此條秦令界定的死事情形内。此外,此令界定的死事情形限定於庶民外出行徭,庶民在本地服徭致亡或不屬於死事範圍。秦令還區分了庶民行徭致死或致傷的不同情形,若是行徭致身體肢體折斷,由官府賜錢一千。

　　秦漢法律認定的第二類死事情形爲因縣官事致亡,即簡二“諸軍人、漕卒及黔首、司寇、隸臣妾有縣官事不幸死”(嶽麓秦簡 1864)及簡三“爲縣官有爲也,以其故死若傷二旬中死,皆爲死事者”(《二年律令》簡 369)。邢義田解釋認爲:“縣官事”泛指“所有爲公事服務的,包括官吏和服徭役的百姓在内。”③但如上文討論中學者指出,傅籍庶民服徭不應歸爲“縣官事”範圍。嶽麓秦簡(柒)0548 和 0584 上的秦令載:“議:吏徒以縣官事往 來 縣(徭)使及吏歸休、徙官,當 行 莊道,莊道敗絕不通者,令行水道,水道異遠莊道者,使假船徒送,比行水道 通 者。・它有等比。”④由令文“吏、徒以縣官事往來徭使”來看,吏、徒行徭使屬公事差事,可歸入“縣官事”範疇。⑤

　　另外,就官吏而言,官吏“因縣官事死事”還應與官吏“死官”相區分。《二年律令》簡 284 載:

　　　　千石至六百石吏死官者,居縣賜棺及官衣。五百石以下至丞、尉死官者,居縣賜棺。(284)⑥

　　此律規定,千石至六百石官吏死官者,由家鄉所在縣賜衣棺;五百石以下至縣丞、

---

① 參見朱德貴:《嶽麓秦簡所見“徭”制問題分析——兼論“奴徭”和“吏徭”》,《江西師範大學學報(哲學社會科學版)》2016 年第 4 期,第 94—96 頁。

② 參見孫聞博:《秦及漢初“徭”的内涵與組織管理——兼論“月爲更卒”的性質》,《中國經濟史研究》2015 年第 5 期,第 86—90 頁。

③ 邢義田:《地不愛寶》,中華書局 2011 年,第 155 頁。

④ 陳松長主編:《嶽麓書院藏秦簡(柒)》第 83 頁。

⑤ 參見孫聞博:《秦及漢初“徭”的内涵與組織管理——兼論“月爲更卒”的性質》第 86—90 頁;陳松長:《秦漢時期的縣與縣使》,《湖南大學學報(社會科學版)》2014 年第 4 期,第 21—22 頁。

⑥ 彭浩、陳偉、[日]工藤元男主編:《二年律令與奏讞書:張家山二四七號漢墓出土法律文獻釋讀》第 208 頁。

縣尉死官者,由家鄉所在縣賜棺。① 由此律來看,"吏死官"顯然不同於官吏因縣官事死事。《漢書·何並傳》:"告子恢,吾生素餐日久,死雖當得法賻,勿受。"如淳注:"公令,吏死官,得法賻。"②《漢書·原涉傳》:"涉父哀帝時爲南陽太守。天下殷富,大郡二千石死官,賦斂送葬皆千萬以上,妻子通共受之,以定產業。"③據傳世文獻記載,彭浩等將"吏死官"解釋爲官吏"死於任上"。④ 明晰官吏"死官"與"以縣官事死"的具體區別,還需結合相關秦漢律令予以分析:

令曰：郡守有覆治及縣官事當案行及尉事不□者,□□□□□及給(?)。·郡卒令己十三(137/1680)⑤

令曰：叚(假)廷史、廷史、卒史覆獄乘傳(使)馬,及乘馬有物故不備,若益驂駟者。議：令得與書史、僕、走乘,毋得(261/1924)驂乘。它執灋官得乘傳(使)馬覆獄、行縣官及它縣官事者比。·内史旁金布令第乙九(262/1920)⑥

令曰：叚(假)廷史、諸傳(使)有縣官事給殹(也),其出縣畍(界)者,令乘傳(使)馬,它有等殹(也)。卒史、屬、尉 佐□(263/1917)乘比叚(假)廷史、卒史覆獄乘傳(使)馬者,它有等比。·内史旁金布令第乙十八(264/1899)⑦

令曰：吏及宦者、群官官屬、冗募群戍卒及黔首䌛(徭)使、有縣官事,未得歸,其父母、泰父母不死而(285/1668)譓吏曰死以求歸者,完以爲城旦;其妻子及同產、親父母之同產不死而譓吏曰死及父母不病而(286/1665)【譓吏】曰病以求歸,皆暹(遷)之。·令辛(287/1660)⑧

吏有(109/1277)縣官事使而無僕者,郵爲餽,有僕,叚(假)之器,勿爲餽,皆給水醬(漿)。(110/1401)⑨

① 關於此簡中"居縣"的理解,參見陳偉:《秦漢簡牘"居縣"考》,《歷史研究》2017 年第 5 期,第 180—181 頁。
② (漢)班固撰:《漢書》第 3268—3269 頁。
③ (漢)班固撰:《漢書》第 3714 頁。
④ 彭浩、陳偉、[日]工藤元男主編:《二年律令與奏讞書:張家山二四七號漢墓出土法律文獻釋讀》第 209 頁。
⑤ 陳松長主編:《嶽麓書院藏秦簡(伍)》第 113 頁。
⑥ 陳松長主編:《嶽麓書院藏秦簡(伍)》第 184 頁。
⑦ 陳松長主編:《嶽麓書院藏秦簡(伍)》第 185 頁。
⑧ 陳松長主編:《嶽麓書院藏秦簡(伍)》第 193 頁。
⑨ 陳松長主編:《嶽麓書院藏秦簡(肆)》,上海辭書出版社 2015 年,第 104 頁。

吏有縣官事而無僕者,郵爲炊;有僕者,叚(假)器,皆給水漿。(267)①

以上秦漢律令分別對官吏因縣官事外出需乘馬、歸寧、爲炊等情形予以規範。由此看來,官吏爲縣官事,一般爲離開本職官署機構外出行事。② 因此,秦漢法律中的"吏死官"應指官吏未離開官署並亡於任上,官吏以"縣官事"死事則指官吏離開所屬官署外出從事吏事身亡。此外,嶽麓秦簡 1680,1924、1920 及 1917、1899 上的三條秦令以官吏治獄、覆獄與縣官事並稱,官吏審理與複查案件的司法訴訟活動也不應視爲縣官事。

依據現有簡牘資料,雖然難以界定秦漢時期爲"縣官事"具體包括哪些事務,但是,據《二年律令》簡 183"捕罪人及以縣官事徵召人",③"縣官事"一般應爲臨時徵發人員從事的公事。並且,據簡二"軍人、漕卒及黔首、司寇、隸臣妾有縣官事不幸死"(嶽麓秦簡 1864),任"縣官事"者並不限於官吏,還包括臨時徵發的戍卒、庶民、勞徒及刑徒,他們若從事縣官事不幸身亡,皆爲秦漢法律認可的死事者。另外,由簡三"爲縣官有爲也,以其故死若傷二旬中死"(《二年律令》簡 369)來看,法律界定的死事情形既包括了因縣官事直接致死的情況,還包括了因縣官事致身體傷害於二十日内身亡的情況。

秦漢法律認定的第三類死事情形爲因戰事包括因追捕盜賊不幸捐軀,即簡四"戰死事"(《秦律雜抄》簡 37)及簡五"群盜殺傷人、賊殺傷人、强盜,即發縣道,縣道亟爲發吏、徒足以追捕之……死事者"(《二年律令》簡 140—142)。④ 從下列嶽麓秦令來看,興發的吏、徒參與追捕盜賊,即使未與盜賊鬥爭而身亡,也爲死事情形。

丞相上南陽叚(假)尉書言:鄝興者、小簪褭未等追群盜,未與鬥,死事。
議:爲未置後,它(077/0661)有等比。 ·卅(078/0577)⑤

西北漢簡有關於邊塞吏卒死亡的記載,其中戰亡或爲虜、寇所殺的吏卒應歸爲戰

① 彭浩、陳偉、[日]工藤元男主編:《二年律令與奏讞書:張家山二四七號漢墓出土法律文獻釋讀》第199 頁。

② 參見程博麗:《秦漢時期吏卒歸寧制度新探》,《湖南大學學報(社會科學版)》2017 年第 5 期,第 22 頁。

③ 彭浩、陳偉、[日]工藤元男主編:《二年律令與奏讞書:張家山二四七號漢墓出土法律文獻釋讀》第163 頁。

④ 張家山漢簡《奏讞書》案例十八"南郡卒史蓋廬、摯、朔,叚(假)卒史鵰復攸虐等獄簿"中,將官吏與新黔首追擊反盜稱爲戰,追捕盜賊或可列入廣義的戰事之列;彭浩、陳偉、[日]工藤元男主編:《二年律令與奏讞書:張家山二四七號漢墓出土法律文獻釋讀》第 364 頁。

⑤ 陳松長主編:《嶽麓書院藏秦簡(柒)》第 86—87 頁。

死事者。

> ☑應戰死隊長延☑（308・36）①
> 建☑☑可八十餘騎從塞外馳來皆與建等戰建戰死☑（534・30A）②
> 右部後曲候丞陳殷十月壬辰爲烏孫寇所殺（L3）③
> ☑爲虜所賊殺詡得毋亡部兵物檄到具言狀即☑☑（EPT 40・36）④

　　從上文分析來看，秦漢法律界定死事情形，其考慮重點在於死亡所致原因，即因行徭役身亡、因縣官事罷難或因戰事捐軀。秦漢法律認定死事情形，不因死亡者的社會地位和身份不同而有所區別對待，具公職身份的官吏與將士，以及臨時征發的庶民、勞徒甚至是刑徒若因以上原因致亡均爲死事者，均可適用死事相關律令。

二、死事者的善後事宜

　　中國傳統禮俗講究養身送死、慎終追遠，喪葬之禮爲重要與繁密的一種儀式。⑤秦漢政府重視優撫爲國死事者，首先就體現於法律對死事者善後事宜的特殊規定。

　　據傳世文獻記載，漢初詔令規定，包括戰死事在內的亡故將士由身亡地官府以樿櫝歸葬，再由故鄉所在官府贈予衣棺斂葬。⑥ 如《漢書・高帝紀》載，漢王四年，"漢王下令：軍士不幸死者，吏爲衣衾棺斂，轉送其家。四方歸心焉"。⑦ 又《漢書・高帝紀》載，漢高祖八年，"令士卒從軍死者爲櫝，歸其縣，縣給衣衾棺葬具，祠以少牢，長吏視葬"。應劭曰："小棺也，今謂之櫝。"臣瓚曰："初以櫝致其屍於家，縣官更給棺衣更斂之也。《金布令》曰'不幸死，死所爲櫝，傳歸所居縣，賜以衣棺也'。"師古曰："初爲櫝櫝，至縣更給衣及棺，備其葬具耳。"⑧

　　以上漢初詔令的規定也爲出土簡牘所印證。如懸泉漢簡 I0303③：237 載：

---

① 謝桂華、李均明、朱國炤：《居延漢簡釋文合校》，文物出版社 1987 年，第 504 頁。
② 謝桂華、李均明、朱國炤：《居延漢簡釋文合校》第 646 頁。
③ 簡牘整理小組編：《居延漢簡補編》，中央研究院歷史語言研究所 1998 年，第 231 頁。
④ 甘肅省文物考古研究所等編：《居延新簡》，文物出版社 1990 年，第 88 頁。
⑤ 參見常金倉：《周代禮俗研究》，黑龍江人民出版社 2005 年，第 81—82 頁。
⑥ 參見于凌：《張家山漢簡律令所見葬俗制度及其在漢魏時期的演進》，《中州學刊》2010 年第 4 期，第 184 頁。
⑦ （漢）班固撰：《漢書》第 46 頁。
⑧ （漢）班固撰：《漢書》第 65 頁。

神爵四年十一月癸未，丞相史李尊，送獲（護）神爵六年卒戍河東、南陽、
潁川、上黨、東郡、濟陰、魏郡、淮陽國詣敦煌郡、酒泉郡。因迎罷卒送致河
東、南陽、潁川、東郡、魏郡、淮陽國並督死卒傳槀（槥）。爲駕一封軺傳。御
史大夫望之謂高陵，以次爲駕，當舍傳舍，如律令。（I0309③：237）①

據此簡記載，漢宣帝神爵四年（公元前 58 年）十一月癸未（二十三日），丞相史李
尊護送將於神爵六年（後改號，實爲五鳳二年，公元前 56 年）戍守河東等八郡、國的戍
卒戍邊，迎送戍守河東等六郡、國的罷卒返鄉，並且督運亡故戍卒的槥櫝傳車返鄉，由
御史大夫蕭望之據其出行路綫開具傳信。西北漢簡所見戍邊吏卒死亡原因大致有疾
死、戰死事及意外致死幾種，因不同原因死亡的戍卒一律由官府轉運至家鄉安葬。②

由居延漢簡材料來看，對於戍邊吏卒戰死事者的特殊優待則體現在，漢政府另給
予他們豐厚的葬錢及其他優待。

各持下吏爲羌人所殺者，賜葬錢三萬，其印綬吏五萬，又上子一人名尚
書卒長☒，奴婢兩千，賜傷者各半之，皆以郡見錢給。長吏臨致，以安百姓
也，早取以見錢☒（267・19）③

據此簡，下吏爲羌人所殺者，由官府賜葬錢三萬；印綬吏爲羌人所殺者，賜葬錢五
萬，另推薦其子一人爲尚書卒長，葬錢皆以郡的現錢支付。因國家對戍邊犧牲將士的
安撫是否得當，將會直接影響到他們的情緒和戰鬥力，事關國家安危和社會穩定，漢
政府賞賜戰死事者豐厚的葬錢，有助於提高將士作戰的積極性，鼓舞他們英勇奮戰。

除了將士通常外出從軍，如上文所討論的，吏、徒等從事縣官事也常需外出任事，
秦漢法律對於他們異地死事的安排也有類似規定。前引簡二（嶽麓秦簡 1864、1790）
的秦令就規定，軍人、漕卒、黔首及刑徒因縣官事不幸死亡，由身亡所在地縣官給予刻
有郡名的槥櫝並製作相應的文書，以便轉運回鄉。由里耶秦簡 8－648 上的材料來看，
傳櫝文書記載有亡者人名等信息，官府領取槥櫝後，應核對傳櫝書，以確認其載錄信
息與死者身份相符：

卅一年七月辛亥朔甲子，司空守☒敢言之：今以初爲縣卒瘛死及傳槥書
案致，毋瘛此人名者。上真書。書癸亥到。甲子起，留一日。案致問治而

---

① 胡平生、張德芳編撰：《敦煌懸泉漢簡釋粹》，上海古籍出版社 2001 年，第 45 頁。

② 參見趙寵亮：《漢簡所見邊塞戍所吏卒死亡探析》，《簡帛研究二〇一〇》，廣西師範大學出版社 2012 年，
第 129—138 頁。

③ 謝桂華、李均明、朱國炤：《居延漢簡釋文合校》第 448 頁。

留。敢言之。章手。(8-648)^①

下列嶽麓秦簡 0527 及 0531 上的秦令也與如何以槽轉運因縣官事死事者歸葬有關。

> 　　　　內史吏有秩以下□□□□□□為縣官事□而死所縣官,以縣官木為槽,槽高三尺,廣一【尺】(364/0527)八寸,袤六尺,厚毋過二寸,毋木者,為賣(買),出之,善密緻其槽,以枲堅約兩敦(槨),勿令解絕。(365/0531)^②

令文規定,內史吏有秩以下者因縣官事殉職,由身亡所在地縣官製槽。整理小組將簡文中的"出之"解釋為"出喪",並指出"槽長僅六尺,葬必屈肢",可與考古發現中秦國庶民多屈肢葬相印證。^③ 如張韶光考證,結合傳世文獻記載來看,此令中的"槽"為簡易的小棺材,吏卒因縣官事執行公務期間異地死亡,由死亡所在地官府提供槽收斂,以枲捆綁槽櫝並運送至家鄉,而後再由當地縣官給予死事者棺柩入葬。^④ 秦官府雖然對因縣官事異地死事者一律贈予槽櫝歸葬,但是從此令來看,因死事者社會身份和地位的不同,供其收斂所用槽櫝的尺寸、規格及材質則是有所區別的,在這點上仍然體現了秦漢法律因死事者的尊卑等級身份差序而予以不同待遇。^⑤

此外,據里耶秦簡 8-1394:"☑死,【槽】未到家。"^⑥死事者由身亡所在地官府以槽櫝運送回鄉後,還需由其故鄉所在地官府確認槽櫝是否到家,以此來核查死事者歸葬的情況與結果。

或許因為秦漢時期的槽櫝多用於運送死事者或者亡故將卒歸葬,具有特殊的用途與社會意義,龍崗秦簡 122 上的秦律專門就盜竊槽櫝作出了規定:"盜鑿(槽)櫝,罪如盜□□□□□□□□□☑。"^⑦整理者推斷"盜"後兩字可能是"宗廟",^⑧簡文之意

---

① 陳偉主編:《里耶秦簡牘校釋(第一卷)》,武漢大學出版社 2012 年,第 190 頁。

② 陳松長主編:《嶽麓書院藏秦簡(肆)》第 215—216 頁。

③ 陳松長主編:《嶽麓書院藏秦簡(肆)》第 230 頁。周海鋒持相同觀點,參見周海鋒:《新出秦簡禮俗考》,《中國文化研究》2016 年夏之卷,第 103—104 頁。

④ 參見張韶光:《嶽麓秦簡所見異地死亡吏卒歸葬考》,《簡帛》第 20 輯,上海古籍出版社 2020 年,第 180—182 頁;關於束槽的材料與方法,參見裘錫圭:《漢簡零拾》,《古文字論集》,中華書局 1992 年,第 567—570 頁。

⑤ 關於秦漢法律構建的等級秩序,參見楊振紅:《從出土秦漢律看中國古代的"禮""法"觀念及其法律體現——中國古代法律之儒家化說商兌》,《中國史研究》2010 年第 4 期,第 79—86 頁。

⑥ 陳偉主編:《里耶秦簡牘校釋(第一卷)》第 320 頁。

⑦ 中國文物研究所、湖北省文物考古研究所編:《龍崗秦簡》,中華書局 2001 年,第 113 頁。

⑧ 中國文物研究所、湖北省文物考古研究所編:《龍崗秦簡》第 113 頁。

思大概是規定盜竊槥櫝與盜竊宗廟同罪，可見處罰之嚴厲。

　　從以上簡牘資料來看，秦漢對官府轉運因縣官事異地死事者返鄉歸葬的法律規定詳盡、細緻，在實踐中也嚴格執行，這應該是源於秦漢人有死後回鄉安葬的習俗。[①]從漢代關於後世的信仰來看，返鄉歸葬將有助於撫慰死事者的亡靈。對死事者家屬而言，由官府負責轉運死事者也可視爲對他們的經濟資助，可免去家庭因運送死事者歸葬而承擔的巨大耗費。[②]

　　另外，針對運送在關內死事的關外官吏槥櫝出關的情況，秦漢法律也有具體、細緻的規定。《二年律令·津關令》簡500—501及499上的令文載：

　　　　□、制詔相國、御史，諸不幸死家在關外者，關發索（索）之，不宜，其令勿索（索），具爲令。相國、御史請關外人宦、爲吏若繇（徭）使、有事關中，(500)不幸死，縣道若屬所官謹視收斂，毋禁物，以令若丞印封槥櫝，以印章告關，關完封出，勿索（索）。櫝槥中有禁物，視收斂及封(501)者，與出同罪。

　　　　·制曰：可。(499)[③]

　　一般情形下，漢初津關官吏應開棺檢查出關槥櫝是否私藏有禁物。因死事者槥櫝“不宜”被打開檢查，於是漢重新制定此令，作出了特別規定。[④] 家在關外的宦、吏若在關中行徭使或因公事死事，由身亡所在地縣道官檢視收斂，確保槥櫝内無禁物，再由縣令及縣丞封印於槥櫝上並憑此出關，津關官吏不得開棺檢查。此條漢令的規定顯示出漢政府對死事官吏的尊重。

　　雖然，目前簡牘所見關於處理死事者善後事宜的秦漢律令並不多，但是也可以體現，秦漢政府重視恩恤死事者及其家屬，因戰事或者縣官事異地死事者由政府賜予槥櫝轉運歸葬，以確保他們安全返鄉，官府對死事之戍邊將士還另有葬錢等豐厚賞賜。死事者善後事宜得到政府的重視，既有利於撫慰死事者的家屬，也有利於激勵其他吏民爲國效勞。地不愛寶，期待之後發現或發布的簡牘材料中有關於死事者故鄉所在官府如何斂葬死事者的具體法律規定，以深化對此問題的認識與研究。

---

① 　參見楊樹達：《漢代婚喪禮俗考》，上海古籍出版社 2000 年，第 129—137 頁。

② 　參見 Liu Kewei："A Discussion of the Han Dynasty's Systems of Coffin Bestowal"，*Journal of Chinese Studies* 60 (2015)，pp. 33 - 34.

③ 　彭浩、陳偉、[日] 工藤元男主編：《二年律令與奏讞書：張家山二四七號漢墓出土法律文獻釋讀》第 313 頁。

④ 　參見楊建：《西漢初期津關制度研究》，上海古籍出版社 2010 年，第 116 頁。

三、死事者的爵位置後

秦漢政府重視優撫死事者及其家屬,還體現在死事者的爵位置後方面。漢代傳世文獻中就有漢厚遇死事者後人並封侯賜爵的記載。《漢書·景帝紀》:"(景帝二年)九月,封故楚、趙傅相内史前死事者四人子皆爲列侯。"文穎曰:"楚相張尚、太傅趙夷吾。趙相建德,内史王悍。此四人各諫其王無使反,不聽,皆殺之,故封其子。"①另外,《漢書·高惠高後文功臣表》及《漢書·景武昭宣元成功臣表》中記錄有賜封死事者之子爲侯的多則事例。襄平侯紀通"父城以將軍從擊破秦,入漢,定三秦,功比平定侯,戰好時,死事,子侯"。② 龍侯摎廣德"父樂以校尉擊南越死事,子侯,六百七十戶"。③傳世史料記載中,死事者一般爲對國家盡忠且立下重要功勞、聲名顯赫之功臣,多由皇帝親自賜封其子嗣爲侯,其事例具有一定的特殊性,或並不爲當時常例。

由簡牘資料來看,秦漢法律對死事者的襲爵置後給予特殊優待。首先,對於戰死事者,前引簡四(《秦律雜抄》簡37)的秦律就規定,將戰死未歸者生前當受之軍功爵賜予其後子。④ 這條法律應該源於商鞅變法中軍功授爵之規定。⑤《商君書·境内》:"陷隊之士知疾鬥,不得斬首隊五人,則陷隊之士、人賜爵一級,死則一人後。"⑥秦施行軍功爵制,法律規定將戰死事者生前未受之軍功爵賜予其後子,目的在於表彰將士爲國捐軀的行爲,以激勵他們在戰場上忘死殺敵,這也彰顯了國家的恩德與權威。⑦ 漢代也有厚賜戰死事者後人的法律規定,如前引居延漢簡267·19上的簡文載,印綬吏若爲羌人所殺,可推薦其子一人爲尚書卒長。

另外,據簡一(嶽麓秦簡0345)"皆以死事爲置後"以及簡五(《二年律令》簡142)"死事者,置後如律"的規定,秦漢時期,死事者置後適用相應的法律。《二年律令》簡369—371上的律明確規定了死事者爵位置後的原則與方式,應爲簡142所指的律。

　　　　□□□□爲縣官有爲也,以其故死若傷二旬中死,□□□皆爲死事者,

---

① (漢)班固撰:《漢書》第146頁。

② (漢)班固撰:《漢書》第593頁。

③ (漢)班固撰:《漢書》第653頁。

④ 關於此律的解讀,參見周群、陳長琦:《秦簡〈秦律雜抄〉譯文商榷》,《史學月刊》2007年第1期,第131頁。

⑤ 參見[韓]尹在碩:《睡虎地秦簡和張家山漢簡反映的秦漢時期後子制和家系繼承》,《中國歷史文物》2003年第1期,第33頁。

⑥ 高亨譯著:《商君書注譯》,中華書局1974年,第427頁。

⑦ 參見中國政法大學中國法制史基礎史料研讀會:《睡虎地秦簡法律文書集釋(六):〈秦律雜抄〉》第56頁。

令子男襲其爵。毋(無)爵者,其後爲公士。毋(無)子男以女,毋(無)女(369)以父,毋(無)父以母,毋(無)母以男同産,毋(無)男同産以女同産,毋(無)女同産以妻。諸死事當置後,毋(無)父母、妻子、同産者,以大父,毋(無)大父(370)以大母與同居數者。(371)[1]

此律規定,由子男平級襲承死事者的爵位;若死事者無爵,則授予其後子公士爵。若死事者無子,襲爵繼承人的順序依次以死事者的女兒、父親、母親、男同産、女同産、妻子、祖父、祖母以及同居同户籍者排列,前者不存,則由後者襲承。《漢書·高惠高後文功臣表》載,魯侯奚涓"以舍人從起沛,至咸陽爲郎,入漢,以將軍定諸侯,四千八百户,功比舞陽侯,死軍事。六年,侯涓亡子,封母底爲侯,十九年薨"。[2] 魯侯奚涓亡於戰事,因其無子,高祖以其母襲子爵,封爲魯侯。這一事例所依據的或爲規範死事置後的此條漢律。

將死事襲爵的法律與《二年律令》簡 367—368 上疾死襲爵的法律相比較,體現出漢律區分此死事與疾死來確定襲爵繼承方式,並且對於死事襲爵給予特殊的優待。

疾死置後者,徹侯後子爲徹侯,其毋(無)適(嫡)子,以孺子子、良人子。關内侯後子爲關内侯,卿 侯 〈後〉子爲公乘,五 大 夫 後子爲公大夫,公乘後子爲官(367)大夫,公大夫後子爲大夫,官大夫後子爲不更,大夫後子爲簪裏,不更後子爲上造,簪裏後子爲公士,其毋(無)適(嫡)子,以下妻子、偏妻子。(368)[3]

將死事襲爵與疾死襲爵相比較,首先從襲承的爵級來看,死事襲爵爲平級繼承,而在疾死的情況下,只有徹侯與關内侯的爵位爲平級繼承,卿(大庶長至左庶長)後子繼承公乘爵,卿以下(五大夫至簪裏)後子依次降兩級襲爵,上造與公士之子則無爵可承。[4] 此外,從襲爵繼承人範圍來看,死事者即使無子還可由近親乃至同居者依序承爵,並且女性也可承爵,而在疾死的情況下,繼承人僅限於子男。[5] 如徐世虹所言,對

---

① 彭浩、陳偉、[日]工藤元男主編:《二年律令與奏讞書:張家山二四七號漢墓出土法律文獻釋讀》第236頁。

② (漢)班固撰:《漢書》第565頁。

③ 彭浩、陳偉、[日]工藤元男主編:《二年律令與奏讞書:張家山二四七號漢墓出土法律文獻釋讀》第235頁。

④ 參見朱紹侯:《從〈二年律令〉看與軍功爵制有關的三個問題——〈二年律令〉與軍功爵制研究之三》,《河南大學學報(社會科學版)》2003年第1期,第3—4頁。

⑤ 參見臧知非:《張家山漢簡所見西漢繼承制度初論》,《文史哲》2003年第6期,第74—75頁。

於因公死事者,法律規定了平級襲爵並且擴大襲爵者的範圍,體現出秦漢政府鼓勵民衆盡忠國事,勤勉盡責的理念。①

《二年律令》簡 374 上的漢律也討論了死事情形下的爵位繼承問題:

　　☑及(?)爵,與死事者之爵等,各加其故爵一級,盈大夫者食之。(373)②

按照上舉《二年律令》簡 369—371 上漢律關於死事襲爵的一般規定,如果死事者後人爵位與死事者相同,平級襲爵並不會給後子爵級帶來改變。據此律,若死事者後人爵位與死事者相等,其後人還另可加爵一級襲爵。只是此律限制在於,死事者後人爵位最高可加至大夫,超出大夫爵由官府賜食。③ 這應該是因爲大夫爵爲秦及漢初重要的分界爵,低級爵的人通常最高可受大夫爵。④

由《二年律令·置後律》來看,秦漢法律中的置後分爲"爵位置後"與"户主置後",關於死事置後的規定則體現於前者。⑤ 西嶋定生指出,二十等爵制構建了秦漢社會身份秩序,並由特定身份衍生出了具體的特權。⑥ 秦漢有爵者可享有社會、經濟、法律各方面相應的權益,法律依據爵級分別規定了田宅、衣物、棺槨、膳食賞賜、男子傅籍年齡、受杖年齡以及刑罰減免方面的優待。⑦ 因此,秦漢國家即以賜爵的方式激勵吏民爲國效忠盡勞。吏民因死事亡故,顯然無法將死事之功再加於其身,於是法律厚遇其後人,特別允許他們平級襲爵;並且,即使是死事者生前未拜受的爵位也可由後人承

---

① 參見徐世虹:《張家山二年律令簡所見漢代的繼承法》,《政法論壇》2002 年第 5 期,第 11—12 頁。

② 彭浩、陳偉、[日] 工藤元男主編:《二年律令與奏讞書:張家山二四七號漢墓出土法律文獻釋讀》第 237 頁。

③ 關於此簡文的解釋,參見李均明:《張家山漢簡所見規範繼承關係的法律》,《中國歷史文物》2002 年第 2 期,第 28 頁。

④ 參見楊振紅:《從新出簡牘看二十等爵制的起源、分層發展及其原理——中國古代官僚政治社會構造研究之三》,《史學月刊》2021 年第 1 期,第 40 頁。

⑤ 從社會角度來看,編户齊民在於讓政府有效掌握人力資源,分配國家資源,以穩固與完善國家社會結構。參見杜正勝:《編户齊民——傳統政治社會結構之形成》,聯經出版事業公司 1990 年,第 33 頁;黎明釗:《里耶秦簡:户籍檔案的探討》,《中國史研究》2009 年第 2 期,第 5 頁。基於此,秦漢法律規範户主繼承,既需考慮户承擔家庭血緣延續之作用,也需顧及户作爲國家生產經營與繳納賦稅的基本社會單位之意義。因此,户主繼承人範圍相較疾死爵位繼承乃至死事爵位繼承更爲寬泛,近親甚至是奴婢也可代户繼承,並且還可分户繼承;參見徐世虹:《張家山二年律令簡所見漢代的繼承法》第 12—13 頁;李恒全:《從出土簡牘看秦漢家庭繼承制度》,《中國農史》2013 年第 6 期,第 76—79 頁。

⑥ [日] 西嶋定生著,武尚清譯:《中國古代帝國的形成與結構——二十等爵制研究》,中華書局 2004 年,第 340—347 頁。

⑦ 參見李均明:《張家山漢簡所反映的二十等爵制》,《中國史研究》2002 年第 2 期,第 37—41 頁。

襲。秦漢法律以此來確保死事者後人的社會身份與地位,進而讓其獲得相應的特殊權益。可以説,秦漢法律在爵位置後方面優待死事後人,本就承襲自以爵位論功行賞的措施。

四、結　　語

《漢書·爰盎鼂錯傳》載鼂錯言:"今秦之發卒也,有萬死之害,而亡銖兩之報,死事之後不得一算之復,天下明知禍烈及已也。"[①]漢代傳世文獻記載中,秦士卒爲國事而死,却得不到絲毫賞賜,以致天下不安。簡牘法律資料則反映,秦延續春秋戰國以來的傳統,重視優撫死事者。作爲西陲小國的秦以軍事力量統一中國,其政府必然會恩恤爲國死事之人,否則將無以安撫家屬,穩定民心,鼓勵士卒爲國征戰。漢政府又正是承繼了秦優撫死事者的法律舉措。

秦漢法律認定的死事情形包括:因行徭役身亡、因縣官事罹難或者因戰事捐軀。死事者包括了因以上原因身亡的官吏、將卒、黔首及刑徒。秦漢優撫死事者主要體現在,法律對於死事者的斂葬和置後給予特殊優待。死事者將由官府贈予梢櫝轉送故鄉歸葬,並確認死事者安全返鄉。相較疾死繼承,死事繼承人平級承襲死事者的爵位,繼承人範圍也有所擴大。

秦漢政府優撫死事者的法律措施,也爲後世所承襲,尤其對唐影響深遠。[②] 首先,唐繼承了秦漢時期護送死事者回鄉歸葬的做法。[③]《唐律疏議》第四百零七條載:"諸從征及從行、公使於所在身死,依令應送還本鄉,違而不送者,杖一百。"[④]從律文後的疏議來看,"從征"即"從軍征討","從行"即"從車駕行及從東宮行","公使"即"公事充使",唐律規定應將以上三類異地死事者送還本鄉歸葬。劉俊文據此律解析,依唐制,主司將派人護送因公死亡者還鄉或交付隨近州縣遞送回家,以示國家表奬慰賞之意。[⑤]

此律的疏議部分還分別補充規定了護送這三類死事者歸鄉的方式,相較秦漢法

① (漢)班固撰:《漢書》第 2284 頁。

② 參見張濤:《中國古代優撫政策與思想》,《廣西大學學報(哲學社會科學版)》2020 年第 3 期,第 142—150 頁。

③ 參見李蓉:《論唐代士兵亡故的善後處置》,《陝西師範大學學報(哲學社會科學版)》2012 年第 5 期,第 102—103 頁。

④ (唐)長孫無忌撰,劉俊文點校:《唐律疏議》,中華書局 1983 年,第 490 頁。

⑤ 劉俊文:《唐律疏議箋解》,中華書局 1996 年,第 1830 頁。

律規定更爲詳盡、細緻，並且方式也更爲靈活及多元化。

《軍防令》："征行衛士以上，身死行軍，具録隨身資財及屍，付本府人將還。無本府人者，付隨近州縣遞送。"《喪葬令》："使人所在身喪，皆給殯殮調度，遞送至家。"從行，准《兵部式》："從行身死，折衝賻三十段，果毅二十段，別將十段，并造靈輿，遞送還府。隊副以上，各給絹兩疋，衛士給絹一疋，充殮衣，仍並給棺，令遞送還家。"自餘無別文者，即同公使之例。應送不送者，各杖一百。①

同於秦漢規定，唐政府不僅注重妥善安葬死事者，也注重優撫死事者家人。唐朝的歷代皇帝就屢次下詔令，厚賜爲國死事將士和死事官吏，並賜封其後人與家屬。如貞觀十五年唐太宗下令："贈戰亡將士官三轉，聽授一子，遞其尸櫃還鄉，棺斂而葬焉。"②又貞觀十九年下令："七月壬申，葬死事官，加爵四級，以一子襲。"③武則天載初元年也曾下令："戰亡人，格外贈勳兩轉，迴授期親。"④

此外，相較秦漢，唐對死事者的善後處置規定也有所發展，比如唐對死事者家屬的厚遇體体現在，不只是賜封死事者後人，還由政府優撫死事者家屬，並且減免其家屬的賦税和差科。如唐高宗龍朔中下令："其兵士道死者，令所在差軍收瘞之，仍蠲免其家。"⑤唐肅宗至德年下詔對陣亡將士"將褒贈其官爵，優恤其妻子，仍仰本道使郡縣，勿差科其家"。⑥

自先秦時期以來，中國歷代政府注重優撫爲國死事之人，其目的在於旌賞死事者忠烈之勳，收攏民心，鼓勵吏民爲國盡忠，進而穩定國家社會秩序。

① （唐）長孫無忌撰，劉俊文點校：《唐律疏議》第 490—491 頁。
② （宋）王若欽等編：《册府元龜》，中華書局 1960 年，第 1627 頁。
③ （宋）歐陽修，宋祁撰：《新唐書》，中華書局 1975 年，第 44 頁。
④ （宋）宋敏求編：《唐大詔令集》，中華書局 2008 年，第 19 頁。
⑤ （宋）王若欽等編：《册府元龜》第 1627 頁。
⑥ （宋）宋敏求編：《唐大詔令集》第 597 頁。

簡牘所見秦及漢初犯罪後逃亡刑罰適用規則解析[*]

丁義娟

摘　要：秦漢律中逃亡犯罪分爲一般亡罪和犯罪後逃亡，其中犯罪後逃亡的處刑較複雜。解讀簡牘可知秦漢對犯罪後逃亡遵循在"先確定本罪處刑"基礎上，由法律直接規定本罪和亡罪合併後刑罰的處刑原則。這一規則的揭示對解讀秦漢律文有重要意義。

關鍵詞：秦漢　亡律　亡罪　嶽麓秦簡　二年律令

　　嶽麓書院藏秦簡、張家山漢簡以及雲夢睡虎地 77 號西漢簡、荆州胡家草場 12 號漢墓簡等均明確載有傳世文獻未見的《亡律》律名。^① 秦漢時期法律將逃亡分爲一般逃亡罪和犯罪後逃亡。如《嶽麓書院藏秦簡（肆）》《亡律》75—76 簡中"取罪人、群亡人以爲庸"指雇傭犯罪後逃亡者和單純犯逃亡罪者兩類人。^② 其中犯罪後逃亡涉及"本罪"和"亡罪"的"罪上加罪"刑罰適用問題。秦及漢初法律的某些特點會使此類"罪上加罪"在量刑時遇到問題。秦及漢初法律有如下特點：第一，刑罰具有身份刑性質。刑徒的等級如城旦舂、鬼薪白粲、隸臣妾等，構成由低到高的刑徒等級，與無爵者、有爵者相銜接，構成自下而上的社會身份等級體系；第二，不同等級的刑徒、無爵者及有爵者，相同行爲構成不同犯罪，處不同刑罰。這樣，遇到的問題是，

＊　本文爲河北省社科基金項目"肩水金關漢簡法律資料輯録與研究"（編號 HB20LS001）階段性成果。

①　熊北生、陳偉、蔡丹：《湖北雲夢睡虎地 77 號西漢墓出土簡牘概述》，《文物》2018 年第 3 期；李志芳、蔣魯敬：《湖北荆州市胡家草場西漢墓 M12 出土簡牘概述》，《考古》2020 年第 2 期。

②　陳松長主編：《嶽麓書院藏秦簡（肆）》，上海辭書出版社 2015 年，第 63—64 頁。

如一個人犯了會使身份等級下降的犯罪,刑罰未執行時又犯第二個罪,對第二個罪的定罪,是按行爲人原有身份,還是按第一個罪形成的新身份定罪呢?"獄未斷而誣告人"屬於涉及此類問題的一種情形。陶安、張傅璽等根據《法律答問》所舉案例,歸納了"獄未斷"誣告人情形的刑罰適用邏輯。① "犯罪後逃亡"也是涉及"罪上加罪"量刑問題的一種情形。出土資料表明秦漢律中明確規定了此種情形刑罰適用規則。② 相關律文主要有:《二年律令·具律》100 簡,本文將改進之前學者對該條的補釋,厘清其内涵;《嶽麓(肆)》17—18 簡,本文將糾正目前學者對其存在的誤讀。犯罪後逃亡刑罰適用規則的揭示對判定犯罪後逃亡的刑罰及解讀其他秦漢律文有重要意義。

一、當完城旦舂、鬼薪白粲
以上逃亡的刑罰適用

《二年律令·具律》100 簡:

　　　　□□□□□,以其罪論之。完城旦舂罪,黥之。鬼薪白粲罪,黥以爲城旦舂。其自出者,死罪,黥爲城旦舂;它罪,完爲城旦舂。③

此律文是關於犯罪後逃亡的規定。張伯元補缺字爲"匿而不出者"。④ 吳飛雪補缺字爲"有罪而亡者"。⑤ 但根據簡文殘缺句後接内容,所缺字應包含"犯某罪以上亡"的限定内容。韓厚明認爲"簡 100 所缺字數不足容納所缺的内容,簡 100 前

---

① 陶安:《秦律刑罰等序研究序説》,徐世虹等:《秦律研究》第七章,武漢大學出版社 2017 年,第 245 頁;張傅璽:《秦及漢初逃亡犯罪的刑罰適用和處理程序》,《法學研究》2020 年第 3 期,第 199 頁。

② 已往研究多將張家山《二年律令·具律》122—124 簡視爲"犯罪後逃亡的定罪規則"來分析,張傅璽已指出該簡文是追緝程序中選擇"命之"和"令出會之"程序時的規定,並不是犯罪後逃亡最後定罪處刑依據。張傅璽:《睡虎地秦簡〈法律答問〉"獄未斷"諸條再釋——兼論秦及漢初刑罰體繫構造》,《中國古代法律文獻研究》第 13 輯,社會科學文獻出版社 2019 年,第 133 頁注(1);張傅璽:《秦及漢初逃亡犯罪的刑罰適用和處理程序》第 199—201 頁。

③ 彭浩、陳偉、[日]工藤元男:《二年律令與奏讞書:張家山二四七號漢墓出土法律文獻釋讀》,上海古籍出版社 2007 年,第 132 頁。

④ 張伯元:《秦漢律中的"亡律"考述》,載氏著《出土法律文獻研究》,商務印書館 2005 年,第 175 頁。

⑤ 吳雪飛:《嶽麓簡與〈二年律令〉對讀三則》,簡帛網 2016 年 12 月 5 日,http://www.bsm.org.cn/?qinjian/7425.html。

仍當有簡文",①可從。張傳璽"試補出未知前簡(可暫標爲 x 簡)和本簡前缺數字,(x 簡)【有罪當城旦舂、鬼薪白粲以上而亡,】+(本簡)【已命之而得】,以其罪論之。完城旦舂罪,黥之;鬼薪白粲罪,黥以爲城旦舂"。② 將"完城旦舂罪,黥之;鬼薪白粲罪,黥以爲城旦舂"理解爲是前述範圍的特例。將"城旦舂、鬼薪白粲"作爲"以其罪論之"的界限,而又將"完城旦舂罪""鬼薪白粲罪"排除在適用範圍之外,這種律文表述方式不盡合理,顯得過於繁瑣。倒不如直接補釋爲"【當黥城旦舂以上罪而亡】,以其罪論之"。在處罰方案上與張傳璽的補釋實際相同,在表述上更加簡潔合理。

《嶽麓(肆)》51—52 簡對這一補釋體現的處罰原則也提供了支持。其釋文爲:

> 佐弋之罪,③命而得,以其罪罪之。自出殹(也),黥爲城旦舂。它罪,命而得,黥爲城旦舂,其有大辟罪罪之。自出殹(也),完爲城旦舂。④

韓厚明比較了嶽麓書院秦簡《亡律》簡 51—52 與《二年律令》簡 100,認爲兩組簡文"對逃亡者處罰原則相近。簡 51 52'以其罪罪之''大辟'就是《二年律令》簡 100'以其罪論之''死罪'"。⑤ 我們可進一步分析此兩簡。這裏先不管自出的内容,《二年律令·具律》100 簡有兩檔刑罰:(1) □□□□□,以其罪論之。(2) 完城旦舂罪、鬼薪白粲罪,黥以爲城旦舂。《嶽麓(肆)》51—52 簡也是兩檔刑罰:(1) 佐弋之罪,以其罪罪之。(2) 它罪,黥爲城旦舂。兩律文兩檔刑罰相同。《二年律令》100 簡"黥爲城旦舂"對應的是本罪"當完城旦舂和鬼薪白粲者"。《嶽麓(肆)》51—52 簡中與"黥爲城旦舂"對應的是"它罪",因此推測《嶽麓(肆)》51—52 簡中的"它罪"指當完城旦舂和鬼薪白粲罪。則《二年律令·具律》100 簡缺損部分和《嶽麓(肆)》51—52 簡"佐弋之罪"當指重於"完城旦舂罪"和"鬼薪白粲罪"的"黥爲城旦舂以上罪"。

那麼,這裏的"黥爲城旦舂以上",指的是哪些刑罰? 我們知道秦及漢初律的刑罰

---

① 韓厚明:《張家山漢簡〈二年律令〉編聯小議》,《簡帛研究二〇一六(秋冬卷)》,廣西師範大學出版社 2017 年,第 181 頁。

② 參見張傳璽:《秦及漢初逃亡犯罪的刑罰適用和處理程序》,《法學研究》2020 年第 3 期,第 198—199 頁。

③ 首先需說明 51—52 簡前兩字字迹不甚清晰,整理者釋爲"佐弋",存疑。

④ 陳松長主編:《嶽麓書院藏秦簡(肆)》第 55—56 頁。

⑤ 韓厚明:《張家山漢簡〈二年律令〉編聯小議》,《簡帛研究二〇一六(秋冬卷)》第 183 頁。

體系可以分爲規定刑系列和科斷刑系列，①規定刑系列中高於黥城旦舂一等的刑罰爲死刑。科斷刑，即實際適用在罪犯身上的刑罰，黥城旦舂之上，有黥劓城旦舂、黥劓斬左趾城旦舂、黥劓斬左右趾城旦舂、黥劓斬左右趾腐城旦舂、死刑等。張傳璽指出犯罪逃亡先"判定該罪的刑徒身份，再以該刑徒身份去追究新犯之罪的刑罰"。② 則《二年律令·具律》100 簡和《嶽麓（肆）》51—52 簡中顯示的本罪處刑是落實在罪犯身份身上的"科斷刑"，《二年律令·具律》100 簡缺損部分和《嶽麓（肆）》51—52 簡"佐弋之罪"指"黥爲城旦舂以上罪"，實際包括死刑，以及黥城旦舂、黥劓城旦舂、黥劓斬左趾城旦舂、黥劓斬左右趾城旦舂、黥劓斬左右趾腐城旦舂等刑罰等級。

總之，《二年律令》100 簡殘斷部分約容五字，前面當還有其他簡文，補釋爲：

【……當黥城旦舂】以上罪而亡】，以其罪論之。完城旦舂罪，黥之。鬼薪白粲罪，黥以爲城旦舂。其自出者，死罪，黥爲城旦舂；它罪，完爲城旦舂。

二、當隸臣妾、司寇逃亡的刑罰適用

《嶽麓（肆）》17—19 簡：

及諸當隸臣妾者亡，以日六錢計之，及司寇冗作及當踐更者亡，皆以其當冗作及當踐更日，日六錢計之，皆與盜同法。不盈廿二錢者，貲一甲。③

當隸臣妾者亡，與盜同法，④則亡 1 天以上貲一甲，亡 11 天以上貲二甲，亡 19 天以上耐爲隸臣妾刑，亡 37 天以上處完爲城旦舂，亡 110 天以上處黥爲城旦舂。而根據漢初《二年律令·亡律》165 簡"隸臣妾、收人亡，盈卒歲，𣪠（系）城旦舂六歲；不盈卒歲，𣪠（系）三歲"的規定，⑤隸臣妾亡即使超過一年，也僅處"系城旦舂"的刑罰。不少人因此

---

① 秦及漢初刑罰可分爲個規定刑和科斷刑。"規定刑"是"刑法條文對具體犯罪所規定的刑罰"，與現代法學理論中的"法定刑"相當。"科斷刑"是"規定刑"在適用過程中因法定情節和量刑制度等發生加、減、轉換，最後適用於罪人的刑罰。丁義娟：《秦及漢初刑罰體系研究——以出土資料爲主要依據》，博士學位論文，吉林大學 2012 年，第 74 頁。

② 張傳璽：《睡虎地秦簡〈法律答問〉"獄未斷"諸條再釋——兼論秦及漢初刑罰體系構造》第 131 頁。

③ 陳松長主編：《嶽麓書院藏秦簡（肆）》第 44—45 頁。

④ 秦及漢初盜罪刑罰標準可參見陳光：《秦漢律令體系中的"與盜同法"》，博士學位論文，東北師範大學 2010 年，第 20 頁。

⑤ 彭浩、陳偉、[日]工藤元男：《二年律令與奏讞書：張家山二四七號漢墓出土法律文獻釋讀》第 156 頁。

得出在隸臣妾逃亡上"漢律刑罰較秦律減輕了許多"的結論。[①]

　　不過，這一觀點源於對《嶽麓（肆）》17—19 簡的誤讀。該簡"隸臣妾者"前有一"當"字，律文規定的並非隸臣妾的一般逃亡，而是犯罪當處隸臣妾的負罪而亡。秦漢時期"當"可指由有判決權者作出刑罰判決的訴訟活動或這一訴訟程序。如《漢書·張釋之傳》：張釋之治問完案件後"釋之奏當"。這裏的"當"爲名詞，指就案件作出的刑罰判決。"上（文帝）良久曰：'廷尉當是。'""其後，有人盜高廟坐前玉環"，張釋之做出了刑罰判決，"文帝與太后言之，乃許廷尉當"。其中的"當"均爲名詞之當，在表示訴訟程序時使用。此種用法在張家山漢簡《奏讞書》中多有出現。而"當"字不表示訴訟程序，而又與刑罰有關的用法，簡牘中所見大體有四種情形：（1）依法應處的刑罰。《法律答問》5 簡："人臣甲謀遣人妾乙盜主牛，買（賣），把錢偕邦亡，出徼，得，論各可（何）殹（也）？當城旦黥之，各畀主。"[②]（2）指尚未執行的刑罰，有時後接內容是又有其他犯罪。睡虎地秦簡《法律答問》117 簡："當耐司寇而以耐隸臣誣人，可（何）論？當耐爲隸臣。"[③]問句的第一個"當 XX"表"應然而未"情形。[④]《二年律令·賊律》35—36簡："其子有罪當城旦舂、鬼薪白粲以上……父母告不孝，勿聽。"[⑤]一般理解爲"子"已爲"城旦舂、鬼薪白粲"，[⑥]其實是"子"犯了罪，當處"（完）城旦舂、鬼薪白粲以上"，此時

---

① 目前學者基本是將其視爲對隸臣妾逃亡的量刑規定。臧知非認爲"嶽麓秦簡"律文規定，編户民逃避更役，和隸臣妾、司寇一樣，根據逃亡天數，按照每天 6 錢的標準，計算總錢數，以盜竊罪論處"。臧知非：《"算賦"生成與漢代徭役貨幣化》，《歷史研究》2017 年第 4 期，第 39—40 頁；周海鋒認爲"據嶽麓秦簡可知，城旦舂、鬼薪、白粲逃亡，均會被以黥刑後爲城旦舂，而隸臣妾、司寇逃亡，只是按照逃亡天數比照盜賊進行處罰"。周海鋒：《嶽麓書院藏秦簡〈亡律〉再探》，長沙簡牘博物館編：《長沙簡帛研究國際學術研討會論文集》，中華書局 2017 年，第 478 頁。類似觀點還有：劉鵬：《里耶秦簡所見居役的幾個問題》，《河南工業大學學報（社會科學版）》2018 年第 5 期，第 87 頁；陸威：《秦漢〈亡律〉中的逃亡犯罪研究》，碩士學位論文，上海師範大學 2019 年，第 64—65 頁；孫志敏：《秦漢刑役減免探析》，《古代文明》2018 年第 4 期；張佼：《秦簡所見徒隸問題研究》，碩士學位論文，吉林大學 2016 年，第 62 頁；任燕飛：《秦代"隸臣妾"社會地位研究》，碩士學位論文，河南大學 2018 年，第 67—68 頁。包括筆者本人以往也有和上述學者一樣的認識。

② 睡虎地秦墓竹簡整理小組：《睡虎地秦墓竹簡》，文物出版社 1990 年，第 94 頁。

③ 睡虎地秦墓竹簡整理小組：《睡虎地秦墓竹簡》第 121 頁。

④ 張傳璽：《睡虎地秦簡〈法律答問〉"獄未斷"諸條再釋——兼論秦及漢初刑罰體系構造》第 126 頁。

⑤ 彭浩、陳偉、[日] 工藤元男：《二年律令與奏讞書：張家山二四七號漢墓出土法律文獻釋讀》第 104 頁。

⑥ 韓樹峰：《秦漢徒刑散論》，《歷史研究》2005 年第 3 期，第 42 頁。類似觀點見於劉華祝：《關於秦律、漢律中的"三環"問題》，《秦漢史論叢》第 9 輯，三秦出版社 2004 年，第 319—325 頁；陳婉琴：《秦及漢初家庭內部人身犯罪研究——以出土文獻爲中心》，碩士學位論文，華東政法大學 2019 年，第 44 頁；徐世虹：《"三環之""刑復城旦舂""繫城旦舂某歲"解——讀〈二年律令〉札記》，《出土文獻研究》第 6 輯，上海古籍出版社 2004 年，第 81 頁。

父母告不孝,雖不孝罪當處死刑,但官府"毋聽",而讓"子"服刑。(3)表示普通條款規定的刑罰,特殊情況可對其變通適用。《二年律令·具律》82簡:"上造、上造妻以上……其當刑及當爲城旦舂者,耐以爲鬼薪白粲。"①"當刑及城旦舂"指普通條款規定的刑罰。(4)表示一類刑罰的稱謂,後面的内容爲具體或變通執行方式。如《二年律令》86簡:"吏、民有罪當笞,謁罰金一兩以當笞者,許之。"②"當笞"强調執行方式,故不用説明笞多少。《嶽麓(肆)》17—19簡的"諸當隸臣妾者亡"屬"當"字上述第(2)種用法,指犯了應處"(耐爲)隸臣妾"罪而負罪逃亡,是罪上加罪,因此其刑罰與《二年律令·亡律》165簡規定的已爲隸臣妾者逃亡的刑罰不同。

　　《嶽麓(肆)》17—19簡針對司寇也作了規定,"司寇冗作及當踐更者亡,皆以其當冗作及當踐更日,日六錢計之"。整理小組認爲"踐更"是指"卒踐更",③即將"司寇冗作"與"當踐更者"理解爲兩類主體。這可能受里耶秦簡類似語句理解的影響。里耶秦簡16-5正有:"今……必先悉行乘城卒、隸臣妾、城旦舂、鬼薪、白粲、居貲、贖責(債)、司寇、隱官、踐更縣者。田時殹(也),不欲興黔首。嘉、谷、尉各謹案所部縣卒、徒隸、居貲、贖債、司寇、隱官、踐更縣者簿,有可令傳甲兵,縣弗令傳之而興黔首,……[縣]亟以律令具論……"④一般是將該里耶簡中"司寇、隱官、踐更縣者"理解爲三類主體。⑤ 不過陳偉認爲簡中"踐更"當是指司寇、隱官的"踐更",並認爲《嶽麓(肆)》17—18簡、329—331簡"西工室司寇、隱官、踐更多貧不能自給糧(糧)",⑥290簡"責(債)及司寇踐更者不足"中的"踐更",⑦均當指司寇、隱官而言,《嶽麓(肆)》簡17—18中

---

① 彭浩、陳偉、[日]工藤元男:《二年律令與奏讞書:張家山二四七號漢墓出土法律文獻釋讀》第123頁。

② 彭浩、陳偉、[日]工藤元男:《二年律令與奏讞書:張家山二四七號漢墓出土法律文獻釋讀》第125頁。

③ 陳松長主編:《嶽麓書院藏秦簡(肆)》第75頁。

④ 湖南省文物考古研究所、湘西土家族苗族自治州文物處:《湘西里耶秦代簡牘選釋》,《中國歷史文物》2003年第1期,第20—21頁。

⑤ 李學勤:《初讀里耶秦簡》,《文物》2003年第1期,第77頁;湖南省文物考古研究所、湘西土家族苗族自治州文物處:《湘西里耶秦代簡牘選釋》;單印飛:《里耶秦簡J1(16)5、J1(16)6的釋讀與文書的製作、傳遞》,《浙江學刊》2014年第3期,張金光:《説秦漢徭役制度中的"更"——漢牘〈南郡卒編更簿〉小記》,《魯東大學學報(哲學社會科學版)》2011年第2期,第71頁;楊振紅:《出土簡牘與秦漢社會(續編)》,廣西師範大學出版社2015年,第202頁;齊繼偉:《秦漢賦役制度叢考》,博士學位論文,湖南大學2019年,第82頁;孫聞博:《秦及漢初"徭"的内涵與組織管理——兼論"月爲更卒"的性質》,《中國經濟史研究》2015年第5期,第92頁等。

⑥ 陳松長主編:《嶽麓書院藏秦簡(肆)》第204頁。

⑦ 陳松長主編:《嶽麓書院藏秦簡(肆)》第191頁。

"踐更""很可能是與'冗作'對舉,指稱司寇的兩種供役狀態"。① 其意見是有道理的。司寇當有較固定的所屬官署,他們雖戶籍在鄉,但仍受特定官署管理。《二年律令》158 簡有:"司寇、隱官坐亡罪隸臣以上,輸作所官。"②張傳璽認爲此"作所官""是指逃亡之前所在的勞役機構"。③《嶽麓(肆)》160 簡有"群司寇",整理小組注"群司寇:各個官府的司寇"。④ 孫聞博認爲"司寇課役不同于百姓,在尉、獄等機構從役"。⑤ 里耶秦簡有"司寇田課"。⑥ 王彦輝曾從戶籍角度指出司寇具"役戶"性質,隸臣妾具"役徒"性質。⑦ 從役戶角度似乎較好理解司寇的踐更。

　　因此,《嶽麓(肆)》017—019 簡的兩類主體當是"司寇冗作"與"司寇當踐更者"。從簡文後半句稱"當冗作及當踐更日"可知前面的"司寇冗作"指"當司寇冗作"。因此,本句是犯罪當處"司寇冗作"或"司寇踐更"者逃亡的處刑辦法,與司寇的一般逃亡處刑不同。

　　嶽麓書院藏秦簡還有關於"當工隸臣妾者亡"的規定。《嶽麓(伍)》92 簡:"・工隸臣妾及工當隸臣妾者亡,以六十錢計之,⑧與盜同法。"⑨尚未公布的嶽麓 2002 簡有"工隸臣妾及工當隸臣妾者亡,以日六十錢計之"。⑩ "工當隸臣妾者"指工犯了當處"工隸臣妾"的犯罪而逃亡。與《嶽麓(肆)》51—52 簡對比,"工當隸臣妾者"亡日錢數標準要高出十倍,體現出"工"的獨特價值和對工逃亡的更嚴屬的處罰精神。

三、犯罪後逃亡刑罰適用規則的
内容、特點及其意義

《二年律令》簡 99 有:"一人有數☐罪殹(也),以其重罪罪之。"⑪體現了秦漢時期

① 陳偉:《秦簡牘校讀及所見制度考察》,武漢大學出版社 2017 年,第 84—85 頁。

② 彭浩、陳偉、〔日〕工藤元男:《二年律令與奏讞書:張家山二四七號漢墓出土法律文獻釋讀》第 154 頁。

③ 張傳璽:《秦及漢初逃亡犯罪的刑罰適用和處理程序》,《法學研究》2020 年第 3 期,第 194 頁注(14)。

④ 陳松長主編:《嶽麓書院藏秦簡(肆)》第 167 頁。

⑤ 孫聞博:《秦及漢初的司寇與徒隸》,《中國史研究》2015 年第 3 期,第 80 頁。

⑥ 陳偉主編:《里耶秦簡牘校釋(第一卷)》,武漢大學出版社 2012 年,第 165 頁。

⑦ 王彦輝:《論秦及漢初身份秩序中的"庶人"》,《歷史研究》2018 年第 4 期,第 30 頁注(2)。

⑧ 劉欣欣認爲"1005 簡中没有説明'以日六十錢計之'很有可能是書手抄漏了'日'字"。意見可從。劉欣欣:《秦漢〈亡律〉分類集釋》,碩士學位論文,湖南大學 2017 年,第 113 頁。

⑨ 陳松長主編:《嶽麓書院藏秦簡(伍)》,上海辭書出版社 2017 年,第 70 頁。

⑩ 劉欣欣:《秦漢〈亡律〉分類集釋》第 113 頁。

⑪ 彭浩、陳偉、〔日〕工藤元男:《二年律令與奏讞書:張家山二四七號漢墓出土法律文獻釋讀》第 132 頁。

數罪處刑的一般原則，即犯數罪擇一重處罰原則。① 不過如前所述，並非所有的一人犯數罪情形都適用這一原則。如“獄未斷”時再犯罪，即已進入司法程序而未審結又犯誣告罪的情形，以及本文所討論的犯罪後逃亡，由“本罪”和“亡罪”構成數罪的情形，都遵循了先確定前罪的科斷刑，在此基礎上確定後罪刑罰的原則。

從上文的分析，可總結出已知的犯罪後逃亡的刑罰認定規則，主要包括：

當死罪亡，處死罪；

當刑城旦舂亡（包括黥城旦舂、黥劓城旦舂、黥劓斬趾等），以其罪論之；

當完城旦舂亡，處黥城旦舂罪；

當鬼薪白粲罪亡，處黥城旦舂罪；（以上據《二年律令》100 簡）

當隸臣妾、司寇亡，處黥城旦舂罪到貲罪。（《嶽麓（肆）》51—52 簡）

（另有當工隸臣妾的特殊規定，嶽麓簡 1005、2002）

犯罪後逃亡，對本罪是黥城旦舂以上罪犯來說，逃亡與否沒有影響。對當處完城旦舂以下刑的人來説，加重原則明顯，顯示出對犯罪後逃逸行爲的重罰精神，體現了秦漢律試圖以此爲威懾，抑制犯罪後逃逸行爲的立法目的。同時，規定“有罪去亡，弗會，已獄及已劾未論而自出者，爲會，鞠，罪不得減”，②對犯罪後逃亡的，給與減免或不加重的待遇，通過鼓勵自出的方式督促其儘快歸案。

準確把握“犯罪後逃亡”定罪規則的特點，對正確辨別秦漢律中“一般亡罪”和“犯罪後逃亡”的區別，對正確適用這些律文很有意義。簡牘所見秦漢一般逃亡的主要刑罰規定有如《二年律令·亡律》157 簡：“吏民亡，盈卒歲，耐；不盈卒歲，毄（繫）城旦

① 秦及漢初法律中有一種情況，專門對亡人的特定行爲規定新罪，處罰時即與原罪適用“從一重”原則，與本文討論的犯罪後逃亡追責問題不同。如：①《龍崗秦簡》17 簡：“亡人挾弓、弩、矢居禁中者棄市。”（《龍崗秦簡》，中華書局 2001 年，第 78 頁）②《嶽麓（肆）》簡 089/0168：“奴亡，以庶人以上爲妻，婢亡，爲司寇以上妻，黥奴婢（顏）頯，畀其主。”（《嶽麓（肆）》第 68 頁）③ 張家山《二年律令》168 簡：“取（娶）人妻及亡人以爲妻，及爲亡人妻，取（娶）及所取（娶），……皆黥以爲城旦舂。其真罪重，以匿罪人律論。”（《二年律令與奏讞書：張家山二四七號漢墓出土法律文獻釋讀》第 157 頁）以上三條簡文規定的犯罪行爲之實施主體均爲“亡人”（包括犯罪後逃亡及單純逃亡者，有時專指亡奴婢），亡人實施特定行爲被規定爲一個新罪，對應相應刑罰。新罪刑罰等級與原來犯罪的刑罰無關，不涉及本文討論的犯罪後逃亡引起的本罪定罪基礎上的逃亡責任追究問題。當然，上述情況處刑時也需比較前罪與新罪的刑罰輕重，如上述《二年律令》168 簡規定“其真罪重”時按真罪，即遵循的是“從一重”原則。這與本文討論的情形和適用原則不同。上述《龍崗秦簡》相關資料是經匿名審稿專家提示，筆者又列舉了類似情況簡文並予以比較説明。衷心感謝匿名專家的提示。

② 陳松長主編：《嶽麓書院藏秦簡（肆）》第 43 頁。

春，……償亡日。"①165簡："隸臣妾、收人亡，盈卒歲，毄（繫）城旦舂六歲；不盈卒歲，毄（繫）城旦舂三歲。"164簡："城旦舂亡，黥，復城旦舂。鬼薪白【粲亡，黥以爲城旦舂。不得者，皆以其罪論，命之。其自出】也，皆笞百。"②此外還有奴婢亡等多種規定，這裏不一一列舉。比較一般亡罪和犯罪後逃亡的處刑上的區別，可知，一般亡罪處刑以犯罪人原有"身份"作爲分類基本依據。如吏民、隸臣妾、鬼薪白粲、城旦舂，這些都是指逃亡者逃亡時的原有身份。而犯罪後逃亡定罪的步驟是先結合犯罪者身份，確定本罪的科斷刑，以此應當判處而没有執行的"科斷刑"，如死刑、黥城旦舂、完城旦舂、隸臣妾、司寇等爲基準，在此基礎上根據犯罪後逃亡專門定罪條款確定執行刑罰。因此當時的司法人員在適用時需注意區分選擇條款，辨明是按原身份還是按後來刑罰等級及身份來確定適用條款。

"犯罪後逃亡"定罪規則也有助於解讀"不會某刑"相關簡文。《嶽麓（肆）》《亡律》40簡："不會毄（繫）城旦舂者，以亡律論〈論〉之。"41簡："不會收及隸臣妾之耐，皆以亡律論之。"③兩簡中"以亡律論之"，是按一般逃亡行爲，還是按犯罪後逃亡處刑呢？這一點以往論者都没有提到。關於"會"，張家山漢簡《二年律令》123簡："當完城旦舂、鬼新（薪）白粲以上而亡，以其罪命之；耐隸臣妾罪以下，論令出會之。"④是說對於負罪而亡，在緝捕程序上分爲"命"和"令出會之"兩種。"令出會之"，是對逃亡者規定的投案的時限。這是對"亡罪"來説的"會"。上面《嶽麓（肆）》兩條"不會"簡，簡中有"以亡律論之"，説明簡文所涉行爲並非真正的逃亡，而是比照論處。這裏的"不會"的行爲人並未逃亡，可能是不按要求報到，或以拖延等方式逃避刑罰。注意"不會"後面所接的不是犯罪者原有身份，而是因犯罪"當"處的科斷刑。即"當繫城旦舂""當收及耐爲隸臣妾"而"不會"，與犯罪後逃亡類似。以上述《嶽麓（肆）》41簡爲例："不會收及隸臣妾之耐，皆以亡律論之。"這裏，"以亡律論之"應適用犯罪後逃亡的處刑規定，而非一般逃亡的處刑規定。應適用《嶽麓（肆）》17—19條款，即"及諸當隸臣妾者亡，以日六錢計之，（省略）與盜同法"。

《唐律疏議·捕亡》有對犯罪後逃亡的處罰，第465條："諸被囚禁，拒捍官司而走者，流二千里；傷人者，加役流。殺人者，斬；從者，絞。若私竊逃亡，以徒亡論。（事發

---

① 彭浩、陳偉、［日］工藤元男：《二年律令與奏讞書：張家山二四七號漢墓出土法律文獻釋讀》第153頁。本文中引用簡文中"省略"字樣均爲本文作者所加，省略簡文中關係不大的内容。

② 參見吳雪飛：《嶽麓簡與〈二年律令〉對讀三則》。

③ 陳松長主編：《嶽麓書院藏秦簡（肆）》第52頁。

④ 彭浩、陳偉、［日］工藤元男：《二年律令與奏讞書：張家山二四七號漢墓出土法律文獻釋讀》第141頁。

未囚而亡者，亦同）"①第 459 條："諸流、徒囚役限内而亡者（犯流、徒應配及移鄉人未到配所而亡者，亦同），一日笞四十，三日加一等；過杖一百，五日加一等。疏議曰：'一日笞四十，三日加一等，十九日合杖一百，過杖一百，五日加一等，五十九日流三千里。'"②分爲武力逃脱和秘密逃亡兩種，處罰相當嚴厲。其亡罪輕重只與逃亡的日數有關，與本罪刑罰没有關係，這與秦及漢初律不同。但在執行時會涉及與本罪刑罰的累加問題。並且犯罪後逃亡與在押囚犯逃亡的處罰相同，不像秦及漢初時期二者處刑規則存在着巨大差别。這可能是由秦及漢初的身份刑性質決定的。秦及漢初罪犯被處刑後，就在一般意義上具有了某種日常身份，特别是如隸臣妾、司寇等，在一定範圍内人身上並不受特别的限制，所以對其逃亡，只是比平民的逃亡刑罰更重一些。與犯罪後不接受裁判的罪犯逃亡性質不同。而到唐代，囚犯和未囚而亡在性質上區别不大，故逃亡的處罰規則相同。

① 岳純之點校：《唐律疏議》，上海古籍出版社 2013 年，第 457 頁。
② 岳純之點校：《唐律疏議》第 452—453 頁。

西漢銅燈自名"錠"補說[*]

趙垣燊

摘　要：目前所見，自名作"錠/定"的銅燈共有 22 件，這些銅錠的地名主要集中在今山東、河北一帶，鑄造時間爲西漢早中期，可能與王國所屬工官鑄造有關。聯繫漢代典籍文獻以及銀雀山漢簡、齊陶文等內容，西漢銅燈自名"錠/定"的原因應與趙、齊方言相關。

關鍵詞：西漢　銅燈自名　錠　方言

西漢銅燈一般自名作"鐙/登"，如平陽家銅鐙（《漢金》3.22）、建昭三年雁足鐙（《陝金》0981）、滎陽宮銅行燭登（《陝金》0743）等。[①] 另外，還有一小部分銅燈可自名作"錠/定""釘""豆""薄"和"鑘"。[②]

古人很早就提出"錠"與常見的"鐙"是有區別的。如徐鉉校訂《説文》時云："錠中置燭，故謂之鐙。"《急就篇》顏師古注曰："無柎者曰錠，柎，謂下施足也。"《廣韵》卷四"錠"字下云："豆有足曰錠。"然而，1968 年發現的滿城漢墓出土一批銅燈中，無論有無附足或置燭釺，均自名作"錠"，可證銅燈自名爲"錠"與器物的形制無關。不少現代學

---

*　本文是國家社科基金重大項目"先秦出土文獻地理資料整理與研究及地圖編繪"（18ZDA176）、"出土兩漢器物銘文整理與研究"（16ZDA201）、國家語委重大項目"出土文獻典型資料分類整理與解讀研究"（YWZ‐J015）的階段性成果。論文在寫作的過程中，先後得到吳良寶、任家賢、孔令通、何鳴飛、何義軍、董笛音等師友的指點和幫助，匿名審稿專家也提供了修改意見，謹致謝忱。

①　容庚編著《漢金文録》、張天恩主編《陝西金文集成》以及中國社會科學院考古研究所、河北省文物管理處編《滿城漢墓發掘報告》，本文分別簡稱作《漢金》《陝金》《滿城》。

②　參看謝明文：《談談豆形器的自名以及它與燈名的關係——以出土資料爲中心》，《出土文獻綜合研究集刊》第 14 輯，巴蜀書社 2021 年，第 1—28 頁。

者據滿城漢墓所出銅燈便認爲"鐙""錠"通用無別,未對銅燈自名作"錠"的原因作解釋。[1] 最近,謝明文認爲銅燈中自名"錠/定"是承襲自春秋時期齂子鉦的自名"鉦"。[2] 然而齂子鉦的出土信息和國名(或氏族名)不可確考,謝先生的觀點還需要更多材料證明。事實上,朱芳圃很早就提出銅燈自名"錠"與方言有關,不過限於當時的材料,朱先生並未對此展開説明。[3] 本文受朱先生的啓發,重新討論目前所見西漢自名爲"錠"的銅燈,並對西漢銅錠自名的原因作補充説明。

一、西漢銅錠的地域性及時代性

目前所見,剔除疑僞器,[4]自名作"錠/定"的銅燈共有 22 件。其中,以滿城漢墓所出最爲集中,共 11 件,分別是:四件栛林明堂銅錠、兩件中山宦者銅錠、兩件銅厄錠、銅拈錠、銅槃錠、當户錠。[5] 近年,江西海昏侯漢墓出土有昌邑宦謁燭銅定和李姬家銅定。[6]

還有一些"某某家"銅燈和宮室銅燈自名作"錠/定"。如陽信家銅錠(《陝金》1159)、兩件曲成家銅錠(《漢金》3.35—36)、枸家銅定、[7]筑陽家銅錠(《漢金》3.34)、橐邑家銅錠(《漢金》3.37)、苦宮銅定(《漢金》3.16)。漢代銅器銘文中以"某某家"相稱者既有列侯,也有公主、王后等。錠銘"陽信""曲成""枸"分別指陽信長公主、[8]曲成侯、

① 葉小燕:《戰國秦漢的燈及有關問題》,《文物》1983 年第 7 期,第 85 頁;吳杏全:《滿城漢墓出土之燈具研究》,《文物春秋》2009 年第 1 期,第 59 頁。

② 謝明文:《談談豆形器的自名以及它與燈名的關係——以出土資料爲中心》第 7 頁。

③ 朱芳圃:《鐙錠考》,原載《國立河南大學學術叢刊》1943 年第 1 期;收入《朱芳圃文存》,江蘇人民出版社2018 年,第 222 頁。

④ 《漢金》著録的臨虞宮錠(3.24)、汲□家錠(3.36)、駘蕩宮高錠(3.20)、車宮錠盤(3.19)、内者行錠(3.28)和《小校經閣金石文字》著録的曲成家錠一(11.100),銘文刻寫纖弱、模糊,銘文真僞性存疑(參看羅福頤:《商周秦漢青銅器辨僞録》,《古文字研究》第 11 輯,中華書局 1985 年,第 243 頁)。現藏陝西歷史博物館的王陽家當户錠,韓建武、胡薇《幾件僞銘銅器的考釋》(《文博》2015 年第 4 期,第 58 頁)已指出是僞銘。

⑤ 中國社會科學院考古研究所、河北省文物管理處編:《滿城漢墓發掘報告》,文物出版社 1980 年,第66—74 頁。

⑥ 南昌漢代海昏侯國遺址博物館編:《金色海昏——漢代海昏侯國歷史與文化展》,文物出版社 2020 年,第42—43,117 頁。

⑦ 刁淑琴:《西漢枸家銅燈銘文考略》,《四川文物》2011 年第 5 期,第 53—54、96 頁。按,原文所附定銘的釋文有誤,銘文應爲"枸家銅燭定,高八寸,重七斤十二兩"。

⑧ 負安志:《談"陽信家"銅器》,《文物》1982 年第 9 期,第 18—20 頁。

枸侯。史書未見西漢時期有築陽侯國、橐侯國,故"築陽"和"橐邑"爲王室成員的湯沐邑可能性較大。苦宫銅定中的宫室名"苦宫",文獻未見,吴鎮烽認爲該宫室是郡縣的離宫,具體地望待考。[①]

此外,傳世器王氏銅志燭錠(《博古圖》18.41)應是私人所用器物;1974 年河北隆化城關鎮饅頭山漢墓出土一件大高銅定,"大高"爲器主標識。[②] 以上兩器因銘文不見紀年和地名,下文不作討論。

下面筆者從銅錠的地名地望和鑄造時間兩方面内容進行論述。

從銅錠的地名地望看,西漢銅錠所見地名多集中在今河北、山東一帶,[③]表明自名作"錠"存在一定的地域性。這種現象還可與 1941 年在長沙發現的圌翁主釭鑑相聯繫。從采集地點以及器物形制看,圌翁主釭鑑應是西漢時期長沙地區所造。[④] 謝明文認爲銅燈自名"鑑"或與豆形器自名"登"有關,舉出《詩經·周南·關雎》"輾轉反側"之"輾"和馬王堆帛書《五行》作"婐"的例子,説明"展"聲字與"关"聲字可發生關係,在時代與地域兩方面都有一致性,可能不是偶然的。[⑤] 其説可從。

銅錠所見地名集中在今河北、山東一帶,可能與這類器物是王國所屬工官鑄造有關。目前所見,自名爲"錠/定"的銅燈未見由中央王朝所屬工官鑄造。[⑥] 西漢時期,王國工官擁有鑄造銅器的權力。如長沙地區發現不少"長沙元年造"的銅器,[⑦]器物由長沙國所造,有關"長沙元年"的具體時間尚不明確。又如,昌邑國也有鑄造銅器的權力。上舉昌邑宦謁燭銅定銘文爲:

①　吴鎮烽:《漢代金文所見宫觀叢考》,《陝西歷史博物館館刊》第 13 輯,三秦出版社 2006 年,第 122 頁。

②　杜江:《河北隆化發現西漢墓》,文物編輯委員會編:《文物資料叢刊(4)》,文物出版社 1981 年,第 228—229 頁。此蒙匿名審稿專家提示,謹致謝忱。

③　陽信,在今山東無棣縣北;曲成,今地無考,應位於中山國附近;枸,在今山東莒縣附近;橐邑,在今山東微山縣西北;筑陽,在今湖北穀城縣東北,該器或與銅器買賣有關,詳見後文。

④　查瑞珍:《圌翁主釭鑑》,《文物》1979 年第 7 期,第 92—93 頁。

⑤　謝明文:《談談豆形器的自名以及它與燈名的關係——以出土資料爲中心》第 16 頁。

⑥　《漢金》著録的臨虞宫錠(3.24),銘文明言器物是在元延二年由中央屬官所造。然而錠銘中"守"一職值得懷疑。漢代考工官署中既有"守+職官名",也有"機構名/郡縣名+守",但是並無職官單稱"守"的例子。或可將銘文斷作"守宫令相省",然而文獻所載"守宫令"一職最早見於東漢,西漢是否已置該職官存疑。與同書著録的其他三件臨虞宫鐙比較(3.23—24),該器銘文刻寫生硬,綫條纖弱,燈銘應是仿真器改動部分文字而成。

⑦　參看周世榮:《湖南戰國秦漢魏晋銅器銘文補説》,《古文字研究》第 19 輯,中華書局 1992 年,第 200、206 頁;長沙市文物考古研究所、望城縣文物管理局:《湖南望城風篷嶺漢墓發掘簡報》,《文物》2007 年第 12 期,第 21—41 頁。

昌邑宦謁燭定,重六斤十四兩。二年造。

銘文"昌邑"即昌邑王國。同墓所出的昌邑食官器物,銘文刻有明確的紀年"昌邑二年造",[①]因而燈銘紀年"二年"應是"昌邑二年"的省寫。昌邑王國存續時間是天漢四年(前97年)至昭帝元平元年(前74年),曹斌推測這批器物鑄造時間是武帝太始元年(前96年)或昭帝始元三年(前84年)。[②]該器的鑄造地應在昌邑國國都昌邑(治今山東巨野縣東南)。此外,李姬家定也出土於海昏侯墓中,該器是由昌邑國工官所造的可能性較大。

在滿城漢墓所出器物中,也有明確是中山國鑄造的銅錠。如:

(1) 中山宦者常浴銅錠,重三斤十二兩。卅二年,第廿五,盧奴造。

(《滿城》編號 1：4113)

(2) 栜林明堂銅錠,重三斤八兩,高八寸。卅四年,鍾官造,第二。

(《滿城》編號 1：4114)

例(1)中地名"盧奴"是銅錠製作地,在今河北定州市,該地也是中山國的治地所在。例(2)中職官"鍾官"當屬中山國少府,[③]有鑄造器物和鑄錢等職能。濟南市博物館藏有一枚漢封泥"齊鍾官長",[④]亦可證王國內部設有鍾官一職。

需要注意的是,雖然滿城漢墓所出的大部分器物是由中山國所屬工官鑄造,但是有一小部分銅器與買賣、轉送有關。如中山內府銅鈁(《滿城》編號 1：4327)"中郎柳市雒陽"、中山內府銅銷(《滿城》編號 2：4106)"郎中定市河東",兩器分別購於河南郡雒陽縣、河東郡;御銅金雝瓹是中山國御用器,銘文中"趙獻"即趙國所獻的意思。[⑤]另外,"某某家"銅錠銘文未記錄器物製作者的信息,有關侯國內部是否擁有鑄造銅器的

① 參看曹斌:《西漢海昏侯劉賀墓銅器定名和器用問題初論》,《文物》2018年第11期,第74、78頁;江西省文物考古研究院、中國人民大學歷史學院考古文博系:《江西南昌西漢海昏侯劉賀墓出土銅器》,《文物》2018年第11期,第12—14頁。

② 曹斌:《西漢海昏侯劉賀墓銅器定名和器用問題初論》第78頁。按,海昏侯墓還有出土一批無紀年的"昌邑"銅器,其鑄造時間在元平元年(前74年)至元康三年(前63年)之間,目前無法證實這批"昌邑"銅器是昌邑國的工官所造。

③ 《漢書·百官公卿表》載水衡都尉下有鍾官,水衡都尉設置於武帝元鼎二年,在此之前鍾官歸少府中的樂府管轄。由於王國未曾設水衡都尉,故鍾官仍屬少府。

④ 李曉峰、楊冬梅:《濟南市博物館藏漢代齊國封泥考略》,《漢代考古與漢文化國際學術研討會論文集》編委會編:《漢代考古與漢文化國際學術研討會論文集》,齊魯書社2006年,第420—421頁。

⑤ 李學勤:《漢代青銅器的幾個問題——滿城、茂陵所出金文的分析》,原載《文物研究》1986年第2期;收入《李學勤集——追溯·考據·古文明》,黑龍江教育出版社1989年,第393—405頁。

權力尚未明確，①因而筆者認爲這類器物也是與轉送、買賣相關。如陽信家鏖甂、釜、盆銘文均有"奉主買邯鄲"，②陽信公主所用器物有部分是定購自邯鄲；博邑家銅鼎（《漢金》1.3）"河東平陽造"、敬武主家銅銚（《漢金》4.13）"河東造"，博邑、敬武侯國分別地處今河北趙縣、山東泰安市東南，所用器物來自河東郡。總言之，有關"某某家"銅錠和苦宮銅定的置用地多集中在今河北、山東一帶，至於器物的鑄造地尚不能確定。

　　從銅錠的鑄造時間看，自名爲"錠/定"的銅燈時間下限是苦宮銅定所刻的"昭帝始元二年（前85年）"（昌邑宦謁燭銅定的紀年"二年"尚未有定論），多數銅錠的鑄造時間集中在西漢早中時期。如滿城墓葬的下葬時間在漢武帝太初元年之前，因而墓中所出銅錠的鑄造時間不會晚於武帝太初元年。又，前文所舉"某某家"銅錠的鑄造時間均不晚於昭帝以後。如豐州指出武帝之姊陽信長公主應生於文帝時期，至武帝元朔年間尚存；曲成侯、栒侯的受封時間均不晚於武帝時期；③筑陽家銅錠和橐邑家銅錠銘文雖然沒有明確的年代信息，但是銘文的刻寫時間應不會晚至宣帝時期。④

　　武帝時期，頒布"推恩令"，削弱諸侯王的勢力，同時中央王朝加強鹽鐵及鑄幣權的控制，銅器的生產經營方式也出現變化。目前所見，西漢中晚期的銅器多由中央所屬考工、中尚方、少府等機構，以及河東等地方郡縣所造，尚未明確發現王國工官所造器物。⑤　這可能與當時王國勢力被削弱，諸侯王退出銅器生產領域有關，因而自名作

①　另外，汝陰侯鼎（《漢金》1.9）"女陰庫守沂工□造"、汝陰侯燈"女陰庫己工□造"，僅能説明侯國内設置有工官機構。有關侯國工官的歸屬目前衆説紛紜，尚無定論。參看孔令通：《出土文獻所見西漢時期職官材料整理與研究》，博士學位論文，吉林大學2021年，第612—613頁。

②　負安志：《談"陽信家"銅器》第19頁。

③　西漢曾兩次分封曲成侯、栒侯（參看馬孟龍：《西漢侯國地理》（修訂本），上海古籍出版社2021年，第467、475、536、546頁）。銘文中的"曲成"第二次分封可能性更大。因爲第一次所封的曲成侯，在高后二年已更封爲夜侯。銘文中的"栒侯"可能是第一次分封。因爲第一次受封時間從高帝八年，廢除於景帝中元年，前後共五十三年。而第二次受封時間甚短，僅有四年（武帝元鼎元年至五年）。

④　從銘辭格式看，兩件銅燈未見物勒工名，與栒家銅定、曲成家銅錠相似。目前所見，可明確爲西漢早中期王國、侯國所用器物的銘辭格式多與這兩件銅燈相似。如江蘇大雲山西漢墓所出西漢中期"江都宦者"諸器，南皮侯家鼎、鐘（《漢金》1.22、2.19）、土軍侯燭豆（《漢金》3.34）等。

⑤　參看吳小平：《漢代青銅容器的考古學研究》，嶽麓書社2005年，第283—288頁。

"錠/定"的銅燈多集中在西漢早中期。①

二、西漢銅燈自名"錠/定"的原因

上古音"燈""鐙"屬端母蒸部,"錠"屬定母耕部,聲紐均爲舌音,但兩者韵部不近。② 雖然典籍中有耕部字和蒸部字相轉的異文材料。如《儀禮·文王世子》"承我宗事",《荀子·大略》引"承"作"成";《老子》"九層之台",《吕氏春秋·音初》引"層"作"成";《太玄·從·次三》"人不攻之,自然證也",司馬光集注言"證"當作"正"。但是兩漢韵部中,耕、蒸兩部也未出現相合的情況。③ 因而,耕部字的"錠"與蒸部字的"燈""鐙"能否直接相通值得懷疑。

漢代文獻可舉出一些蒸耕合韵的例子,依照當地的方言讀起來是相協的。如《易林》既濟之坤云:"陽春生草,萬物盛興。""生"是耕部字,"興"是蒸部字,兩字合韵。該書成書於兩漢之際,是涿郡安平人崔篆所作,所代表的方音是漢代涿郡的音,該書也可作爲考察漢代趙魏方音的材料。④ 又,《淮南子·精神》云:"乃性仍仍然。"高誘注:"仍仍或作聆聆。""仍"爲蒸部字,"聆"爲耕部字,而高誘是漢末涿郡人,他注解古書時所揭示方言現象多從文本和自身經歷出發,大多數可視作漢武帝至建安十七年間的方言現象,⑤此處注解或與趙魏方言有關。若從地理方位看,西漢時涿郡地近中山國,轄域主要位於今河北東南一帶。

銀雀山西漢簡牘出土於今山東臨沂市市區,這批簡牘的抄寫者應是齊人,文本帶

---

① 陝西武功縣出土一件陽邑燈(《陝金》1023),據銘文可知該器是漢元帝初元元年"陽邑"向河東定做的。整理者以爲地名"陽邑"是指《漢書·地理志》太原郡陽邑縣。然而,目前未見漢金文中有漢縣定器的其他例子,"陽邑"是指湯沐邑而非縣名。敬武主家銅銚(《漢金》4.13)、博邑家銅鼎(《漢金》1.3)也是漢元帝時期今河北、山東地區的湯沐邑向河東定製器,"陽邑"可能也是指《續漢書·郡國志》中山國蒲陰縣(治今河北順平縣東南)的陽城,與太原郡陽邑縣屬同名異地的關係。陽邑燈中的自名"![]"字,匿名審稿專家認爲釋爲"錠"的可能性很大,若此則表明西漢晚期仍有銅燈自名"錠",不過仍與本文所言銅燈自名"錠/定"的區域在河北、山東一帶不矛盾。今按,該字右部刻寫不清,是否爲"錠"字闕疑,故本文暫不歸入自名"錠/定"的銅燈中。

② 王兆鵬《戰國楚簡帛韵部親疏關係研究》(中國社會科學出版社 2021 年,第 73—74 頁)舉出戰國楚簡帛中有耕、蒸相通的例子,然而所舉例子值得商榷。如簡牘地名鄭、鄝,本字尚不明確,不能確定所屬韵部;王弼本《老子》成書複雜,不能作爲上古耕蒸相通的主要依據。

③ 參看羅常培、周祖謨:《漢魏晋南北朝韵部演變研究》第 1 分册,科學出版社 1958 年,第 16—44 頁。

④ 參看丁啓陣:《秦漢方言》,東方出版社 1991 年,第 53 頁。

⑤ 華學誠:《周秦漢晉方言研究史》,上海人民出版社 2014 年,第 302—303 頁。

有齊方言的特徵。① 其中《論政論兵之類·奇正》篇存在用韵情況,簡 1179 云:"有<u>形</u>之徒,莫不可<u>名</u>。有<u>名</u>之徒,莫不可<u>勝</u>。""形""名"是耕部字,"勝"是蒸部字,此處應是蒸耕合韵之例。又,今本《晏子春秋》記録春秋時期齊國晏嬰的言行,其中"莊公不用晏子致邑而退後有崔氏之禍第二"章有"君民者豈以陵民"一語,該句又見於銀雀山漢簡《晏子》篇簡 593,作"夫君人者幾以泠民"。駢宇騫認爲"泠"和"陵"二字音近可通,不過兩字聲紐雖均屬來紐,韵部並不接近。② 筆者認爲簡牘中用耕部字"泠"表示蒸部字"陵",亦是受齊方言的影響。

2003 年在今山東新泰市城區發現的戰國時期齊陶文,其中有几方"平 陳得"陶文。"平"下一字作"<img_placeholder>"形,過去釋作"倉""陰"等,顯然與齊文字相關字形不類,不可信從。張振謙、李家浩均指出此字應釋作"隃(阹)","平阹"實爲地名"平陵",地在今山東濟南市歷下區。③ 可從。李先生對"阹""陵"二字的關係未展開説明,而張先生論述"阹"可讀爲"陵"時,所舉均是輾轉相通的例子。事實上,前文所舉《晏子》亦見用"泠"字表示"陵"字,而"泠""阹"二字聲符相同,則齊陶文用"泠"表示"陵"字亦可説通。

以上例子所反映語音現象均在今河北、山東一帶,與西漢銅錠所見地名相符,因而筆者認爲銅燈自名作"錠"與齊、趙方言有關。④ 據揚雄《方言》的劃分,漢代齊方言和趙方言分屬不同的方言區,趙方言核心區在戰國趙都邯鄲一帶,齊方言核心區在齊都臨淄一帶。從方言地理角度看,政區的變動、人口的流動和交流等因素,也會導致不同方言區之間有所聯繫。《方言》記録有齊、趙方言並舉的例子,其云:"拡摸,去也。齊、趙之總語也。"今河北東部正是齊、趙兩方言區的邊緣區,⑤而自名"錠"的銅燈可以爲趙、齊方言之間存在聯繫提供例證。⑥ 同時,戰國中晚期齊國北部與趙國東部交界

---

① 參看趙誠:《臨沂漢簡的通假字》,《音韵學研究》第 2 輯,中華書局 1986 年,第 17—26 頁;汪啓明:《臨沂漢簡〈孫臏兵法〉韵例》,《曲靖師範學院學報》1992 年第 4 期,第 29—32 頁。

② 駢宇騫:《晏子春秋校釋》,書目文獻出版社 1988 年,第 64 頁。

③ 張振謙:《新泰陶文陳得考》,《戰國文字研究》第 2 輯,安徽大學出版社,第 96—98 頁;李家浩:《關於上博楚簡〈君人者何必安哉〉"云菡"釋讀的一點意見——爲紀念朱德熙先生誕辰百年而作》,《出土文獻》2020 年第 4 期,第 66 頁。

④ 北大漢簡《老子》簡 88 載"以陳﹙陣﹚爲正",而王弼本、馬王堆帛書本《老子》皆作"以戰則勝"。雖然北大本用耕部字"正"表示蒸部字"勝",但是關於北大本《老子》的文本來源目前尚未有定論,此處是否與齊、趙方言相關有待證實。

⑤ 參看高光新:《從〈方言〉看西漢時期的河北方言》,《唐山師範學院學報》2010 年第 6 期,第 14—17 頁。

⑥ 總體而言,漢代趙方言與魏、燕代方言接觸較多,而與其他方言接觸較少,這可能與當時的交通有關。參看李恕豪:《揚雄〈方言〉與方言地理學研究》,巴蜀書社 2003 年,第 102—110 頁。

便在河間地區,齊、趙兩地的交流主要集中在今河北東部。近年所出的里耶秦簡⑯12號木牘記載了秦代高陽(治今河北高陽縣)到宜成(治今河北清河縣以南至山東臨清市之間)的郵驛路綫,是齊、趙區域内物質文化交流的重要孔道。① 該道路也可能存續至漢代,作爲各王國之間交流的重要通道。

目前所見銅錠的地名分布在山東各地,而分布在河北地區的集中在今河北東部一帶,從方言詞語的滲透方向看,這可能是齊方言向趙輸出的結果。歷史上齊國在建國之初便重視發展工商業,《漢書·地理志》云:“太公以齊地負海舃鹵,少五穀而人民寡,乃勸以女工之業,通魚鹽之利,而人物輻湊。”戰國至漢代,齊地工商業已高度發展,其時臨淄已發展爲商品貿易、文化中心。② 因而,齊方言隨着齊文化向北擴張時影響到趙方言北部區域的可能性也是存在的。

附帶一提,館陶家銅燈(《漢金》3.37)、隆慮家銅燈(《漢金》3.31)銘文自名作“釘”,而“錠”“釘”音近相通,古文字“定”亦可從丁聲。燈銘“館陶”應指文帝之女長公主劉嫖的封邑,地在今河北館陶縣。西漢有隆慮侯和隆慮公主,受封時間不晚於武帝時期,地在今河南安陽市。“錠”“釘”在時代和地域方面均有一致性,自名作“釘”也可能與齊方言有關。

---

① 張春龍、龍京沙:《里耶秦簡三枚地名里程木牘略析》,《簡帛》第 1 輯,上海古籍出版社 2006 年,第 265—274 頁;林獻忠:《里耶秦簡道路里程簡所見“燕齊道路”》,《中國歷史地理論叢》2017 年第 1 輯,第 57—61 頁。

② 參看楊寬:《戰國史》(增訂本),上海人民出版社 2016 年,第 128—129 頁;盧雲:《漢晋文化地理》,陝西人民教育出版社 1991 年,第 41、88 頁。

虎溪山漢簡《食方》字詞零札 *

陳　寧

摘　要：虎溪山一號漢墓所出《食方》中有若干疑難字詞值得進一步探討。其中，"漬析榣澗／漬析桜澗"可與北大漢簡《醫方》"簡析"對觀，皆爲淘米的若干動作；"烝徹上"應指蒸氣向上冒氣使食物更快變熟；簡 51 的"渝"應爲"淪"的訛字，當讀爲"掄"，表示挑選之義；"瀤洒"應釋爲"謹洒（洗）"，與"苦洒（洗）"分別表示"仔細地"和"用力地"清洗。《食方》還有若干與烹煮方式、食物形態相關的難字，"芮"疑表示混製的一種食物或混製的烹煮方式；當釋作"爲某臁方"中的"臁"或爲"腾"字的訛寫，表示少汁的肉羹。

關鍵詞：《食方》　動、副詞　烹煮方式　食物形態

　　虎溪山一號漢墓位於湖南省沅陵縣城關鎮西，1999 年經湖南省文物考古研究所搶救性發掘而重見天日。墓葬所在的沅陵縣在秦至漢初先後分屬洞庭、武陵二郡，高后元年（公元前 187 年）長沙王子吳陽被封爲沅陵頃侯，即一號漢墓的墓主。① 墓室的北邊箱出土一批食方簡，因殘朽嚴重，出土時無一支整簡。殘簡共三百餘片，據整理者介紹，竹簡完整時長 46、寬 0.8、厚 0.1 釐米，且有三道編繩，內容與食物的烹調加工相關。② 學界關於簡文內容理解的討論非常熱烈，不少問題還待進一步深究。本文擬圍繞《食方》中的一些字詞，在學者研究基礎上試作探討，不當之處，請教於方家。

＊　本文得到"武漢大學歷史學院研究生科研創新基金"資助。

① 　湖南省文物考古研究所編著：《沅陵虎溪山一號漢墓》，文物出版社 2020 年，第 154 頁。

② 　湖南省文物考古研究所編著：《沅陵虎溪山一號漢墓》第 117 頁。

一、漬析榣澗/漬析楺澗

　　《食方》簡文中記述對生米的處理時常用動詞組合"漬析榣澗/楺",相關簡文列於下：

　　(1) ☐斗,漬析榣澗之,令清如水└,漬置以手☐☐4①

　　(2) ☐漬析榣澗之,令清如水,漬置有頃└,以手☐其米,阿然,浚裝之。偏烝,反之復烝,緤(揲)出置盎出中,以水一升脩└。復裝烝,反之復烝,緤(揲)出置二幅素☐6②

　　(3) 取穤米一升,漬析榣澗之,令清└。99

上列與"漬析榣澗"相關的簡文中,簡4與簡6據所見簡文可知記録内容當相似,簡4殘段的缺文應與蒸煮米飯相關。"漬析楺澗"所處句式與"漬析榣澗"大致相同：

　　(4) ☐斗,漬析楺澗之,令清如水,└漬置以手☐3

　　(5) 半斗,漬析楺澗之,令清如水,漬置以手排☐197

　　(6) 二　爲中黃飯方,取水一斗,漬析楺澗之,令☐☐198

　　(7) 三　穤黃飯方,取中黃米大半斗,漬析楺澗之☐199

從簡198、199内容可知,"漬析楺澗"與"漬析榣澗"大意相當,均爲表示清洗生米的過程。"漬"爲"浸泡"義,《説文》水部："漬,漚也。"段注："謂浸漬也。"在早期醫藥的炮製過程中,也常見"漬"的環節,如武威旱灘坡醫簡簡47："漬以淳(醇)酒五升。"③即指用醇酒浸泡。析,應讀爲"淅",與"漬"大意相近。《孟子·萬章下》："接淅而行。"趙岐注："淅,漬米也。"④但相比於"浸泡",淅更强調汰除過濾之義。如《説文》水部："淅,汰米也。"《齊民要術·煮糗》："斷箕漉出滓。"繆啓愉校語認爲"斷箕"不可解,疑是"淅

---

① 湖南省文物考古研究所編著：《沅陵虎溪山一號漢墓》第145頁,本文所列《食方》簡文、圖版均轉録於該書,標點由筆者根據理解所加。若對簡文内容有改動,文中會另出注説明。

② 雷海龍先生提示,"緤"讀爲"揲",義爲取出,於義更協。今采其説。

③ 甘肅省博物館、武威縣文化館合編：《武威漢代醫簡》,文物出版社1975年,第7頁。本文所引武威漢代醫簡材料均出自該書,不另注。

④ 十三經注疏整理委員會整理：《孟子注疏(十三經注疏)》卷一〇《萬章》,北京大學出版社2000年,第316頁。

箕”之誤,淅箕即淘米箕。① 榣,應讀爲摇。兩字在出土簡文中相通例子頗多不備舉。②此處應理解爲摇晃沉澱,是清除米垢的步驟。澗,有研究者指出讀爲“瀄”,義爲淅米。③ 此處“澗”似宜讀爲“簡”,《北京大學藏秦代簡牘·醫方》記有:“腸辟取稻米善簡析。”④方勇先生指出“簡”當爲選擇之義。⑤ “簡”在文獻中訓爲“選擇”義常見,如《戰國策·秦策一》“蘇秦始將連横”章:“簡練以爲揣摩。”鮑彪注:“簡,猶擇也。”⑥銀雀山漢簡《孫臏兵法·官一》簡 415 亦見“簡練”:“澗(簡)練剽便,所以逆喙也。”整理者將“澗練”讀作“簡練”,解釋爲“選拔”。⑦ 依此,簡 6 中的“澗”亦可理解爲“簡選”,爲淘米過程中挑出污物的環節。故“漬析榣澗”可視爲淘清生米的若干步驟:浸泡汰除,摇晃簡選。其中漬淅代表相對静態的清淘方式,而榣(摇)澗(簡)則爲相對動態的方式。北大秦簡《醫方》中“簡析”一詞應爲整個淘洗過程的概稱,達到的效果則爲簡選汰除生米的污垢。另外,“漬析榣澗”在《食方》簡 3、197、198、199 中又作“漬析核澗”,對比所在的簡文語境,兩詞表示的意義當相近。有研究者提出核可能讀爲釋,訓爲淘汰。⑧此説大致可從。核,從炙得聲,古音爲章母鐸部,釋的古音則是書母鐸部。兩字的聲紐皆爲舌音,韻部相同,故可相通。“釋”的字義與淘米過秤亦有關,《詩經·大雅·生民》:“釋之叟叟,烝之浮浮。”毛傳:“釋,淅米也。叟叟,聲也。”⑨“釋之叟叟”用來形容淘米時所發出的聲音,可知“核(釋)澗”與“榣(摇)澗(簡)”均可視作動態

---

① (後魏)賈思勰著,繆啓愉校釋,繆桂龍參校:《齊民要術校釋(第 2 版)》卷九《煮糗》,中國農業出版社 1998 年,第 642—643 頁。

② 白於藍編著:《簡帛古書通假字大系》,福建人民出版社 2017 年,第 647—648 頁。

③ 見網友“gefei”於 2021 年 3 月 19 日在簡帛論壇《〈沅陵虎溪山一號漢墓〉初讀》39 樓的發言,http://www.bsm.org.cn/forum/forum.php?mod=viewthread&tid=12681&extra=&page=4。本文所涉簡帛論壇討論部分均出自《〈沅陵虎溪山一號漢墓〉初讀》。

④ 北京大學出土文獻研究所編:《北京大學藏秦代簡牘書迹選粹》,人民美術出版社 2013 年,第 39 頁。

⑤ 方勇:《北京大學藏秦代醫簡校讀札記(四則)》,《古文字研究》第 33 輯,中華書局 2020 年,第 459 頁。

⑥ 諸祖耿編撰:《戰國策集注匯考(增補本)》,鳳凰出版社 2008 年,第 119、133 頁。

⑦ 銀雀山漢墓竹簡整理小組:《銀雀山漢墓竹簡(壹)》,文物出版社 1985 年,“釋文注釋”部分第 69、71 頁。按,此處“簡”與“練”應皆訓爲選擇,銀雀山漢簡《十問》簡 1564“材(財)士練兵”,整理者注釋“練兵”爲“經過簡選的士兵”即爲例證。見銀雀山漢墓竹簡整理小組編:《銀雀山漢墓竹簡(貳)》,文物出版社 2010 年,第 193、195 頁。“簡”與表示選擇的字組成同義複詞的情況還可見馬王堆帛書《明君》行 12/415:“材(裁)巽(選)海(海)内之衆,簡令(遴)天下之材瑣焉。”見裘錫圭主編:《長沙馬王堆漢墓簡帛集成(肆)》,中華書局 2014 年,第 109 頁。

⑧ 見“gefei”於 4 月 16 日在論壇 79 樓的發言。

⑨ 十三經注疏整理委員會整理:《毛詩正義(十三經注疏)》卷一七《生民》,第 1260 頁。

淘洗生米的環節。值得注意的是,"漬析榣/核澗"代表淘米的整體過程,五字所具意涵相近,難以截然劃分爲五個不同的事項動作,段注《説文》水部"淅"字云:"凡釋米、淅米、漬米、汱米、潚米、淘米、洮米、漉米、異稱而同事。"則可説明五字渾言可通,俱可視作淘米步驟。

二、烝徹上

"烝徹上"常出現在蒸煮食物的過程中,相關簡文如下:

(8) ☐裝之,令黍一[梯]棗膏一柂蓋以巾,烝徹上。反之復烝,緤(揲)出置巾上,以手排去其大氣而成└,爲☐ 11

(9) ☐蓋以巾,令其烝徹上,即緤(揲)出置巾上,以手排去其大氣而成爲飯二斗 12

吳桑認爲"徹上"表示"反之復烝"前將素巾拿去。① 但簡 12 中所見"烝徹上"後文未記"反之復烝",故吳文對"徹上"的理解則失去前提。且"蓋以巾"與"烝徹上"之間用"令"字,表明前者是後者的條件,後者是前者的效果。這提示在簡 11 中"烝徹上"應與前句"蓋以巾"構成邏輯關係,而非後句"反之復烝"。其次,依據生活常識,蒸煮時用布巾覆蓋食物,顯然利於保存蒸氣,使之更易蒸熟。據學者研究,漢代以釜、甑搭配蒸飯,甑底多有密孔使釜中蒸氣得以順利進入甑器中。從出土的炊具中還可見釜、甑、盆諸器的組合,盆蓋於甑上亦爲保存熱量。②《食方》所記的"蓋巾",應即起到盆的作用,無論是初次蒸煮還是重復蒸煮時,似都不應撤掉覆巾。烝,《説文》火部:"火氣上行也。"《集韵》:"氣之上達也。"皆説明"烝"可理解爲煮食時的蒸氣。徹,《説文》攴部:"徹,通也。"文獻中常見此類用法,如馬王堆竹簡《十問》簡 32:"以瘛(徹)九竅,而實六府。"③銀雀山漢墓竹簡《善者》簡 1158—1159:"善者四路必瘛(徹),五動必工。"④其中"徹"皆爲"通"義。"烝徹上"是講蒸煮時的熱氣垂直向上冒起,能圍包蒸器上的食物——農書中常見的"氣餾"環節——使之更快地變熟可食。夏德安(Donald Harper)先生將其譯爲"cover with cloth. Let it steam until (vapor)

---

① 吳桑:《虎溪山漢簡"爲飯方"流程復原》,簡帛網 2021 年 4 月 12 日,http://www.bsm.org.cn/?hanjian/8387.html。下文在引述該文觀點時,爲稱引方便簡稱"吳文",且不另注。

② 孫機:《漢代物質文化資料圖説(修定本)》,中華書局 2020 年,第 407—413 頁。

③ 裘錫圭主編:《長沙馬王堆漢墓簡帛集成(陸)》,中華書局 2014 年,第 143 頁。

④ 銀雀山漢墓竹簡整理小組編:《銀雀山漢墓竹簡(貳)》"釋文注釋"部分第 152 頁。

penetrates the top",①大意爲用布蓋住，然後蒸煮，直至蒸氣滲透到炊器頂部。譯文對簡文的理解是正確的。

三、渝

《食方》簡文在記載蒸煮肉菜的過程中，在"潰"後接寫"渝"字，全文僅見一處：

（10）洎肉，富之潰，渝擇韭若□□……☐51

有學者指出其爲"盈溢"義，或"渝"爲"瀹"的誤字。② 首先，若將"渝"解爲"溢"，"潰渝"則理解爲"沸溢"，指煮沸後滿溢的狀態。但依《食方》辭例，"潰"後不接形容煮沸狀態的字詞，"沸溢"之說不符合《食方》的用語習慣。故"渝"字當屬下讀。其次，渝與瀹字在字形上有所差異，特別是後者三口形特徵明顯，需要更多的文獻字例來證明兩字混寫的觀點。與其將"渝"視爲"瀹"的訛寫，不如看作"淪"字的混寫。劉樂賢、鄭邦宏先生已經論證"渝""倫"在文獻中訛混的可能性，③新近刊布的荆州胡家草場西漢簡牘資料中亦可見"侖"與"前"兩字混訛的情形："臥則面種（腫），不臥面種（腫）侖〈俞（愈）〉。"（簡796）④依此，"渝擇"或爲"淪擇"之訛。淪應讀作掄，《説文》手部："掄，擇也。"《逸周書·皇門》中見"論擇"一詞："乃方求論擇元聖武夫，羞于王所。"⑤此處"論"應通"掄"，如《國語·齊語》"桓公自莒反於齊"章："論比協材。"韋注云："論，擇也。"徐元誥按語："論與掄同。"⑥《逸周書·皇門》中的"論擇"即爲"掄擇"，爲表示"挑選"義的同義複詞。相較於單用"擇"字，"掄擇"在簡文中可能還包含"依次揀選""慎重揀選"等意義。⑦ 簡51大意是

---

① 夏德安：《古代中國的食譜和美食：以虎溪山與馬王堆的資料爲據》，《湖南省博物館館刊》第1期，《船山學刊》雜志社2004年，第167頁。

② 分別見高一致：《試説虎溪山漢簡〈食方〉中"富"及相關内容》，簡帛網2021年3月22日，http://www.bsm.org.cn/?hanjian/8376.html；"gefei"於2021年3月13日在簡帛論壇13樓的發言。

③ 劉樂賢：《釋孔家坡漢簡〈日書〉中的幾個古史傳説人物》，《中國史研究》2010年第2期，第106—109頁；鄭邦宏：《出土文獻與古書形近訛誤字校訂》，中西書局2019年，第408—410頁。

④ 荆州博物館、武漢大學簡帛研究中心編著：《荆州胡家草場西漢簡牘選粹》，文物出版社2021年，第201頁。

⑤ 黄懷信、張懋鎔、田旭東撰，李學勤審定：《逸周書匯校集注》，上海古籍出版社1995年，第584頁。

⑥ 徐元誥撰，王樹民、沈長雲點校：《國語集解》，中華書局2002年，第220頁。

⑦ 殷寄明先生認爲渝、輪、掄諸字在"依次義"上爲同源詞關係。見殷寄明：《漢語同源詞大典》，復旦大學出版社2018年，第877頁。陳逢衡對《逸周書·皇門》"論擇"一詞的注解爲："論擇，慎選也。"見黄懷信、張懋鎔、田旭東撰，李學勤審定：《逸周書匯校集注》第585頁。

講浸泡在鼎中的肉在加火煮沸之後,揀選如某某一樣的韭菜(放入烹煮肉湯的鼎中),因爲竹簡殘斷,揀選韭菜的標準不得而知。

四、灌洒與苦洒

《食方》簡文記録食物的烹製過程中有“灌洒”環節,文例如下:

(11) ☒之毛盡以白☐煨=☐☐,以湯灌洒,以酒☐飯,苦靡以水洒└刀靡之,即斷其頭足,去其素└腸,以水洒之,已,復以水二酒一逆洒漬☒111

(12) 去其飠腸復灌洒體解之以水洎☐☐☒263

細核圖版,簡111中“灌”字左邊殘泐,僅可見右半的“堇”旁,整理者釋寫時應據辭例補全字形。簡263中所謂的“灌”字形左旁似从“言”,不从“水”。下表將《食方》中的“灌”字與常見的“謹”字進行對比:①

《食方》所謂“灌”字字形	 簡111	 簡240	 簡263
其他出土材料常見“謹”字字形	 馬王堆帛書《戰國縱横家屬》行15	 張家山漢簡《奏讞書》簡162	 《居延漢簡》240.27

從簡240、263所見字形可知,所謂的“灌”左邊偏旁實有四筆畫,明顯不爲“氵”旁的三筆。且仔細觀察最末一筆,應爲一扁“口”形,因抄手的書寫風格被寫得似一短横。再對比同時期的“謹”字字形,《食方》中所謂的“灌”應改釋爲“謹”。洒,雷海龍先生認爲《食方》中此字應釋爲“洇”,並贊成劉釗先生意見讀爲“洗”。② 其説可從。北大漢簡《醫方》中亦有此字形 ,辭例爲“一～一傅(敷)”,應釋寫爲“洇”,

① 其他出土材料的“謹”字圖版分别引用自:劉釗主編:《馬王堆漢墓簡帛文字全編》,中華書局2020年,第265頁;張家山二四七漢墓竹簡整理小組:《張家山漢墓竹簡[二四七號墓]》,文物出版社2001年,第8、66頁;簡牘整理小組:《居延漢簡(參)》,“中研院”歷史語言研究所2016年,第100頁。

② 雷海龍(網名爲落葉掃秋風)於2021年3月7日在簡帛論壇4樓的發言。

讀作"洗",字義當爲"洗滌"。① 謹,義爲"仔細""謹慎"。簡 25:"謹以溥洎,孰煮。"溥,讀爲薄,②義爲稍微。謹以薄洎,大意是將前面處理過的食物仔細地用水稍加浸潤。此處的"謹"應與"謹洒(洗)"之"謹"同義。"謹洒"意爲"仔細地""謹慎地"清洗。

《食方》中還可見"苦洒(洗)",相關簡文如次:

(13) ☑□取肉,漬以水,苦洒(洗),肉白,乃清閒水以洎鼎└。23

(14) 以水苦洒(洗),以刀靡之,即斷☑ 42

(15) ☑肉,漬以水└,苦洒(洗)└,肉白,乃清閒水以洎鼎。94

(16) ☑肉,漬以水,苦洒(洗),肉白□☑ 256

(17) 取鹿胃,以水苦洒(洗)之,清,復以酒水□☑ 260

"苦"字後常接動詞,應作副詞解。《齊民要術·醴酪》還可見"痛洗":"復著水痛疏洗。"石聲漢、繆啓愉兩位先生均將其譯爲"盡力地、用力地刷洗"。③ 繆氏在校釋《齊民要術》中"苦斫"一詞時更指出:"苦:加重、盡量之意。在《要術》中大致與'痛'相當。"④若將"苦洒(洗)"照此訓爲"用力地清洗",因上列簡文後常跟"肉白",聯繫起來則文意貫通:"用力清洗,使肉潔净色白。"

五、芮

《食方》簡文中,"芮"字凡四見,文例如下:

(18) ☑□芮,炙,輒温肉醬汁以芮,炙孰,解擇進之□14

(19) ☑□□□煮之,漬,釀□撓□□肉醬汁、鹽、醯、段橿,并和以爲芮。揲
(揲)出,肉入芮中撓□。31

(20) ☑□復芮,炙之,孰,解擇進之。55

(21) 以竹筴貫其脊,炙之,孰,和酒、鹽、叔醬汁、朱臾以芮。98

從簡 31 似可看出芮是肉醬、鹽、醋和薑等食材所混製的一種食物,且如簡 98 所示還可引申爲表示這種烹飪方法的動詞,簡 14、55 中的"芮"應亦爲此類引申動詞。據此,

① 李紅薇:《北京大學藏西漢竹書集釋及字表》,碩士學位論文,吉林大學 2015 年,第 297—298 頁。

② 白於藍編著:《簡帛古書通假字大系》第 274 頁。

③ (後魏)賈思勰撰,石聲漢今譯:《齊民要術(飲食部分)》,中國商業出版社 1984 年,第 189 頁;(後魏)賈思勰著,繆啓愉、繆桂龍譯注:《齊民要術譯注》,上海古籍出版社 2009 年,第 563 頁。

④ (後魏)賈思勰著,繆啓愉校釋,繆桂龍參校:《齊民要術校釋(第 2 版)》卷五《種桑、柘》,第 322 頁。

"芮"或可讀爲"納",意爲"藏""入"。① "納"可表示兼納多種食材調料的混合食物,亦能訓爲動詞,代表混製食物這一烹飪方式。芮在漢簡中作如字讀時,可被理解爲"絮",②當由《説文》"芮芮,草生貌"中對芮"柔細之狀"的訓釋所引申而得。依此,在《食方》中,"芮"或可表示絮狀的混製食物。綜上,"芮"無論通讀爲"納"或是如字讀,其義皆與"混合"相關。傳世典籍中對混製食物的方法不乏記載,《齊民要術·炙法》記有多種烤炙食物的方法,在火炙前大多需要給所烤食物混調其他食材和調料,如"腩炙":"羊、牛、麞、鹿肉皆得。方寸臠切。葱白研令碎,和鹽、豉汁,僅令相淹。少時便炙。""範炙":"用鵝、鴨臆肉。如渾,椎令骨碎。與薑、椒、橘皮、葱、胡芹、小蒜、鹽、豉、切,和,塗肉,渾炙之。"③與簡 14、55、98 所記烹飪過程可能類似,大體如今日進行燒烤前會搭配諸多調料和佐味食材的做法。④ 值得注意的是,簡 14、55 在芮、炙等烹飪操作完成後,特別記有"解擇進之",意爲將食物分散後,挑揀選擇出來再呈上以供食用。"進之"在文獻中訓爲"送致"義時,往往是下級對上級的敬語。⑤ 簡文要求將製作完成的食物分解成便於食用的小份,再進呈供食,可明《食方》應爲專供貴族階層所用的食譜。爲其專司烹飪的人員在《食方》中除了記録食物的製作流程外,還需補充若干上呈進食的注意事項。

六、腠 與 膲

《食方》中整理者釋寫爲"腠"和"膲"的兩字字形容易相混,所見圖版及簡文如下:

---

① 謝明宏先生認爲"芮"爲"小貌"義,"芮㷅"指小熟,表示烹飪程度。謝明宏:《虎溪山漢簡〈食方〉零拾》,簡帛網 2021 年 8 月 9 日,http://www.bsm.org.cn/?hanjian/8425.html。若依此理解,則難以理解簡 31 中的"以爲芮"。雷海龍先生提示,因"内"可讀爲"爨","芮"應亦可讀爲"爨",《説文》又部:"爨,和也。""内"通"爨"文例可見高亨撰,董治安整理:《古字通假會典》,齊魯書社 1989 年,第 553 頁。陳偉先生提示"芮"或可讀爲"炳",爲一種烹製方式。按,芮通爲爨或炳的意見,皆可備一説。
② 薛英群對"芮薪"的理解爲:"芮,絮也。……這裏應指以蘆葦絮爲薪,當作'薪'的燃料。"見薛英群:《居延漢簡通論》,甘肅教育出版社 1991 年,第 402 頁。
③ (後魏)賈思勰著,繆啓愉校釋,繆桂龍參校:《齊民要術校釋(第 2 版)》卷九《炙法》,第 616、623 頁。
④ 邢義田先生據傳世典籍與出土資料詳細考索戰國至魏晉間的烤肉方法,指出最遲至西漢初,烤肉串由游牧之民帶入中土,遂始流行。烤全牲在東漢時亦由羌胡所傳入,至魏晉方流行。見邢義田:《貊炙小考——漢代流行烤肉串,還是烤全羊?》,《簡牘學報》第 19 期,2006 年,第 213—232 頁。
⑤ 如《禮記·内則》:"問所欲而敬進之,柔色以温之。"居延漢簡 506.7:"上之所好而進之。"見十三經注疏整理委員會整理:《禮記正義(十三經注疏)》卷二七《内則》,第 969 頁;簡牘整理小組:《居延漢簡(肆)》,第 154 頁。

膲	簡 52：爲馬膲方，取馬北脊肉，和酒清涷	簡 67：☑其毛□□□中數膲其□香☑	簡 76：☑鼎牛膲，令黄以□泊半斗	簡 83：☑□膲方	簡 116：大半升膲	簡 237：爲羊膲方	簡 264：爲牛膲方
膲	簡 117：勿令膲				簡 127：勿令膲		

細審“膲”字圖版，除簡 76、83 字形漫漶外，其餘“膲”字右旁下部應爲“火”，與上列“膲”字所從“火”旁相似。高一致先生已論述簡 52 所謂“膲”當隸定爲“膲”，並指出“爲某膲方”是一種烹飪肉類的方法，“膲”可能爲某種具體的烹飪方式，[1]其隸定意見可從。依《食方》所見辭例來看，與“爲馬膲方”相似的帶名食方還有“爲豚戴方”（簡16）、“爲雛脩炙方”（簡 53）、“爲鹿緐旨□方”（簡 61）、“爲雞煎方”（簡 68）、“爲狗薺菹酸羹方”（簡 80）、“爲馬臑羊臑鹿臑方”（簡 93）、“爲瀹雛方”（簡 193）等，可知“爲某膲方”中的“某膲”或指以動物爲食材的某種烹飪方式，辭例成分爲名詞＋動詞，如上所舉食方名中的“雛脩炙”“雞煎”“馬臑”；亦可能指用動物食材所製作的某種食物，辭例成分爲名詞＋名詞，如“豚戴”“狗薺菹酸羹”。

若依前説，則“膲”疑讀爲“燋”，《説文》：“燋，所以然持火也。”爲燒灼之義。若是，則爲某膲方疑是炙方的一種。傳世典籍與出土遣册中，均可見牲畜炙法的記録，《禮記·內則》記有“牛炙”“羊炙”“豕炙”等内容，[2]馬王堆一號、三號漢墓遣册亦見牛、犬、豕、鹿、雞的炙法。《食方》簡 52、98 皆提到了脊肉，後者記有“以白布幭柏（迫）去其水，以竹筴貫其脊，炙之，孰”，[3]表明脊肉可用炙法進行烹飪。雖簡 98 與簡 52 在形制上無法綴合，但内容皆與脊肉相關，或屬同種炙肉的食方。

如考慮《食方》中所謂“膲”字字義皆應相同，而簡 67、76、116 所見“膲”字爲食物

---

① 高一致：《虎溪山漢簡〈食方〉拾遺六則》，簡帛網 2021 年 3 月 12 日，http://www.bsm.org.cn/?hanjian/8366.html。

② 十三經注疏整理委員會整理：《禮記正義（十三經注疏）》卷二七《內則》，第 980 頁。

③ 此句中的“柏”似應讀爲“迫”，意爲用白布巾去除食材中的水分。王凱博先生亦有相似的意見，見王凱博：《虎溪山漢簡〈食方〉校釋叢札》，《出土文獻綜合研究集刊》第 15 輯，巴蜀書社 2022 年，第 156 頁。

名詞,則簡 52、237、264 中應釋寫爲"膲"的字可能爲"腩"的訛寫。從字形上看,焦字右下部的火旁與雋字 (馬王堆一號漢墓遣册簡 3)右下部的橫弓形相似,且焦與雋的訛混在其他出土材料中亦可發現。[1]《説文》肉部:"腩,臘也。"朱駿聲通訓定聲謂:"羹之稍乾者爲臘。"《玉篇》肉部:"腩,臘少汁也。"可知馬/牛/羊腩應是用諸種牲畜肉製作的少汁的肉羹。準此,《食方》中當爲肉羹義的"腩"字均被訛寫爲"膲",説明兩字在《食方》抄寫年代可能已出現系統性訛混。

　　附記:本文在寫作過程中得到陳偉教授和魯家亮老師的指導,黄浩波、雷海龍兩位老師亦爲本文提供諸多有益意見,在此一併致謝。

---

① 陳劍先生於 2021 年 8 月 17 日在成都中醫藥大學舉辦的"中醫藥'冷門絶學'繼承型人才學術能力提升培訓班(第二期)"所講課程《天回醫簡釋讀》中指出並論證《和齊湯法》篇簡 146、149 中的"樵"字應爲"腩"字的訛寫,可與《食方》簡 52 中的"腩"訛寫爲"膲"相參看。

老官山漢墓醫簡《醫馬書》
簡 27 字詞考釋 *

袁開惠　趙懷舟

摘　要： 老官山漢墓醫簡《醫馬書》簡 27，已於發掘簡報及楊華森等先生的論文中公布，但釋文、標點仍有些地方值得商榷。▨，隸定爲"醫"是正確的，但釋爲"齲"並不正確，應指齒不正、齒不齊；"養"在簡帛中也作"癢"，本簡中應讀爲"瘍"，謂瘡瘍；▨，隸定爲"吻"是錯誤的，應隸定爲"唅"，爲"胗"的異寫，謂口唇腫瘍；蠥可視爲"蠪（雜）"的訛寫。

關鍵詞： 醫馬書　醫齲　齔　養　唅（胗）

老官山漢簡是成都市天回鎮老官山 1、3 號墓出土的一批醫學簡牘。墓在 2012 年 7 月被發現，2013 年 12 月中旬在報紙上報導。2014 年 7 月，《考古》上發表發掘簡報；2016 年 6 月，《南方民族考古》發表更詳細的發掘簡報；2016 年 10 月，《揭秘敝昔遺書與漆人》一書出版。根據簡報等，3 號墓出土竹簡共 920 枚，其中 716 枚是醫書。

雖然，目前老官山漢簡還沒有全面公開，但有相關論文等成果陸續發表。其中，命名爲《醫馬書》的這部分内容考古隊公布爲 184 支，但《揭秘敝昔遺書與漆人》又説"《醫馬書》竹簡實存數量也應是 217 枚"。其中，簡 27 在著作《揭秘敝昔遺書與漆人》、發掘簡報和楊華森先生的論文中均有論及，簡文隸定差別較小，如《揭秘敝昔遺書與漆人》作："其口中上胆癰（上齶生潰瘍），養疾，其食如蠥，多吻，見食而鳴。"發掘簡報

---

* 本文受到教育部人文社會科學青年課題"三部西漢墓出土簡帛醫書病證名比較研究"（19YJC740112）。

M3：137－27 作："馬醫者，其口中上齶瘫，養疾，其食善如集，多吻，見食而鳴。"①楊華森等釋文和標點與《揭秘敝昔遺書與漆人》同。② 其釋文和標點都存在一定的問題，現從文理和醫理的雙重視角出發，對此例醫簡進行重新解讀，以就教於方家。

一、釋　　"醫"

發掘簡報中"馬醫者"的"醫"，圖版作 ▨ ，《揭秘敝昔遺書與漆人》及楊華森先生均作"醫"，並言其爲馬病名，可從。但兩種論著均釋"醫"爲"齲"，認爲是齲齒病，則並不正確。具體原因如下：

首先，有些早期作上下結構的字，後來可能寫作左右結構，如老官山漢代醫簡《六十病方》第 178 簡載"動如蚖蚔（蚔—蜥）蜴"，蚔爲蜥之換旁俗字。③《集韵·錫韵》："蜥，亦書作蚔。"再如"槁"，《説文》木部作"槀"。《説文》齒部所載"齫"爲左右結構。

其次，"齫"非齲齒義。《説文》齒部載："齫，齲也。"又言："齲，齒不正也。"《慧琳音義》卷六十："或内或外，行件不齊，名爲齲齒。"《玄應音義》卷十五："《説文》（齲）齒不正也，謂高下不齊平也。"由此，"醫"並非齲齒義，而言牙齒不正，參差不齊。

再次，古代農書、獸醫著作中對於"齫齲"曾有論述。相齒是相馬的重要内容，古人不僅僅通過觀察牙齒形態與顏色判斷馬的年齡，也通過牙齒的生長形態來判斷馬匹的優良與否。如北魏時期的《齊民要術·養牛、馬、驢、騾第五十六》相牛、馬及諸病方法載："齒，左右蹉不相當，難御。"④再如明代的《新刻馬書》曰："齒左右蹉不相當，難馭。"⑤

二、釋　　"胠"

"胠"，辭書鮮見，宋代字書《古文四聲韵》將其視爲"眶"的異體，但於醫簡文意不

---

① 成都文物考古研究所、荆州文物保護中心：《成都天回鎮老官山漢墓發掘簡報》，《南方民族考古》第 12 輯，科學出版社 2016 年，第 215—246 頁。

② 楊華森、王一童等：《老官山竹簡〈醫馬書〉淺識》，《中醫文獻雜志》2017 年第 1 期，第 18—21 頁。

③ 袁開惠等：《老官山漢墓醫簡〈六十病方〉病名釋難》，《古籍整理研究學刊》2018 年第 4 期，第 1—7 頁。

④ （後魏）賈思勰著，繆啓愉校釋：《齊民要術校釋》，農業出版社 1982 年，第 282 頁。

⑤ （明）楊時喬等纂，吳學聰點校：《新刻馬書》，農業出版社 1984 年，第 37 頁。

合。"腒"是聲符爲巨的形聲字,根據唐作藩《上古音手册》,"齶"爲鐸母疑聲,"巨"爲魚母群聲,二者韵母對轉,聲母同爲牙音。雖然二者語音相近,但古籍中鮮見二者相通的用例,且若爲"上齶"這一人體部位與簡文開始所言齒不齊或齒不正的"齫"病,並無關聯。因此,"腒"不宜視爲"齶"的假字①。

那麼,"腒"當如何闡釋呢? 先看一例程瑤田先生病齒的故事:

> 明日,余買舟南下。十月朔挂帆席行,十一月至揚州。居數日,病牙痛,已而斷齟,當上脣如蠹眠。時方冬至,風氣俱寒。然余夜卧不能蒙被,蒙之則頭面發熱如蒸。已而齟潰流水,已又成膿,四孔互爲啓閉,日日以甚。醫者與以清胃飲,又繼以甘露飲。經數月,飲藥數十劑,齟不消,膿亦無日不出。又一醫者診余脈曰:"兩尺幾不見矣。"余方私憂之。然余飲食不加少,精神如平時,行輒數里,常先於人。齟潰出膿愈多,而齒愈堅固,且又無痛楚之苦。至立夏日,左一孔有骨刺出,膿亦從此一孔出。又數日,汪容甫爲余言桐城張君一峰。張君者,占籍順天,居京師,今年七十二歲,通《内經》,適來揚。余就見之,爲余察脈曰:"此多壽脈也。謂尺脈虚者,大繆。然斷齟出膿,所以數月飲藥不瘳者,未治胃風也。且膽中有熱,移於脾胃,故病見上牙斷。上牙斷者,足陽明胃脈之所絡也。又有心肺熱,肺與大腸爲表裏。手陽明大腸脈亦絡於脣鼻間。"與以治風藥,又與製大黄、龍膽草諸藥飲之。先是每食輒汗出如漿,行里許路亦汗流襦袴盡濕。飲藥二日,而汗不流。牙斷刺骨,其本藏肉中大如豆,至是肉漸破,骨盡外露。夏至之明日,以指甲撥所露骨,應手而下,根深可二分許,骨脱而膿則先盡矣。自冬至至夏至,歷百八十日,檢所服方飲藥百劑。寒涼之品,如黄連、石膏、栀子、黄芩、元參類皆極苦,不可於口,最後更以生大黄下之。②

"腒"或可釋爲"齟",《説文》齒部:"齟,斷腫也。"《集韵·上聲五》:"齟,斷不固曰齟。""斷"爲何義呢?《説文》齒部:"斷,齒本也。"段玉裁據《玉篇》《廣韵》及《玄應音義》所引,補作"齒本肉也",是。另外,《急就章》卷三"鼻口脣舌斷牙齒",王應麟補注:"齦與斷同。"③也就是説,齟指牙齦腫起,不能穩固牙齒。因爲牙齦腫起,不能穩固牙齒,才會導致齒不正、齒不齊,牙齒裏出外進,上下不整。

---

① 這一觀點蒙復旦大學劉釗先生提示,在此表示感謝。劉釗先生在審閲本文後,提出不排除"腒"讀"斷"的可能。

② (清) 程瑤田撰,陳冠明等校點:《通藝録·讀書求解·異脈記》,黄山書社 2008 年第 1 版,第 187 頁。

③ 張傳官:《急就篇校理》,中華書局 2017 年,第 285 頁。

從傳世醫籍來看，《靈樞・經脈》載："（大腸手陽明之脈）其支者，從缺盆上頸貫頰，入下齒中，還出挾口，交人中，左之右，右之左，上挾鼻孔。是動則病齒痛頸腫。"①齒縫、上唇均是大腸手陽明之脈循行所經過的位置，從該經脈所發生的病變可能是牙痛、斷腫、上唇病等。這與程瑤田所述、醫簡所説盡合。

三、釋　　"養"

目前，已有研究成果中"養"均讀如本字，取休養、養護義。這也值得商榷。"養"應讀爲癢，與"瘍"通。

首先，"养"繁體作"養"，"痒"繁體作"癢"，"養"爲其聲符，故二者可通。如《荀子・榮辱》："鼻辨芬芳腥臭，骨體膚理辨寒暑疾養，是又人生之常生而有也。"注云："'養'與'癢'同。"②再如《養生方》："已飲，身體（體）養（癢）者，靡（摩）之。"③

其次，"癢"可通"瘍"，指瘡。《禮記・曲禮上》"身有瘍則浴"陸德明釋文："瘍，本或作'癢'。"王念孫《廣雅疏證》卷四上謂："是'癢'爲'傷'也。……《小雅・正月》：'癢，病也。''病亦傷也。'"④

再次，"馬醫（毉）者"以下文字是對疾病"馬齁"的症狀闡釋。這種疾病的具體症狀之一爲"其口中上胆（齟）癢"，即馬嘴巴之中上部牙齦發生癢腫。《周禮・瘍醫》："瘍醫掌腫瘍、潰瘍、金瘍、折瘍之祝藥。"鄭玄注："潰瘍，癰而含膿血者。"⑤又《釋名・釋疾病》載"腫，鍾也，寒熱氣所鍾聚也"，畢沅曰："《説文》：腫，癰也。癰，腫也。"⑥《靈樞・癰疽》曰："寒邪客於經絡之中則血泣，血泣則不通，不通則衛氣歸之，不得復反，故癰腫。"⑦王先謙言："據此則癰、腫一也。"⑧則"癰"既可言癰腫，對應於"腫瘍"，也可指稱潰瘍，則"癰"是"瘍疾"構成疾病的屬與種的關係，二者構成小類名＋大類名的複合詞語"癰瘍"。"癰瘍"一語見於早期傳世醫籍《黄帝内經・素問》。《素問・異法方宜

---

①　郭靄春：《黄帝内經靈樞校注語譯》，天津科學技術出版社 1989 年，第 102—103 頁。

②　（清）王先謙：《釋名疏證補》，中華書局 2008 年，第 65 頁。

③　裘錫圭主編：《長沙馬王堆漢墓簡帛集成（陸）》，中華書局 2014 年，第 58 頁。

④　（清）王念孫：《廣雅疏證》，中華書局 1983 年，第 110 頁。

⑤　（清）孫詒讓：《周禮正義》，中華書局 2015 年，第 406 頁。

⑥　（清）王先謙：《釋名疏證補》第 279 頁。

⑦　郭靄春：《黄帝内經靈樞校注語譯》第 545 頁。

⑧　（清）王先謙：《釋名疏證補》第 279 頁。

論》："(東方之域)其病爲癰瘍,其治宜砭石。"①柳宗元《天說》："人之血氣敗逆壅底,爲癰瘍、疣贅、瘑痔。"②結合程瑤田先生所述其自身牙病,確實先是牙痛導致上部牙齦腫起,後來上部牙齦腫甚而潰出膿水,"上胆(齟)癰養(癢—瘍)疾"應包含了牙齦腫起、牙齦潰出膿水兩種情況;而牙齦腫起、牙齦潰出膿水、牙齦不固,正是齒不正、齒齊,牙齒裏出外進、上下不整的病因所在。而如程瑤田説"上牙斷者,足陽明胃脈之所絡也。又有心肺熱,肺與大腸爲表裏。手陽明大腸脈亦絡於脣鼻間",故医簡言病位在"上胆(齟)"。

綜上,簡文這部分内容應釋爲"馬醫(齫)者,其口中上胆(齟)癰養(癢—瘍)疾"。

四、釋　"[字图]"

張家山漢簡《脈書·病候》第 8 行載"胗"字,簡圖作"[字图]",右側構字部件作"人"形,内含三個撇筆。陳劍指出:"'參'旁的 A 類寫法([字图],張家山漢簡《奏讞書》118"診")是較爲原始者,其外框从'人'形而不作'勹'形。"③从"勿"的字,漢簡中多見,右側"勹"内多爲兩撇,如"殉"作[字图](印臺墓地),"物"作[字图](北大《老子》11),"扬"作[字图](居延),"沕"作[字图](馬王堆《老子》甲 124)。

(一)"吟"是"胗"的異寫

爲什麽説"吟"是"胗"的異寫呢? 與人體或疾病有關的漢字,存在多例从口字與从月(肉)字爲異寫的情況,如"脣"與"脣","吻"與"肳","喉"與"睺","嗓"與"膆","吞"與"胔"等,這些形聲字通過不同的義符表達不同的造字理據,从口的"脣""吻""喉""嗓""吞"表示這些人體部位名或人的動作名均與嘴有關,而从月(肉)的"脣""肳""睺""膆""胔"則從這些人體部位名或動作名均與人體、膚肉有關,各有其理,均符合形聲字造字的原理。同理,與嘴有關的"吟"也可寫作"胗"。

(二)"吟(胗)"指口脣發生腫起的瘡瘍

"吟(胗)"的具體所指是什麽呢? "胗"指口脣發生腫起的瘡瘍,見於多種古代典

---

①　郭靄春:《黃帝内經素問校注語譯》第 75 頁。

②　(唐)柳宗元著,易新鼎校:《柳宗元集》,中國書店 2000 年,第 241 頁。

③　陳劍:《結合出土文獻談古書中因"勻""參"及"勿"旁形近易亂而生的幾個誤字》,復旦大學出土文獻與古文字研究中心、耶魯—新加坡國立大學學院陳震傳基金漢學研究委員會編:《出土文獻與中國古典學》,中西書局 2018 年,第 121—134 頁。

籍。《說文》肉部：“胗，唇瘍也。籀文作![字].”①戰國時期宋玉的《風賦》：“生病造熱，中唇爲胗。”②《靈樞·經脈》載胃足陽明之脈所生病含“口喎唇胗”，莫文泉曰：“口喎屬筋病，與脈病不幹。‘喎’當爲‘䏯’，謂口生䏯瘡，與‘唇胗’同爲瘍證。”③《釋名·釋疾病》：“胗，展也，瘯搔之，捷展起也。”王先謙曰：“《靈樞·經脈》所云‘唇胗’即此。凡瘍疾無不瘯搔，搔則皮膚展起，故胗訓爲展，與前‘疹’義絕殊。……又案‘捷’疑當作‘唇’，上云‘瘯搔之，齒類齗也’句法正與此一例，‘捷’字無義，當是誤文。”④另外，張家山漢簡《脈書·病候》簡 8：“在脤（唇），爲肕。”⑤最後一字![字] 左側從月（肉），右側不明，爲脫損之字。根據患病的身體部位“唇”，從月（肉）的病名殘字或可補爲“胗”。

　　從“牙齻”這種疾病的實際情況來看，誠如程瑤田說：“居數日，病牙痛，已而斷齟，當上脤如蠶眠……上牙斷者，足陽明胃脈之所絡也。又有心肺熱，肺與大腸爲表裏。手陽明大腸脈亦絡於脤鼻間。”這段話既講述了“牙齻”的疾病症狀，說明了這種疾病的病程發展，也揭示了“牙齻”的病因病機。“上脤如蠶眠”，說的正是雙唇中的上唇腫起。蠶眠，即蠶卧，是蠶生長過程中一個特殊的生理階段，指蠶蛻皮前不動不食的狀態，恰如睡眠，故稱。《玉篇·卧部》：“卧，眠也。”北齊賈思勰《齊民要術·種桑柘（附養蠶）》：“按今世有三卧一生蠶、四卧再生蠶。”注云：“卧，眠；生，孵化。”⑥這裏的意思是說蠶的一生中如睡眠般不動不食，蛻皮三或四次，有的蠶種一年化生一代，有的蠶種則一年化生兩代。一般蠶六七日眠一次，每眠一次蛻皮一次，經四眠後蛻皮即上簇結繭。後世的詩歌中不乏對蠶眠蠶卧這種生理現象的描寫，如唐代王維詩《渭川田家》：“雉雊麥苗秀，蠶眠桑葉稀。”⑦宋代舒嶽祥《過字韵詩辱諸友聯和方營度枯鄙以酬厚意偶報》詩：“麥倒桑折枝，山外花門過。牛亡主不歸，婦去蠶未卧。”⑧那麼，蚕爲什麼會“卧”呢？因爲其身體長大長胖，原來的皮已經不能包裹其變得胖大的身體。程瑤田文“上脤如蠶眠”是以蚕卧比喻生病腫起的上唇，說上部嘴唇腫起如蚕蛻皮時肥胖的身體。

　　其實，大約同時期的張家山漢簡《脈書·病候》中亦載此字，其言：“其腹胗胗如膚

---

① （漢）許慎撰，（宋）徐鉉校訂：《說文解字》，中華書局 2013 年，第 117 頁。

② 王友懷、魏全瑞主編：《昭明文選注析》，三秦出版社 2000 年，第 83 頁。

③ （清）莫枚士撰，王緒鼇、毛雪静點校：《研經言》，人民衛生出版社 1990 年，第 139 頁。

④ （清）王先謙：《釋名疏證補》第 279 頁。

⑤ 張家山二四七號漢墓竹簡整理小組：《張家山漢墓竹簡：二四七號墓》，文物出版社 2001 年，第 75 頁。

⑥ （後魏）賈思勰著，繆啓愉校釋：《齊民要術校釋》，農業出版社 1982 年，第 241 頁。

⑦ （唐）王維撰，（清）趙殿成箋注：《王右丞集箋注》，上海古籍出版社 1984 年，第 37 頁。

⑧ 應可軍、舒家悦編：《閬風先生舒嶽祥》，甯海縣文聯印刷廠 2005 年，第 28 頁。

張(脹)狀,鳴如黽(蛙)音,膏叚(瘕)殹(也)。"注云:"朋,《一切經音義》引《三蒼》:'腫也。'朋朋即腫脹貌。"①甚是。"朋"爲腫義,"朋朋"可狀腫脹貌,"唇朋""口唇朋"指口唇部瘡瘍,恰應以口唇腫起爲主要特徵。總之,"吣"爲"朋"的異寫,"朋"也即口朋、唇朋,指口唇發生的腫起的瘡瘍。

(三) 老官山醫簡"吻"與"吣"相混舉例

值得注意的是,在老官山醫簡中,存在"吻"與"吣"相混的情況。簡 643 載:"口吻,因刺之八。""吻"字簡圖雖作" ",但根據上下文義,其當爲"吣",這支簡說的是"口吣(朋)",口唇腫瘍病的治療方法。這在老官山醫簡中並非"㐱""勿"相混的個案,再如簡 670＋667 載:"病多相類而非,審察診病而箴(針)之,病可俞(愈)也;不審其診,箴(針)之不可俞(愈)。"診,簡 670 簡圖爲" ",簡 667 簡圖爲" ",右側"勹"內均爲兩撇,而非三撇。簡 670" ",雖左側殘缺,根據上下文義,並對比簡 667 中" ",其讀爲"診",應當無誤。秦漢簡帛中多有相類情況,如"疹"就有作"歹＋勿"形的寫法,如 (居延新 EPT57:15), (北大《妄稽》1936)。

五、釋" ""善"與"多"

已經發表的成果將 釋爲"集"或"彙",字形書寫雖異,所指詞義無別,均爲聚集、彙集之義。"多""善"二字隸定自然沒有問題,但未見釋義。試簡要論之。

,書寫比較清楚,隸定當作"彙",或可視爲"襍(雜)"的訛寫。② 因馬匹口中上部牙齦已經患了癰瘍,因此在飲食方面要特別注意,言食不可雜,自然沒有問題;食不可雜,當精心喂養,以免馬匹牙齦腫潰的疾病進一步惡化、蔓延到口唇,導致口唇腫起的"朋"疾,也是符合文意的。

"善",應爲副詞,謂好好地。因爲馬匹口腔已經患病,食物粗劣或飲食不當會使馬的口腔問題進一步加重。因此在飼養馬匹的飼料食物方面需要特別仔細和認真。

"多",表示數量多,與"少"相對,既可以用以計人,也可以計事計物,可作狀語。如《孟子•告子上》:"富歲子弟多賴,凶歲子弟多暴。"又《孟子•盡心上》:"王子、宮室、車馬、衣服多與人同。""多"在《醫馬書》簡 27 中,顯然是指多發唇朋病。

---

① 張家山二四七號漢墓竹簡整理小組:《張家山漢墓竹簡:二四七號墓》第 115、117 頁。

② (清) 段玉裁:《說文解字注》,上海古籍出版社 1981 年,第 395 頁。

六、結　論

老官山漢墓《醫馬書》的發現,對於中國早期畜牧業,特別是關於獸醫學馬病的診斷與治療有十分重要的意義,而對醫簡進行釋文釋義是進行早期畜牧業、獸醫學理論等研究的首要基礎。簡 27 公布已有幾年時間,但探討的學者還不多,故撰文簡要討論,得出以下結論:

首先,上文對老官山漢墓醫簡《醫馬書》簡 27 進行了重新釋文與標點,對"齵""胆""養""[字形]""[字形]"等進行了形與義的考察,指出"齵"也作齫,與齫同義,謂齒不正;"胆"或可釋爲"齟",謂斷腫,即牙齦腫、潰;"癢"可作"養",而與"瘍"通,無論是癰腫還是潰瘍,均屬《周禮》所言瘡瘍;根據簡文可知,馬齒不正爲口中上部牙齦臃、潰之癰瘍導致。而"唅"爲胗的異寫,從口、從月字構成異體關係,不止一例,符合漢字造字的心理與理據;關於"櫐",將其視爲"雜"的異體字,還是"蟲(雜)"與"米"的合文,於文意均合,學界還可進一步討論。

其次,《醫馬書》簡 27 可釋文爲:"馬齵(齫)者,其口中上胆(齟)癰養(癢—瘍)。其食善,如櫐(雜),多唅(胗),見食而鳴。"意思是説"馬的牙齒不齊整,是口中上部牙齦臃、潰之癰瘍導致的。(如果患了這種疾病)就要好好地飼喂馬匹,假如食物過雜,病馬就多患口唇腫起的胗瘍病。(如果患了口唇胗瘍病)病馬見到食物就會嘶鳴。"

再次,秦漢典籍中對於馬及馬病關注較多。在漢代的其他出土簡牘中,也記載了馬齫(齵)、胗等病名與具體症狀。如《蒼頡篇》第二四載:"汜胅齫蝕,胗臀忍薆(浸)。"《説文》肉部"胅,創肉反出",段玉裁注:"今《洗冤録》所謂'皮肉捲凸'也。"[1]劉桓認爲全句意思是説馬因爲皮膚腫了而發出叫聲,忍耐着刷馬的水浸。[2] 但這樣的闡釋未必與秦漢蒙書的體例盡然相合,因爲這八個字是不是能連讀爲一句值得思考;再如"浸"是不是指水浸,是不是與張家山漢簡《脈書·病候》中目病病名"浸""脈浸"及踝下癰病"痟(瘛)"存在關聯,還可探討。不過,無論如何,馬病"齫""胗"既載於獸醫專門著作,也見於秦漢蒙書,且秦漢蒙書每組數字往往爲同類字詞,意義並非毫不相關。這説明,在秦漢時期,馬病"齫""胗"已爲人們所關注、熟知。

---

① (清) 段玉裁《説文解字注》第 172 頁。

② 劉桓:《新見漢牘〈蒼頡篇〉〈史篇〉校釋》,中華書局 2019 年,第 76—77 頁。注解在引用劉桓論説的同時,對其注文有所修改。

附圖：

《醫馬書》簡 27

胡家草場簡《歲紀》中的朔日
改置與朔日日食禁忌*

范鵬偉

摘　要： 胡家草場簡《歲紀》中有一則包含漢代朔日改置、朔日日食禁忌等信息的簡文。雖然該簡中因朔日日食而改置朔日的案例爲新見，但由漢代文獻中大量存在對十二個月各月朔日日食的記載可知，胡家草場簡中的朔日改置並不是常例，而是一個特例。簡文明言七月丙申朔、日食，但高祖九年的日食實際上出現於六月乙未日，所以，簡文記録的應是預測之後對朔日進行調整的説明文字。改置朔日的深層原因則是古已有之的朔日日食禁忌。

關鍵詞： 胡家草場簡　漢代　日食　禁忌

新出湖北荆州胡家草場西漢墓簡牘《歲紀》載："九年，七月，以丙申朔，朔日食，更以丁酉。"①此處爲漢高祖九年。今檢《張家山漢簡·曆譜》高祖八、九年相關曆日如下：

> （八年）九月辛未，後九月辛丑大。
>
> （九年）十月辛未，十一月庚子，十二月庚午，正月己亥，二月己巳，三月

---

* 本文爲中央高校基本科研業務費專項資金資助（Supported by the Fundamental Research Funds For the Central Universities）陝西師範大學自由探索項目"出土簡牘與秦漢基層社會研究"（編號：2020TS061）階段性成果。

① 李志芳、蔣魯敬：《湖北荆州胡家草場西漢墓出土大批簡牘》，國家文物局網 2019 年 12 月 12 日，http://www.sach.gov.cn/art/2019/12/12/art_723_157844.html；李志芳、蔣魯敬：《湖北荆州市胡家草場西漢墓 M12 出土簡牘概述》，《考古》2020 年第 2 期，第 21—32 頁。

戌戌,四月戊辰,五月丁酉,六月丁卯,七月丁酉,八月丙寅,九月乙未大。①

按照四分曆術平朔推步原則,每隔十五或十七個月出現一組連大月,上述曆簡中高祖八年九月、後九月連大,九年五月、六月再次連大不合曆理。秦至漢太初改曆前的曆法雖或不明,但驗諸各家所排曆譜,高祖九年七月皆以"丙申"爲朔。今胡家草場《歲紀》簡也明確記載"九年,七月,以丙申朔"。只是因爲七月朔日恰巧發生了日食,故人爲調整爲"丁酉"。這一調整的目的是對朔日日食進行隱諱。圍繞古人對於日食災異的禁忌及禳除,學界多有討論,陳侃理在研究災異的政治文化史時對日食預報和救護禮儀進行過探討,龍湧霖圍繞《詩經·小雅·十月之交》考察了歷代儒家日食災異文化,關增建則對日食救護禮制進行過研究,以上學者對日食災異的研究頗多貢獻。②不過,就新出胡家草場《歲紀》簡所反映的朔日改置及日食禁忌尚少涉及。今不揣淺陋,試圍繞簡文所記朔日改置是否爲常例、所記日食是否爲實測,以及日食禁忌等問題稍加探討,冀有益於學界,不當之處,還望方家教之。

一、《歲紀》中因朔日日食
改置朔日並非常例

胡家草場簡這則因日食而改置朔日的記載確實有其獨特的價值,但仍需對其是否爲常例作出考察。在推步曆法時代,人爲地對曆法進行調整時有發生。其原因除王朝更替、曆法改革外,也有因災異禁忌而進行微小調整的。《宋會要》載:

> 寶元元年六月二十三日,權知司天少監楊惟德等言:"來歲閏十二月,則庚辰歲正月朔日當食。請移閏于庚辰,則日食在前正月之晦。"帝曰:"閏所以正天時而授民事,其可曲避乎。"不許。

> 嘉祐二年四月,復言己亥歲日當食,欲今年十二月爲閏。亦不許。③

① 張家山二四七號漢墓竹簡整理小組:《張家山漢墓竹簡(二四七號墓)》(釋文修訂本),文物出版社 2006 年,第 3 頁。

② 陳侃理:《儒學、數術與政治:災異的政治文化史》,北京大學出版社 2015 年;龍湧霖:《天變何可畏? 從〈十月〉看儒家日食災異文化的發展》,碩士學位論文,中山大學 2006 年;關增建:《日食觀念與傳統禮制》,《自然辯證法通訊》1995 年第 2 期,第 47—55 頁。此外,對於日食與政治的研究還有甄盡忠:《日食與漢代帝王政治》,《天中學刊》2015 年第 2 期,第 115—119 頁;王茹:《從日食看西漢災異詔令的變化》,《牡丹江大學學報》2019 年第 8 期,第 115—118 頁。

③ (清)徐松輯:《宋會要輯稿》第 52 冊,瑞異二,中華書局 1957 年,第 2082 頁。

可以看出，正是因朔日日食發生在正月，才產生了試圖更改閏月來規避的想法，與胡家草場《歲記》簡文所記可謂殊途同歸。

現知高祖九年曆譜連小月是因朔日日食改置朔日造成，周家臺秦簡秦始皇三十四年質日也有連小月情況（表1），①但核檢今人推算的日食表，秦始皇三十四年並無日食發生。這説明儘管難以確知周家臺秦簡與里耶秦簡不合（表1）的原因，②但可確定並非因日食改置朔日造成。所以，胡家草場簡這則記載並非常例。

表 1　周家臺秦簡秦始皇三十四年朔日表

簡牘＼月份	十月	十一月	十二月	正月	二月	三月	四月	五月	六月	七月	八月	九月	後九月
周家臺秦簡	戊戌	丁卯	丁酉	丁卯	丙申	乙丑	乙未	甲子	甲午	癸亥	癸巳	癸亥	壬辰
里耶秦簡	戊戌	丁卯		丁卯	丙申	丙寅		乙丑	甲午	甲子	癸巳	癸亥	壬辰

我們還可根據史書的記載，臚列出其中有關朔日日食的條目，製成表2。

表 2　史書所見漢代朔日日食表

序號	時　間	記　載
01	惠帝七年正月辛丑朔	《漢書·惠帝紀》：春正月辛丑朔，日有蝕之。 《漢書·五行志》：惠帝七年正月辛丑朔，日有食之。
02	惠帝七年正月辛酉朔	《漢紀》卷五：七年春正月辛酉朔，日有食之。
03	文帝後元七年正月辛未朔	《漢書·五行志》：七年正月辛未朔，日有食之。
04	景帝前元三年二月辛巳朔	《漢紀》卷九：二月辛巳朔，日有蝕之。
05	武帝建元二年二月丙戌朔	《漢書·武帝紀》：（建元）二年……春二月丙戌朔，日有蝕之。 《漢書·五行志》：建元二年二月丙戌朔，日有食之。

---

① 湖北省荆州市周梁玉橋遺址博物館編：《關沮秦漢墓簡牘》，中華書局 2001 年；劉信芳：《周家臺秦簡曆譜校正》，《文物》2002 年第 10 期，第 80—83 頁；李忠林：《周家臺秦簡曆譜試析》，《中國科技史雜志》2009 年第 3 期，第 325—333 頁。

② 陳偉主編：《里耶秦簡牘校釋（第一卷）》，武漢大學出版社 2012 年。又，嶽麓秦簡所見三月、五月、七月朔干支與里耶秦簡相合，見朱漢民、陳松長主編：《嶽麓書院藏秦簡（壹）》，上海古籍出版社 2010 年，彩色圖版第 13 頁。

續　表

序號	時　間	記　載
06	武帝建元五年正月己巳朔	《漢書·五行志》：（建元）五年正月己巳朔，日有食之。
07	武帝元封四年六月己酉朔	《漢書·五行志》：元封四年六月己酉朔，日有食之。
08	昭帝始元三年十一月壬辰朔	《漢書·昭帝紀》：十一月壬辰朔，日有蝕之。 《漢書·五行志》：始元三年十一月壬辰朔，日有食之。
09	宣帝五鳳元年十二月乙酉朔	《漢書·宣帝紀》：冬十二月乙酉朔，日有蝕之。 《漢書·五行志》：五鳳元年十二月乙酉朔，日有食之。
10	元帝永光二年三月壬戌朔	《漢書·元帝紀》：三月壬戌朔，日有蝕之。 《漢書·五行志》：永光二年三月壬戌朔，日有食之。
11	成帝建始三年十二月戊申朔	《漢書·成帝紀》：冬十二月戊申朔，日有蝕之。 《漢書·谷永傳》：乃十二月朔戊申，日食婺女之分。 《漢書·五行志》：建始三年十二月戊中朔，日有食之。
12	成帝河平四年三月癸丑朔	《漢書·成帝紀》：三月癸丑朔，日有蝕之。 《漢書·五行志》：（河平）四年三月癸丑朔，日有食之。
13	成帝元延元年正月己亥朔	《漢書·成帝紀》：正月己亥朔，日有蝕之。 《漢書·谷永傳》：今年正月己亥朔日有食之。 《漢書·五行志》：元延元年正月己亥朔，日有食之。
14	哀帝元壽元年正月辛丑朔	《漢書·哀帝紀》：正月辛丑朔，日有蝕之。 《漢書·孔光傳》：會元壽元年正月朔日有蝕之……乃正月辛丑朔日有蝕之。 《漢書·五行志》：哀帝元壽元年正月辛丑朔，日有食之。
15	平帝元始元年五月丁巳朔	《漢書·平帝紀》：夏五月丁巳朔，日有蝕之。 《漢書·五行志》：元始元年五月丁巳朔，日有食之。
16	孺子居攝元年十月丙辰朔	《漢書·王莽傳》：冬十月丙辰朔，日有食之。
17	光武帝建武二年正月甲子朔	《後漢書·光武帝紀》：二年春正月甲子朔，日有食之。 《續漢志·五行六》：光武帝建武二年正月甲子朔，日有蝕之。
18	光武帝建武二十九年二月丁巳朔	《後漢書·光武帝紀》：二十九年春二月丁巳朔，日有食之。 《續漢志·五行六》：（建武）二十九年二月丁巳朔，日有蝕之。

續　表

序號	時　間	記　載
19	章帝建初五年二月庚辰朔	《後漢書·章帝紀》：五年春二月庚辰朔，日有食之。 《續漢志·五行六》：章帝建初五年二月庚辰朔，日有蝕之。
20	和帝永元四年六月戊戌朔	《後漢書·和帝紀》：六月戊戌朔，日有食之。 《續漢志·五行六》：（永元）四年六月戊戌朔，日有蝕之。
21	和帝永元七年四月辛亥朔	《後漢書·和帝紀》：夏四月辛亥朔，日有食之。 《續漢志·五行六》：（永元）七年四月辛亥朔，日有蝕之。
22	和帝永元十二年七月辛亥朔	《後漢書·和帝紀》：秋七月辛亥朔，日有食之。 《續漢志·五行六》：（永元）十二年秋七月辛亥朔，日有蝕之。
23	安帝永初五年正月庚辰朔	《後漢書·安帝紀》：五年春正月庚辰朔，日有食之。 《續漢志·五行六》：（永初）五年正月庚辰朔，日有蝕之。
24	安帝元初元年十月戊子朔	《後漢書·安帝紀》：冬十月戊子朔，日有食之。 《續漢志·五行六》：元初元年十月戊子朔，日有蝕之。
25	安帝元初四年二月乙巳朔	《後漢書·安帝紀》：四年春二月乙巳朔，日有食之。 《續漢志·五行六》：（元初）四年二月乙巳朔，日有蝕之。
26	安帝元初五年八月丙申朔	《後漢書·安帝紀》：八月丙申朔，日有食之。 《續漢志·五行六》：（元初）五年八月丙申朔，日有蝕之。
27	安帝元初六年十二月戊午朔	《後漢書·安帝紀》：十二月戊午朔，日有食之，既。 《續漢志·五行六》：（元初）六年十二月戊午朔，日有蝕之，幾盡，地如昏狀。
28	安帝永寧元年七月乙酉朔	《後漢書·安帝紀》：秋七月乙酉朔，日有食之。 《續漢志·五行六》：永寧元年七月乙酉朔，日有蝕之。
29	安帝延光四年三月戊午朔	《後漢書·安帝紀》：三月戊午朔，日有食之。 《續漢志·五行六》：（延光）四年三月戊午朔，日有蝕之。
30	順帝永建二年七月甲戌朔	《後漢書·順帝紀》：秋七月甲戌朔，日有食之。 《續漢志·五行六》：順帝永建二年七月甲戌朔，日有蝕之。
31	順帝陽嘉四年閏（八）月丁亥朔	《後漢書·順帝紀》：閏月丁亥朔，日有食之。 《續漢志·五行六》：陽嘉四年閏月丁亥朔，日有蝕之。

續　表

序號	時　　間	記　　載
32	順帝永和三年十二月戊戌朔	《後漢書·順帝紀》：十二月戊戌朔，日有食之。 《續漢志·五行六》：永和三年十二月戊戌朔，日有蝕之。
33	桓帝建和元年正月辛亥朔	《後漢書·桓帝紀》：建和元年春正月辛亥朔，日有食之。 《續漢志·五行六》：桓帝建和元年正月辛亥朔，日有蝕之。
34	桓帝永興二年九月丁卯朔	《後漢書·桓帝紀》：九月丁卯朔，日有食之。 《續漢志·五行六》：永興二年九月丁卯朔，日有蝕之。
35	桓帝延熹九年正月辛卯朔	《後漢書·桓帝紀》：九年春正月辛卯朔，日有食之。 《續漢志·五行六》：(延熹)九年正月辛卯朔，日有蝕之。
36	靈帝建寧元年五月丁未朔	《後漢書·靈帝紀》：五月丁未朔，日有食之。 《續漢志·五行六》：靈帝建寧元年五月丁未朔，日有蝕之。
37	靈帝建寧四年三月辛酉朔	《後漢書·靈帝紀》：三月辛酉朔，日有食之。 《續漢志·五行六》：(建寧)四年三月辛酉朔，日有蝕之。
38	靈帝熹平六年十月癸丑朔	《後漢書·靈帝紀》：冬十月癸丑朔，日有食之。 《續漢志·五行六》：(熹平)六年十月癸丑朔，日有蝕之。
39	靈帝光和元年二月辛亥朔	《後漢書·靈帝紀》：二月辛亥朔，日有食之。 《續漢志·五行六》：光和元年二月辛亥朔，日有蝕之。
40	靈帝光和二年四月甲戌朔	《後漢書·靈帝紀》：夏四月甲戌朔，日有食之。 《續漢志·五行六》：(光和)二年四月甲戌朔，日有蝕之。
41	靈帝光和四年九月庚寅朔	《後漢書·靈帝紀》：九月庚寅朔，日有食之。 《續漢志·五行六》：(光和)四年九月庚寅朔，日有蝕之。
42	靈帝中平六年四月丙午朔	《後漢書·靈帝紀》：夏四月丙午朔，日有食之。 《續漢志·五行六》：(中平)六年四月丙午朔，日有蝕之。
43	獻帝初平四年正月甲寅朔	《後漢書·獻帝紀》：四年春正月甲寅朔，日有食之。 《續漢志·五行六》：獻帝初平四年正月甲寅朔，日有蝕之。
44	獻帝建安五年九月庚午朔	《後漢書·獻帝紀》：九月庚午朔，日有食之。 《續漢志·五行六》：建安五年九月庚午朔，日有蝕之。

序號	時　　間	記　　載
45	獻帝建安六年二月丁卯朔	《後漢書・獻帝紀》：六年春二月丁卯朔，日有食之。 《續漢志・五行六》：（建安）六年二月丁卯朔，日有蝕之。
46	獻帝建安十三年十月癸未朔	《後漢書・獻帝紀》：冬十月癸未朔，日有食之。 《續漢志・五行六》：（建安）十三年十月癸未朔，日有蝕之。
47	獻帝建安十五年二月乙巳朔	《後漢書・獻帝紀》：十五年春二月乙巳朔，日有食之。 《續漢志・五行六》：（建安）十五年二月乙巳朔，日有蝕之。
48	獻帝建安二十一年五月己亥朔	《後漢書・獻帝紀》：五月己亥朔，日有食之。 《續漢志・五行六》：（建安）二十一年五月己亥朔，日有蝕之。
49	獻帝建安二十五年二月丁未朔	《後漢書・獻帝紀》：二月丁未朔，日有食之。

注：此表目的在於反映朔日日食而不改朔的情況，故仍將部分與實際天象不合的史料抄記在內。

首先，由於目前只見到《歲紀》簡中這樣一則記載，所以只能説明高祖九年七月朔日設置上存在特殊情況。

其次，通過表2可以看出，確實還存在3例日食發生在七月朔日而不改的情況，分别爲第22、28、30條。實際上，全年十二個月朔日日食的條目在表2中都可找到。這説明至少在漢代，因朔日日食而改置朔日的措施並不是一以貫之的，是否因朔日日食而改置朔日應是根據具體情況而定的。根據《漢書》所載，高祖九年七月的日食是統一天下後的首次，[①]這可能是忌諱並改置朔日的原因之一。

傳世文獻中的諸多朔日日食而不改置朔日的例證充分説明因朔日日食而改置朔日並不是常例。由於日食必然出現在朔日，因此，在推步曆法時期，朔日與日食的匹配度是檢驗曆法精准性的重要手段。[②] 古人已認識到日食應在朔日的重要意義，漢代的幾次曆法改革，其起因皆在於日食在晦、月或朔見的曆法後天情況。在校正曆法的過程中，日食是重要的參考數據，若因日食而頻繁改置朔日，會使日食核檢曆法精準

① 根據劉次沅、馬莉萍的日食表，公元前201年日食，史書失載。

② 漢代文獻中有許多日食在晦的記載，這主要是當時曆法尚不精密導致。

度的意義大打折扣。所以史官非常清楚推步朔日爲何,這也就是爲什麽《歲紀》簡中會先提到"七月,以丙申朔",然後再説"更以丁酉"。只是鑒於日食禁忌而人爲更改,甚至不惜出現"連小月"這樣的奇特現象。反過來看,朔日日食在曆法上的重要意義或許正是存在朔日日食禁忌但曆法上卻只是偶見改朔的原因之一。

二、《歲紀》簡中的日食
並非實際觀測記録

上引《宋會要》所載是預測日食後提出改置閏月的應對措施,那麽,這則胡家草場簡所記是否爲實際觀測結果呢?

這又牽涉到漢初能否預測日食,對此,學界觀點並不一致。一些學者認爲西漢早期已經能夠通過推算預測日食,錢寶琮、張培瑜、吕子方以及日本學者藪内清等都持類似的觀點。[①] 錢文在提到陳振先對《史記·天官書》相關文字的校勘時説:"倘陳先生的校勘是對的,那末,西漢初年的天文學家已經知道日月蝕季候有一百三十五個平朔月的周期了。"[②]張文中則説:"《史記·天官書》中記有交食發生的周期、食間距。可知西漢前期已有以周期預報交食的方法,可惜史記所記數據有脱誤。"[③]吕子方也認爲早在《三統曆》之前,"我國天文曆法家就會推算日食"。[④] 但也有學者持不同見解,陳遵嬀認爲:"我國關於日食的推步,是劉洪造乾象曆的時候開始。"[⑤]不過,他又指出"實際日食周期的基礎和月食周期相同,因而發見月食周期時,應也能發見日食周期",並從政治禁忌和日全食不易見兩方面對漢代曆法只推月食而不説日食的原因進行了推測。[⑥] 石雲里、邢鋼雖然認爲"日食推算技術在漢末之前則並没有成形的技術出現",但也表示"在此之前,即便有某種粗略的判斷是否會有日食

---

① [日]藪内清著,杜石然譯:《中國的天文曆法》,北京大學出版社 2017 年,第 251 頁。其他三位學者的論著見下。

② 錢寶琮:《漢人月行研究》,《燕京學報》1935 年第 17 期,第 52 頁。

③ 張培瑜:《〈春秋〉〈詩經〉日食和有關問題》,《中國天文學史文集》編輯組:《中國天文學史文集》第 3 集,科學出版社 1984 年,第 16 頁。

④ 吕子方:《我對新城新藏關於三統上元、四分上元及干支紀年法起源的進一步看法》,《中國科學技術史論文集》(上册),四川人民出版社 1983 年,第 136 頁。

⑤ 陳遵嬀:《中國天文學史》,上海人民出版社 2016 年,第 542 頁。

⑥ 陳遵嬀:《中國天文學史》第 542 頁。

發生的方法，也没有達到《三統曆》和《四分曆》中月食預報的水平"，①實際上没有完全否定西漢時期可以預測日食的可能。因此，儘管西漢初年是否掌握日食推算尚無定論，但不排除其時存在一些預測方法。

胡家草場《歲紀》簡這則記載的問題在於：第一，在已經明言丙申朔的情況下再改爲丁酉，價值有多大？目的是什麽？第二，九年曆書並非七月才頒布，在記録有七月丙申朔的曆書早已頒布的情況下，發生日食再改七月朔的意義和可行性有多大？第三，如果九年七月的朔日確實進行了更改，那麽《漢書》所記爲何還會是六月乙未晦，而不是六月丙申晦？更爲重要的是，據張培瑜《三千五百年曆日天象》所列《中國十三名城可見日食表》，高祖九年的日食發生於西曆公元前 198 年 8 月 7 日，②這與劉次沅、馬莉萍《中國歷史日食典》所附《日食表》相合，③這一日爲"乙未"，與《漢書》所記"六月乙未晦，日有食之"相符。也就是説，實際上真正的日食發生於乙未晦日而非丙申朔日。那麽爲什麽會出現這樣一條因朔日日食而改置朔日的記載呢？

種種迹象表明，這則胡家草場簡所記日食應是預測所知，在頒布曆書前預測到九年七月朔日丙申會發生日食，因此特意將七月朔日調整爲丁酉（二日）。爲了不造成後續曆日混亂，八月的朔日仍然爲原來的丙寅。又因爲調整後出現了"連小月"的奇特現象或者其他原因，所以不得不對七月的朔日異常進行説明，這則簡記録的很可能就是這樣一條説明文字。

至該年六月乙未日日食發生，並未如簡文所記是七月丙申朔日日食。簡文所記與實際天象不符，當是因日食預測粗疏所致，但也説明其時存在預測日食的相關方法。史家對於七月朔日原委是知曉的，因此在記録日食時又遵照了原本的曆日。這才會出現《漢書》中的"六月乙未晦，日有食之"，而没有記作晦前一日日有食之。

三、朔日日食禁忌考源

爲什麽要預測日食並改置朔日？這當緣於古人的朔日日食禁忌。這一禁

①　石雲里、邢鋼：《中國漢代的日月食計算及其對星占觀的影響》，《自然辯證法通訊》2006 年第 2 期，第79—85 頁。

②　張培瑜：《三千五百年曆日天象》，大象出版社 1997 年，第 994 頁。

③　劉次沅、馬莉萍：《中國歷史日食典》，世界圖書出版公司 2006 年，第 70 頁。

忌並非肇端於漢代,而是古已有之。《左傳》隱公三年注曰:"唯正陽之月,君子忌之,故有伐鼓用幣之事。"《正義》曰:"食無常月,唯正陽之月,君子忌之,以日食者陰侵陽也。當陽盛之月,不宜爲弱陰所侵,故有伐鼓用幣之事。餘月則否。"①

　　《正義》提供了兩則信息:第一,只有正陽之月的朔日發生日食,才是禁忌;其餘月份朔日發生日食並不算禁忌,所以皆書朔;第二,禁忌的原因在於日食代表陰侵陽,陽盛之月不應該被"弱陰"所侵。那麼,正陽之月所指爲何呢?

　　《左傳》莊公二十五年載:"唯正月之朔,慝未作。"注曰:"正月,夏之四月,周之六月,謂正陽之月。"②這一認識後代多有從之者,如《續漢志·律曆中》注即引此説。③《新唐書·天文》也載:"天授二年四月壬寅朔,日有食之,在昴七度。如意元年四月丙申朔,日有食之,在胃十一度。皆正陽之月。"④但宋人沈括在《夢溪筆談》中卻有不同的解説:

　　　　先儒以日食正陽之月止謂四月,不然也。正、陽乃兩事,"正"謂四月,"陽"謂十月,"歲亦陽止"是也。《詩》有"正月繁霜""十月之交,朔月辛卯,日有食之,亦孔之醜"二者,此先王所惡也。蓋四月純陽,不欲爲陰所侵;十月純陰,不欲過而干陽也。⑤

沈括認爲先儒以正陽之月爲四月並不準確。在他的解讀中,"正"與"陽"是兩指,"正"指四月,"陽"指十月。沈括引用《詩經·小雅》所記"十月之交",但並未討論《詩經·小雅》所記是何建正下的十月,所以仍不明確。

　　沈括之前,其實已有正、陽兩指的記載。《詩經·采薇》鄭箋曰:"十月爲陽。時坤用事,嫌於無陽,故以名此月爲陽。"⑥也對十月爲陽進行了解釋,但同樣沒有言及建正問題。《西京雜記》則載:

　　　　元光元年七月,京師雨雹……仲舒曰:"陰氣脅陽氣。天地之氣,陰陽相半,和氣周迴,朝夕不息。陽德用事,則和氣皆陽,建巳之月是也。故謂之正陽之月。陰德用事,則和氣皆陰,建亥之月是也。故謂之正陰之月。十月陰

---

① 十三經注疏整理委員會整理:《春秋左傳正義》,北京大學出版社 2000 年,第 78—79 頁。
② 十三經注疏整理委員會整理:《春秋左傳正義》第 323 頁。
③ (晋) 司馬彪:《後漢書》志二《律曆中》,中華書局 1965 年,第 3031 頁。
④ (宋) 歐陽修、宋祁:《新唐書》卷三二《天文二》,中華書局 1975 年,第 829 頁。
⑤ (宋) 沈括:《夢溪筆談》卷三《辯證一》,中華書局 2015 年,第 18 頁。
⑥ 十三經注疏整理委員會整理:《毛詩正義》,北京大學出版社 2000 年,第 691 頁。

雖用事,而陰不孤立,此月純陰,疑於無陽,故謂之陽月。詩人所謂'日月陽止'者也。四月陽雖用事,而陽不獨存,此月純陽,疑於無陰,故亦謂之陰月。"①

雖然是否爲董仲舒所言暫且存疑,但《西京雜記》較《夢溪筆談》時代更早,解釋也更加清晰。這條記載反映出:第一,指出"正"指"正陽"之月即巳月,"陽"指"陽月"即亥月,對正、陽的意涵進行了說明。第二,明確了巳月指四月(寅正),亥月指十月(寅正),與杜預的解釋可以參證。

《詩經·十月之交》載:"十月之交,朔月辛卯。日有食之,亦孔之醜。"②再結合《春秋》的記載,可以看出,先秦時期就已存在對朔日日食的禁忌。受天人感應、災異學説等的影響,日食被與現實政治結合起來認識。日爲陽爲君,月爲陰爲臣,日月交食,臣下侵君。《漢書·元后傳》載王章奏言:"(大將軍)苟欲使天子孤立於上,顓擅朝事以便其私,非忠臣也。且日蝕,陰侵陽臣顓君之咎,今政事大小皆自鳳出,天子曾不一舉手。"③《後漢書·丁鴻傳》載:

> 是時竇太后臨政,憲兄弟各擅威權。鴻因日食,上封事曰:"臣聞日者陽精,守實不虧,君之象也;月者陰精,盈毀有常,臣之表也。故日食者,臣乘君,陰陵陽……人道悖於下,效驗見於天,雖有隱謀,神照其情,垂象見戒,以告人君……誠宜長懼,以防其禍。"④

這些都是將日食上升到了政治高度,要求皇帝對權臣擅權予以防制。足見先秦、秦漢時期對日食天象的重視。清人趙翼正是注意到了這一問題,所以在《廿二史札記》中特列有"漢重日食"一條。⑤ 因此,胡家草場簡裏借改置朔日而對朔日日食進行隱諱也就很正常了。

其實,如果不局限於"改置朔日"這個特定手段的話,在傳世文獻之中,朔日日食隱諱的情況還可見到。由於存在朔日日食禁忌,而朔日日食現象的發生又不可避免,因此,就有相關的措施來禳救或隱諱這種不吉。

① (晋)葛洪撰,周天游校注:《西京雜記校注》卷五,"董仲舒答鮑敞問京師雨雹"條,三秦出版社2006年,第240頁。
② 十三經注疏整理委員會整理:《毛詩正義》第842頁。
③ (漢)班固:《漢書》卷九八《元后傳》,中華書局1962年,第4020頁。
④ (南朝宋)范曄:《後漢書》卷三七《桓榮丁鴻列傳》,第1265—1266頁。
⑤ (清)趙翼著,王樹民校證:《廿二史札記校證》卷二,"漢重日食"條,中華書局1984年,第41頁。

(一) 祭祀禮儀

伐鼓用幣,舉行祭祀儀式乃是春秋以來對日食進行禳救的禮儀規程。《春秋》莊公二十五年載:"六月,辛未,朔,日有食之。鼓,用牲于社。"①《春秋》文公十五年載:"六月,辛丑,朔,日有食之,鼓,用牲于社。"②《左傳》文公十五年補充道:"日有食之,天子不舉,伐鼓于社,諸侯用幣于社,伐鼓于朝,以昭事神、訓民、事君,示有等威,古之道也。"③其原因除了"以昭事神、訓民、事君,示有等威"外,《公羊傳》又從陰陽之義出發進行解讀:"日食則曷爲鼓用牲于社? 求乎陰之道也。以朱絲營社,或曰脅之,或曰爲闇,恐人犯之,故營之。"注曰:"社者,土地之主也。月者,土地之精也。上繫于天而犯日,故鳴鼓而攻之,脅其本也。朱絲營之,助陽抑陰也……先言鼓,後言用牲者,明先以尊命責之,後以臣子禮接之,所以爲順也。"④對伐鼓用牲禮儀的精神內涵進行了解説。

這套禮儀漢代也有繼承。《白虎通》載:"日食必救之何? 陰侵陽也。鼓用牲于社。社者,衆陰之主,以朱絲縈之,鳴鼓攻之,以陽責陰也。"⑤《續漢志·禮儀上》對漢代禳救日食也有記載:"每月朔旦,太史上其月曆,有司、侍郎、尚書見讀其令,奉行其政。朔前後各二日,皆牽羊酒至社下以祭日。日有變,割羊以祠社,用救日變。執事者冠長冠,衣皂單衣,絳領袖緣中衣,絳袴袜,以行禮,如故事。"⑥朔前後要祭日,日有變要禳救,説明漢代同樣存在日食禁忌和禳救措施。

(二) 行政舉措

日常政務暫停,天子百官須素服,天子避正殿,百官守本司。《左傳》昭公十七年載:"三辰有災,於是乎百官降物,君不舉,避移時。"《正義》曰:"降物,謂減其物采也。《昏義》曰:'日食則天子素服',知百官降物,亦素服也……《近世儀》注:日食則擊鼓於大社,天子單衣介幘,辟正殿,坐東西堂,百官白服坐本司,大常率官屬繞大廟,過時乃罷。"⑦《續漢志》劉昭注引《決疑要注》曰:"凡救日食,皆著赤幘,以助陽也。日將食,天子素服避正殿,內外嚴。日有變,伐鼓聞音,侍臣著赤幘,帶劍入侍,三臺令史已上皆

---

① 十三經注疏整理委員會整理:《春秋左傳正義》第 320 頁。
② 十三經注疏整理委員會整理:《春秋左傳正義》第 637 頁。
③ 十三經注疏整理委員會整理:《春秋左傳正義》第 644 頁。
④ 十三經注疏整理委員會整理:《春秋公羊傳注疏》,北京大學出版社 2000 年,第 200 頁。
⑤ (清) 陳立撰,吳則虞點校:《白虎通疏證》卷六,中華書局 1994 年,第 272—273 頁。
⑥ (晉) 司馬彪:《後漢書》志四《禮儀上》,第 3101 頁。
⑦ 十三經注疏整理委員會整理:《春秋左傳正義》第 1565 頁。

持劍立其户前,衛尉卿驅馳繞宮,察巡守備,周而復始。日復常,乃皆罷。"①與《左傳正義》部分相合。翻檢兩漢史書,也可得到印證。《漢書·鮑宣傳》載元壽元年正月朔日日食,鮑宣上書中言哀帝曾避正殿。② 獻帝初平四年正月甲寅朔日食,獻帝也曾"避正殿,寢兵,不聽事"。③ 其餘非朔日日食的記載則更是常見,如《後漢書·光武帝紀》載:"(建武七年三月)癸亥晦,日有食之,避正殿,寢兵,不聽事五日。"④

開言納諫、征辟人才。京房《易傳》載:"日者陽之精,人君之象。驕溢專明,爲陰所侵,則有日有食之災。不救,必有篡臣之萌。其救也,君懷謙虛下賢,受諫任德,日食之災爲消也。"⑤這也可以得到史書所見漢代災異後行政舉措的印證。

(三) 史書隱諱

由於朔日日食乃不祥之征,因此在史書記載時也有隱諱之法。《春秋穀梁傳注疏》對《穀梁傳》的朔日日食書寫作了總結:

> 《穀梁》之例,書日食凡有四種之別,故此"二月,己巳,日有食之",傳云:"言日不言朔,食晦日也。"桓十七年"冬,十月,朔,日有食之",傳云:"言朔不言日,食既朔也。"彼是二日食矣。又莊十八年"三月,日有食之",傳云:"不言日,不言朔,夜食也。"又桓三年"七月,壬辰,朔,日有食之,既",傳云:"言日言朔,食正朔也。"是有四種之別。⑥

在漢代,除"言日言朔"之例常見外,其他三種書寫形式少見。不過,東漢時期的另一個災異事件記錄中也能看到類似的"不書朔"情況。《後漢書·孝安帝紀》載:"(延平元年九月)乙亥,隕石于陳留。"⑦《續天文志》載:"殤帝延平元年九月乙亥,隕石陳留四。"⑧《續五行志》亦載:"殤帝延平元年九月乙亥,陳留雷,有石隕地四。"⑨《後漢紀》作"己亥,隕石於陳留",⑩應是形近訛誤所致。今推"九月乙亥"爲朔日,但三書皆

---

① (晋) 司馬彪:《後漢書》志四《禮儀上》,第 3102 頁。
② (漢) 班固:《漢書》卷七二《王貢兩龔鮑傳》,第 3091 頁。
③ (晋) 袁宏:《後漢紀》卷二七《孝獻皇帝紀》,張烈點校:《兩漢紀》下册,中華書局 2017 年,第 523 頁。
④ (南朝宋) 范曄:《後漢書》卷一下《光武帝紀下》,第 52 頁。
⑤ 十三經注疏整理委員會整理:《春秋穀梁傳注疏》,北京大學出版社 2000 年,第 14 頁。
⑥ 十三經注疏整理委員會整理:《春秋穀梁傳注疏》第 15 頁。
⑦ (南朝宋) 范曄:《後漢書》卷五《孝安帝紀》,第 205 頁。
⑧ (晋) 司馬彪:《後漢書》志一二《天文下》,第 3262 頁。
⑨ (晋) 司馬彪:《後漢書》志一五《五行三》,第 3315 頁。
⑩ (晋) 袁宏:《後漢紀》卷一五《孝殤皇帝紀》,第 299 頁。

未言朔，其原因當與朔日災異隱諱有關。

《續五行志》劉昭注曰：

> 《天文志》末已載石隕，未解此篇所以重記。石與雷隕俱者，九月雷未爲
> 異，桓帝亦有此隕，後不兼載，於是爲常。《古今注》曰：章帝建初四年五月戊
> 寅，潁陰石從天墜，大如鐵鎖，色黑，始下時聲如雷。①

根據注文，劉昭的不解有二：第一，《續天文志》已載隕石，爲何《續五行志》重記？第二，九月響雷並非異常之事，桓帝時也有隕石與響雷同時發生的事件，但却沒有重複記載，爲何此次《續五行志》要特別進行記載？

劉昭的第一個疑惑很好回答，雷聲與隕石同時發生，但《續天文志》《續五行志》不同類，因此一在"隕石"類下記隕石，一在"雷"類下記雷，實際上並不重複，只是如《古今注》所言，這個雷聲有可能是隕石引起的巨大聲響，故要加上"有石隕地四"與正常的打雷作區別。桓帝時的同類事件發生於延熹七年三月癸亥日②，劉昭的第二個疑惑由第一個疑惑引出，三月、九月響雷皆非異事，爲何一記、一不記呢？原因應在時間上，延熹七年三月壬申朔，癸亥並非什麼特殊日子，③但是，今推延平元年九月乙亥朔，九月響雷當然並非異事，但在朔日當天却有雷還伴有隕石，這或許在古人的心中就產生了某些神秘的遐想，所以，九月朔日的這次伴有隕石的雷被記載了下來。從這種不同的記載標準中能够看出漢代對朔日災異的重視，而"不書朔"應也是漢代災異隱諱的方法之一。

可以發現，朔日日食禁忌及禳救、隱諱之法先秦以來已有之，漢代對此也有承繼。胡家草場簡中人爲改置朔日的做法雖是特例，但其深層原因則仍是朔日日食禁忌。

四、結　論

通過對新出荆州胡家草場簡《歲紀》中關於漢高祖九年七月朔日改置記載的討論，可以發現：首先，雖然該簡中因朔日日食而改置朔日的案例爲新見，但由漢代文獻中大量存在的對十二個月各月朔日日食的記載可知，胡家草場簡中高祖九年七月朔日的改置並不是常例，而只是一個特例，不必过分拔高其意義。其次，簡文明言七月

---

① （晋）司馬彪：《後漢書》志一五《五行三》，第3315頁。
② （晋）司馬彪：《後漢書》志一二《天文下》，第3262頁。
③ 壬申朔，則無癸亥日，疑"三月癸亥"有誤，然而不影響此條主旨推論。

丙申朔、日食，但根據實際天象，高祖九年的日食發生於六月乙未日，所以，簡文所記應是在頒布曆書前預測九年七月朔日丙申會發生日食而特意對朔日進行的調整。史家對事件原委當是知曉的，乙未日食發生後，並未按照改置的曆書記録，而是遵照了原來的曆朔，所以《漢書》才會記爲"六月乙未晦"。簡文内容記録的應是對曆日調整的説明文字。最后，自先秦以來就有朔日日食禁忌，也一直沿襲有一些禳救、隱諱之法，胡家草場簡中人爲改置朔日的深層原因正是古已有之的朔日日食禁忌。

海昏侯墓漢簡《詩經》
目録異文札記

孫興金

摘　要："時侜（邁）其邦"的"侜"應爲"侏"字之訛，讀爲"邁"；"角弓其解"和"角弓其觲"意思相同，毛傳的解釋比鄭箋更貼合詩義；"海海（亹亹）羞王"的"海"讀爲"敏"，義爲勤勉；"牧野平平"的"平平"和"洋洋"爲同義詞，海昏《詩》此句爲耕陽合韵；"而秉義不衙"的"不"讀爲"丕"，"衙"爲"踐"字異體，"踐""善"音義並近；《毛詩》"國步蔑資"的"蔑"，海昏《詩》作"無"，二字同義，可證鄭箋之不確；"千禄百福"比《毛詩》"干禄百福"在詩義上更優；"蓼彼秋（蕭）斯"的"秋"讀爲"萩"，爲"蕭"字異體；"有驖在梁"的"驖"爲"鷩"字異體，與後世字書之"驖"爲同形字。

關鍵詞：海昏《詩》　目録　用字　異文

西漢海昏侯劉賀墓出土有《詩經》簡（下稱"海昏《詩》"）約 1 200 枚，朱鳳瀚《海昏竹書〈詩〉初讀》一文詳細介紹了初步整理情況，並公布了不少竹簡釋文。① 位於竹簡前端的總目録，記載了每首詩的章題，一般是以每一章的首句爲名，如果相鄰兩章首句（或前幾句）相同，就順延至下一句。整理者從詩篇結構、次序、數目等方面與《毛詩》做了比較詳細的對比研究，而用字方面僅通過隨文括讀的方式表達了釋讀意見。海昏《詩》目録與《毛詩》詩句對比異文較多，有必要從用字角度對其進行疏通。本文選取其中的疑難異文進行辨析，成札記九則，希望有助於海昏《詩》的整理和研究。②

---

① 收入朱鳳瀚主編：《海昏簡牘初論》，北京大學出版社 2020 年，第 79—119 頁。以下引到此文内容時，不再出注，只於正文標明頁碼。
② 文中條目，先列《毛詩》，後列海昏《詩》，海昏簡缺字據《毛詩》補齊。

一、時邁其邦——時侏其邦

《周頌·時邁》"時邁其邦"，海昏《詩》"邁"作"侏"（85 頁）。

按，在上古音中，"邁"屬明紐月部，"侏"屬明紐物部，二字雙聲，韵部旁轉，音近可通。然而先秦秦漢文獻中未見"未"字聲系和"萬"字聲系相通的例子，"侏"字應該是"侏"字之訛。"未"與"末"形近，文獻中有不少相訛的例子。《左傳》昭公八年："虞之世數未也。"《史記·陳杞世家》"未"作"末"。《周易·丰卦·九三》："豐其沛，日中見沬，折其右肱，无咎。"帛書本"沬"作"茉"。①"末"字聲系和"萬"字聲系可以相通，《上博四·曹沫之陳》簡 5"曹沫"之"沫"寫作從萬得聲的"蠆"，②是其例。

二、角弓其觲——角弓其解

《魯頌·泮水》"角弓其觲"，海昏《詩》作"角弓其解"（86 頁）。蔡偉指出，"解"字於韵不合，應是"觲"之誤寫或爲整理者之誤釋。③

按，"解"讀爲"懈"，鬆弛義。此句毛傳曰："觲，弛貌。"《説文》弓部："弛，弓解也。"段注："弛，弓解弦也……引申爲凡懈廢之稱。""觲""解"皆爲弓弦鬆弛義。海昏《詩》作"解"雖然於韵不合，但意義却與毛傳的解釋相合，恐不能輕易視爲誤寫。退一步講，即使"解"爲誤寫，也可能受到了詩義的影響。

《詩經》韵例謹嚴，但也存在不少例外情況。今本《毛詩》中的《周頌·清廟》《昊天有成命》等全詩無韵，《維天之命》前四句無韵。《召南·行露》第二章第三句"誰謂女無家"不入韵，第三章第三句"誰謂女無家"則入韵。④《魏風·陟岵》"行役夙夜無寐"，安大簡《詩經》簡 73"寐"作"帰（寝）"。⑤ 俞紹宏認爲，《陟岵》"行役夙夜無寐"可能原本不入韵，漢代人整理《詩經》爲了押韵而换成了可入韵的同義字"寐"。⑥ 可見，無論是未經打磨的早期抄本，還是經過長時間傳抄潤色而形成的今本《毛詩》，都存在不合韵

---

① 高亨纂著，董治安整理：《古字通假會典》，齊魯書社 1989 年，第 657 頁。

② 馬承源主編：《上海博物館藏戰國楚竹書（四）》，上海古籍出版社 2004 年，第 246 頁。

③ "抱小"：《海昏竹書〈詩〉異文小札》，復旦大學出土文獻與古文字研究中心網 2021 年 1 月 20 日，http://www.fdgwz.org.cn/Web/Show/4752。

④ 王力：《詩經韵讀》，上海古籍出版社 1980 年，第 390、391、390、155 頁。

⑤ 黄德寬、徐在國主編：《安徽大學藏戰國竹簡（一）》，中西書局 2019 年，第 116 頁。

⑥ 俞紹宏：《據安大簡考辨〈詩經〉韵讀一例》，《漢語漢字研究》2020 年第 1 期，第 12—17 頁。

例的情況。

對於"角弓其觲，束矢其搜"詩義的理解，毛傳和鄭箋存在分歧，有必要進行厘清。毛傳："觲，弛貌。五十矢爲束。搜，衆意也。"鄭箋："角弓觲然，言持弦急也。束矢搜然，言勁疾也。"朱熹《詩集傳》沿襲鄭箋："觲，弓健貌……搜，矢疾聲也。"①毛傳和鄭箋的分歧點主要在對於"觲""搜"二字的理解上。"觲"字又見於《詩·小雅·桑扈》"兕觥其觲，旨酒思柔"句，鄭箋曰："兕觥，罰爵也。古之王者與群臣燕歚，上下無失禮者，其罰爵徒觲然陳設而已。"朱熹《詩集傳》曰："觲，角上曲貌。"《説文》角部又引作"觓"："觓，角皃。從角，丩聲。《詩》曰：'兕觥其觓。'"《集韵·幽韵》："觓，角曲皃。""觲"字義爲獸角彎曲的樣子，在"兕觥其觲"句中，通過描寫兕觥的彎曲之貌，來表示兕觥不用，徒然陳設之義。《詩·魯頌·泮水》"角弓其觲"句中的"觲"字的意義也應該是角弓彎曲的樣子，通過描寫角弓的彎曲之貌，來表示戰鬥勝利之後，角弓鬆弛不用之義。"觲"字本無鬆弛之義，毛傳訓爲"弛貌"，應是隨文釋義。"搜"字的解釋，馬瑞辰早已指出鄭箋的失誤之處："束矢非可齊發，箋訓爲勁疾，失之。"②再從文意來看，本詩第六、七章寫戰鬥勝利之後，將士在泮獻功之景象，此時的弓矢應是收斂不用的狀態，因此毛傳的解釋更貼合詩義。

三、亹亹文王——海海羞王

《大雅·文王》"亹亹文王"，海昏《詩》作"海海羞王"（89頁）。毛傳曰："亹亹，勉也。"蔡偉將"海海羞王"與《毛詩》的《大雅·棫樸》"勉勉我王"相對應。同時認爲"海""勉"聲近，古音之部、文部相近；"羞"當作"義"，"義""我"聲近。③

按，根據整理者復原整理的目録釋文，"海海羞王"是"文王十篇"的第一篇的第二章的章題，其前一章章題缺簡，其後一章爲"世之不顯"，正與《大雅·文王》"亹亹文王"相對應，而不是《大雅·棫樸》"勉勉我王"。

"海"可讀爲"敏"，勤勉的意思。《論語·述而》："我非生而知之者，好古敏以求之者。"劉寶楠正義："敏，勉也。言亹亹勉以求之也。"④《禮記·中庸》："人道敏政。"鄭玄注："敏，猶勉也。""海海""亹亹"不僅意義相同，音讀也相近。"海"從"每"得聲，每爲明紐之部，亹爲明紐微部，二字雙聲，之微通轉，音近可通。裘錫圭指出，有少數文字借用現象，

---

① （宋）朱熹集撰，趙長征點校：《詩集傳》，中華書局2017年，第365頁。

② （清）馬瑞辰，陳金生點校：《毛詩傳箋通釋》，中華書局1989年，第1136—1137頁。

③ "抱小"：《海昏竹書〈詩〉異文小札》。

④ （清）劉寶楠撰，高流水點校：《論語正義》，中華書局1990年，第271頁。

既可以看作同義換讀,也可以看作被借字的字義跟假借義有聯繫的假借現象,並舉"仇" "讎"爲例。① "每""霉"可能也屬於這種情況。"羞"和"文",音義皆無聯繫,蔡偉認爲 "羞"爲"義"之誤,可從。"義"讀爲"我","我王"即指文王,與《毛詩》詩義無別。

《大雅·崧高》"霉霉申伯",海昏竹書作"再再申伯"。蔡偉《小札》認爲"再"疑是 "每"之誤寫或爲整理者之誤釋。② 若此,則"每"也應讀爲"敏"。

四、牧野洋洋──牧野平平

《大雅·大明》"牧野洋洋",海昏《詩》作"牧野平平"(89 頁)。蔡偉認爲,"平"字失 韵,當作"羊"。③

按,毛傳:"洋洋,廣也。"《爾雅·釋地》:"大野曰平。""牧野洋洋""牧野平平"意義 並無區别。此章押陽部韵,"平"爲耕部,海昏《詩》此處應爲耕陽合韵,並非失韵。春 秋末期之後,耕陽合韵的現象開始出現並逐漸增多。春秋晚期徐國銅器徐沈尹鉦鋮 (《銘圖》15988)以"庚(耕)""城(耕)""兵(陽)""强(陽)"等字爲韵;④沇兒鍾(《銘圖》 15819)以"易(陽)""皇(陽)""成(耕)""生(耕)"爲韵。⑤ 產生於戰國時代的《楚辭·招 魂》"砥室翠翹"章,以"瓊(耕)""光(陽)""張(陽)""璜(陽)"爲韵。⑥ 西漢初年的《馬王 堆帛書·四度》以"方(陽)""正(耕)""平(耕)""長(陽)""爽(陽)"爲韵。⑦ 產生於西漢 初年的《淮南子》中耕陽合韵的例子達 54 例之多。⑧ 對於漢人而言,作"牧野平平"在 詩義和韵讀上皆無疑礙,不必當作誤字看待。

五、而秉義類──而秉義不衝

《大雅·蕩》"而秉義類",海昏《詩》作"而秉義不衝"(90 頁)。相比於《毛詩》,海昏 《詩》多一"不"字,且"類"作"衝"。蔡偉指出,"衝"可能是"術"或"衛"之誤字或誤釋,

---

① 參看裘錫圭:《文字學概要》,商務印書館 2013 年,第 182—185 頁。

② "抱小":《海昏竹書〈詩〉異文小札》。

③ "抱小":《海昏竹書〈詩〉異文小札》。

④ 吴鎮烽:《商周青銅器銘文暨圖像集成》第 29 卷,上海古籍出版社 2012 年,第 513 頁。

⑤ 吴鎮烽:《商周青銅器銘文暨圖像集成》第 29 卷,第 358 頁。

⑥ 王力:《楚辭韵讀》,上海古籍出版社 1980 年,第 75 頁。

⑦ 裘錫圭主編:《長沙馬王堆漢墓簡帛集成 4》,中華書局 2014 年,第 138 頁。

⑧ 張雙棣:《淮南子用韵考》,商務印書館 2010 年,第 28 頁。

與“類”音近可通；若非誤字，則可能讀爲“倰”，訓爲“迹”，“不衒〈術—遹〉”可以解釋爲“不循軌迹”。①

　　按，“衒”從“行”，“戔”聲，應是“倰”字異體，“倰”則是“踐”字異體。古“踐”“善”音義並近。《禮記·曲禮上》：“疑而筮之，則弗非也。日而行事，則必踐之。”鄭玄注：“踐讀曰善。”孔穎達疏：“踐，善也。言卜得吉而行事必善也。”《毛詩》“而秉義類，强禦多懟”，鄭箋：“義之言宜也。類，善。……女執事之臣，宜用善人，反任强禦衆懟爲惡者，皆流言謗毀賢者。”“類”“衒（踐）”爲同義詞。此句海昏《詩》多一“不”字，應讀爲“丕”，“丕踐（善）”即“善”也，這是古書常見的用法。“而秉義（宜）不衒（踐—善）”與《毛詩》“而秉義（宜）類（善）”意義相同。

六、國步蔑資——國步無資

　　《大雅·桑柔》“國步蔑資”，海昏《詩》作“國步無資”（90頁）。

　　按，“蔑資”一語又見於《大雅·板》“喪亂蔑資”，毛傳：“蔑，無。資，財也。”“蔑”“無”爲同義詞。《桑柔》篇此句毛傳無説，鄭箋曰：“蔑猶輕也……國家爲政，行此輕蔑民之資用，是天不養我也。”《桑柔》的“蔑資”應和《板》之“蔑資”作相同解釋，海昏《詩》作“無”可資佐證，鄭箋之説不可從。“蔑”爲明紐月部，“無”爲明紐魚部，二者在語音上也較相近。

七、干禄百福——千禄百福

　　《大雅·假樂》：“干禄百福，子孫千億。”海昏《詩》“干”作“千”（90頁）。

　　按，“干”“千”二字形近易混，但意義差别很大。從詩義看，海昏《詩》作“千”似更勝。《詩經》《論語》皆有“干禄”一語，如《大雅·旱麓》“豈弟君子，干禄豈弟”，毛傳：“干，求也。”《説文》示部：“禄，福也。”“干禄”即“求福”之義。“干禄百福，子孫千億。”孔穎達曰：“以此求天之禄，則得百種之福。子孫亦勤行善德，以求天禄，則得千億，言其多無數也。”朱熹《集傳》：“言王者干禄而得百福，故其子孫之蕃至於千億。”②這種解釋略顯迂曲，若從海昏《詩》作“千”，則順暢許多。“千”“百”相對，皆言多也；“福”“禄”相承，皆爲福

---

① “抱小”：《海昏竹書〈詩〉異文小札續》，復旦大學出土文獻與古文字研究中心網 2021 年 3 月 5 日，http://www.fdgwz.org.cn/Web/Show/4765。

② （宋）朱熹集撰，趙長征點校：《詩集傳》第 299 頁。

也。多福多禄,子孫興旺,文從字順。清人俞樾也認爲"干"是"千"的誤字,《群經平議》卷十一:"'干'字疑'千'字之誤。千禄百福,言福禄之多也。子孫千億,言子孫之多也。鄭作'干禄',而訓爲求,殆其所據之本誤爾。"①可謂卓識。"干""千"形近,可能是受到《大雅·旱麓》和《論語·爲政》中"干禄"一語的影響而以訛傳訛。

八、蓼彼蕭斯——蓼皮秋斯

《小雅·蓼蕭》"蓼彼蕭斯",毛傳:"蕭,蒿也。"海昏《詩》"蕭"作"秋"(95頁)。

按,"秋"應讀爲"萩"。《墨子·經説下》:"若楹輕於秋,其於意也洋然。"孫怡讓《墨子閒詁》:"秋當讀爲萩。"②《説文》艸部:"萩,蕭也。""萩""蕭"爲異體字,二者義符同爲"艸",聲符"秋""肅"音近可通。如《左傳》襄公十八年:"伐雍門之楸。"《晏子春秋·外篇上》"楸"作"檽"。又《山海經·中山經》:"陽華之山多苦辛,其狀如檽。"郭璞注:"檽即楸字也。"③

九、有鶖在梁——有鱐在梁

《小雅·白華》"有鶖在梁",海昏《詩》作"有鱐在梁"(98頁)。

按,"鱐"從鳥肅聲,"鶖"字異體。二字義符同爲"鳥",聲符"肅""秋"音近通用(參本文"蓼彼蕭斯"條)。後世字書中有同形的"鱐"字。《説文》鳥部:"鷫,鷫鷞也。五方神鳥也。東方發明,南方焦明,西方鷫鷞,北方幽昌,中央鳳皇。從鳥肅聲。鵏,司馬相如説:'從夋聲。'"《龍龕手鑒》鳥部:"鱐,鷫的或體。"《字彙補》鳥部:"鱐,與鷫同。西方神鳥。"《白華》篇毛詩序曰:"白華,周人刺幽王也。幽王取申女以爲后,又得褒姒而黜申后,故下國化之……""有鶖在梁,有鶴在林",毛傳曰:"鶖,禿鶖也。"鄭箋云:"鶖也,鶴也,皆以魚爲美食者也。鶖之性貪惡而今在梁,鶴絜白而反在林。興王養褒姒而餒申后,近惡而遠善。"可知這裏本是惡鳥禿鶖,而非神鳥鷫鷞。海昏《詩》"有鱐(鶖)在梁"之"鱐",顯然和"西方神鳥"之"鱐"不是同一個字,二者是同形字,形同義不同。我們推測,在西漢中期,"鷫鷞"之"鷫"可能是用司馬相如所説的"鵏"字記寫的,"鱐"字則用來記寫"禿鶖"之"鶖"。

---

① (清)俞樾撰著,趙一生主編:《俞樾全集(第1册)·群經平議(上)》,浙江古籍出版社2017年,第317頁。

② (清)孫怡讓撰,孫啓治點校:《墨子閒詁》,中華書局2001年,第381頁。

③ 张儒、刘毓庆:《漢字通用聲素研究》,山西古籍出版社2002年,第169頁。

長沙走馬樓西漢簡《卯劾僮詐爲書案》所見"將田""部""將大農田"諸問題小議*

楊　芬　宋少華

摘　要：長沙走馬樓西漢簡《卯劾僮詐爲書案》是一起與大農田管理相關的案件。通過考察相關簡文,本文認爲該案中的"將田"不是獨立的職官之稱,而是指任職者兼領了"率領僱傭勞動者勞作"的任務。所將之田是長沙國大農所轄的公田,其所處地界或許在蠻夷聚居地。將田者是縣的基層倉吏,他們由本縣根據上級指令派遣到指定縣域管理王國大農田,僱傭他人勞作,並按工作量付予僱傭勞動者傭金。

關鍵詞：走馬樓　漢簡　將田　部　大農

長沙走馬樓西漢簡中有一份較完整的案卷,我們暫將此案定名爲《卯劾僮詐爲書案》(以下簡稱僮、卯案)。該案講述了將田義陵佐僮、沅陽佐卯二人受大農卒史之命,由縣派遣"將大農田無陽"。他們僱傭了伉、充、午等人勞作,並因僞造券書逃避付給雇傭者傭金,而被舉劾調查。

現羅列相關簡文如下：

1. 將田義陵佐僮、沅陽佐卯出質安成里公乘伉、充、南陽公乘午等連銜上粟,卯實不與僮共出錢繒以付充等,僮詐以卯爲券書。四年二月乙未朔戊戌,將田沅陽佐卯劾。　　　　　　　　　　　　　　　　　　　　　(0006)

2. 五年九月己未,獄史吳人訊僮。要道狀辤曰：迺二年中將大農田無陽。受

---

*　本文爲國家社科基金重大項目"長沙走馬樓西漢簡的整理與研究"(17ZDA181)的階段性成果。

錢繒物及<u>將田</u>佐僮效絣繒四匹一丈九尺二寸,直錢千九百七十一　　(0049)

3. 案：<u>將大農田</u>官移賃庸出券,券三：其一錢四千七百廿一,素繒五尺五寸
直錢卅九。┕　錢六百五十六。┕　一錢五千一百廿五,絣繒四匹☒
直錢千九百七十一,春草繒二匹二寸直千一百卅九,緹繒三丈五尺直錢四
百五十五。三年三月乙丑、四月丙申、丙午,<u>將田</u>義陵佐僮、沅陽佐☒
　　　　　　　　　　　　　　　　　　　　　　　　　　　　　(0081)

4. ☒迺元年縣遣<u>將大農田</u>☒☒　　　　　　　　　　　　　　　(0162)

5. 五年九月己未,獄史吳人訊卯,要道狀辤曰：故公大夫,沅陽爲倉佐,均鐔
成☒☒
自受錢物爲部賃庸<u>田</u>。僮自出所受錢繒物賣予庸人田,收禾連☒☒
　　　　　　　　　　　　　　　　　　　　　　　　　　　(0004－1)

6. ☒佐,均爲大農<u>將</u>賃人<u>田</u>無陽界中,與沅陽佐卯各爲一部田。•卯部田☒已,
☒☒粟＝☒,僮獨往受錢無陽及收責☒負田官錢繒者,[1]因以償所賃人公
乘充
　　　　　　　　　　　　　　　　　　　　　　　　　　　　(0004)

7. 四年六月甲午,守獄史胡人訊僮。道狀辤曰：爲義陵都鄉長陵聚☒
☒,出☒,獲(護)田大農卒史令卯助僮賃人擊、連出部田所得☒☒(0094)[2]

一、將　田

以上簡文中多次出現的"將田""將……田"用語。懸泉漢簡亦見"將田"記載,列
舉如下：[3]

8. 元康元年十月乙巳,前將軍臣增、大僕臣延年承制詔侍御史曰：<u>將田</u>車師
軍候強將士詣田所,爲駕二封軺傳載,從者一人。傳第二百卅。
　　　　　　　　　　　　　　　　　　　　　　　(ⅡT0214③：45)

9. 永光五年五月甲辰朔己巳,<u>將田</u>車師己校尉長樂兼行戊校尉事,右部司馬
丞行……
　　　　　　　　　　　　　　　　　　　　　　　(Ⅱ0215②：21)

---

[1] "僮"前一字,字形作"▓",疑釋"畢"。"責"後一字,字形作"▨",疑釋"民"。

[2] 其中1、2、3、4、7等五簡釋文已見於陳松長、劉國慶《長沙走馬樓西漢簡中的"將田"小考》,《出土文獻》第14輯,中西書局2019年,第314、316—317頁。

[3] 胡平生、張德芳：《敦煌懸泉漢簡釋粹》,上海古籍出版社2001年,第115、120—123頁；張俊民：《簡牘文書所見"長安"資料輯考》,簡帛網2007年12月8日,http://www.bsm.org.cn/?hanjian/4966.html。

10. 五月壬辰,敦煌太守彊、長史章、丞敞下使都護西域騎都尉、將田車師戊、
　　己校尉、部都尉、小府、官、縣,承書從事下當用者……　（Ⅱ T0115②：16）

11. 将田渠黎軍候、千人會宗上書一封。初元□……　　　　　（Ⅱ 0216②：26）

12. 将田渠犁校尉史移安漢□□□送武,軍司令史田承□□□□。謹長至
　　罷,詣北軍以傳。詔爲駕一封軺傳,傳乘爲載。　　　　　　（91C：59）

　　以上簡例的"將田"二字之後所接的"車師""渠犁",均是西域小國。① "某地"之後所
接分別爲"軍候""己校尉""戊校尉"等職官,這些職官均與西域軍事系統相關。《漢書·
百官公卿表》:"西域都護加官,宣帝地節二年初置,以騎都尉、諫大夫使護西域三十六
國,有副校尉,秩比二千石,丞一人,司馬、候、千人各二人。戊己校尉,元帝初元元年置,
有丞、司馬各一人,候五人,秩比六百石。"顔師古注:"有戊校尉,有己校尉。"②

　　西北簡中出現的"將田",李炳泉先生認爲是"將兵屯田"的省稱。③《漢書·西域
傳》:"地節二年,漢遣侍郎鄭吉、校尉司馬憙將免刑罪人田渠犁,積穀,欲以攻車師。
至秋收穀,吉、憙發城郭諸國兵萬餘人,自與所將田士千五百人共擊車師,攻交河城,
破之……有詔遣田渠犁及車師,益積穀以安西國,侵匈奴……於是吉始使吏卒三百人
別田車師……其後置戊己校尉屯田,居車師故地。"這些記載均證明,懸泉漢簡中的
"將田"的確指帶兵屯田車師、渠犁等地。但走馬樓西漢簡與懸泉漢簡所見"將田"既
有類似之處,也有一定的區別。

　　首先,和懸泉簡中的"將田車師軍候""將田車師己校尉"一樣,走馬樓西漢簡中的
"將田"也加在某職官之前,表示該任職者兼領"將田"的任務。

　　簡1、3中的"將田義陵佐僮、沅陽佐卯"即"將田義陵佐僮"和"將田沅陽佐卯",
僮、卯二人本在義陵、沅陽二地任職爲"佐","將田"的修飾不會改變僮、卯"義陵"
"沅陽"佐的固有身份,而只是給他們的任職加上一個特定的任務,即"將田"。簡2
中的"將田佐僮",實際是"將田義陵佐僮"的省稱,"將田佐"是指正在執行"將田"任
務的佐。④

---

① 參看《漢書》卷九六下《西域傳》,中華書局1962年,第3911、3921—3922頁。

② 根據懸泉漢簡,"戊己校尉"實際爲兩校尉:戊校與己校。參孟憲實:《漢唐文化與高昌歷史》,齊魯書社
　2004年,第48—55頁。

③ 李炳泉:《漢代的"將屯"與"將田"小考》,《史學月刊》2004年第4期,第119頁。

④ 陳松長、劉國慶兩位學者認爲,"將田"就是掌管田事,"將"是率領掌管的意思。"將田"應該是西漢中期
　以後出現的一種田官的專稱,很可能是"將大農田"的省稱。"將田佐僮"應是"將田義陵佐僮"的省寫。
　"將田"後面直接加"佐"字,也説明"將田"應該是一個有佐官的官名。參看陳松長、劉國慶《長沙走馬樓
　西漢簡中"將田"小考》。

"將田義陵佐"和"將田沅陽佐"與西北簡中的"將田車師軍候""將田渠犁軍候千人",組詞結構看似相類,實有區別。西北簡中"將田"之地爲"車師""渠犁",非常明確。但走馬樓西漢簡中的"將田義陵""將田沅陽"却不可連讀,"義陵""沅陽"兩地名並非"將田"之地,而是負責將田任務佐僮、佐卯的原本任職之地及籍貫之地。再據簡2"將大農田無陽",可知僮、卯"將田"之地爲無陽,所以"將田義陵佐"和"將田沅陽佐"全稱作"將田無陽義陵佐""將田無陽沅陽佐"亦能通,意爲"義陵佐將田無陽""沅陵佐將田無陽"。

其次,和懸泉簡中的"將田"相比,二者的田作方式不同。

據簡6"爲大農將賃人田無陽界中"可知,走馬樓西漢簡中的"將田"指的是"帶領僱傭之人田作於無陽界中"。據簡8"將田車師軍候强將士詣田所",及《漢書》所載"將免刑罪人田渠犁"可知,"將田"車師或渠犁等地,所將之人或爲兵士,或爲免刑罪人,方式是屯田。

《漢書·昭帝紀》:"冬,發習戰射士詣朔方,調故吏將屯田張掖郡。"顏師古注:"調謂發選也。故吏,前爲官職者。令其部率習戰射士於張掖爲屯田也。"李炳泉先生認爲其中"故吏將"爲一詞,"屯田"又爲一詞,"將"和"屯"並不構成一詞。《後漢書·袁安傳》"漁陽、鴈門、上谷三郡各遣吏將送詣景第"中"吏將"就是一個詞。這句話的意思是指調過去的吏和將到張掖郡屯田。[1]

按,唐人顏氏即認爲"故吏"爲一詞。《三國志·魏書·烏丸鮮卑東夷傳》:"景初二年六月,倭女王遣大夫難升米等詣郡,求詣天子朝獻,太守劉夏遣吏將送詣京都。""遣吏將送詣京都"的"將"之後應有語法省略,整句話似當理解爲派遣吏人將難升米等送至京都。同理《後漢書·袁安傳》中"吏將送詣景第"之"吏將"亦不是一個詞,而是指吏"將突騎及善騎射有才力者"送詣景第。所以"調故吏將屯田張掖郡"中,"故吏"爲一詞,這句話可理解爲"發選故吏將兵屯田張掖郡"。以上分析,主要爲了説明本文所討論的"將田"之"將"確爲"帶領""率領"之義。[2]

再者,懸泉簡中負責"將田"者爲"軍候""己校尉""戊校尉"等,這些軍吏爲西域都護屬下,所將之田當爲西域都護所轄,走馬樓西漢簡所將之田爲"長沙國大農"所轄。

據簡7"獲田大農卒史令卯助僮賃人擊連出部田所得"可知,卯、僮二人"將田"任

① 李炳泉:《漢代的"將屯"與"將田"小考》第 119 頁。

② 里耶秦簡 9-1781+9-2298"將田鄉守敬作徒簿"之"將田",《里耶秦簡校釋》即認爲"將"爲率領之意,參看陳偉主編《里耶秦簡校釋(第二卷)》,武漢大學出版社 2018 年,第 360 頁。

務乃是“獲田大農卒史”之命。鄒水傑先生認爲“獲”字讀作“護”，①可從。“護”表監督、監護、督察義。《史記·李將軍列傳》：“有白馬將出護其兵，李廣上馬與十餘騎犇射殺胡白馬將。”張守節《正義》：“其將乘白馬，而出監護也。”《史記·陳丞相世家》：“是日乃拜平爲都尉，使爲參乘，典護軍。”漢時有“護軍將軍”“護軍都尉”“護軍中尉”“護羌校尉”等等，居延漢簡 4.1 有“護田校尉”，②漢代漆器銘文、長安未央宮骨簽多記有“護工卒史”，③其職官的命名方式亦與此同。吳榮曾先生認爲“護工卒史”實際上即監工卒史，其主要職責是對整個工官的監督，這一職位似應從工官的上級機構或其他機構派遣而來。④ 所以“護田”表示監督大農田的工作或者諸田官，符合職官的命名方式。

　　另據簡 2“將大農田無陽”、簡 4“迺元年縣遣將大農田”，更是明確了所將之田的歸屬爲“大農”。

　　簡 5 言卯爲“沅陽倉佐”。《漢書·百官公卿表》記載：“治粟内史，秦官，掌穀貨，有兩丞。景帝後元年更名大農令，武帝太初元年更名大司農。屬官有太倉、均輸、平準、都内、籍田五令丞，斡官、鐵市兩長丞。又郡國諸倉農監、都水六十五官長丞皆屬焉。”説明卯的倉吏身份和“將田”行爲不違背文獻記載中郡國諸倉與大農的關係，從側面證明了走馬樓西漢簡中的“將田”實爲將大農田。

　　西漢早中期，漢中央和王國均設大農。西漢中後期王國是否設大農儘管没有明確記載，但《漢書·百官公卿表》載景帝改革王國官制時，“改丞相曰相，省御史大夫、廷尉、少府、宗正、博士官，大夫、謁者、郎諸官長丞皆損其員”，大農並不在裁撤之列。本案中的大農應是長沙國的大農。⑤ 涉案人僮、卯身份分別作“將田義陵佐”“將田沅陽佐”，帶領僱傭勞動力在無陽的大農田上勞作，其中所涉地名義陵、無陽、沅陽均屬武陵郡，武陵郡爲長沙國支郡，所以此處“大農田”爲長沙國大農所轄田。

---

① 整理小組第七、九次讀簡會整理的材料中，鄒水傑先生將“獲”讀作“護”。

② 謝桂華、李均明、朱國炤：《居延漢簡釋文合校》，文物出版社 1987 年，第 4 頁。

③ 如漆器銘文“護工卒史惲”“護工卒史章”，參看貴州省博物館：《貴州清鎮平壩漢墓發掘報告》，《考古學報》1959 年第 1 期；“護工卒史”的簽文參看中國社會科學院考古研究所：《漢長安城未央宮 1980—1989 年考古發掘報告》，中國大百科全書出版社 1996 年，第 106 頁。

④ 吳榮曾：《西漢骨簽中所見的工官》，《考古》2001 年第 1 期。

⑤ 王勇、鄒水傑二位先生均認爲這裏的大農或爲長沙大農，其觀點來自整理小組讀簡會期間的交流。

二、"部"與部田

前所列簡 1—7 中,和"田"相關的,除了有"將田""將……田",還有"部田"和"部……田"。關於其中"部"字的釋讀,仍存在一些疑問。

現列該字字形如下:

(簡 5)　　　　(簡 6)　　　　(簡 7)

與之寫法相似的字還見於以下各簡,這些簡也是屬於僮、卯案。

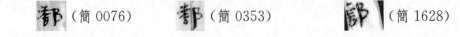

(簡 0076)　　　　(簡 0353)　　　　(簡 1628)

該字寫法和"都"十分相似,整理小組曾疑此字當釋爲"部",但未有定論。上引簡 7 既出現了該字,也出現了"都鄉"之"都"字。雖因簡開裂,"都"字筆畫漫漶,但仍能看出兩者寫法不同。且走馬樓西漢簡中,"都鄉"之"都"一般寫法與前所列疑釋"部"的字寫法均不同。現列"都"字字形如下:

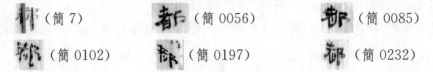

(簡 7)　　　　(簡 0056)　　　　(簡 0085)

(簡 0102)　　　　(簡 0197)　　　　(簡 0232)

另,走馬樓西漢簡 0270"南部都尉"之"部""都"二字分別寫作　、　,其中"部"與簡 5、6 所釋"部"字字形一致,可知以上討論之字或當釋"部"。走馬樓西漢簡也見另外寫法的"部"作　。以上兩種不同寫法的"部"字,其字形較有特色,不知是因地方性的書寫特點,還是因某個書手的個人特點。

"部"的含義很多,能和本案中的"部(田)"含義相似不舛者,有以下幾種。

(一)指部署、安排。《後漢書·鍾離意傳》:"舉孝廉,再遷,辟大司徒侯霸府。詔部送徒詣河內,時冬寒,徒病不能行。"0353 號簡言"卒史遣卯佐僮部連粟",此處或可將"部"看作動詞,理解爲部署、安排之意。

(二)指部界、管轄範圍。《漢書·朱博傳》:"欲言二千石墨綬長吏者,使者行部還,詣治所。""行部"謂巡行所屬部界,考核政績。周振鶴先生曾撰文分析作爲漢代與行政區劃並行的監察區的"部",其第一層監察區是刺史部和司隸校尉部,每一部監察數郡;第二層監察區是督郵部,分別監察數縣至十來縣不等;第三層是縣以下所分出的廷掾部,以監察屬下的鄉;第四層則是鄉以下的亭部,理論上每鄉分爲十個亭部,以監察位於部内的里。① "部"的地域可以廣至數郡,亦可以小至一亭範圍。

　　本案簡文中的"一部田"若指田地的地域,那麼大約在什麼範圍?

　　《漢書·尹翁歸傳》:"案事發姦,窮竟事情,延年大重之,自以能不及翁歸,徙署督郵。河東二十八縣,分爲兩部,閎孺部汾北,翁歸部汾南。"這段文字説明漢時河東郡分爲兩個督郵部,閎孺、翁歸二人各部其中一部。走馬樓西漢簡另一和"襄人"相關的案件,也發生在無陽,其0005號簡記載"時正收責賨上部、下部",②將無陽某地分爲了上、下二部。所以,本案中"部田"或許指在一縣之内,將大農田分成若干部,僮、卯各負責其中一部。

三、將大農田催人勞作的操作方式

　　經過前文的分析,本案"將田"的行爲可稱作"將大農田",據下所引簡13的記載,我們可推知"將大農田"操作方式。

13. 案:將大農田官移賃庸出券,券三:其一錢四千七百廿一,素繒五尺五寸,直錢卌九。錢六百五十六。一錢五千一百廿五,絣繒四匹[一丈九尺二寸]直錢千九百七十一,春草繒二匹二寸直千一百卌九,緹繒三丈五尺直錢四百五十五。三年三月乙丑、四月丙申、丙午,③將田義陵佐僮,沅陽佐[卯出賃無](0081)④陽安成里公乘亢、充,南陽公乘午,所具庸擊禾爲米四百七十二石,作盛粟筐三百六枚,連粟爲米五百廿二石六斗,積徒四百七十一人,人日卅錢。亢庸長,三月乙丑受錢萬五百一。問庸人公乘野、貍、豹等皆未得錢。亢受野等賃錢,不予野等,與令史葵、守令史相,□正午共盜。⑤ 亢等實不受繒。僮(0078)

　　根據出土案劾文書資料的格式習慣,簡13可稱作案文書。案文書一般作爲舉劾

---

① 周振鶴:《從漢代"部"的概念釋縣鄉亭里制度》,《歷史研究》1995年第5期,第38頁。

② 該簡"部"字亦寫作 ▉ 。賨是少數民族的賦税,我們懷疑,上部和下部或許跟蠻夷地界有關聯。

③ 三年三月辛丑朔,乙丑爲25日,四月庚午朔,丙申爲27日,四月無丙午。

④ 0081號簡下部殘斷,"[ ]"内的文字爲我們根據文義擬補。

⑤ "正"前一字作 ▉ ,懷疑爲"聚"字,《康熙字典》酉集邑部:"聎,《龍龕》同聚。"(上海辭書出版社2007年,1267頁)若所釋爲聚,則説明鄉下蠻夷居住地稱作"聚",其長亦稱作"正"。當然,此字亦可能是守令史之名。

文書的附件,記録案件初步調查案驗的情況。[①]

簡 13 中,與"庸"組詞的就有四種:"庸人""庸長""賃庸""具庸",可見"將田"的運作方式與"庸"必定密不可分。

"庸人"指受僱傭的勞動力。

"庸長"應指僱傭勞動力的負責人。

"具庸"一詞在本案中多見,其義或有兩種可能。(1)"具"指配備,《史記·孔子世家》:"古者諸侯出疆,必具官以從。請具左右司馬。""具庸"乃指配備僱傭勞動者之意。(2)指以書面文書僱傭勞作之人,其組詞結構類似"具獄"。《漢書·于定國傳》:"乃抱其具獄。"顏師古注:"具獄者,獄案已成,其文備具也。""具獄"指定案或據以定罪的全部案卷,[②]即指各種獄書文件具備。0014 號簡言"公乘伉、充、午與僮爲別,具庸人連僮田所得粟畢,伉等受賃錢",說明與庸人訂立了"莂"式書面合同,勞動者的酬勞有"莂"爲據。

"賃庸"亦作"傭賃",指僱傭。《史記·儒林列傳》:"兒寬貧無資用,常爲弟子都養,及時時閒行傭賃,以給衣食。"另外,"賃庸"亦或可理解爲"僱傭的工錢"。

根據簡文,我們推測大農田的管理主要依賴於縣的基層倉吏。這些倉吏爲郡縣屬吏,其奉命的文書行政流程應當是由大農卒史行令至縣,縣接到大農卒史之命後,再分配具體的派遣任務,派遣倉吏等奔赴各縣管理大農田。將田的任務需要大量的勞力付出。將田吏采用僱傭的方式,通過與僱傭者訂立莂據,將僱傭費用按照工作量付給。僱傭者並不是都由將田吏僱傭。將田吏可選取一位庸長作爲庸人們的負責人,庸長或許還會有若干合夥人,他們與將田吏訂立合同後,庸長及其合夥人再去僱傭更多的勞動者勞作,直至完成工作任務。這些勞動者的佣金按工作量計算,庸長則從將田吏處獲取傭金,再由庸長等人付給按功計酬的勞作者。

本案僱傭者完成的工作,據簡文可知是"連粟爲米五百廿二石六斗""作盛粟篗三百六枚""擊禾爲米四百七十二石"。這裏"擊""連"大概指某種勞作方式,這種勞作方式的作用對象是"粟""禾"等。粟、禾均可概指穀物,但在本案中應當均是專指,其中禾或當指稻。商周時期的湖南等長江流域地區的作物,已經以種植粟、稻爲主,便於灌溉處種稻,丘陵山地種粟,一旱一水互爲補充。南方大部分地區明清乃至現在仍稱

---

① 唐俊峰先生認爲,劾狀的"案"即"舉劾者在初步偵查後,概括被告所犯罪行的句子",參看唐俊峰《甲渠候官第 68 號探方出土劾狀册的復原與研究》,《簡牘學研究》第 5 輯,甘肅人民出版社 2014 年,第 55 頁。

② 馬怡:《里耶秦簡選校(連載一)》,簡帛網 2005 年 11 月 14 日,http://www.bsm.org.cn/?qinjian/4319.html。

稻爲禾,如湖南農村就俗稱稻作禾,打稻爲"扮禾",插田爲"插禾"。[①]

若將"米"理解爲稻穀粒、粟米粒,則"擊""連"大概指將粟、稻從穗稈上脱粒過程的某種勞作方式。"連"或與"連枷"有關。連枷是出現最早,流行久遠的一種脱粒工具。《國語·齊語》:"令夫農,群聚而州處,察其四時,權節其用,耒、耜、枷、芟,及寒,擊菜除田,以待時耕。"韋昭注:"枷,柫也。"《説文》木部:"柫,擊禾連枷也。"連枷對粟、稻脱粒采用的方式就是擊打,所以,從文獻記載来看,擊、連應是收割粟、稻之後,從穗稈上脱粒的勞動方式。

簡文提及的"將大農田官移賃庸出券"共三份,三份券書以勾識符"∟"區分,分別如下:(1)券一包括錢4721,素繒五尺五寸值錢49,該券共值錢4770。(2)券二包括錢656。(3)券三包括錢5125,絣繒四匹一丈九尺二寸值錢1971,卷草繒二匹二寸值錢1149,緹繒三丈五尺值錢455,該券共值錢8700。所以以上三張出券,有錢有繒,共值錢14126。而庸人野、貍、豹等工錢應是:471×30＝14130,與此三券的總數相差微小。

换一種方式計算,這三份券書中的錢、繒數分別如下:(1)錢,4721＋656＋5125＝10501。(2)繒,49＋1971＋1149＋455＝3624。"將大農田官"所出三張券書的錢數與簡13伉"三月乙丑受錢萬五百一"的錢數相合,與"伉等實不受繒"亦不矛盾。

大農田官移送的三份賃庸出券,是提供調查案驗僮、卯二人案情的初步結果。僮、卯二人所償付的傭值大概来自將大農田官。

綜上,走馬樓西漢簡僮、卯案中,該案中的"將田"不是職官之稱,而是指"率領僱傭勞動者田作"。所將之田是長沙國大農所轄的公田,其所處地界或許在蠻夷聚居地。這種大農田的經營主要依賴於縣的基層倉吏,他們由本縣根據上級指令派遣到指定縣域管理王國大農田,僱傭他人勞作,並按工作量付予僱傭勞動者傭金。

本文雖然討論的僅是具體問題,也只涉及僮、卯案卷宗中的部分簡文。但僮、卯案是走馬樓西漢簡中非常重要的一個案例,涉及長沙國大農、武陵郡以及長沙相府的司法權限等等相關問題,還有待更全面的整理和深入研究。

附記:嶽麓書院王勇先生、湖南師範大學鄒水傑先生、武漢大學魯家亮先生先後對本文的寫作提出了寶貴的修改意見,謹此致謝!

---

① 裴安平、熊建華:《長江流域的稻作文化》,湖北教育出版社2003年,第289頁。

從居延漢簡看西大灣城的
形成與功能[*]

馬楚婕

摘　要：今甘肅省酒泉市金塔縣境内的肩水障塞是漢代河西地區防禦系統的重要組成部分,其中東大灣城與西大灣城隔弱水相對,互爲屏障,呈現出獨特的雙城景觀。目前學界基本公認東大灣城是漢代肩水都尉府所在地,但西大灣城一直以來並未得到應有的關注和研究。本文通過目前已出版的居延漢簡、傳世史料和實地考察所見,探討漢代肩水地區的相關問題,認爲西大灣城爲漢代初建,並推測其與肩水縣有關。

關鍵詞：肩水障塞　西大灣城　居延漢簡

漢武帝太初三年(前 102 年),爲抵禦匈奴進攻,朝廷下令沿弱水兩岸修築障塞體系,弱水中游爲肩水障塞,下游爲居延障塞。其中,肩水障塞既是河西走廊進入居延地區的門户,也是張掖郡與酒泉郡的北部屏障,其地理位置的重要性不言而喻。肩水障塞主要由肩水金關、地灣城(肩水候官治所)、東大灣城(肩水都尉府)和西大灣城組成,簡稱爲"三城一關"。隨着《居延漢簡甲乙編》《居延漢簡釋文合校》《居延新簡釋粹》《居延漢簡補編》《居延漢簡》《肩水金關漢簡》《地灣漢簡》等相繼出版,學界對於漢代肩水邊防體系的研究有了更大的拓展空間。本文便試圖針對肩水障塞相關問題,尤其是西大灣城的形成和功能進行初步探索。不當之處,懇請方家批評指正。

×　本文受到科技部基礎資源調查專項"中國沙漠變遷的地質記録和人類活動遺址調查"(2017FY101000)的資助。

一、築城背景與城址概況

河西地區自古爲兵家必爭之地,清人顧祖禹曾在《讀史方輿紀要》中點明原因:
"蓋其地跨越邊塞,保險阻,定畜牧,自古稱涼州之畜,爲天下饒也。天下多事,群雄恒
睥睨於此。"① 回顧歷史,漢文帝前元四年(前 176 年),匈奴右賢王打敗月氏,河西地區
被匈奴控製:"定樓蘭、烏孫、呼揭及其旁二十六國,皆以爲匈奴。"② 實力大增的匈奴對
漢朝構成了嚴重威脅,和親、厚賂等方式也不能換來邊境地區的安寧。因此,漢武帝
即位後,決定着手解決這一心腹大患。元朔二年(前 127 年),衛青率四萬大軍收復河
南地,置朔方郡。元狩二年(前 121 年),霍去病出兵隴西,戰敗駐於此地的休屠王和
渾邪王。渾邪王殺休屠王,率部投降,河西正式納入漢朝版圖,"金城、河西西並南山,
至鹽澤空無匈奴"。③ 由於投降的匈奴河西勢力被遷居五屬國,河西地區出現了地廣
人稀的現象,因此"稍發徙民充實之"。④ 此時,漢武帝並未準備向河西地區大規模移
民屯墾,而是接受了張騫的建議,希望以相當數量的金幣和牛馬招徠游牧於伊犁河流
域的烏孫返回河西定居,但烏孫王昆莫由於顧慮匈奴而拒絕。元狩四年(前 119 年),
衛青、霍去病率兵深入漠北,直搗匈奴腹地。匈奴戰敗後,左賢王北逃,漢朝無力乘勝
追擊,匈奴亦元氣大傷,兩方開始處於相持態勢。居延一帶作爲距離匈奴腹地最近的
地區,軍事戰略地位更顯重要,爲保障西北邊境的安定和發展東西交通,漢廷於太初
三年(前 102 年)使强弩都尉路博德"築居延澤上",⑤ 隨即遷數萬士卒於此開渠屯田。
《漢書·地理志》"張掖郡"條下記載:"居延,居延澤在東北,古文以爲流沙。都尉治。
莽曰居成。"⑥ 漢代早期的文獻中,居延並非指居延縣,而是以居延爲水名,因此,"築居
延"和"置居延"應該解釋爲築居延塞於弱水岸邊。⑦ 此後,匈奴與羌被隔絕開來,無法
結盟互通,如劉歆所言:"結烏孫,起敦煌、酒泉、張掖以隔婼羌,裂匈奴之右臂。"⑧ 如
此,漢朝通過擊敗匈奴,築塞戍邊,移民屯墾,一步步發展河西,建設起穩固的西北防

---

① (清)顧祖禹撰:《讀史方輿紀要》卷六十三《陝西十二·甘肅鎮》,中華書局 2005 年,第 2971 頁。
② (漢)司馬遷撰:《史記》卷一百十《匈奴列傳第五十》,中華書局 1982 年,第 2896 頁。
③ (漢)司馬遷撰:《史記》卷一百二十三《大宛列傳第六十三》,第 3167 頁。
④ (漢)班固撰:《漢書》卷九十六上《西域傳第六十六上》,中華書局 1962 年,第 3873 頁。
⑤ (漢)班固撰:《漢書》卷九十四上《匈奴傳第六十四上》,第 3775 頁。
⑥ (漢)班固撰:《漢書》卷二十八下《地理志第八下》,第 1613 頁。
⑦ 陳夢家:《漢簡綴述》,中華書局 1980 年,第 5 頁。
⑧ (清)顧祖禹撰:《讀史方輿紀要》卷六十三《陝西十二·甘肅鎮》,第 2971 頁。

緣,增强了對該地區的控制能力。

　　但是,邊塞地區不似內地穩定祥和,需時刻防衛警覺。小至衝突,大至戰争,是常見之事。居延漢簡中可見漢宣帝和漢成帝時期的兩次漢匈衝突:

　　(1) 本始二年閏月乙亥虜可五六騎入卅井辟非□　　　　　　　　　　(271.9)

　　(2) 永始元年九月庚子虜可九十騎入甲渠止北隧 略得卒一人盜取官三石弩

　　　　一槁矢十二牛一衣物去城司馬宜昌將騎百八十二人從都尉追　　(57.29)

　　西漢末年,中原動蕩,匈奴趁機屢屢來犯。兵戎之事已被當地居民所習慣,在這樣的環境中,城的作用就尤爲突出,居住於此的人們既可以生產生活,又有了防禦依憑。

　　東大灣城(A35)位於今甘肅省酒泉市金塔縣天倉鄉東北約 10 公里的黑河東岸,城址呈矩形,南北長 350 米,東西寬 250 米。分內城、外城和障城三部分,城東北有殘高 7 米的烽燧。外城損毀嚴重,僅東牆、北牆斷斷續續,南牆、西牆已消失。內城位於外城東北部,東西長 190 米,南北寬 140 米。障城東西長 90 米,寬南北 70 米,平均殘高 8 米,牆寬 4 米左右,內有宋元時期的土坯房三間,應該是戍卒的住所。東大灣城牆體爲夯土版築,與西大灣城築法相同。城外有廢棄牆體、窯址、耕地和水渠遺迹。1930 年,中瑞西北科考團在此發掘漢簡 1500 餘枚,木器、竹器、葫蘆器、蘆葦器、陶器、石器、皮革、織物等 350 餘件,另有西夏文印板文書和西夏文絲綢各一件。1972 年,甘肅省居延考古工作隊又發掘出漢簡百餘枚。東大灣城出土的漢簡,時代集中於公元前 86 年至公元 2 年,最晚爲公元 11 年,屬於漢昭帝至王莽時期。①

　　西大灣城(K824)位於今甘肅省酒泉市金塔縣天倉鄉東北約 10 公里的黑河西岸,與東大灣城隔河相望,直綫距離僅 2 公里。城牆爲夯土版築,東西長 210 米,南北寬 180 米。城門在北牆,已毀。牆體寬 5 至 8 米,高 5.7 至 8 米,夯土層 18 釐米,上有女牆,但已不明顯。由於緊鄰黑河,東側南部及南側東部牆體被嚴重冲毀,牆外有一段近 800 米長的防洪大堤,是 20 世紀末國家文物局爲保護西大灣城而批准修築。西側牆體有修補痕迹,爲 2009 年至 2011 年間搶險修復的。城內地表有少量灰陶片和黑釉粗瓷片,另有 20 世紀修建的土坯房痕迹。

---

① 李並成:《河西走廊歷史地理》,甘肅人民出版社 1995 年,第 203 頁。

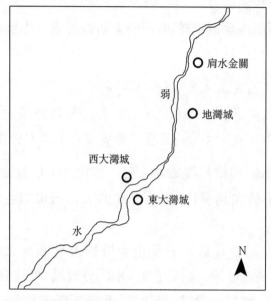

圖 1　肩水都尉"三城一關"示意圖[①]

二、肩水地區的考古發掘與研究

1930 年 4 月—1931 年 3 月,瑞典考古學家弗克·貝格曼(Folke Bergman)及中瑞西北科學考察團成員來到額濟納河流域進行調查,並在破城子(甲渠候官治所)、地灣城(肩水候官治所)、肩水金關等遺址內發掘出漢簡一萬餘枚,數量之多,內容之豐富,轟動世界。此次考察的成果見《内蒙古額濟納河流域考古報告》,[②]貝格曼首次用考古學的方法對流域沿線保存下來的重要城址、烽燧等遺迹進行了詳細地編號和描述,其中"額濟納河中游地區:小方城 A24""毛目地區:塞門、地灣、大灣""額濟納河上游兩岸:毛目、鎮夷間的塞與臺、北大河塞"三篇記録了肩水障塞的相關内容。

1972—1974 年,甘肅省文化局文物處、甘肅省博物館文物工作隊等單位組織成立居延考古隊,對黑河中下游沿綫進行了全面的實地調查和挖掘工作,在破城子(甲渠候官治所)、甲渠塞第四隧、肩水金關三處遺址内出土漢簡兩萬餘枚。經過整理後,20

---

① 本圖以《中國文物地圖集》甘肅分册《金塔縣文物圖》爲基礎改繪,國家文物局主編:《中國文物地圖集》甘肅分册(上),測繪出版社 2011 年,第 197 頁。

② [瑞典]弗克·貝格曼,索瑪斯特勒姆整理,黄曉宏、張德芳、張存良、馬智全翻譯:《内蒙古額濟納河流域考古報告》,學苑出版社 2014 年。

世紀 90 年代,破城子和甲渠塞出土簡牘以"居延新簡"爲名陸續對外公布,肩水金關出土簡牘則從 2011 年開始陸續出版。[①]

　　除了上述這兩次大規模的調查發掘外,金塔縣、額濟納旗的考古隊和相關工作者們也曾對肩水一帶遺址進行過挖掘、測繪和記録工作,並獲取了一定數量的文物,但遺憾的是,這些工作至今未以正式的考古報告呈現於世,僅見零星的簡單介紹。

　　關於西大灣城的考察發掘,最早見於斯坦因的記録:西大灣城蒙古語爲阿倫托克海杜如勒金(Arun-tokhai-durbeljin),相應的漢語名稱爲天倉大灣(T'en-tsung-ta-wan)。並且他判斷西大灣城的年代較晚,是座後來建築的堡壘。[②] 貝格曼來到此地時,將西大灣城編號爲 K824,並記録了其蒙古語爲 Arven-tokhoi-durbeljin,與斯坦因的轉寫基本一致。貝格曼在城址附近沒有見到漢代陶器,便認爲西大灣城應晚於漢代,可能是西夏或更晚的時代。[③] 20 世紀末,臺北簡牘學會對肩水地區進行實地考察,羅仕傑依據城址平面圖和位置比對,判定西大灣城即爲貝格曼《内蒙古額濟納河流域考古報告》中的 K824 城。對於西大灣城的年代,羅仕傑認爲,由於 K824 城從未正式進行過發掘,且長期被額濟納河水所冲蝕,因此不能如斯坦因和貝格曼一般,以現有出土文物判定該城的年代較晚。[④]

　　漢簡的陸續公布引發了學界的研究熱潮,回顧 20 世紀以來的學術成果,關於肩水地區的研究有一定深度。但在論及漢代肩水地區相關問題時,均不見西大灣城的蹤迹。紀安諾、永田英正、野口優、邁克爾·魯惟一等海外學者可能由於條件限制並未親自來過金塔考察,只能基於現有簡牘進行研究,暫且不論。可是如李並成、吳礽驤這些在河西地區進行了多年實地調研的學者也皆對西大灣城非常默契地避而不談,就值得思考了。[⑤] 推測

①　甘肅省文物考古所等編著:《居延新簡——甲渠候官與第四隧》,文物出版社 1990 年;甘肅省文物考古所等編著:《居延新簡——甲渠候官》,中華書局 1994 年;甘肅省簡牘博物館等編:《肩水金關漢簡》(1—5),中西書局 2011—2016 年。

②　[英]奧雷爾·斯坦因,巫新華、秦立彦等譯:《亞洲腹地考古圖記》第一卷,廣西師範大學出版社 2004 年,第 575 頁。

③　[瑞典]弗克·貝格曼,索瑪斯特勒姆整理,黄曉宏、張德芳、張存良、馬智全翻譯:《内蒙古額濟納河流域考古報告》第 373 頁。

④　羅仕傑:《漢代居延遺址調查與衛星遥測研究》,臺灣古籍出版有限公司 2003 年,第 79—81 頁。

⑤　上述提及的學者論文著作大致如下:[日]永田英正:《從簡牘看漢代邊郡的統治制度》,《簡牘研究譯叢》第 2 輯,中國社會科學出版社 1987 年;[日]野口優:《前漢邊郡都尉府的職掌與邊郡統治制度》,《東洋史研究》2012 年第 71 卷第 1 號;[英]邁克爾·魯惟一,于振波、車今花譯:《漢代行政記録》,廣西師範大學出版社 2005 年;李並成:《河西走廊歷史地理》,甘肅人民出版社 1995 年;吳礽驤:《河西漢塞調查與研究》,文物出版社 2005 年。

其原因，他們應該是與斯坦因和貝格曼一樣，認爲該城並非漢朝所建，即與東大灣城、地灣城、肩水金關不是同一時期。吳礽驤認爲西大灣城似爲元代的建築，但並未列出證據。[1]《中國文物地圖集·甘肅分册》將西大灣城的年代標爲明代，亦未加以説明。[2]筆者實地考察發現，金塔縣當地政府將西大灣城列爲漢代遺址，究其原因，據金塔縣文旅局工作人員劉玉林講述，20世紀末，金塔縣考古工作隊曾在西大灣城挖出簡牘和灰陶片，經與東大灣城、地灣城和肩水金關出土的漢簡和陶片比對，風格一致，内容契合，故而當地人認定西大灣城建於西漢。在金塔縣當地編纂的文物志中，有着這樣的描述：西大灣城乃漢代建成，是東大灣城的附屬城，受駐在東大灣城的都尉管轄，同時又管理着弱水西岸的北綫長城。[3] 但這一説法現在還未在學界得到承認，甚至知曉者寥寥。

目前，西大灣城考古報告並未公開，出土的簡牘内容更無從獲取，傳世文獻中也沒有相關記載，難以判定西大灣城的年代和性質。筆者根據居延漢簡、傳世文獻和實地考察所見做出推論：西大灣城爲漢代初建，且與肩水縣有關。倘若推論成立，那麼下文的論述或可爲尚處空白的西大灣城相關研究提供新的思路；如若推論不成立，也至少可以説明漢代已有居民在與東大灣城相對的弱水西岸固定活動。就如黑城一般，雖然此地最早建城是在西夏(即黑水城)，但並不一定意味着這一片區域在漢代無人耕種和居住。

三、西大灣城的形成與功能

從西北科考團到陳夢家，再到後續李並成、吳礽驤、郭偉濤等學者的研究，基本已經公認今東大灣城是肩水都尉府所在地。[4] 但中外學界亦有反對之聲存在，例如張俊民認爲東大灣城出土的簡牘没有可佐證其爲肩水都尉府的如封檢類的直接證據，而東大灣城出土的簡牘大多與屯田相關，所以此處應該是騂馬田官所在地。[5] 此外，邁克爾·魯惟一通過 TD1 第 1 號簡、TD2 第 3 號簡和 TD2 第 5 號簡推出肩水都尉府在

---

① 吳礽驤：《河西漢塞調查與研究》第 166 頁。

② 國家文物局主編：《中國文物地圖集》甘肅分册(下)，第 285 頁。

③ 梁世林、陶玉樂：《金塔文物志》，金塔文物志編委會 2009 年，第 71 頁。

④ 詳見[瑞典]弗克·貝格曼，索瑪斯特勒姆整理，黃曉宏、張德芳、張存良、馬智全翻譯：《内蒙古額濟納河流域考古報告》第 374 頁；李並成：《河西走廊歷史地理》第 203 頁；吳礽驤：《河西漢塞調查與研究》第 169 頁；郭偉濤：《漢代肩水候駐地移動初探》，《簡帛》第 14 輯，上海古籍出版社 2017 年。

⑤ 張俊民：《漢代居延屯田小考——漢甲渠候官出土文書爲中心》，《西北史地》1996 年第 3 期。

東大灣城南部,且兩地通郵需要九天才能到達。① 針對東大灣城所在地的爭議,唐俊峰提出了新的觀點,即肩水都尉府在漢末遷移至了東大灣城以南地區,他的主要依據是"城官"相關簡所反映的位置變動。② 爭議的存在與現今學界並未清楚探明漢代肩水地區的邊防設置情況不無關係,尤其是東大灣城及西大灣城的相互情況,如果西大灣城爲漢代所建,似乎可以解決一些疑問。

《居延漢簡甲乙編》中的《額濟納河流域障隧述要》謂:"大灣出土簡有很多有關'驒馬田官'的記載,田卒的名籍和衣物簿以及牛籍等,皆出於此處;大灣附近又有古代田渠的遺迹,而此地與居延區域是兩個適合於農作條件的地方。因此我們以爲在肩水都尉府附近的'驒馬'乃是在居延防綫南部的另一個屯田區域。"③出土漢簡和水渠遺迹都可佐證肩水都尉府,即東大灣城附近應有範圍較大的屯田區域。這一帶的自然環境自古以來都十分優越,適宜農耕。事實上,20世紀80年代進行第二次全國文物普查和長城調查時,東大灣城和西大灣城周邊的"田渠遺迹還很明顯",④但由於近年來附近地區的大規模開荒,田渠遺迹現今已基本不可見。

爬梳史料,肩水地區的屯田始於漢武帝太初三年(前102年)河西地區的大規模開發,"益發戍甲卒十八萬酒泉、張掖北,置居延、休屠以衛酒泉"。⑤ 設置邊塞後,便開始了大規模的移民,爲解決這些民衆和士卒的糧食問題,漢朝大力推廣屯田政策,引入中原地區先進的耕作方式和農具。作爲軍事要塞,河西地區的屯田活動皆是爲了軍事目的,農業活動也是軍事性質的。屯田的意義重大,作爲後勤保障的重要一環,就地取給,以耕養戰,能免去運輸的不便和損耗,正如趙充國所言:"屯田内有亡費之利,外有守禦之備。"⑥河西一帶雖乾旱少雨,但發源於祁連山冰川融水的黑河、石羊河、疏勒河等水量豐沛,爲大規模農業生產提供了良好條件。

根據陳夢家的《漢簡綴述》,居延地區有南北兩個屯田區:一個是居延屯田區,被甲渠塞、卅井塞和居延澤包圍;另一個是驒馬田官區,被肩水東西兩部塞包圍。⑦

---

① ［英］邁克爾·魯惟一,于振波、車令花譯:《漢代行政記録》(下册)第362頁。

② 唐俊峰:《A35大灣城遺址肩水都尉府説辨疑——兼論"肩水北部都尉"的官署問題》,《簡帛》第9輯,上海古籍出版社2014年。

③ 中國社會科學院考古研究所:《居延漢簡甲乙編》附録《額濟納河流域障隧述要》,中華書局1980年,第317頁。

④ 陶玉樂:《漢代肩水塞的布防特點及歷史價值》,《敦煌研究》2015年第3期。

⑤ (漢)司馬遷撰:《史記》卷一百二十三《大宛列傳第六十三》,第3176頁。

⑥ (漢)班固撰:《漢書》卷六十九《趙充國辛慶忌傳第三十九》,第2989頁。

⑦ 陳夢家:《漢簡綴述》第4頁。

有學者認爲肩水是位於古弱水東部的支流,驛馬田官可能該位於東大灣城以東。[①]
但結合郝二旭《"肩水"小考》[②]和王雪樵、王鐸《"居延澤"即"城澤"説》[③]兩篇文章的
考證,"弱水"一詞常見於傳世文獻,而不見於漢簡,是因爲肩水即弱水,是漢代當地
人的習慣性稱呼,因此就體現在了漢簡上。據此,漢代的肩水東西兩部塞應指的是
依河流走勢而分建兩側的關塞,與今肩水塞遺址位置相同。

　　由於屯田人數多、規模大、責任重,朝廷專設田官進行管理。從居延漢簡中可
見,居延綠洲一帶是居延田官,肩水一帶是驛馬田官,二者皆受居延農都尉管轄[④]。
陳公柔、徐蘋芳研究認爲,東大灣城出土的簡牘有個很明顯的特徵,即田卒簡特別
多,整個居延漢簡中記載田卒名籍的簡,有十分之八以上出自東大灣城。[⑤] 除東大
灣城外,肩水金關、地灣城也都有類似發現且數量可觀。田卒名籍簡的基本格式包
括田卒的籍貫、姓名、年齡、身高、衣物及領取人等,如:

　　(3) 田卒淮陽新平盛昌里上造柳道年廿三　　　　　　　　　(11.2)
　　(4) 田卒䴔得安世里公乘工未央年卅長七尺二寸　　　　　　(334.13)
　　(5) 田卒濟陰郡定陶西陽里胡定年廿五　　　　　　　　　　(520.3)
　　(6) 田卒淮陽郡長平北朝里公士李宜年廿三襲一犬襪一絝一貫贊取　(509.2)

水渠的建設和管理可以從側面反映一個地區農墾的狀況,漢簡中有這樣的記録:

　　(7) 謹案居延始元二年戍田卒千五百人爲驛馬田官穿涇渠遁正月己酉淮陽郡
　　　　　　　　　　　　　　　　　　　　　　　　　(303.15+513.17)

　　漢昭帝始元二年(前 85 年),召集一千五百名戍田卒前來參加挖渠工程,不僅説
明驛馬田官一帶屯田面積和屯田需求之大,也側面佐證了驛馬田官管轄的人數範圍
之衆。

　　(8) 謹速移始元二年以來驛馬☒　　　　　　　　　　　　(187.26)

---

① 吴礽驤:《河西漢塞調查與研究》;唐俊峰:《A35 大灣城遺址肩水都尉府説辨疑——兼論"肩水北部都
　 尉"的官署問題》,《簡帛》第 9 輯。
② 郝二旭:《"肩水"小考》,《中國歷史地理論叢》2010 年第 1 期。
③ 王雪樵、王鐸:《"居延澤"即"城澤"説》,《中國歷史地理論叢》2008 年第 1 期。
④ 《續漢書·百官志》曰:"邊郡置農都尉,主屯田殖穀。"農都尉是邊境地區主管農業最大的官職。(晋)
　 司馬彪:《後漢書》志二十八《百官五》,第 3621 頁。
⑤ 陳公柔、徐蘋芳:《大灣出土的西漢田卒簿籍》,《考古》1963 年第 3 期。

據《漢書·昭帝紀》載:"始元二年……冬,發習戰射士詣朔方,調故吏將屯田張掖郡。"[1]始元二年在簡牘中多次出現,傳世史籍的記載與簡牘相吻合,表明這一年對騂馬田官轄區內的屯田具有重要意義,此時應是肩水一帶屯田的高峰期。

(9)積百廿人治渠往來百廿里率人治一里☐　　　　　　(73EJT21:142)

此簡不僅記錄了修水渠的人數有百廿人,更記錄了水渠長度。按照漢代的計量標準換算,百廿里約爲五十公里。可以推知,當時騂馬田官一帶的水渠應是密布綿延的。

(10)居延水本始四年涇渠延袤溉田簿　　　　　　　　(73EJT3:57)

此簡證明漢宣帝本始四年(前70年)已有涇渠延袤溉田簿出現,這是對水渠長寬和灌溉面積的記錄和統計,[2]加上東大灣城出土衆多田卒名簿、牛籍、衣物簿,可見肩水一帶的農田水利管理模式已經有條有理,趨於規範和成熟。

肩水地區弱水兩岸都有廣袤屯田,也就是説,兩岸都有不在少數的民衆和田卒進行屯墾和生活。弱水東岸有肩水都尉和肩水候官坐鎮,西岸也應該有農田和人員相關的管理設置,早期可能由騂馬田官和肩水都尉府代爲管理,可當屯田面積和人口不斷增加後,騂馬田官和肩水都尉府便無力應對龐雜事務,加上肩水地區缺乏專門的民政機構進行統合,此時,肩水縣的設置便合情合理。

《漢書·地理志》載張掖郡下轄縣有十個:"張掖郡,户二萬四千三百五十二,口八萬八千七百三十一。縣十:觻得,昭武,删丹,氏池,屋蘭,日勒,驪軒,番和,居延,顯美。"[3]在居延漢簡中,居延縣這一名稱時常出現。但查閱傳世史料和已公布的居延漢簡,均未見肩水縣一詞。

(11)☐肩水守縣尉賞移肩水金關居延縣索關☐　　　　(140.5A)
　　☐嗇夫黨佐忠　　　　　　　　　　　　　　　　(140.5B)

陳夢家曾根據簡文(11)推測肩水縣雖不見於《漢書·地理志》,却曾經實際存在過,"地灣簡又有肩水守縣尉,則肩水與居延皆爲縣,亦不見於志。肩水都尉及縣,居延都尉不設於居延縣,皆西漢之制",[4]但他同時也持謹慎態度,認爲"上文所論肩水是

---

① (漢)班固撰:《漢書》卷七《昭帝紀第七》,第221頁。

② 馬智全:《漢簡所見肩水地區水利》,《中國社會經濟史研究》2013年第2期。

③ (漢)班固撰:《漢書》卷二八下《地理志第八下》,第1613頁。

④ 陳夢家:《漢簡綴述》第25頁。

縣的問題,俱待進一步考定"。①

在居延漢簡中尋找與肩水縣相關的表述,可以看到有關"肩水城"和"肩水廷"的記載:

> (12) 閏月丁巳張掖肩水城尉誼以近次兼行都尉事下候城尉承書從事下當用
> 者如詔書/守卒史義　　　　　　　　　　　　　　　　　(10.29)

> (13) 元延元年十月甲午朔戊午橐佗守候護移肩水城官吏自言責嗇夫举晏如
> 牒書到驗問收責報如律令　　　　　　　　　　　　　　(506.9A)

> (14) ☒肩水廷隧次行　　　　　　　　　　　　　(73EJT23∶67)

但是,僅從簡文(11)(12)(13)並不能明確判定肩水城即指肩水縣城。反倒是簡文(14)"肩水廷",雖有殘缺,但根據縣的行政官署稱作廷或縣廷,此處當指肩水縣廷無疑。

> (15) ☒肩水城官庫嗇夫☒　　　　　　　　　　　　　(214.96)

> (16) 閏月庚申肩水士吏横以私印行候事下尉候長承書從事下當用者如詔書
> 　　　　　　　　　　　　　　　　　　　　　　　　　(10.31)

> (17) 以食肩水卒九月十五日食少十五石 食九月入　　　(102.1,102.10)

> (18) □兄肩水令史□□　　　　　　　　　　　　　　(349.4B)

> (19) 閏月庚子肩水關嗇夫成以私印行候事　　　　　　　(10.6)

嗇夫、令史皆是漢代縣廷的屬吏,嗇夫是縣里各部門的主管官吏,令史負責文書的處理。士吏、卒等表述雖較爲模糊寬泛,亦可起到佐證作用。當官職並非縣屬時,則會如簡文(19),強調是肩水金關的嗇夫。

從郵書刺中,也可以發現一些關於肩水縣的記載。郵書刺(過書刺)是漢簡郵書在傳送時所形成的實錄性文書,這種記錄是常規性的,每有過書應該都留下了記載。在如下幾枚居延漢簡郵書刺中,明確區分了都尉府和縣城:

> (20) 十月四日南書二封 封皆橐佗候印一詣肩水都尉府一詣昭武　(502.1A)

> (21) 北書五封 夫人 其一封肩水倉長印詣都尉府 一封昭武長印詣居延 三月
> 庚戌日出七分呑遠卒☒ 一封觻得丞印詣居延 一封氐池长印詣居延 五
> 分付不侵卒受王 一封居延左尉印詣居延　　　　　　　(317.1)

> (22) 十二月三日北書七封 其二封皆張掖大守章詔書一封書一封皆十一月

----

① 陳夢家:《漢簡綴述》第34頁。

丙午起詔書一封十一月甲辰起 一封十一月戊戌起皆詣居延都尉府

十二月乙卯日入時卒憲受不今卒恭 二封河東大守章皆詣居延都尉 一

封十月夜昏時沙頭卒忠付騂北卒護 甲子起一十月丁卯起一封府君章

詣肩水　　　　　　　　　　　　　　　　　（502.9A＋505.22A）

不難看出，上引三條簡文中，涉及都尉府時未作省略，涉及縣時則作省略。值得注意的是"甲子起一十月丁卯起一封府君章詣肩水"一句，按照行文習慣，如果此處"肩水"是指肩水都尉府的話，應不會省略"都尉府"三字。再通過相關的簡牘內容判斷，文中的"肩水"也應該指肩水縣城。或許，要探索肩水縣和肩水都尉相關問題，還需參考居延縣和居延都尉的關係。

(23) 十二月乙丑張掖大守延年長史長壽丞□下居延都尉縣承書從事下當用

　　者如詔書律令掾段昌卒史利助府佐賢世　　　　　　　（EPT52：96）

日本學者野口優的《前漢邊郡都尉府的職掌與邊郡統治制度》一文具有啓發性：

　　明らかに太守府が都尉及び縣に命令を下しており、都尉府が何の掣肘を加えられることなく、縣を自身の統屬下に置いていたとは判斷できない。また、居延漢簡には太守府が都尉府・縣雙方に命令を下している文書が他にも出土しているため、前漢後半期に都尉府が縣を無條件に自身の統率下に置いていたとは考えにくい。[①]

野口優認爲，漢簡(23)體現了西漢後期都尉府無法判斷縣是否無條件地在自己的統轄之下。另外，居延漢簡中出土了太守府對都尉府和縣雙方下達的命令，更是證明都尉和縣是相互獨立的。之後，他又通過其他漢簡論證得出結論：

　　むしろ、軍事機構が管轄區の軍事防衛に責任を持ち、縣が軍事機構の行政を補助するという、相互補完的な關係がより邊郡の安定を強固たらしめていたと總括することができよう。[②]

都尉這一軍事機構負責軍事防衛，而縣能夠輔助都尉的行政，這是一種互補的關係，兩者相互配合，更加鞏固了邊郡的穩定。

既然縣和都尉各自獨立，縣又能輔助都尉，那麼爲了互通有無，肩水縣和肩水都

---

① ［日］野口優：《前漢邊郡都尉府的職掌與邊郡統治制度》，《東洋史研究》，2012 年第 71 卷第 1 號，第 19 頁。

② ［日］野口優：《前漢邊郡都尉府的職掌與邊郡統治制度》第 22 頁。

尉不能距離太遠。身處邊境,肩水縣的設置主要出於軍事考慮。西大灣城所在地相對於匈奴來説,爲腹里地區,適宜建縣城。東大灣城作爲肩水都尉府,都尉掌管軍事,理應離匈奴前綫更近。此外,前文已經論證肩水一帶的弱水兩岸水渠密布且有規範管理,可以想見當時農田數量之多,足以滿足縣城的需求。

四、結　論

　　古弱水下游居延一帶的研究目前已頗爲多樣和深入,尤其是遙感等現代科學技術的加入,使相關問題愈加明晰。相比之下,對於肩水障塞的研究還很薄弱,前來實地考察調研者更是寥寥。居延漢塞是河西漢塞北段重要的組成部分,在漢代歷史上的作用不言而喻,其地位不亞於位於額濟納旗的居延遺址群,值得進一步關注和研究。

　　在漢代,肩水塞内的弱水以西地區已有了廣大的良田沃野,但目前被學界普遍承認在漢時期存在的東大灣城、地灣城和肩水金關皆在弱水以東。隔河管控畢竟有諸多不便,在弱水以西的西大灣城一帶應該有較高概率存在漢代的建築。不妨進行這樣的設想:在漢武帝初開河西,沿弱水兩岸設立障塞時,由於匈奴威脅在東,因此東大灣城、地灣城和肩水金關都設置在了弱水東岸,並沿弱水設立肩水塞東部段以禦強敵。但隨着居民在此繁衍生息,耕種面積隨之增大,弱水以東的狹長地帶已無法滿足需求。因此,耕種區越過弱水向西拓展,並沿耕地邊緣設置肩水塞西部段,以保護墾區。在此過程中,西大灣城附近可能有固定居民,之後隨着居民人數越來越多,爲便於管控,於是開始修築城池。相比於弱水以東的地灣城、東大灣城和肩水金關來説,弱水以西的城相對而言應是軍事性減弱,生產生活性增强。這樣一來,弱水兩岸的東西大灣雙城互爲犄角,彼此照應。即使東大灣城失守,也可退守西大灣城。且如前所述,弱水西岸亦有沃野和障塞,設肩水縣城於西大灣城,可更好地統合西岸資源,增强禦敵實力。

　　而目前在黑河以西又僅僅發現西大灣城這一個城址,因此,西大灣城完全有建於漢代的可能性。基於上文肩水地區可能設縣的分析,本文或許可以得出這樣的結論:漢代已有屯戍生活在肩水一帶的士卒和民衆在西岸活躍勞作與生息,在此基礎上西大灣城的雛形已經出現,並具有了一定的規模。當然,這一問題的最終解決,需要等到西大灣城出土的漢簡被整理出版、公之於世,筆者也將持續進行關注。

附記:拙文的寫作得到復旦大學歷史地理研究中心楊偉兵教授的指導,謹致謝忱。

五一廣場東漢簡"吳請等盜發冢案"文書考釋*

劉同川

摘　要：本文對五一廣場東漢簡所見"吳請等盜發冢案"文書進行耙梳考訂，發現1474＋923亦屬相關案卷，補釋"掘""與"等字，疏解"債""小蒜"等含義，大致釐清案件原委，對東漢時民間盜墓行爲取得比較具體、細緻的瞭解。

關鍵詞：五一廣場東漢簡牘　吳請　盜墓　冢户

五一廣場東漢簡牘是東漢早中期長沙郡臨湘縣的官府文書，内容涉及當時的政治、經濟、法律、軍事等諸多領域，爲瞭解東漢時期長沙郡臨湘縣的社會真實圖景提供了較爲豐富的史料。[①] 有幾枚涉及盜墓的簡文值得注意，爲方便討論，現將相關簡文迻録如下：[②]

> 六七尺不得冢户。當、非曰：此冢殊深，非可得開，更復發他冢。請可，俱復發叔冢。冢去親冢可卌餘步，請等掘深可四五尺得延門，當拔墼，請於冢上營 叁1057

> 受，生縛將詣亭。其月十五日，萌將請之弓、親、叔冢所。請辭：但發親、叔冢，不發弓冢。到今月十二日，萌與叔俱之請所逃劍器所，溏水中得請所逃劍物。叁1102

＊　本文寫作得到國家社會科學基金青年項目"出土簡牘所見秦漢倉儲制度研究"（20CZS014）的資助。

① 參看長沙市文物考古研究所等編：《長沙五一廣場東漢簡牘選釋·前言》，中西書局2015年，第7頁。

② 本文所引五一廣場東漢簡牘若無特别説明，皆出自長沙市文物考古研究所等編：《長沙五一廣場東漢簡牘》壹—陸册，中西書局2018—2020年。釋文内容有部分改動，標點爲筆者所加。

見銅器,生疑發冢中物。請即持器去,出北索東行。時天雨,請辟雨怒門中,時生皆在門中辟雨,請解衣更浣濯捉。事已,復衣時,生、怒見請銅器。怒問請若銅器寧賣伍 1771+1775

廷移府記曰:男子吴請與番當、番非共發胡叔冢,盜取銅器。請捕得,當、非亡,家在廣成亭部。移書縣掩捕考實,有書。案非、當等所犯無狀,記到,迺掩捕非、當伍 1774+2160+1758+2191

蔡雨萌曾對上述簡文做過研究,她通過分析"發""器""當""非""物"等字字形,"將有着相同書手的簡 1057、1102、1774 定爲文書一,將簡 1771+1775 確定爲文書二"。[1] 其説大致可從,四枚簡牘均是木質兩行書寫,長度與寬度大致相同,兩道編繩,編繩位置一致。簡 1774+2160+1758+2191 與簡 1771+1775 顏色較淺淡,簡 1057 與簡 1102 整體顏色較深。從字體來看,簡 1771+1775 用筆較淺,綫條較細,頓筆力度小,似不如其他簡字體圓潤,疑非同一書手所寫。幾枚簡叙事關聯程度高,彼此之間内容並無重複,也不能直接編聯,中間尚有缺簡。

與本案相關,蔡雨萌文章未提及的兩行簡還有一枚:

聞無事,寧可俱行於樊爰丘求債掘小笄(蒜)。請可,即持所有解刀與當、非俱行。其日晝時到樊爰丘,求債不得,即俱前到橫溪橋下浴。事已,俱於水旁倨。當謂請、非参 1474+923

簡 1474+923 與簡 1057、1102 色澤一致,字體、長度、寬度大體相同,編繩位置一致,當屬於同一份文書。據現有材料,對以上諸簡是否屬於同一册書還難下定論,我們暫且按以上簡文所記内容的關聯度、文書性質等要素,將這些文書分爲兩組:第一組爲簡 1774+2160+1758+2191;第二組爲簡 1474+923、1057、1771+1775、1102。

第一組内容主要涉及文書的正文,屬於臨湘縣下級部門發往臨湘縣廷的上行文書,簡文以"廷移府記"開頭。同樣表述尚有所見,如五一簡壹 381:

永初二年閏月乙未朔四日戊戌,東部郵亭掾茂叩頭死罪敢言之:廷移府記曰:男子石官自言:同丘男子區伯、子男儀以今年四月中共

選釋 106 與選釋 54:[2]

① 蔡雨萌:《讀〈長沙五一廣場東漢簡牘(伍、陸)〉札記(二)》,簡帛網 2021 年 9 月 17 日,http://www.bsm.org.cn/?hanjian/8437.html。

② 長沙市文物考古研究所等編:《長沙五一廣場東漢簡牘選釋》第 195、162—163 頁,兩簡編聯爲筆者所加。

　　永初元年八月庚子朔廿一日庚申,廣成鄉有秩吞、佐种、助佐賜叩頭死
罪敢言之：廷移府記曰：男子王石自言：女子溏貞以永元十四年中從石母列
貸錢二萬,未 106A 畢,比責,不肯雇。記到,實核詭責,明分別正處言。吞、
种、賜叩頭死罪死罪。奉得記,即訊貞及石母列、知狀者男子鄭惠,辭皆曰：
貞,□鄉民；列,都鄉,各有廬舍。54

　　由上可知,"廷移府記曰"後的內容爲上行文書對縣廷移送府記的轉引,說明事件
的緣由,一般位於文書的開頭部分。按此格式,簡 1774＋2160＋1758＋2191 上
當缺一簡,內容爲"時間＋職官叩頭死罪敢言之"。"廷移府記"存在平出的現象,
故而移到下一簡的起首位置。此種情況得以成立,應是"時間＋職官叩頭死罪敢
言之"的內容多於一行。比如五一簡伍 1752＋1755"延平元年七月丙子朔十五日
庚寅,北部桑鄉賊捕掾綏、竝,游徼戎、厚,廣亭長封,肥例亭☒頭死罪敢言之"。職
官部分包含了兩位賊捕掾、兩位游徼、兩位亭長。多亭、多部、多曹針對特定事務
的聯合行動,李均明稱爲"聯勤",[1]本案大概也存在聯勤的情況。由簡文內容可
知,長沙郡府曾向臨湘縣發送文書,說明男子吳請與番當、番非共發胡叔冢,從中
盜取銅器,吳請已經被捕,番當、番非還在逃亡。他們家住在廣成亭部,命令臨湘
縣將二人抓捕審訊。有書,即有文書依據,這裏或是"逐捕有書"的省寫,李均明認
爲"'逐捕有書'之'有書'乃指有文件依據,猶今言有逮捕令"。[2]臨湘縣接到長沙
郡文書後,進一步核實案情,認定番當、番非所犯無狀,然後移送府記到下級抓捕部
門,並命令他們收到府記後,立即對二人實施抓捕。本簡屬於文書的開頭部分,是
對廷移府記及縣廷補充命令的追述,後面所接內容應是抓捕部門收到文書後所采
取的行動。

　　第二組文書主要包含了盜墓的緣由、過程以及吳請被抓的經過。本組文書爲案
件調查的結果,當是吳請供辭的一部分。

　　簡 1474＋923 以"閒無事"開頭,交代了三人盜墓的緣由。寧,助動詞,《說文》丂
部云："寧,願詞也。"徐鍇《繫傳》曰："今人言寧可如此,是願如此也。"[3]求債,簡文中僅
此兩見。五一廣場東漢簡中的"債"可訓作租賃、僱傭之意,如五一簡貳 523"債醴陵

①　李均明：《五一廣場東漢簡牘所反映的臨湘縣治安體系初探》,"五一簡與東漢歷史文化學術研討會"論
文,北京 2021 年,第 206 頁。

②　李均明：《五一廣場東漢簡牘所反映的臨湘縣治安體系初探》第 204 頁。

③　(南唐)徐鍇：《說文解字繫傳》,中華書局 1987 年,第 91 頁。

男子夏防爲少,月直六百"。周海鋒認爲:"債:租賃,此引申爲僱傭。"①段艷康認爲債應具體爲名詞,指債務(關係)。② 當以周氏所説爲是。此種例子頗多,如選釋109"效功亭長徐豐言男子胡通不債男子薛便爲少書",五一簡壹377"與豚及男子周貪、鄧廬等俱債爲男子樂駿休田,人直禾二斗"等等,可見當時僱傭市場之繁榮,取值的方式也分爲金錢和穀物兩種。本簡"求債"作動詞,後當跟求債的方式作爲賓語。"求債"後一字原釋文未釋,整理者作按語曰:"'□'處所見爲'屈'字,較細小,或爲某字之右旁。"③圖版如下表所示,可以清晰地看出未釋字爲左右結構,右半"屈"字清晰可辨,左半上部有些許殘筆,或可釋爲"掘"字。試取五一廣場東漢簡牘所見字形對比如下:

簡1474+923未釋字	簡1057	選釋24

掘,刨,挖。古書中收取帶根的草本植物多用"掘"字,如《楚辭·九歎》:"掘荃蕙與射干兮,耘藜藿與襄荷。"④《東觀漢記·劉玄傳》:"南方飢饉,人庶群入野澤,掘鳧茈而食,更相侵奪。"⑤小筭,當作名詞,古籍中可指小算籌,用在此處未恰。筭,異體字或作算,或作祘。《説文》示部云"祘"讀若"筭"。"蒜"從祘聲,小筭疑應讀作"小蒜"。⑥ 蒜,《説文》艸部:"葷菜也。菜之美者,雲夢之葷菜。從艸,祘聲。"段玉裁注:"陶貞白云:'小蒜名蒚子,蒚音亂。'即《小正》卵字。其大蒜,乃張騫始得自西域者。《本艸》大蒜名葫,小蒜名蒜。蓋始以大蒜別於蒜,後復以小蒜別於大蒜,古只有蒜而已。"⑦可知蒜有大蒜、小蒜之分,張騫出使西域引進了大蒜,也稱爲胡蒜,本土所種之蒜則稱爲小蒜。簡文中"掘小蒜"當指收小蒜。《四民月令》:"布穀鳴,收小蒜。"⑧《後漢書·襄楷

① 周海鋒:《〈長沙五一廣場東漢簡牘【貳】〉選讀》,簡帛網2018年12月26日,http://www.bsm.org.cn/?hanjian/8010.html。

② 參看段艷康:《東漢中期臨湘地區民間債務關係初探——以長沙五一廣場東漢簡牘爲中心》,碩士學位論文,江西師範大學2021年,第66頁。

③ 長沙市文物考古研究所等編:《長沙五一廣場東漢簡牘·叁》第164頁。

④ (宋)洪興祖撰,白化文等點校:《楚辭補注》,中華書局1983年,第304頁。

⑤ (漢)劉珍等撰,吳樹平校注:《東觀漢記校注》,中華書局2008年,第260頁。

⑥ 關於"祘""蒜"兩者之間的演變關係,可參看郭永秉:《説"蒜""祘"》,《出土文獻與古文字研究》第3輯,復旦大學出版社2010年,第345—351頁。

⑦ (漢)許慎撰,(清)段玉裁注:《説文解字注》,上海古籍出版社1981年,第45頁。

⑧ (漢)崔寔撰,石聲漢校注:《四民月令校注》,中華書局2013年,第33頁。

傳》："臣聞布穀鳴於孟夏,蟋蟀吟於始秋,物有微而志信,人有賤而言忠。"①布穀鳴於孟夏,可知收小蒜的時間大致在孟夏四月。

簡 1057 所記爲三人實施盜墓的細節。"冢户",即冢之門。《後漢書·董卓傳》:"葬日,大風雨,霆震卓墓,流水入藏,漂其棺木。"李賢注引《獻帝起居注》曰:"冢户開,大風暴雨,水土流入,抒出之。棺向入,輒復風雨,水溢郭户,如此者三四。冢中水半所,稠等共下棺,天風雨益暴甚,遂閉户。户閉,大風復破其冢。"②冢户開,雨水進入到墓室,然後才能漂棺,可知,冢户當指連接墓室與地面的門。"延門",指墓道中的門。延,亦寫作"羨",指墓道。《史記·衛康叔世家》:"共伯弟和有寵於釐侯,多予之賂;和以其賂賂士,以襲攻共伯於墓上,共伯入釐侯羨自殺。"司馬貞《索隱》:"(羨)音延。延,墓道。"③"延門"見於庾信《周譙國公夫人步陸孤氏墓志銘》"鶴辭吳市,鳳去秦臺,神光離合,燈影徘徊",倪璠注:"《吳越春秋》曰:'吳王闔閭葬女於閶闔門外。乃舞白鶴於吳市中,令萬民隨而觀之。還,使男女與鶴俱入延門,因發機以掩之,殺生以送死。'"④通行本的《吳越春秋》將"延門"寫作"羨門"。崔冶作注曰"羨,通'埏'。墓道。"⑤可知,延門即羨門。但是"冢户"和"延門"的關係尚不清楚。由文獻可知,墓道上的門有"中羨門""外羨門"。《史記·秦始皇本紀》:"大事畢,已藏,閉中羨,下外羨門,盡閉工匠藏者,無復出者。"⑥段清波據此推測"墓道上應當設有三道門禁,即内羨門、中羨門、外羨門"。⑦ 本簡中"冢户""延門"或與此相關。墼,未燒的磚坯,《說文》土部:"瓴適也。一曰未燒也。"⑧漢簡中多見"墼"字,此處當指墓門前的封門磚。拔墼指抽出、拽出墓門前的封門磚,以便從墓門進入墓室内。菅,茅草。睡虎地秦簡《秦律十八種·司空律》:"其縣山之多幵者,以幵纏書。"整理者認爲"幵疑讀爲菅(音尖),一種柔韌可製繩索的草"。⑨ 這裏或許是說吳請在冢上用菅草做的繩索把盜得的物品從冢中拉出來。

簡 1771+1775 記録了吳請被抓的起因。浣濯,洗滌。桓譚《新論·辨惑》:"吕仲

---

① (南朝宋) 范曄撰:《後漢書》卷三〇《郎顗襄楷列傳》,中華書局 1965 年,第 1080 頁。

② (南朝宋) 范曄撰:《後漢書》卷七二《董卓列傳》,第 2334 頁。

③ (漢) 司馬遷撰:《史記》卷三七《衛康叔世家》,中華書局 1959 年,第 1591 頁。

④ (北周) 庾信撰,(清) 倪璠注,許逸民點校:《庾子山集注》卷一六《志銘》,中華書局 1980 年,第 1032 頁。

⑤ 崔冶譯注:《吳越春秋》,中華書局 2019 年,第 77 頁。

⑥ (漢) 司馬遷撰:《史記》卷六《秦始皇本紀》,第 265 頁。

⑦ 段清波:《秦始皇帝陵園考古研究》,北京大學出版社 2011 年,第 135 頁。

⑧ (漢) 許慎撰,(宋) 徐鉉校定:《說文解字》,中華書局 2013 年,第 289 頁。

⑨ 睡虎地秦墓竹簡整理小組:《睡虎地秦墓竹簡》,文物出版社 1990 年,第 50—51 頁。

子婢死,有女四歲,數來爲沐頭浣濯。"①捉,緊攥,這裏指把剛洗滌好的衣服擰乾。②

　　簡 1102 記録了吴請被抓,追查贓物的情況。將,押送。《爾雅·釋言》:"將,送也。""生縛將詣亭"即生把吴請捆綁起來押送到亭部。萌,人名,又見於五一簡叁 1186 "☐游徼泓逢門亭長萌言男子☐☐☐",其身份爲逢門亭長。本簡萌身份或是亭長或是賊捕掾,③是否爲同一人還有待更多資料驗證。逃,匿也,《荀子·榮辱》"陶誕其盗",楊倞注:"陶當爲逃,隱匿其情也。"④"劍器"與下文"劍物"對應,指隨葬的刀劍器物。

　　除了兩行簡爲正式呈報的册書外,還有五枚竹簡與本案相關。竹簡多殘斷嚴重,在書寫時留有編繩位置,用於編聯成册。現將幾枚竹簡簡文迻録如下:

　　　　臨湘言逐捕盗發胡叔賊☐☐者吴請,黨與番當番非及☐☐☐☐☐☐肆 1531
　　　　等逐捕考實盗發胡叔冢取銅器者吴請☐伍 1791
　　　　不以盗發冢狀☐☐☐伍 1831
　　　　☐☐馴望亭長☐言男子吴請(?)陸 2492
　　　　☐☐考實請毆萌診(?)☐☐陸 2408

　　簡 1531 以"臨湘言"開頭,多見於臨湘縣發送的上行文書,如五一簡肆 1482"臨湘言逐捕傷人者吴周未能得假期解書☐",是作爲文書的標題簡使用的,本簡性質或與此相同。"逐捕盗發胡叔賊☐☐者吴請","賊"下二字疑是"傷人"。"黨"後一字原釋文未釋,細審圖版,當爲"與"字,試取五一廣場東漢簡牘所見字形對比如下:

簡 1531"黨"後未釋字	1669 木兩行 2010CWJ1③:266-1	285 木牘 2010CWJ1③:126-4

黨與,這裏指盗墓同夥番當、番非二人。居延漢簡"願設購賞有能捕斬嚴欲君闌等渠率一人購錢十萬黨與五萬",⑤陳直認爲"黨與蓋爲兩漢人之習俗語"。⑥ 簡文第一個

---

①　(漢)桓譚撰,朱謙之校輯:《新輯本桓譚新論》,中華書局 2009 年,第 56 頁。

②　參看劉釗、張傳官:《談"一沐三捉髮"的"捉"》,《復旦學報(社會科學版)》2013 年第 6 期,第 31—36 頁;劉釗、張傳官:《再談"一沐三捉髮"的"捉"》,《漢字漢語研究》2018 年第 3 期,第 40—54 頁。

③　今按:縣廷分部派出的賊捕掾駐地可能就在亭部,五一簡肆 1255 是一枚由北部賊捕掾發送到縣廷的合檄,它的發出地便是長賴亭。

④　(清)王先謙撰,沈嘯寰、王星賢點校:《荀子集解》,中華書局 1988 年,第 60 頁。

⑤　簡牘整理小組編:《居延漢簡(肆)》,"中研院"歷史語言研究所 2017 年,第 144 頁。

⑥　陳直:《漢書新證》,中華書局 2008 年,第 48 頁。

"番"後一字原釋文作"常",第二個"番"後一字原釋文未釋。據圖版和文意,當把"常"改釋爲"當",未釋字補釋爲"非",即指番當、番非二人。

簡2492爲馹望亭長報告吳請的情況,馹望亭亦見於五一簡壹230"永初元年正月癸酉朔廿日壬辰,東部勸農賊捕掾遷、游徼尚、馹望亭長范叩頭死罪敢言之"。馹望亭長歸屬東部勸農賊捕掾管轄,可知馹望亭應位於臨湘縣東部。馹望亭長和吳請之間如何發生關係,目前公布的簡文中未見交代。

通過梳理以上簡文,我們對本案有了一個大致的了解:

番當、番非二人空閑無事,便商議一起到樊爰丘爲人收小蒜以賺取傭值,吳請也願意加入其中,並帶上自己的解刀一起前往。中午時分到達樊爰丘,並没有找到傭主,三人就一起到橫溪橋下洗澡,洗完澡番當便對吳請、番非説起了盜墓的想法。三人商議好之後,便開始盜墓,先挖了親冢,挖到六七尺仍找不到墓門,便開始盜發叔冢,兩冢間隔僅四十餘步。三人挖了四五尺深便找到了墓門,番當抽出封門磚,吳請在冢上用菅草做的繩子把盜墓所得物品拉上來。三人分贓完畢,吳請拿的銅器被生看到,生懷疑吳請所拿銅器是盜墓所得,吳請立即拿着銅器離開。這時下起了雨,吳請便在怒門中避雨,不久生也過來避雨,生、怒二人見到銅器,便問吳請銅器是否售賣。事情敗露後,生把吳請捆綁起來扭送到亭,亭部長官萌帶着吳請去盜墓現場勘驗。確定好被盜墓主後,萌又與叔在溏水中找到了被盜的部分器物。

漢代詔書用簡長度及形制補議 *

孫梓辛

摘　要： 根據現有材料可以確認漢代的璽書和罷免三公所用的策書長爲尺一，至於其他類別的皇帝文書的長度尚不明確，其中批答臣下奏請形成的詔書可能長爲一尺。漢代詔書的書寫載體除編聯的簡册外，使用牘板（版）的普遍程度亦不容小覷。根據嶽麓秦簡《卒令丙四》的記載，皇帝文書使用尺一牘應是秦代所立之制，由此看來，以往學者推測尺一詔成立於漢文帝初年以及尺一詔中多出的一寸是用來抬高"制"字的説法恐難成立。

關鍵詞： 尺一詔　璽書　策書　牘板　《卒令丙四》

　　關於漢代詔書簡的長度，學界通常認爲是漢尺一尺一寸（25 釐米左右），即比當時通用的一尺簡牘（23 釐米）長出一寸。這種看法，源自漢魏文獻中可見到詔書被"尺一"修飾或徑稱"尺一"的記載。[①] 而且，唐人李賢在注《後漢書·陳蕃傳》"尺一選舉，委尚書三公"時亦明言"尺一謂板長尺一，以寫詔書也"。[②]

　　後人在李賢注的基礎上復加申説。[③] 特別是近代以來，隨着簡牘的大量發現，學者得以結合實物討論漢代公文的形制及長度問題。具體到詔書，王國維曾指出"漢時

---

* 本文寫作得到中山大學中央高校基本科研業務費專項資金（22qntd5601）的資助。

[①] 如《史記·匈奴列傳》載"漢遺單于書，牘以尺一寸"；《後漢書·周景傳》李賢注引蔡質《漢儀》曰"周景以尺一詔召司隸校尉左雄詣台對詰"等。

[②] 《後漢書·李雲傳》"尺一拜用，不經御省"，李賢注曰："尺一之板謂詔策也。見《漢官儀》也。"亦謂漢代詔策使用尺一之板書寫。

[③] 如宋人王觀國在《學林·尺一》謂："若夫人君有所損益廢興，有所告誠獎諭，則必爲詔令，而以尺一板書之，囊而封之，加璽焉，故謂之尺一，蓋與三尺異矣。"中華書局 1988 年，第 153 頁。

以長牘爲尊,故臣下用一尺,天子用尺一"。① 後來學者大都接受此説。② 富谷至更進一步推測尺一詔中多出的一寸是爲了讓"制曰可"的"制"字高出,以突顯皇帝旨意的權威性,並考證皇帝詔書用尺一的制度大致成立於漢文帝初年。③

實物所見漢代西北邊塞行用的詔書簡册長度多爲漢一尺。④ 是故,有學者懷疑:"漢人所謂尺一之詔亦大略言之,非必全合度也。"⑤但就性質而言,這些詔書簡册乃是邊塞基層官署的抄本,恐不能據之論定漢代詔書正本長度也是一尺。⑥ 對此,富谷至曾以元康五年詔書册爲例討論漢代詔書的原件形態,提出了兩種推測。⑦

事實上,關於漢代皇帝詔書的長度及形制,本就不是千篇一律。因爲可以放在"詔書"名目下的皇帝文書種類不少,彼此有别亦屬自然。⑧ 惟以往學者討論漢代詔書

---

① 王國維著,胡平生、馬月華校注:《簡牘檢署考校注》,上海古籍出版社 2004 年,第 56 頁。

② 如臺静農:《兩漢簡書史徵》,《臺静農論文集》,安徽教育出版社 2002 年,第 71—72 頁;錢存訓:《書於竹帛——中國古代的文字記録(增訂本)》,上海書店 2002 年,第 83—84 頁;[日]大庭脩:《木簡》,(東京)學生社 1979 年,第 133—139 頁;陳夢家:《由實物所見漢代簡册制度》,《漢簡綴述》,中華書局 1980 年,第 294 頁;[日]永田英正著,張學鋒譯:《居延漢簡研究》,廣西師範大學出版社 2007 年,第 4 頁;胡平生:《〈簡牘檢署考〉導言》,《簡牘檢署考校注》,第 13—25 頁。

③ [日]富谷至著,劉恒武、孔李波譯:《文書行政的漢帝國》,江蘇人民出版社 2013 年,第 28—32 頁。

④ 參見馬怡:《扁書試探》,孫家洲主編:《額濟納漢簡釋文校本》,文物出版社 2007 年,第 180 頁。文中舉"元康五年詔書册""永始三年詔書册""始建國二年詔書册"爲例。事實上,以目前所出秦漢公文書簡牘而言,絶大多數的長度都在一尺左右。對此,有學者認爲一尺長的簡策之所以最常用,顯然與書寫的便捷有關,實際是由當時人的書寫姿勢及人的小臂長度所决定。説見胡平生:《〈簡牘檢署考〉導言》第 22、37—38 頁。另有學者主張以一尺長的竹簡作爲書寫材料可能與竹節間的自然長度有關,説見[日]富谷至編:《漢簡語彙考證》,(東京)岩波書店 2015 年,第 17 頁。

⑤ 勞榦:《居延漢簡考證》之"詔書二",見所著《居延漢簡·考釋之部》,"中研院"歷史語言研究所 1986 年,第 8 頁。

⑥ 程鵬萬認爲"出土的詔書簡牘多爲漢一尺,應與皇帝使用的簡牘不同",見所著《簡牘帛書格式研究》,上海古籍出版社 2017 年,第 101 頁。

⑦ 這兩種形態推測,一是臣下上奏文和書寫"制曰可"的王言簡均書寫在長爲尺一寸的簡上;二是臣下上奏文書寫在一尺簡上,而記有"制曰可"的王言簡則書寫在尺一寸簡上,構成"一長一短"的排列組合。對於上述兩種推測,富谷至最後表示:"關於詔書的原貌,還是等待上級官署下發的詔書原件被發現之後去討論。"見[日]富谷至著,劉恒武譯,黄留珠校:《木簡、竹簡述説的古代中國——書寫材料的文化史》,人民出版社 2007 年,第 83—85 頁。按,後來推出的該書增補新版對此觀點未作改動。

⑧ 胡平生《〈簡牘檢署考〉導言》指出"綜合上引資料與陳述,知論簡册制度者不可不分時代、種類籠而統之加以論述"(第 37 頁)。檢討漢代詔書形制時亦應如此。另,本文所説的"詔書"取廣義用法,泛稱所有皇帝文書,並非《漢制度》及《獨斷》所記漢代王言"策制詔戒"四類中的狹義"詔書",下文在使用這一狹義詔書概念時會加注明。

長度並沒有特別明確各自所謂的"詔書"包括哪些類別。這一點從王國維開始便是如此。王氏論證"天子詔書獨用尺一牘"舉出的史料雖都提到"尺一",但所說的未必是一類文書,亦不能證實所有皇帝文書皆長尺一。可見對漢代詔書用簡長度及形制問題還需更為細緻地分析。以下,在綜合考察文獻記載與簡牘實物的基礎上,擬就前人說法提出些許補充與商議。

一、璽書用尺一

在漢代皇帝下發的各種文書中究竟有哪些長為一尺一寸?以下兩處關於漢代皇帝文書制度的敘述值得注意,現分別討論。

《續漢書·輿服志》謂"乘輿黃赤綬",劉昭注補引《漢舊儀》關於"皇帝六璽"的敘述,其中提道:

> 璽皆以武都紫泥封,青囊白素裏,兩端無縫,尺一板,中約署。[1]

引文所述乃是以皇帝六璽封緘文書之制。然此句文義究竟應該如何理解,學者意見不一。清四庫館臣推測"此句疑有脫字"。[2] 王觀國、孫星衍則認為這裏的"尺一板"是指書寫詔書所用之牘。[3] 王國維亦持此見,並考釋此句文義曰:漢時書牘"大抵以囊盛書,而後施檢","兩端無縫則縫當縱行而在中央,約署之處即在焉,則其形當略如今之捎馬袋","唯中央之縫,必與囊之長短相同,否則書牘無由得入耳","古牘封處,多在中央,《漢舊儀》所謂'中約署'是也"。[4]

關於封囊之法,後來學者續有討論,對王說做了補充和修正。[5] 參照這些論述,大體可將此句釋義如下:使用皇帝六璽封緘時,需要將寫有皇帝旨意的尺一板放入外表為青色內裏為白色的布囊,這種布囊應為兩端封閉中間開口之形,詔板由中間縫隙處

---

[1] 此句諸書所記文辭不一。《唐六典》卷八《門下省》引《漢儀》云:"皆以武都紫泥封,青布囊白素裏,兩端縫,尺一版,中約署",中華書局1992年,第252頁。關於"兩端(無)縫"一句,王國維以為"《續漢志》《通典》諸書所引'縫'上皆有'無'字,殆《六典》誤也。"見《簡牘檢署考校注》第94頁。

[2] (清)紀昀等輯:《漢官舊儀》,《漢官六種》,中華書局1990年,第31頁。

[3] (宋)王觀國:《學林·尺一》第153頁;(清)孫星衍校集:《漢官儀》卷下,《漢官六種》第187頁。

[4] 王國維:《簡牘檢署考校注》第54、92—98頁。

[5] 如王獻唐:《臨淄封泥文字叙》,《海岳樓金石叢編》,青島出版社2009年,第293—294頁;許同莘:《公牘學史》,檔案出版社1989年,第47頁;勞榦:《居延漢簡考證》甲《簡牘之制》,《居延漢簡·考釋之部》第1、7頁;馬怡:《皇囊與漢簡所見皂緯書》,《文史》2004年第4輯,第39—40頁;揚之水:《沂南畫像石墓所見漢故事考證》,《故宮博物院院刊》2004年第6期,第31—32頁。

放入，然後在囊外(多是中央處)施檢，再用繩束結於檢上的封泥匣(印窠)，填入武都紫泥，其上加璽，①檢上另可題署收受人及所封內容等信息。

此外，上引《漢舊儀》文後提到"奉璽書使者乘馳傳"，是將以皇帝六璽封緘的文書稱爲"璽書"。考《太平御覽》引《隴右記》曰："武都紫水有泥，其色(亦)紫而粘，貢之，用封璽書，故詔誥有紫泥之美。"②王觀國亦言："然則雖用尺一板以寫詔書，而必封之以囊，中約之。而書題其封，又用璽焉，故謂之璽書。人君降詔命，謂之賜璽書。"③上述説法進一步解釋了"璽書"得名之由，可見"璽書"應是一專名，指稱加蓋帝璽的皇帝文書。

不過，"璽書"並不能完全等同於"詔誥"。學者曾注意到西北簡中有些詔書是由丞相或大司徒逐級下發，加蓋的是丞相府或大司徒的印章，且這些詔書在包裹物的顏色、接收對象、傳遞方式及速度上都與璽書不同，顯示出二者間存在等級之差。④ 此説確有道理。從《漢舊儀》關於皇帝六璽用途的記述中可以看出六璽所關涉的事務多是封拜、賜書、發兵、徵召、事天地鬼神等，⑤且皇帝處理上述事務時大都是以個人名義與收受對象直接互動，可見在接收對象和內容上，璽書與那些告諭郡國吏民的詔令明顯不同。

更關鍵的是，一般詔書可能並不加蓋皇帝六璽。《三國志·魏書·公孫瓚傳》裴注引《典略》謂瓚表(袁)紹罪狀曰："韓馥之迫，竊其虛位，矯命詔恩，刻金印玉璽，每下文書，皁囊施檢，文曰'詔書一封，邟鄉侯印'。"這裏提到袁紹矯詔的方式是將自己所下的文書用皁(皂)囊封裝，並在檢上題署："詔書一封，邟鄉侯印。"與之相類的詔書封檢題署內容復見於《地灣漢簡》86EDT5H：36+177：

> 書曰：詔書一封，大農丞印，居耶三年十一月甲子起，三月辛☐。⑥

---

① 傳世封泥中有"皇帝信璽"一枚，現藏日本東京國立博物館。該封泥呈磚紅色，印面方正，有田字界格，背面有數道交錯繩痕，應是使用封泥匣所致。圖譜及相關考述，參看(清)吳式芬、陳介祺輯：《封泥考略》，中國書店 1990 年，第 3—4 頁。

② 《太平御覽》中計有三處引《隴右記》此言，惟一處作"其色紫而粘"。又《太平寰宇記》卷一五四引《隴右記》此條云"其色赤紫而粘"，中華書局 2007 年，第 2973 頁。疑《太平御覽》中的"亦"即"赤"之訛寫。

③ (宋)王觀國：《學林·尺一》第 153 頁。

④ 參見馬怡：《皁囊與漢簡所見皁緯書》第 37—46 頁。

⑤ 關於皇帝六璽的用途，諸書所引《漢舊儀》《漢官儀》《漢儀》等記載不一，尤其是《唐六典·門下省》所引與他書文辭差異較大，疑已經過後人臆改。又，《隋書·禮儀志》所記天子六璽制度也常被學者用來推斷漢制。相關討論，參看[日]阿部幸信：《皇帝六璽の成立》，《中國出土資料研究》第 8 號，2004 年，第 63—87 頁；孫聞博：《初併天下——秦君主集權研究》，西北大學出版社 2021 年，第 162—172 頁。

⑥ 甘肅簡牘博物館等編：《地灣漢簡》，中西書局 2017 年，第 169 頁。

由此來看，封緘詔書並非必須使用帝璽，代之以他人的官印或爵印亦可。而對下級的接收者來說，最簡單可靠的辨識標志恐怕就是封檢上題署的"詔書"二字。

綜上，有理由推斷漢代以郡國吏民爲宣告對象的詔書大概無須用皇帝璽，只需經丞相府或其他有司發下，標明此乃詔書並加蓋官（爵）印即可。[①] 因而，《漢舊儀》所言的"尺一板"確切來説應指皇帝璽書，而非泛指所有詔書。

作爲璽書用尺一的事例，還可舉出《史記·匈奴列傳》的一條記載：

> 漢遺單于書，**牘以尺一寸**，辭曰："皇帝敬問匈奴大單于無恙"，所遺物及言語云云。中行説令單于遺漢書**以尺二寸牘**，及印封皆令廣大長，倨傲其辭曰："天地所生日月所置匈奴大單于敬問漢皇帝無恙"，所以遺物言語亦云云。

從單于遺漢書"印封皆令廣大長"的做法可知漢遺單于書同樣要施印加封。惟所用何印，據"皇帝敬問匈奴大單于無恙"的用辭看應是皇帝璽，所以漢遺單于書很可能就是璽書。又按《説文》："牘，書版也。"是牘與版（板）的形制相近。故文帝所用"尺一牘"應即《漢舊儀》所謂璽書用尺一板的體現。[②]

二、罷免三公所賜策書用尺一

蔡邕《獨斷》記述作爲天子命令之一的"策書"曰：

> 策書。策者，簡也。《禮》曰："不滿百文，不書於策。"**其制，長二尺，短者半之。其次，一長一短，兩編。**下附篆書。起年月日，稱"皇帝曰"，以命諸侯王、三公。其諸侯王、三公之薨於位者，亦以策書誄諡其行而賜之，如諸侯之策。**三公以罪免，亦賜策。**文體如上策而隷書，**以尺一木兩行。**唯此爲異者也。[③]

---

① 加蓋丞相印章的詔書，如馬圈灣漢簡簡 513，見張德芳主編：《敦煌馬圈灣漢簡集釋》，甘肅文化出版社 2013 年，圖版第 264 頁，集釋第 509 頁。學者考察西北漢簡中詔書的封印情況，也指出詔書在逐級下發時所蓋印信多是上級傳遞機構長官之印，當詔書由中央直抵地方機構或某官時，印信加蓋的仍是朝廷有司之印，因而認爲包括制書在內的各類詔書，一般並不使用璽封。參看孫聞博：《初併天下——秦君主集權研究》第 185—189 頁。

② 《漢書·匈奴傳上》記此事作"漢遺單于書，以尺一牘"。

③ （漢）蔡邕撰，（清）盧文弨校訂：《獨斷》，中華書局 1985 年，第 3—4 頁。

蔡邕是東漢末年人，從《獨斷》使用"制詔三公""司徒印封""三邊營官"等語可知所述主要是東漢之制。引文中提到以罪罷免三公時所用策書的形制爲"隸書，以尺一木兩行"，較之賜給諸侯王和三公的命策、哀策已有變化。

陳夢家曾結合漢簡指出："兩行乃寫詔書的尺一，《獨斷》所謂'而隸書以尺一木兩行'，以其長度稱之爲'尺一'，以其可容兩行，稱之爲'兩行'，以其爲兩行木牘，稱之爲'木兩行'，即木牘。"①誠如陳氏所言，漢代簡牘材料中的"兩行"確乃實物之名。如《敦煌漢簡》簡1684A："凌胡隧、厭胡隧、廣昌隧各請輸札、兩行，隧五十，繩廿丈，須寫下詔書。"②以及懸泉漢簡Ⅱ90DXT0114③：404："詔書必明白大書，以兩行著故恩澤詔書。"③可見"兩行"是與"札"並列的文書載體，且邊塞抄寫詔書須使用"兩行"。④ 只是"木兩行"還不能完全視爲"木牘"，因二者在書寫形態和物理形制上仍有明顯區別。⑤故所謂"尺一木兩行"應如文獻言及的"尺一(木)板""尺一牘"一樣，"木兩行""(木)板""牘"皆是書寫載體之名，"尺一"僅表示長度。

又，王國維言："案前、後《漢書》所載策免三公之文，多者至數百字，斷非一牘兩行所能容，當亦編衆牘爲之也。"⑥陳夢家也認爲兩行是供編冊使用，適合書寫長文，《獨斷》"編兩行"之説可以爲證，而牘和版爲五行，適用於文少者。⑦ 可見罷免三公

---

① 陳夢家：《由實物所見漢代簡冊制度》，《漢簡綴述》第298頁。陳氏並謂"王國維讀爲'尺一木'是錯誤的"。

② 甘肅省文物考古研究所編：《敦煌漢簡》，中華書局1991年，圖版147，釋文第284頁。

③ 胡平生、張德芳編撰：《敦煌懸泉漢簡釋粹》，上海古籍出版社2001年，第2頁。

④ 學界通常認爲，"兩行"比單行書寫的"札"要寬，且多用於書寫較正式的文書。從里耶簡和嶽麓簡披露的材料看，秦代已使用兩行書寫文書。此外，學者研究指出"兩行"在漢代公文書制度上占有特殊地位，基本只供公文書的正本及其對應的留存副本使用。參見石昇烜：《從簡牘物質形態論秦漢基層公文書制度與行政》，博士學位論文，台灣大學2021年，第11—62頁。

⑤ 現今學界通常將容字多行(三行及以上)的稱爲"牘"，與容字單行之"札"和容字雙行之"兩行"相區別。如高村武幸便將書寫三行以上文字或預設如此書寫的簡稱爲"牘"，而不根據寬度數值來定義"牘"，説見氏著《秦·漢時代の牘について》，《秦漢簡牘史料研究》，(東京)汲古書院2015年，第260頁。

⑥ 王國維：《簡牘檢署考校注》第64頁。按，秦漢出土實物所見牘板的容字數因載體寬窄和書寫行數、是否寫滿等差異而有較大不同，但一般單面書寫四五行者即可在百字左右，簿籍類文書因書寫行數多，字數可近千，若是雙面書寫則容字更多。王氏據當日所見簡牘材料多半低估了牘的容字數。

⑦ 陳夢家：《由實物所見漢代簡冊制度》，《漢簡綴述》第298頁。按《獨斷》卷上謂臣下所上"表者，……文多用編兩行，文少以五行，詣尚書通者也"，第4—5頁。

的策書應是用長爲尺一的兩行編聯而成,①與單獨使用板、牘的"尺一詔"尚有不同。②

　　但這並不妨礙此類策書亦可被稱爲"尺一"。虞預《晉書》載:

　　　　與石鑒共傳宿,(山)濤夜起蹋鑒曰:"今何等時而眠也。知太傅臥何意?"鑒曰:"宰相三日不朝,**與尺一令歸第**,君何慮焉!"濤曰:"咄!石生,無事馬蹄間也。"投傳而去。果有曹爽事,遂隱身不交世務。③

按山濤所説的"太傅臥"指的是司馬懿爲避曹爽"稱疾不與政事",時在正始八年(247)五月。因其時去漢未遠,故石鑒謂"宰相三日不朝,與尺一令歸第"的依據應當正是上引《獨斷》所述罷免三公賜予尺一策書之制。④ 惟《獨斷》強調的是三公以罪免,賜策,這裏則透露出三公因病連日不朝,皇帝亦會與尺一策免。⑤ 説明在實際行用中"尺一(詔)"主要凸顯的仍是詔書的長度特徵,至於形態是簡册還是牘板可能未作限定。

三、其他皇帝文書的長度及形制

　　以上所舉漢代璽書及罷免三公所賜的策書,因其長度均爲一尺一寸,故具備稱爲"尺一詔"的條件。至於其他類別的皇帝文書,除據《獨斷》可知賜與諸侯王和三公的

---

① 簡牘實物中雖未見到此類策書,但核以西北漢簡所出詔書册實物,發現所用絕大多數都是兩行。查"元康五年詔書"册圖版,除皇帝"制曰可"一枚簡爲單行書寫,寬度略窄外,其餘 7 枚簡均爲兩行,詳見"中研院"歷史語言研究所歷史文物陳列館介紹(http://museum.sinica.edu.tw/collection/20/item/4/)。又如"永始三年詔書"册,據介紹,共存 16 枚簡,簡長 23 釐米,每簡多爲兩行書寫,簡册上下兩道編痕尚可辨別。見伍德煦:《新發現的一份西漢詔書——〈永始三年詔書簡册〉考釋和有關問題》,《西北師大學報(社會科學版)》1983 年第 4 期,第 62—63 頁。核以圖版,可知簡册全部使用兩行,惟有二簡只書寫一行。見甘肅簡牘博物館等編:《肩水金關漢簡(肆)》,中西書局 2015 年,第 276—278 頁。另,"始建國二年詔書"册共 12 枚,除了一枚"因騎置以聞符第一"簡爲單行書寫外,亦均爲兩行。見魏堅主編:《額濟納漢簡》,廣西師範大學出版社 2005 年,第 228—238 頁。

② 蔡邕《答詔問災異》云:"日碑、華、邕、颷西面,受詔書各一通,尺一木板,草書。"見鄧安生編:《蔡邕集編年校注》,河北教育出版社 1999 年,第 239 頁。從蔡邕所言看,尺一板應是單獨使用,不必像簡册那樣編聯起來。

③ 徐震堮:《世説新語校箋》,中華書局 1984 年,第 92 頁。

④ 《世説新語校箋》注"尺一",亦引《獨斷》此文,第 93 頁。

⑤ 東漢三公因病而被策免之事,並不少見,但多是久病、老病,故石鑒所説"三日不朝"恐是誇大之辭。

命策與哀策的長度並非尺一外，像制書、詔書（狹義）和戒書的長度，皆未見有制度上的確切記載。

不過，璽書與《獨斷》所述的四類皇帝文書並非毫無交集，在時人的使用中"璽書"亦可用來指稱其他皇帝文書。如《獨斷》提道："凡制書有印使符，下遠近皆璽封，尚書令印重封。唯赦令、贖令，召三公詣朝堂受制書。司徒印封，露布下州郡。"①《唐六典》引《漢儀》曰："封拜王公以下遣使就授皆用皇帝行璽。"②是制書和封拜策書的封緘都要用到帝璽，故二者有時即會以"璽書"稱之。③ 如此，則制書和封拜策書的長度也應是尺一。但如前引《獨斷》所言，封命諸侯王、三公的策書是以"長二尺，短者半之"的簡札間次編聯，長度顯非一尺一寸。可見封拜策書雖然用璽，但簡册長度却非如璽書一般爲尺一，應是有意仿古的原因。因此，璽書和尺一詔的外延並不相同，前者强調皇帝文書是否用璽封，後者關注皇帝文書的長度是否爲尺一。

秦漢考古實物中確發現有長爲尺一的簡牘，然其内容並非詔書。④ 實物中與詔書最爲接近的是山東鄒城邾國故城遺址出土的兩件新莽銅詔版。其形制均爲方版，正面中部有銘文9行，每行9字，内容爲王莽即位後頒布的"同律度量衡"詔書。兩件方版的正面邊長分别爲 25.5—25.9 釐米和 25.7—26.1 釐米，折合約爲西漢的一尺一寸。⑤ 按同類詔版此前亦有發現，有學者整理後指出這些詔版在形制、大小和銘文内容、格式及字體上基本相同，認爲當時製作這類詔版應有統一的標準和嚴格的規定。⑥ 而這批王莽銅詔版若果是準照當時詔書用版的形制而定，自然可以據此推斷漢新之

---

① （漢）蔡邕撰，（清）盧文弨校訂：《獨斷》第 4 頁。《漢官儀》中亦有類似説法："凡制書皆璽封，尚書令重封。唯赦贖令司徒印，露布州郡。"

② 《唐六典》卷八《門下省》第 252 頁。

③ 相關舉例及討論，參見侯旭東：《胡廣／蔡邕"帝之下書有四"説的"顯"與"隱"》，《漢家的日常》，北京師範大學出版社 2022 年，第 393 頁。又，王國維據《獨斷》制書璽封的記載，認爲漢人亦謂制書爲璽書。見羅振玉、王國維編著：《流沙墜簡》，中華書局 1993 年，第 101—102 頁。孫聞博分析兩漢三國璽書用例，亦認爲璽書起首格式爲"制詔某官"者，除個别對應策書外，當主要對應制書。見所著《初併天下——秦君主集權研究》第 197—204 頁。

④ 如廣州南越國宫署遺址出土的木簡，完整者長 25 釐米，相當於秦漢的一尺一寸。然觀其内容，並非南越國皇帝所下詔書。見廣州市文物考古研究所等：《廣州市南越國宫署遺址西漢木簡發掘簡報》，《考古》2006 年第 3 期，第 7—12 頁。

⑤ 山東大學歷史文化學院、山東大學文化遺産研究院、鄒城市文物局：《山東鄒城市邾國故城遺址 2017 年 J3 發掘簡報》，《考古》2018 年第 8 期，第 10—14 頁。

⑥ 白雲翔：《邾國故城新莽銅詔版和銅環權簡論》，《考古》2018 年第 8 期，第 36 頁。作者亦指出這些詔版存在一定差别，特别是在厚度和重量上差異明顯（第 39 頁）。

際面向郡國吏民宣布政令的詔書長度當爲尺一。只可惜此點目前尚難確認。①

　　另外，海昏侯墓出土了一組木牘，經學者整理後認爲其内容是有關劉賀去世後朝廷絶封海昏侯國的詔書，並據此定名爲《海昏侯國除詔書》。這件詔書所用木牘數量應不少於二十五枚，"較完整的十塊木牘形制，大小相近，長度均 23 釐米上下，約爲漢代一尺；文字工整，墨寫隸書，兩行書寫"。② 整理者復指出，此詔最後兩枚木牘記録了詔書的行下之辭，但筆迹與前面諸版有别，故認定該詔應爲下至侯家的原本。③ 從各牘的筆迹和書風來看，差異較大，難以斷定該件詔書究竟由幾人寫成，但可以判定的是該詔書應非海昏侯家一次性製作的抄件，而是由上級官府下發給侯家的原件（或曰正本）。④ 特别是末尾内容爲豫章太守行下詔書的 M1：1506－9 和海昏侯國行下詔書的 M1：1506－10 筆迹亦不相同，或表明該詔書是海昏侯國長吏在收到豫章太守所發原件的基礎上添加了新的行下之辭後發出的。若然，則書寫詔書"本文"（由臣下奏請＋皇帝"制曰云云"的批示組成）的諸牘其長度在郡府一級便是一尺。那有無可能漢代由皇帝批答臣下奏請形成的詔書（狹義）的長度本就是一尺呢？

　　值得注意的是，《史記·萬石張叔列傳》載武帝時石建爲郎中令，"書奏事，事下，建讀之，曰：'誤書！"馬"者與尾當五，今乃四，不足一。上譴死矣！'甚惶恐"。可見石建得到的奏事應是自己上書的原件，故在覺察奏事上的馬字漏書一點後極爲恐懼可能由此招致責罰。⑤ 此例表明漢代大臣在向皇帝上書後仍有機會得到原件。類似的情況亦發生在劉賀身上。海昏侯墓出土了一批以劉賀及其夫人名義上給皇帝和皇太后的奏牘，這批奏牘大小接近，上書内容皆以工整隸書單面書寫，但有些奏牘末尾有用淡墨章草書記的文字，整理者認爲其近似侯家的收文記録或朝廷對奏牘的回復，並

---

① 已知秦代鑄刻統一度量衡命令的各詔版間的尺寸差異較大，且尚未見有長爲尺一者。參見趙瑞雲、趙曉榮：《秦詔版研究》（上、下），《文博》2005 年第 2、3 期。另從内容看，這篇"同律度量衡"的文字固然是以皇帝的名義頒下，但却不像秦二世詔書那樣保留有詔書格式等相關信息，故不好判定是否會因此而使詔版的形制較之詔書的原貌産生變化。

② 楊博：《〈海昏侯國除詔書〉初探》，朱鳳瀚主編，柯中華副主編：《海昏簡牘初論》第十七章，北京大學出版社 2020 年，第 307—308 頁。從該詔書用簡的長寬和書寫形態看，似應稱爲"（木）兩行"更妥。

③ 楊博：《西漢海昏侯劉賀墓出土〈海昏侯國除詔書〉》，《文物》2021 年第 12 期，第 63—64、72—73 頁。

④ 牘 M1：1506－10 背面另筆書寫有"侯家"二字，大概是上級官府轉發時題寫的，便於收捲後快速識别該件詔書的送達對象。

⑤ 從石建極度惶恐的反應看，其所得奏事應是他親自書寫的原件，而非宫中轉下的抄件，故識得自己的筆迹，覺察到馬字缺畫乃己之大過。按，《漢書·藝文志》載漢時"吏民上書，字或不正，輒舉劾"。《説文·叙》引《尉律》曰："書或不正，輒舉劾之。"故《文心雕龍·練字篇》謂："又吏民上書，字謬輒劾。是以馬字缺畫，而石建懼死，雖云性慎，亦時重文也。"可見石建因奏書中字謬惶恐正是畏於律令的責罰。

據此判斷這批奏牘中至少有部分是正本。① 考慮到海昏侯墓出土了大量本應獻給漢廷宗廟的酎金,這批奏牘中有被朝廷退回的原件亦非不合情理,其實都顯示出宣帝不接受劉賀朝請與助祭的決絕態度。

　　上述情形提示我們思考這樣一種可能:如果皇帝直接在臣下奏牘上批答的話,那麼由此形成的詔書長度自然是奏牘的長度——一尺,正如海昏侯墓出土的奏牘中外形完整的一般長約 23 釐米。② 實際上,上級在下級奏請文書上直接批示的做法在漢代地方行政運作中可以得到確認,簡牘中還存留了個別實物。③ 如上舉史例所示,當大臣收到上書皇帝的原件時,其上若有皇帝旨意的批答,④則此前的奏書便自動成爲詔書,其長度並不會發生變化,仍是一尺。

　　當然,亦存在其他可能。 如皇帝的批答寫在另一枚長爲尺一的簡牘之上,再附在臣下上書的簡牘之後。但從漢代地方抄録的這類詔書簡册來看,書寫皇帝旨意的"制曰云云"多是單獨寫在一尺的簡牘之上,有的還和前面的奏文接續寫在同一枚簡上,⑤文獻中也未見到符合上述推測的記載。又或者,皇帝的批答連同臣下奏書重新抄録在一份長爲尺一的簡牘上,作爲宫中的存檔,但在下行郡國各地時仍以一尺的簡牘書寫爲主。⑥ 可惜因漢代詔書宫中存檔早已不存,這一推測實難驗證。

　　總之,目前所見漢代地方抄録的由皇帝批答臣下奏請形成的詔書都是寫在一尺

①　王意樂、徐長青:《海昏侯劉賀墓出土的奏牘》第 91—96 頁。

②　王意樂、徐長青:《海昏侯劉賀墓出土的奏牘》第 91 頁。

③　西北漢簡中可以看到在一些下級官吏上言候官的文書的末尾以另筆書記長官批示的情形,如居延漢簡 284.4,居延新簡 EPF22.82。有學者對此進行了討論,並認爲"當時處理公文的一種方式就是在來文上直接批示",參見邢義田:《漢代簡牘公文書的正本、副本、草稿和簽署問題》,《今塵集》,中西書局 2021 年,第 200 頁;劉欣寧:《漢代政務溝通中的文書與口頭傳達:以居延甲渠候官爲例》,《"中研院"歷史語言研究所集刊》第 89 本第 3 分,2018 年,第 466—467 頁。

④　《史記》中没有明言石建的奏事是否得到皇帝的批答,但一般臣下上奏,如果皇帝不予批答,應該是"書奏不報",上書者無由拿到自己的奏事。而且,史書使用"事下(某官)",通常表示的是臣下上書經過皇帝批閲後再下發有司處理,石建既然收到奏事的原件,很可能還是經過皇帝批答後需要返回給本人覽讀與處理。

⑤　如元康五年詔書和永始三年詔書中的"制(曰)可"便是單獨抄寫在長爲一尺的札或兩行上。而像居延新簡 EPT59:536 及上引《海昏侯國除詔書》中的殘簡 M1:1799-1,則是把"制曰可"接續在奏言後抄寫在同一枚簡上。

⑥　若果是這種情況,實際對人數更多的地方吏民而言,他們接觸到的這類詔書仍然是長爲一尺,所謂"尺一詔"恐怕只有少數高級官吏或皇帝的親信可以得見或接收。

的簡牘之上,其成因尚難給出圓滿解答,但恐怕不宜完全排除此類詔書本就長爲一尺的可能。

　　還要指出的是,學界此前因受漢代西北邊塞所出詔書簡的影響,多認爲秦漢皇帝詔書的形態爲編聯的簡册。這大概低估了皇帝文書使用牘、板書寫的普遍性。除前述文帝遺匈奴單于以尺一牘外,《後漢書·循吏列傳》謂光武帝屬行勤約,"其以手迹賜方國者,皆一札十行,細書成文"。這裏的"一札十行"固然是非常之舉,但這種札的寬度顯然要較邊塞漢簡中容字一行的札爲大,形態恐更接近於牘牒之類。① 對此,不妨參考上述海昏侯墓出土的奏牘。這些奏牘的寬度大多數爲 6.6 釐米(容字 4—6 行),少數幾件奏牘寬度約爲 3 釐米(容字在 2—3 行左右)。② 後者或許就是光武所用的"札"。又按《論衡·量知篇》曰:"斷木爲槧,梜之爲板,力加刮削,乃成奏牘。"《文心雕龍·奏啓》云:"自漢置八儀,密奏陰陽,皁(皂)囊封板,故曰封事。"是漢代臣民上書、奏封事均書記於牘板之上。故綜合來看,皇帝用的牘板寬度當與諸侯及臣民所用的奏牘相差不大,惟長度爲尺一,是其形制上的突出特徵。

　　此外,結合丁引《牟令丙四》的内容,再考慮到牘、板的容字量能够滿足皇帝日常發布命令的需要,③除了策書由於仿古而刻意保持編聯衆簡的形態外,牘、板或許才是秦漢皇帝文書更加簡便和日常的書寫載體。④ 尤其是璽書、手書(詔)、尺一詔這類直接由皇帝賜予特定人員的文字,應該更適合使用牘板書寫。⑤

---

① 李賢注"一札十行"引《説文》曰:"札,牒也。"有學者認爲《後漢書》此處的"札"當指"牘",見程鵬萬:《簡牘帛書格式研究》第 15 頁。

② 王意樂、徐長青:《海昏侯劉賀墓出土的奏牘》第 91 頁。

③ 有學者注意到早期傳世文獻短章的字數大多在五百字以内,這正好是牘板容字的一般範圍,由此推斷短章的形成應是受到牘板這種物質載體的潛在影響。參見徐建委:《牘與章:早期短章文本形成的物質背景》,《文獻》2022 年第 1 期,第 134—137 頁。按,秦漢時代皇帝主動下發的文書一般篇幅不長(不包括臣下奏請的内容),應該也和當時詔書載體的字數限制有關。

④ 學者大多認爲牘作爲書寫載體,相較於簡册,具有製作和使用上簡便,書寫信息集中,且易於保密和攜帶等特點,故在早期公文書、書信、簿籍及書籍的撰作中應用廣泛。説見〔日〕高村武幸:《秦·漢時代の牘について》,《秦漢簡牘史料研究》第 257—286 頁;徐建委:《牘與章:早期短章文本形成的物質背景》第 125—134 頁。

⑤ 有學者認爲在漢代地方行政運作中,相較於"兩行","牘"並非正式的公文書載體,其在行政程序中多發揮輔助行政溝通、"擬公文書"的作用,但有時亦可作爲正式公文寄發,參見石昇烜:《從簡牘物質形態論秦漢基層公文書制度與行政》第 105—143 頁。按,璽書、手詔、尺一詔這些皇帝文書,在胡廣、蔡邕歸納的漢代皇帝四類命令中並未提及。而從文獻的記載看,這些皇帝文書的内容和行用場合具有很强的私人性,容易引起大臣非議,或可視爲漢代非正式的皇帝文書,故其書寫載體的選用亦會偏重牘版。

四、"尺一詔"的由來

　　現存文獻中最早提及漢代皇帝文書用尺一的即上引《史記・匈奴列傳》。冨谷至曾據此及其他材料推斷尺一詔成立於文帝初年。不過，近年嶽麓秦簡《卒令丙四》公布後，此説有待重新檢視。

　　《卒令丙四》詳細規定了秦代臣下"上對、請、奏"時的行文格式以及使用牘、牒的規範與形制要求。① 令文末尾曰：

　　　　請：自今以來，諸縣官上對、請書者，牘厚毋下十分寸一└，二行牒厚毋下十五分寸一，厚過程者，毋得各過其厚之半。爲程，牘、牒各一└。不從令者，訾一甲└。御史上議：**御牘尺二寸**└，官券牒尺六寸。・制曰：**更尺一寸牘、牒。**　・卒令丙四②

上引内容應是有司針對令文此前部分提出的補充意見與皇帝所做的答復。從中可知，御史建議"御牘"采用尺二寸的長度，然始皇帝並未采納這一意見，而是下命將之更爲尺一寸。③ 所謂"御牘"應是君王所用之牘，④只是尚不清楚當時是否全部皇帝文書都需要寫在"御牘"之上。同時，鑒於該令內容主要是臣下向皇帝上對、請、奏文書

---

① 對《卒令丙四》的文意疏通及相關探討，參見陳松長：《嶽麓秦簡中的對、請、奏文書及相關問題探論》，《文物》2020 年第 3 期；周海鋒：《嶽麓秦簡〈卒令丙〉研究》，《出土文獻與法律史研究》第 9 輯，法律出版社 2020 年，第 129—138 頁；石昇烜：《從簡牘物質形態論秦漢基層公文書制度與行政》第 161—165 頁。

② 陳松長主編：《嶽麓書院藏秦簡（伍）》，上海辭書出版社 2017 年，第 105—108 頁。

③ 《卒令丙四》前文提到"尺二寸牘一行毋過廿六字。・尺牘一行毋過廿二字"，是令文此前規定的公文用牘長度包括尺二寸和一尺兩種，後來御史建議將"尺二寸牘"作爲"御牘"專用，但被始皇帝改作"尺一寸牘"，而"尺牘"應仍爲臣下"上對、請、奏"所用。另，學者參照里耶秦簡 8 - 1514 和 9 - 1624，推定該令可能制定於始皇廿九年四月之後。説見何有祖：《里耶秦簡所見官牒的尺寸》，簡帛網 2018 年 8 月 10 日，http://www.bsm.org.cn/?qinjian/7934.html。

④ 整理者注釋謂"御牘，或是供皇帝專用的牘"，見《嶽麓書院藏秦簡（伍）》第 154 頁。按，嬴政在位前後"御"字已與專供君王服用的器物搭配使用。例如《史記・秦始皇本紀》載九年，"長信侯毐作亂而覺，矯王御璽及太后璽以發縣卒及衛卒、官騎、戎翟君公、舍人"，便稱秦王所用之璽爲"御璽"。又，秦封泥中亦可見到"御府""御府之印""御府丞印""御羞""御羞丞印""御廐丞印"等以"御"字命名的官職（署），它們大都是爲滿足皇帝（室）的生活需求而設。詳見周曉陸、路東之編：《秦封泥集》，三秦出版社 2000 年，第 147—148、163、195 頁；中國社會科學院考古研究所漢長安城工作隊：《西安相家巷遺址秦封泥的發掘》，《考古學報》2001 年第 4 期，第 522、526、531 頁。

的操作規範,而"御牘"出現在此,最易聯想的應該還是皇帝所用之牘。① 據此來看,漢代皇帝的尺一牘(板)多半是襲自秦代。②

另,前文曾指出冨谷至認爲漢代詔書簡中多出的一寸是爲"制"字留出的空間,以便讓"制曰可"的"制"字高出。顯然,此説的預設前提是臣下的上奏文書寫在一尺簡上,這樣詔書簡中的"制"字才會高出其他簡札上的文字。但如此一來便會導致附有臣下奏請文書的詔書册中各簡長度並不一致。據《獨斷》言"一長一短"乃是策書的特殊編次形式,其他類別的皇帝文書應非如此。③ 而前文的考察亦表明,在明確記載長爲尺一的漢代皇帝文書中或是單獨使用的牘、板,或是編聯的兩行,未見作"一長一短"編聯者。總之,在未發現漢代詔書原件的情況下,實難斷定當時詔書(除策書外)果是采用這種長短不一的編聯形態。④

大概是受上述觀點影響,冨谷至進一步認爲公文中"制"字抬頭格式出現的時代即是尺一詔誕生的時代。實則這一考證邏輯亦有問題。原因在於,秦漢公文中"制"字抬頭書寫和詔書長爲尺一並非必然伴生的兩個現象,二者各自出現的時間亦不同步。從《卒令丙四》看,皇帝文書用尺一牘應是秦代的規定,而"制"字抬頭書寫在秦及漢初尚未嚴格執行。⑤ 所以很難説,秦漢詔書用尺一自始便是爲了讓"制"字高出臣下奏書一寸。而且,若是想在詔書册中達到"制"字高出一格的視覺效果,只要令臣下書

---

① 有學者懷疑令文此處的"御牘"可能是"獄牘"的誤寫,即存在抄寫者因音近而誤抄的可能性。説見陳松長:《嶽麓秦簡中的對、請、奏文書及相關問題探論》第 73 頁。按,此説值得重視。但"獄牘"的説法在先秦兩漢文獻中基本不見,宋元之後較爲常見。而且,《卒令丙四》前文出現過"獄奏"(簡 1707)並未誤寫作"御"。故是否如此,還需更多史料驗證。

② 周海鋒亦認爲漢文帝遺匈奴單于書牘以尺一寸正是漢承秦制的結果,説見所著《嶽麓秦簡〈卒令丙〉研究》第 136 頁。

③ 《史記·三王世家》載褚少孫謂武帝封三王所用的册書"至其次序分絶,文字之上下,簡之參差長短,皆有意,人莫之能知",可見漢代的策書確實是以長短不一的簡札編聯而成。後世北齊封拜王公的册書亦是用六枚長二尺和六枚長尺二寸的竹簡制成,長度同樣參差不齊,詳見《通典》卷七一《禮·沿革·嘉禮十六》"策拜諸王侯"條,中華書局 1988 年,第 1960 頁。

④ 實際上,冨谷至對這種長度不同的詔書册形態亦表示懷疑。見氏著《木簡、竹簡述説的古代中國——書寫材料的文化史》第 85 頁。

⑤ 學者考察現存秦漢出土材料後認爲,書寫與皇帝有關的稱號及"制"時需要抬頭的做法,從秦代到東漢處在不斷强化的過程中,並且這一做法在不同領域不同性質的簡牘文書中發展普及亦不同步。參見劉釗:《出土文獻所見秦漢官文書平闕現象探論》,張德芳主編:《甘肅省第三届簡牘學國際學術研討會論文集》,上海辭書出版社 2017 年,第 384—394 頁。另外,冨谷至也承認秦及漢初(文帝即位前)"制曰可"三字提行抬頭的書寫格式尚未確立。見氏著《文書行政的漢帝國》第 31 頁。

寫章奏時"需頭",再配合"制"字抬頭,[①]便可在相同長度的簡册(牘)中實現。[②]　足見秦漢詔書用簡長度與"制"字抬頭書寫没有必然聯繫。我們不能倒果爲因,即看到漢代詔書最終的書寫形態使得"制"字恰好高出臣下章奏,就據此逆推詔書最初長尺一也是爲此目的而設。

　　不過,冨谷至認爲漢代詔書用尺一牘及在書寫格式上有提行抬頭等特殊要求,其目的是從視覺上昭示皇帝命令的威嚴,無疑仍是富有洞見的解説。[③]　特别是對比秦代和漢初的情况,不難發現西漢中期以後詔書在形制和書寫格式上有了更加規範化的要求,並得到下級較爲嚴格地執行,其背後體現出的正是以皇帝爲首的帝國權威對文書制度與文吏群體的逐步規訓。

　　附記:小文撰寫過程中曾得到侯旭東和魯家亮先生的教示,外審專家亦示下審閲意見,幫助文稿改進,謹此一並致謝!

---

① 《獨斷》卷上謂"章者需頭","奏者亦需頭",第 4 頁。有學者認爲章奏"需頭"即是在簡牘上端留出空白,以使其後皇帝批答所用的"制"字高出章奏内容。説見[日]大庭脩著,徐世虹譯:《〈史記・三王世家〉與漢代公文書》,《秦漢法制史研究》,中西書局 2017 年,第 206 頁。按,前文討論的《海昏侯國除詔書》也是如此,從書寫格式看,詔書本文部分中書寫臣下奏請的簡首都有留空,正是"需頭"的體現。

② 正是因此,在基層官署抄寫的詔書册中,雖然簡長均爲一尺,但仍可通過將寫有臣下奏請部分的簡首留空一至數格達到使王言簡中的"制"字高出的效果,不必另采用尺一寸的簡來書寫。

③ [日]冨谷至:《文書行政的漢帝國》第 28、37 頁。

2021 年中國大陸戰國出土文獻研究概述[*]

何有祖　張雅昕　邱　洋

本文拟簡要介紹 2021 年中國大陸有關戰國出土文獻（包含楚簡、金文、陶文等）的研究概况。

一、楚　簡　研　究

黄德寬主編的《清華大學藏戰國竹簡（拾壹）》（中西書局 2021 年）收録長篇戰國竹書《五紀》。

田勇、蔣魯敬、趙曉斌《荆州夏家臺 106 號楚墓出土戰國簡〈日書〉》（《簡帛》第 22輯，2021 年）和田勇、蔣魯敬《荆州夏家臺 M106 出土戰國楚簡〈日書〉概述》（《出土文獻研究》第 19 輯，2021 年），概述夏家臺 M106 出土的戰國竹簡《日書》的基本内容，予以釋文和注釋，並進一步分析其性質，認爲該《日書》兼具楚、秦文化的因素，反映了戰國時期楚國腹心區域楚秦文化的交融。

楚簡方面的研究成果，拟從古文字考釋等四個方面介紹。

（一）古文字考釋

1. 清華簡

高中正《清華簡"𥤢情"與今文〈尚書〉"密静"合證》（《出土文獻》2021 年第 3 期）認

---

* 本文寫作得到國家社科基金重大項目"荆州胡家草場 12 號西漢墓出土簡牘整理與研究（20&ZD255）"、"古文字與中華文明傳承發展工程"規劃項目"近出秦漢簡帛叢考（G3456）"、中國歷史研究院"蘭台青年學者計劃"項目（項目批准號：LTQN2021LX603）的資助。

爲《耆夜》簡 7"毖情"與《尚書·無逸》"密静"、金文"鼏静"是同一詞，可理解爲"周密、慎密"或"安和、和美"一類意思。

鄔可晶《説清華簡〈芮良夫毖〉"其罰時尚其德型宜利"》（《漢字漢語研究》2021 年第 4 期）對《芮良夫毖》簡 22"曰"所在文句進行解讀，分析"時""宜"二詞由"是""當"之義演變爲表示承接關係的"則"一類用法的語法化過程，推測《詩·魏風·園有桃》今本"我"可能讀爲"宜"。

羅濤《清華簡伍〈湯在啻門〉札記四則》（《漢字漢語研究》2021 年第 2 期）將《湯在啻門》"潛緑發綯"的"綯"讀爲"逸"；"德潛明，執信以義成"的"義"讀爲"儀"，訓爲"招來"；"德叓亟，執譌以亡成"的"譌"讀爲"僞"，義爲詐僞；"型情以不方"的"情"讀作"清"，"刑清"指刑法清净。鄔可晶《〈命訓〉校讀一則》（《古典文獻研究》第 24 輯（上卷））認爲《命訓》簡 6 中"攻攻"的後一"攻"字爲"攻治"之"攻"，"攻地以利之"意爲王攻治土地以從中取利；"事信人畏天"之"事"讀如本字，"事信人"意爲"任用信人"。

楊蒙生《讀清華簡第六册〈子儀〉篇叢札》（《戰國文字研究》第 4 輯，2021 年）對《子儀》原釋文有多處改釋，如認爲簡 4、5"禮子儀""亡"連讀，其間補"以"，"亡"讀作"舞"，"贛"讀作"薔"，指薏苡；簡 18"致鳱"讀作"獨鸛"。劉亞男《清華簡〈子産〉讀札》（《江海學刊》2021 年第 3 期）將《子産》簡 15—16"子産專於六正"之"六正"理解爲"六卿"，"專"讀爲"補"。

暨慧琳《清華簡〈子犯子餘〉"邦乃遂亡"及相關問題試析》（《簡帛》第 22 輯）認爲《子犯子餘》簡 13"邦乃述亡"讀爲"邦乃遂亡"，其中"乃""遂"爲虚詞。湯志彪《清華簡（柒）字詞研究四則》（《簡帛》第 23 輯）認爲《子犯子餘》簡 12"某之女"即"牧之女"，"棬梏"之"棬"讀作"欄"，"棬梏"相當於"桎梏"；《越公其事》簡 44、51"趣"讀作"驟"，"歸"讀作"幾"，皆訓作"數"，"比視"指反復審察，簡 49"波"是名詞，用作狀語，簡 57—58"復"訓作"廢止"，"睽"讀作"已"。

侯乃峰《讀清華簡〈攝命〉篇脞録》（《戰國文字研究》第 3 輯，2021 年）對《攝命》提出多處改釋意見，如認爲簡 1"余亦"下一字從"冒"得聲，讀作"幽"；簡 13"毋敢"下一字釋作"逦"，讀作"誧"，讀作誧或詀，指多言、巧言；簡 14 原釋"逆"之字改釋作迋，讀作䚯，指輕視。程浩《〈攝命〉首節芻議》（《簡帛研究二〇二〇（秋冬卷）》）對《攝命》首節提出多處改釋意見，如將簡 1"姪"讀作"實"，訓作誠、盡；簡 2"咸"讀作"緘"，用作範圍副詞，"圉"引申爲"困圉"，簡 2"闌"讀作"惶"，"臂"讀作"辟"，"亡諆"讀作"無赦"，簡文"宏（宏）臂（辟）"大概就是師詢簋銘文"邦弘潢辥"之"潢辥"。單育辰《清華簡八〈攝命〉釋文商榷》（《出土文獻綜合研究集刊》第 13 輯）對《攝命》多處詞句進行釋讀，如認爲簡 2"其余"疑讀爲"堪予"，指堪能給予；簡 6＋7"難"下一字讀作"肆"，訓作勞；簡 8

"行"下一字讀爲"隨","行隨敬戀"指行動隨從敬戀；簡 9"攸協"下斷讀，"佳"改讀爲"唯"，"葬"讀爲"恐"或"邛"，指恐嚇或勞病；簡 10"在"上一字隸作"象"，"之"應指代的是"尸服"；簡 12"弜羕"讀爲"弗祥"，指不善；簡 14 的"匄"讀作"謁"，訓作告。羅濤《〈清華大學藏戰國竹簡（捌）〉補釋》（《出土文獻研究》第 19 輯）對清華捌部分字詞進行考釋，如認爲《邦家之政》簡 5"君執棟"之"棟"讀爲"中"，簡 5+6"終要"讀爲"衝要"，簡 9"悉"讀爲"擾"等；將《邦家處位》簡 3"放政"之"放"讀爲"抗"，簡 5、57"兹"皆讀爲"使"等；將《治邦之道》簡 4"懁"讀爲"怨"，簡 14"募"讀爲"顧"等。張飛《説清華捌〈治邦之道〉中的"陙"字》（《簡帛》第 23 輯）認爲《治邦之道》簡 19"位豐禄"上一字從阜從米，隸定作"陙"，"米"旁爲"水"旁之訛，"陙"是"澗"的省寫，讀爲"顯"。"顯位豐禄"猶"高官厚禄"。張飛《清華簡捌〈治邦之道〉補釋一則》（《戰國文字研究》第 3 輯）將《治邦之道》簡 14"劻"讀作"祇"，"進退不祇"指進退不敬。林志鵬《清華大學藏戰國竹書〈心是謂中〉疏證》（《出土文獻與古文字研究》第 9 輯，2021 年）對《心是謂中》加以疏證、解讀。

滕勝霖、吳孟强《讀書脞録三則》（《簡帛》第 22 輯）認爲《治政之道》簡 45"軷"可讀作"憲"，"故憲"猶上博簡《三德》的"故常"，義爲常規、法度。蔡一峰《清華簡〈成人〉研讀札記七則》（《語言研究集刊》第 27 輯）認爲《成人》簡 12"市無軷"的"軷"讀作"幹"，指圍欄圍牆，"市無軷"指市事失控；簡 13"迵謡無節"的"迵"讀"誦"；簡 17"道改眉寶"可讀"道褫狷肆"，"寶"爲富逸豐逸之"逸"的專字；簡 17—18"焚宗"指夷宗、滅宗；簡 21 訓違逆的"方"讀作"妨"，讀爲"惑"之字可徑釋"或"，不必釋"國"；簡 25"斷辭有謱"的"謱"讀爲"數"，指審辨；簡 28"濇去凶殃"的"濇"讀"決"，表決絶。劉信芳《清華簡（九）〈成人〉釋讀與研究》（《出土文獻綜合研究集刊》第 14 輯）將《成人》簡 1"誙"讀爲"懲"，"醤"讀爲"延"；簡 2"不志厥祥"之"志"讀爲"識"，"聽任群疊"之"疊"讀爲"宜"，訓適當，"群宜"與《淮南子·本經》"旁薄衆宜"之"衆宜"相類；簡 9"四維以"下一字從甘，舍聲，釋爲"縮"，再下一字"經"，讀爲"贏"。周悦《清華簡〈廼命〉釋文訂補》（《簡帛研究二〇二一（春夏卷）》）將《廼命一》簡 7"閲謙"讀作"姦險"，簡 8"遝"讀作"專"，訓作擅，將"欿卲"讀作"廟朝"。王凱博《清華簡〈廼命二〉札記一則》（《出土文獻》2021 年第 1 期）認爲《廼命二》11—12 號簡"用"屬上，與"憲"連言，讀作"庸"，訓作常、法。石從斌《清華簡〈禱辭〉補釋四則》（《出土文獻》2021 年第 3 期）認爲《禱辭》簡 1—2"是"可讀爲"實"，"緩"讀爲"漫"；簡 4"余"讀爲"除"，訓作治；簡 11"而"訓作乃，簡 15"視"可作如字讀。

鄔可晶《讀〈清華大學藏戰國竹簡（玖）〉札記》（《簡帛》第 23 輯）認爲《治政之道》簡 14"專"讀爲"傅"或"薄"，爲依附義；簡 20"蠡"讀作"冤"，簡文"寬患"指寬患之人；簡

17—18"必感"屬下讀，與"必檢"同例；簡 34 舊釋"宏"之字是"宕"之訛，用爲"囿"，"廣宏〈宕—囿〉"指拓廣苑囿；簡 36—37"郢"讀作"鄙"；簡 43"祈綮"之"綮"釋爲"裿（粢）"，是由"觥/觰"的表意初文變化而来。《成人》簡 1—2"醬"屬下讀，爲句首虛詞"誕"，表轉接關係，"謹"字由於發生"逆向類化"而形混爲"謗"。《禱辭》簡 7"于天"上一字從"呈"，讀作"徵"。《廼命一》簡 5—6"訞"，推測爲妖言之"訞（妖）"的專字，讀爲"謔"或如字解，《攝命》簡 2"宏乂亡訞"之"訞"讀爲妖祥之"妖"或表摧折殘殺之義的"夭/妖"。陳劍《簡談清華簡〈四告〉與金文的"祜福"——附釋唐侯諸器的"佩（賵）"字》（《出土文獻綜合研究集刊》第 13 輯）認爲春秋金文多見的"祜福"應讀爲"嘏福"，是"予福"或"受福"之義；清華簡《四告》"宜爾祜福"的"祜福"，並非單純的兩字同義連用，而應以理解作"所予之福"。侯乃峰《清華簡〈四告〉篇字詞箋釋》（《出土文獻綜合研究集刊》第 13 輯）認爲《四告》簡 1"表"上一字隸定作"翭"，是"㓞（膝）"字異體，讀爲"悉"，訓作盡，"盟"讀爲"敨"，訓作棄；簡 2"傻"釋爲"遏"，訓作絶；簡 9"柉"，從"不"聲，讀作"鄙"或"姼"，指不肖，"彙"及其上一字釋讀爲"庸釋"；簡 11"夏用配天"讀作"雅頌配天"，指演奏雅頌之樂以祭天；簡 13"用中刑"上一字，從"井"得聲，或當讀爲"聽"；簡 19"曾孫有"下一字釋爲"涣"，讀作"寬"或"桓"。胡敕瑞《清華簡〈四告〉校讀札記》（《語言學論叢》第 64 輯，2021 年）對《四告》中字詞提出校讀意見，如將簡 5"龍戎又殷"的"戎"釋爲戎敵，作名詞等。趙平安《"匋"字形體結構的意蘊及其影響》（《漢字漢語研究》2021 年第 2 期）將《四告》的匋字分析爲從古文邦（從丰從田）、從匋，是匋的增累字，《尚書·武成》中的"邦甸"是誤解匋之類寫法的産物，"邦甸、侯、衛，駿奔走，執豆籩"是僞古文《尚書》真僞摻雜的典型實例。張飛《清華十〈四時〉中一種特殊寫法的"中"字》（《漢字漢語研究》2021 年第 3 期）將《四時》簡 2、4"亙"釋爲"中"，讀爲"融"，簡 2"融凍"意爲冰凍融化。

　　黃德寬《清華簡〈五紀〉篇"四尤"説》（《出土文獻》2021 年第 4 期）認爲《五紀》中"尤"字，讀作"仲"，"四尤"即典籍文獻中常見的"四仲"。賈連翔《清華簡〈五紀〉的"骹"及相關字的再討論》（《出土文獻》2021 年第 4 期）釋《五紀》"骹"字，認爲該字以"足""肉"爲附加意符，以"巳""子"爲附加聲符，所記録的詞義爲小腿骨（或小腿），其字左上構件可能爲"骹"或"脛"或"股"的初文，後三者由此字分化而来。石小力《清華簡〈五紀〉的"壇"與郭店簡〈唐虞之道〉的"禪"》（《出土文獻》2021 年第 4 期）認爲《五紀》"臺"即"壇"字省體，《禱辭》"亶"釋作"壇"，"臺"所從"向"旁上部或訛作"采/米"形，據此認爲郭店簡《唐虞之道》"禪讓"之"禪"爲從"臺（壇）"聲之字，可隸作"禋""遉"。

　　程浩《清華簡校讀瑣記》（《出土文獻綜合研究集刊》第 13 輯）認爲《祭公之顧命》

簡 18“絸弩”讀作“眩瞑”，指頭暈眼花、糊塗昏聵，“悪=”讀作“攘攘”；《封許之命》“天之非（棐）沈”之“非（棐）”，用爲語助詞，訓爲“彼”，簡 8“囘”所从巿，與“豕”都與脂部密切關聯，“囘”與“圂”表示的是同一個詞；《邦家處位》簡 3“鑢啻丈罪”讀作“皆惕丈罪”，“丈罪”指量罪。

侯瑞華《讀〈鄭武夫人規孺子〉札記二則》（《中國文字學報》第 11 輯，2021 年）將《周公之琴舞》簡 8“絺其顯思”、簡 7“不絺監余”之“絺”讀作“肆”，認爲《鄭武夫人規孺子》簡 4“卑耳”即《禮記·曲禮》中的“辟咡”，指傾頭與語。

劉亞男、李鋭《讀清華簡札記（三則）》（《簡帛研究二〇二〇（秋冬卷）》）贊同把《心是謂中》“目耳口”下一字釋作“縱”，進而讀作“容”，謂與《尚書·洪范》“貌言視聽思”之“貌”對應；《治邦之道》簡 15、16 二“以”字屬上讀作“矣”，二“土”字讀作“使”；認爲《攝命》是《尚書》類文獻，但非《冏命》。

2. 上博簡

顧史考《上博楚簡〈弟子問〉再探》（《出土文獻與古文字研究》第 9 輯）對上博簡《弟子問》竹簡綴合、編序情況進行梳理，認爲簡 10、13 連讀，連讀部分文句作“鼎俎以就人，不曲防以去人”，並將簡 10、13、19＋6、9、23、21、17 歸爲一章，還對《弟子問》釋文重新編排校注。

程燕、滕勝霖《楚簡“鑿”字小考》（《安徽大學學報（哲學社會科學版）》2021 年第 6 期）認爲上博簡中原隸定作“誓”之字當改釋爲“鑿”，《容成氏》簡 38“鑿”讀爲“作”，將《天子建州》甲本簡 12 讀作“古（故）見傷（壞）而爲之鑿，見交（窔）而爲之内（枘）”。

王曉陽《〈曹沫之陣〉“瑋”字考——兼談戰國文字中幾個从“鼠”的字》（《漢字漢語研究》2021 年第 4 期）將《曹沫之陣》簡 63“弗瑋危地”讀爲“弗獵危地”，意爲“不奪取危險的地方”。

何有祖《上博簡〈競建内之　鮑叔牙與隰朋之諫〉“狄人之服者十百邦”新釋》（《出土文獻研究》第 19 輯）將《競建内之　鮑叔牙與隰朋之諫》“狄人之服者七百邦”之“七”改釋作“十”，“狄人之服者十百邦”，指順服的狄人多到十邦至百邦。

俞紹宏《上博藏楚簡五補釋三則》（《簡帛研究二〇二一（春夏卷）》）認爲《鮑叔牙與隰朋之諫》簡 2“遷”可讀“本”，訓作探究、推原；簡 8“雩坪地至膝”之“雩”爲“粤”古文；《三德》簡 10“毋虛牀”之“虛牀”指空虛其牀，即單身無配偶。

賈旭東《〈慎子曰恭儉〉簡 5“榏”字補釋》（《戰國文字研究》第 4 輯）將《慎子曰恭儉》簡 5“茅蒲”下一字釋爲“榏”，讀作荷，爲負、擔之義。

何義軍《上博竹書字詞校補》（《出土文獻綜合研究集刊》第 14 輯）認爲《凡物流形》簡 7“逐”讀爲“由”，訓爲用，簡 8“觳”讀爲“懈”，指懈怠。

　　孫超傑《從"伐"字的訓釋談到相關問題》(《戰國文字研究》第 4 輯)梳理出土文獻"伐"等訓作治的用例,認爲"散/殘"也有"整治"義,認爲上博簡《君人者何必安哉》"有白玉三圍而不戔,命爲君王戔之"之"戔",訓作攻治。

　　張榮輝《上博楚簡殘滭字擬補四則》(《簡帛》第 23 輯)將《吳命》簡 5"天"後殘字釋爲"甬"、《武王踐阼》簡 14 首殘字釋爲"回",爲"昌"訛字;將《舉治王天下》簡 27"正"後殘字補釋爲"甯";將《史蒥問於夫子》簡 2 末端殘字補釋爲"古"。

　　陳哲《釋上博竹書〈顏淵問於孔子〉用爲"愛"之字》(《漢語史學報》第 25 輯)將上博簡《顏淵問於孔子》簡 7 中用爲"愛"之字釋爲"怱",其聲符爲省略"刀"旁的"匀",讀爲"愛",將清華簡《尹誥》簡 1 用爲"遏"之字分析爲从艸、怱聲。

　　黄武智《上博簡〈舉治王天下〉簡 22、簡 24 補字連讀及"寺(志)"字訓讀》(《戰國文字研究》第 3 輯)認爲上博簡《舉治王天下》簡 22、簡 24 間可補入"曰"字,並連讀,還認爲"寺"可讀作"志",訓爲意志。

　　李桂森、劉洪濤《上博竹書〈卉茅之外〉補釋》(《簡帛研究二○二一(春夏卷)》)認爲《卉茅之外》"艸茅之閒,役敢承行"之"承"讀作"乘","乘"是乘車,"役"讀爲"繄",表反問語氣;"舊立不拳"讀爲"舊位不眷",指不眷顧故舊之臣;"措足焉奠"之"奠"讀作"寘",訓作置;"敬戒以時,幹常其若兹"之"時"讀作"持",訓作守。

　　3. 安大簡

　　馬楠《説〈詩經·騶虞〉"壹發五豝"及〈騶虞〉詩旨》(《簡帛研究二○二一(春夏卷)》)認爲《詩經·騶虞》"壹發五豝"之"五"當讀爲"交午""貫午"之"午",即《車攻》毛傳、《公羊傳》等所謂箭矢從獵物左後側貫穿至於右前側,而安大簡"于嗟從乎"之"從"意爲在後跟從獵物,區別於"題禽"即正面射殺獵物、"詭遇"即横向射殺獵物。羅小華《"五"字補説》(《戰國文字研究》第 4 輯)認爲"×"是"五"的最初形體,像兩根算籌交叉擺放之形。"交午"之"午"是×的假借字,由兩根算籌交叉,引申出相交、交叉的意思。《詩經》"素絲五紽""五楘梁輈""壹發五豝"中的"五"均讀如本字。

　　吳洋《讀安大簡〈詩經〉札記二》(《出土文獻研究》第 19 輯)認爲安大簡《詩經·周南·卷耳》"維以永傷""維以永懷"之"以"下,今本皆多一"不","不"用作語氣詞,可能是前者追求四言句式所造成的結果,安大簡"寺子于歸"之"寺子"讀爲"侍子",指要出嫁之女子,安大簡"惪"字,傳世本分別作"德""直""特",指相當或匹配。

　　沈培《試析安大簡〈詩經〉中〈秦風·渭陽〉的詩義——兼論簡本與毛詩本的關係》(《文獻語言學》第 12 輯)對安大簡本《渭陽》與毛詩《渭陽》的兩處差別進行了討論,認爲安大簡本"我遺舅氏"的"遺"應爲贈予、贈送之意,"遹至于易"中的"易"通"陽",可指農曆十月,這句話可理解爲時節已至歲末;推測今本"曰至渭陽"的形成是由於"于"

"爲"關係密切、"胃""爲"關係密切,因"聲之誤",文意發生了較大變化。

曹錦炎《關於〈柏舟〉詩"髧彼兩髦"的重新理解》(《戰國文字研究》第 3 輯)認爲今本《詩·柏舟》"髧彼兩髦",當依安大簡本"湛彼兩鶩"理解,指兩隻鴨子在水上或沉或浮。

蔡一峰《安大簡〈詩經〉異文考辨叢札》(《中山大學學報(社會科學版)》2021 年第 5 期)考辨安大簡《詩經》中 11 處異文,認爲簡本《卷耳》"無"讀"憮",訓哀;《漢廣》"楚"訓叢木;《江有汜》"歗"讀"嘯"或"叫",表哭號;《黃鳥》"溢"讀作"劓",訓滅;《陟岵》"允"是句首語氣詞,不通"猶";《伐檀》"餌"讀"餕",表熟食;《定之方中》"羕"讀"詳",訓審;《葛屨》"筥"表簪子,是毛詩"揥"的本字;《蟋蟀》"無"讀爲"蕪",訓荒;《椒聊》"舉"讀"興",訓舉;《有杕之杜》"子="讀爲"子子(兹)"。

賴怡璇《談談安大一〈詩經〉從"手"的新見形聲字》(《出土文獻》2021 年第 3 期)分析安大簡《詩經》新見四例從"手"的形聲字。

魏宜輝《出土文獻〈詩經〉校讀(六題)》(《古典文獻研究》第 24 輯(上卷))把安大簡《詩經·周南·樛木》中與今本"荒"對應之字分析爲從"壹","亡"聲,讀作"荒";安大簡《詩經·秦風·小戎》中的"馭"可能爲"駁"字的誤寫,"駁"字從馬,殳聲,與今本《詩經》中對應的"畀"古音相近。

蘇文勇《安大簡〈詩經〉中"种"字淺析》(《戰國文字研究》第 4 輯)認爲安大簡《詩經》"宗室种下"之"种"讀作棟,"棟下"指宗廟建築正中大梁之下,爲置祭之地。

蘇建洲《説安大簡〈詩經·秦風·小戎〉的"五備棍(木舟)"》(《漢字漢語研究》2021 年第 3 期)認爲安大簡本《秦風·小戎》中"備"應讀作"輹",與"楘"同屬束縛車軸的革帶,二者義近。

郝士宏《〈詩經·秦風·駟驖〉"歇驕"解》(《戰國文字研究》第 3 輯)認爲《詩經·秦風·駟驖》"歇驕"訓作"肆志意滿","輶車鸞鑣,載獫歇驕"顯示出秦公狩獵之後志滿意得和意氣風發的情狀。

程燕《〈麟之趾〉詩義解詁》(《中國文字學報》第 11 輯)認爲《詩經·麟之趾》"振振",安大簡作"蟲=",取蟲類繁殖衆多之意,由子孫繁衍引申爲子孫衆多,爲"振振"解作興盛、衆多之義的舊説提供新證據。

賈海生、張懋學《岐周方音在安大簡〈關雎〉中的遺存——關於教通芼或覒的解釋》(《漢語史學報》第 25 輯)結合《毛詩·關雎》"芼"、《韓詩》"覒"、安大簡"教"的異文,推定岐周方音"效"與"教"屬明紐字或帶鼻冠音。

許典琳《簡帛札記四則》(《殷都學刊》2021 年第 3 期)將安大簡《關雎》簡 1"左右流之"的"流"讀爲"摎",訓抒取。

4. 其他

單育辰《由清華簡"隨"字的特殊寫法考釋郭店簡一例》(《出土文獻》2021 年第 1期)據清華簡《命訓》《管仲》"隳"字特殊寫法,釋郭店《語叢四》簡 22"山無隳則坨"的"隳"字,讀爲"阤"或"陊",訓作"坡";把"坨"讀"隳",認爲是"崩毀"的意思。

郭理遠《讀曾侯乙墓竹簡、望山楚墓竹簡雜記》(《漢字漢語研究》2021 年第 1 期)釋曾侯乙墓竹簡 166、171 號簡从皿、勺聲之字,用爲"趙";釋簡 198 从貝、遮省聲之字;釋簡 213 的"訨"字;釋望山二號墓簡 6"陟(帥)"字;釋望山二號墓 51 號簡"鑐"字異體。

蘇建洲《荆州唐維寺 M126 卜筮祭禱簡釋文補正》(《簡帛》第 23 輯)將荆州唐維寺M126 卜筮祭禱簡簡 2"因其"下一字改釋爲"禽",認爲簡 1"胸"所从"勹"與"工"共用筆畫,是"匈"的異體,簡 1"抚"爲與"臂"或"胸、脅"位置相近的身體部位,可讀爲"骹"或"腰"。

王谷《老河口安崗楚簡文字補釋》(《簡帛》第 23 輯)釋老河口安崗 M1 出土楚遣册6 號簡"索(素)"、11 號簡"紫"、15 號簡"韗"、M2 出土楚遣册 5 號簡"絲"等字。

朱曉雪《秦家嘴楚簡釋文校理》(《出土文獻研究》第 19 輯)對秦家嘴楚簡釋文輯本釋文做進一步校訂。朱曉雪《楚卜筮祭禱簡補釋四則》(《中國國家博物館館刊》2021 年第 9 期)釋望山 M1 簡 77"巫"字,認爲簡 13"不可以付思遷,身疲"意爲"不可以再想着遷徙,身體會疲憊";把新蔡楚簡甲三 212、199 - 3 號簡从"飤"从"貴"之字,讀爲"饋",甲三 71 號簡从"卜"从"義"之字,隸定作"ㅏ義"。

譚生力《沙洋塌塚楚墓漆器文字釋讀商榷》(《簡帛研究二〇二一(春夏卷)》)將沙洋塌塚楚墓漆器文字"外公"讀作"縣公",認爲屬大夫級别。

5. 綜合研究

黄德寬《説"彦"及相關諸字》(《中國文字博物館集刊》2021 年)認爲上博簡中从文、从言的"奢"字是"彦"的本字,"言""彦""諺""顔"是一組同源字。黄德寬《釋古文字中的"秒"及相關字》(《漢字漢語研究》2021 年第 1 期)將古文字中一個"木"加上符號"∧"的字看作"秒"的初文,將另一個从"禾"加上符號"∧"的字形釋作"秀",將上博簡《容成氏》簡 36—37"矛"看作"秒"字初文,用作"眇",將清華簡《子儀》簡 2—3 中的字看作"秒",同義換讀爲"末",將魚鼎匕中"藉"分析爲以"秀"爲聲符,讀爲"遊"或"游"。

陳劍《釋"瓜"》(《出土文獻與古文字研究》第 9 輯)認爲子犯編鐘的 ▨ "(瓜—孤)"字來源於殷墟甲骨文中舊所釋"垂",其字像瓜之全體(藤蔓、瓜葉與瓜本身)之形,"瓜"字 ▨、▨ 等則是取象於"(已摘下之)匏瓠類'瓜'",後分化爲"卣""瓜";楚簡

"觚"(以主切,讀若庾),與甲骨文"𠂤(觚)"一樣,是"瓜"字"複體繁形",傳抄古文或假借"觚"爲"與",楚簡中从之得聲的"蓏"字(與傳世古書音"郎果切"之"蓏"字不同)讀爲"芯"或"瓜",而楚簡从或苽,多與"禺"聲字發生關係,如竹書中用爲"遇""愚"或"偶/耦",見於遣册與簽牌的名物字"苽"即"藕"字異體;楚竹書舜父瞽叟之"瞽"字,郭店簡《唐虞之道》作从"瓜"聲之"宛",上博簡《子羔》簡1作"宻",即"宻"之誤字或訛混字。

邬可晶《釋"鑠"》(《出土文獻與古文字研究》第9輯)認爲"盗"爲銷鑠之"鑠"的表意初文,金文"鑠不廷方""鑠百蠻"等詞語中的"鑠",指熔鑠、削弱,清華簡《四告》"以盌延不服"讀作"以鑠正不服",指以此來鑠熔、匡正不服者。

郭理遠《從甲骨文的"矚""燭"説到古代"燭"的得名原因及其源流》(《出土文獻與古文字研究》第9輯)認爲甲骨文"燭"字像突出目形之人手持工具矚視、照管火種,其字本義是需要矚視、照看的火,或前後相屬、不斷增續的火。長臺關一號楚墓2-014號竹簡"一承䌼之䥻"之"䌼",可分析爲从燭、它聲,疑即"炧"字異體。

程燕《"扁"字考——兼談多元結構的會意字》(《出土文獻》2021年第3期)認爲戰國文字从"首"从"册"之字表示題於門户之署文,是"扁"另一種會意結構,清華簡"扁"及从"扁"旁之字所从"自",是"首"之訛形,秦文字中从"自"从"枊"的偏旁皆爲"扁","翩"的傳抄古文"頩"應分析爲从"羽""扁"省聲。

劉洪濤《晋系文字中的"楸"》(《簡帛》第22輯)結合晋系文字所謂"柔"作"㮕"字聲符的例子,認爲晋系文字下部从"木"、上部作箭頭形之字,應分析爲从"木""矛"聲,是"楸"字的異體。

侯瑞華《楚簡"刈"字補論》(《出土文獻》2021年第1期)認爲楚文字中的"𠘧"可分析爲从刀,㱰聲,是"刈"字異體。

湯志彪、孫欣《釋褱》(《語言科學》2021年第1期)將楚簡中从二衣之字改釋爲"褱",認爲在《楚居》《越公其事》簡27中讀作"回",意爲"反""還",將《越公其事》中相關的字讀作"毁"或"危",表毁敗義。

賈連翔《試析戰國竹書中的"貌"字》(《語言學論叢》第63輯,2021年)指出楚文字中明母藥部字的"貌"字常以匣母宵部的"爻"作爲聲符,將清華簡《趙簡子》中的"狄"和上博簡《孔子見季桓子》的"豿"讀爲"貌",將上博簡《從政(甲篇)》中兩個舊釋爲"誂"的字改釋爲"詨(教)"。

蔣文《據出土及傳世文獻説上古漢語中"繼承"義的"序/叙"》(《中國語文》2021年第1期)利用清華簡《祭公之顧命》之"舒"、《厚父》之"敍"等材料,論證春秋金文及戰國竹書中一些从"予/余"得聲之字所記録之詞就是"繼承"義的"序/叙"。

馬坤《論"黽"及相關諸字之古讀及形體演變》(《中國語文》2021 年第 1 期)將古文字"黽"字按形體、聲韻關係析分爲三,即其一爲"蠅"字初文,古音以紐蒸部;其二爲"蛙黽"之"黽",古音明紐耕部;其三爲"黽池""黽勉"之"黽",古音明紐真部。

蔡一峰《説戰國文字中的"干"聲系》(《廣州大學學報(社會科學版)》2021 年第 1 期)以戰國文字"干"爲例,論證它的源流關係,對同體聲符展開討論。

譚生力《説"仍"》(《中國文字研究》第 33 輯,2021 年)結合清華簡《越公其事》"朒"等例,認爲"朒(仍)"是爲重複、沿襲意義而造的表意字,後世"仍"是左旁訛變的結果。

陳斯鵬《金文"蔑曆"及相關問題試解》(《出土文獻》2021 年第 3 期)認爲西周金文"蔑曆"當讀"勉勞",楚簡中"歷""厤""厤"等字均源自西周金文"曆",在具體語境中讀爲"廉""貿""勞"等。

曹磊《讀〈戰國文字字形表〉札記》(《中國文字研究》第 33 輯)校訂《戰國文字字形表》中存在的釋讀錯誤,如認爲 602 頁"勫"是觸字異體等。

崔智博《〈戰國文字字形表〉金文部分訂補》(《中國文字研究》第 34 輯,2021 年)對《戰國文字字形表》進行訂補,包括校字形、校考釋、補異體和補系別四個方面。

(二) 古漢語研究

李守奎《從觀念出發與從材料出發的漢字闡釋——以"也"及其所構成的文字爲例》(《吉林大學社會科學學報》2021 年第 6 期)通過梳理"也"及其所構成的"攺""地"等字的闡釋學術史,對漢字闡釋的路徑展開討論,提出漢字闡釋的基本原則。

陳夢兮《再議安大簡〈詩經〉的語氣詞"氏"》(《湖南科技學院學報》2021 年第 6 期)討論安大簡《詩經》中語氣詞"氏"與傳世文獻中"只""也"的關係。

尉侯凱《談談戰國時期楚地的特殊語氣詞"此(些)"和"多"》(《戰國文字研究》第 4 輯)認爲郭店簡《忠信之道》"此(些)"、《六德》的"多",是戰國時期楚地的特殊語氣詞。

張再興、劉豔娟《出土先秦兩漢文獻中虛詞{唯}用字考察》(《漢語史學報》第 25 輯)考察了出土先秦兩漢文獻中虛詞"唯"的用字情況,認爲在楚簡中"唯"用字以"隹""唯"爲主,"隹"的使用數量最多,"唯"次之,"唯"的使用比例增加。

何家興《楚簡韵文初探》(《中國文學研究》2021 年第 3 期)將楚簡韵文分爲祝禱類等類,並考察韵式韵例等現象,分析韵文的研究價值。胡森、王兆鵬《從楚簡帛通假字論戰國楚音韵部的排序》(《漢語史研究集刊》第 31 輯)利用戰國楚簡帛文獻中的通假字,給戰國楚系韵部重新排序。

(三) 文獻研究

1. 體例、性質

武致知《文化記憶和出土"書體"文本中的軼事：論清華簡〈保訓〉對文類張力的調和》(《出土文獻》2021 年第 2 期)認爲《保訓》以"書體"叙述的形式呈現古代聖王的演説，又使用軼事回溯地報告與反思過去，並試圖調和其語言與結構，使軼事得以完好地嵌入不合身的框架中，這反映了公元前 3 世紀時傳統與流行的文類在處理過去問題上的競争。

陳民鎮《試論册命之"書"的體例及〈攝命〉的性質》(《出土文獻綜合研究集刊》第 13 輯)結合西周中晚期的册命金文的特點，認爲《攝命》等篇章並非真正意義上的命書，它們更接近於"誥"。《攝命》的結尾是册命儀式的記録以及僅存感嘆詞"嗟"的命書。

劉麗《也論清華簡〈攝命〉體例》(《簡帛研究二○二○(秋冬卷)》)認爲《攝命》簡文不是周王册命"攝"之命辭，而是周王針對攝之"命"而發布的"誥"；簡 32 是册命攝之禮儀記録，因其與誥密切相關，編纂《攝命》時將其選入。

左勇《試論清華簡〈攝命〉伯攝身分及德教觀念》(《簡帛研究二○二○(秋冬卷)》)認爲清華簡《攝命》確是周穆王册命伯攝擔任太僕時的語録，穆王圍繞"德"對即將任職的伯攝進行教誨，内容既囊括道德品行，也包含施政理念。

2. 成書年代、來源

夏含夷等《一篇可能失傳的經典：〈攝命〉》(《出土文獻》2021 年第 1 期)對清華簡《攝命》即古文《尚書·冏命》篇原作的論點進行評估，進而探討該篇竹書對現有西周史研究可能産生的史學影響，以及該篇竹書從成篇到抄成的實際流傳過程。

程浩《從"盟府"到"杏壇"：先秦"書"類文獻的生成、結集與流變》(《清華大學學報(哲學社會科學版)》2021 年第 6 期)結合清華簡等新出土文獻，對"書"類文獻在先秦時期的整理成篇、結集成書以及版本流變的過程進行梳理。

李鋭、劉亞男、周秦漢《清華簡中的皋陶初探》(《江海學刊》2021 年第 2 期)根據清華簡《四告》《厚父》中有關皋陶的記載，判斷其文獻來源與年代，認爲《四告》第一篇來源於《尚書·立政》，爲周初作品，《厚父》爲屬於周書的《尚書》佚篇。

賈連翔《清華簡"〈尹至〉書手"手迹的擴大及相關問題探討》(《出土文獻綜合研究集刊》第 13 輯)認爲《祭公》《厚父》《攝命》與《尹至》等十一篇出自同一書手，但二者在抄寫時間上有批次的不同，認爲"《尹至》書手"所抄的十四篇文獻皆屬故事背景在商代、西周的"早期文獻"；《厚父》很可能接續在《封許之命》之後，與之編聯爲一卷，《厚父》是"周書"的可能性極大,且時代不早於成王時期。

劉光勝《清華簡〈命訓〉的成書時代及思想史意義》(《出土文獻綜合研究集刊》第13 輯)通過分析清華簡《命訓》"也"等虛詞使用規律、文獻引文及思想史綫索,認爲簡本《命訓》的成書時代約在春秋中期,或許是春秋時期學者尊崇文王、闡發其思想理念的產物。張峰《清華簡〈命訓〉與傳世本對比研究——兼論清人校注的得失》(《簡帛研究二○二一(春夏卷)》)認爲清華簡《命訓》與今本《逸周書・命訓》異文差異很小,顯示二者有共同祖本,屬於同一流傳系統。

馬楠《清華簡〈五紀〉篇初識》(《文物》2021 年第 9 期)介紹清華簡《五紀》篇的形制、體例與主要内容,指出《五紀》在篇章結構、内容觀念、文句語詞等方面與《尚書》多有相似,認爲它們具有相同或相近的來源。石小力《清華簡〈五紀〉中的二十八宿初探》(《文物》2021 年第 9 期)比較清華簡《五紀》二十八宿與後世文獻所記在首尾星宿選擇等方面的差異,指出它與《史記・律書》多有相合,關係密切。

夏含夷《由清華簡〈繫年〉論〈竹書紀年〉墓本和今本的體例》(《簡帛》第 22 輯)認爲《竹書紀年》出土本晋紀部分是從曲沃桓叔在位開始紀年的,今本《竹書紀年》晋紀部分紀年的内容也反映晋曲沃君主的政治立場,因此今本應該是從出土本直接相承的,很可能是晋荀勖整理汲冢竹書時候創造的一種副本。米歐敏《〈繫年〉——清華簡中的古代史書》(《出土文獻》2021 年第 4 期)認爲《繫年》是在五種來源文獻的基礎上編纂成的。

胡平生《安大簡〈詩經〉"矦(侯)"爲"魏風"説》(《出土文獻研究》第 19 輯)認爲安大簡《詩經》"矦(侯)"是《魏風》,其祖本的抄寫時間在魏文侯(或武侯)時期。周建邦《安大簡〈詩經〉"矦風""魏風"及其相關問題小識》(《簡帛研究二○二一(春夏卷)》)認爲安大簡本《詩經》可能源於魏侯爲了與韓、趙争取正統而編定的版本,至於簡本僅收有七國之風詩的原因,疑似與墓主用於練習外交辭令有關。曹建國、宋小芹《從"侯風"論安大〈詩〉簡的文本性質》(《南開學報(哲學社會科學版)》2021 年第 5 期)將安大《詩》簡中"侯風"理解爲叔虞之詩,即"唐風",並根據"侯風"稱名,結合其他文本書寫特徵推斷安大《詩》簡是專門爲喪葬準備的明器。

李林芳《〈毛詩〉較安大簡〈詩經〉文本的存古之處——句式整齊性的視角》(《文史》2021 年第 1 期)認爲《毛詩》在句式層次上比安大簡《詩經》更古老,其文本應該來源自一個較安大簡《詩經》更早的版本。俞紹宏、宋麗璿《安大簡〈詩經〉與毛詩韵讀對比研究》(《管子學刊》2021 年第 1 期)認爲安大簡與毛詩在文字、韵讀上具有很大的一致性,可能都來源於孔子整理過的本子。周翔《〈詩經〉類楚簡文字對讀兼談相關問題》(《戰國文字研究》第 3 輯)對比楚簡《詩經》類材料,認爲《詩經》文本在戰國時代已大致定型。

黄冠雲《戰國竹簡〈有皇將起〉〈鶹鷅〉二篇的性質》(《簡帛研究二○二一(春夏卷)》)分析上博簡《有皇將起》《鶹鷅》語句,如認爲"鶹鷅"好逸惡勞,《有皇將起》"膠䐈"讀作"焦明","三夫"是散播謡言的"三監",認爲二篇所載之詩與《金滕》都反映當時關於周公故事的論述傳統,並且都借鑒在古代流傳甚廣、關於鴟鴞或流離一類禽鳥的傳説軼聞。

劉釗《出土文獻與〈山海經〉新證》(《中國社會科學》2021 年第 1 期)認爲《山海經》是在地理框架下雜糅着數術、博物、志怪和神話等内容的綜合性圖書,《山海經》的《山經》部分產生時代不晚於戰國,產生的地域很可能是在楚地,作者也應是楚人。

3. 簡牘形制與書手書風

李松儒《清華簡〈治政之道〉〈治邦之道〉中的"隱秘文字"及其作用》(《文史》2021年第 2 期)認爲《治政之道》與《治邦之道》雖屬同一篇内容,但是從編聯上看應是同篇分册的收藏方式,《治政之道》中兩處簡首倒寫文字的性質可能與篇題有關,也有可能記録的是納入者、收藏者等。李松儒《清華九〈廼命〉〈禱辭〉字迹研究》(《出土文獻研究》第 19 輯)認爲清華簡《禱辭》與清華簡《廼命》等篇爲同一書手所寫。李松儒《新公布上博竹簡〈卉茅之外〉字迹研究》(《出土文獻》2021 年第 2 期)認爲上博簡《卉茅之外》與《鬼神之明·融師有成氏》《蘭賦》《李頌》四篇爲同一書手所寫。

邱洋《清華簡〈厚父〉〈攝命〉的文字風格和抄寫特徵——兼談相關文句的釋讀》(《簡帛研究二○二○(秋冬卷)》)認爲清華簡《厚父》《攝命》出自同一書手,但很多字形却不盡相同,寫本中複雜的文字因素,源於長期的流傳和轉抄,據此確認《厚父》中舊釋爲"少"之字,應釋爲"乎",讀爲"呼"。

劉思源《清華簡〈治邦之道〉與〈治政之道〉編連問題芻議——以書體風格與竹書布局爲中心》(《中國書法》2021 年第 7 期)認爲《治邦之道》的書手雖然抄寫了《治政之道》的簡 43,但字迹及布局的較大區别反映出二者編連爲一卷的可能性不大,也不能視爲同一篇文獻。

石從斌《試論清華簡同篇文字的"筆畫區分"》(《古籍研究》第 73 輯)以清華簡一至十輯的文字爲研究對象,分析同篇文字中"筆畫區分"現象的類型、方式、特點與原因。

4. 文獻校勘

夏含夷《讀如字:從安大簡〈詩經〉談簡帛學的"趨同"與"立異"現象(六則)》(《戰國文字研究》第 3 輯)分析安大簡《詩經》與今本對應的六組異文,討論文本解讀中"趨同"與"立異"現象。

徐在國《談安大簡〈詩經〉中的一些文字現象》(《中國文字學報》第 11 輯)分類梳理安大簡《詩經》的文字現象,指出構形方面存在趨簡、增繁、替換、訛變等方式,書寫方面的主要特徵是整體書寫風格扁平。趙敏俐《簡論安大簡〈詩經〉抄本中的訛誤等問題》(《北方論叢》2021 年第 2 期)認爲安大簡《詩經》存在同篇同字異體、抄寫片面和文字遺漏、隨意誤書的訛寫等現象,認爲安大簡《詩經》在具有珍貴文獻價值的同時,也存在一定問題,在研究和使用過程中需客觀斟酌。

麗壯城《基于出土文獻的傳世文獻校讀與新詮——以〈莊子〉〈戰國策〉爲例》(《海峽人文學刊》2021 年第 1 期)分析戰國文字"新"用字習慣,認爲《莊子·養生主》的"養親"當讀作"養新";由出土文獻的書寫體例,認爲《史記》"荆軻刺秦王"中的"王負劍,負劍",最早可能寫爲"王負=劍=",《戰國策》作"王=負=劍=",是誤增重文符號。

5. 其他

武致知《試論早期中國閱讀模式的形成:〈用曰〉〈引書〉的使用和製作》(《簡帛》第 22 輯)分析上博簡《用曰》和張家山簡《引書》的寫本製作特徵,探討其對文本內容及閱讀模式的影響,觀察早期中國閱讀方式形成方面的變化。

(四) 歷史文化研究

1. 名物

李家浩《關於楚墓遣策所記瑟的附屬物"桼"及其有關問題》(《江漢考古》2021 年第 4 期)根據江西南昌海昏侯墓出土的瑟禁,結合古音通假,認爲楚墓遣册中所記瑟的附屬物"桼"就是瑟禁的"禁",是放置瑟的座具。

暨慧琳《出土材料與傳世典籍所見"四海九州之美物"合證舉隅》(《南方文物》2021 年第 2 期)認爲傳世典籍中記載的吳越之劍等地方名物確實存在。

季旭昇《從上博一〈孔子詩論〉的"角枕婦"談〈詩·葛生〉的角枕》(《出土文獻研究》第 19 輯)認爲角枕、錦衾在包含楚簡在內的漢以前文獻中,既是生活用品,又是喪葬用品的例子,對宋明以來學者解讀《詩·葛生》時把"角枕"看作喪葬用品的觀點進行駁斥。

2. 思想觀念

程浩《清華簡〈五紀〉思想觀念發微》(《出土文獻》2021 年第 4 期)梳理清華簡《五紀》基本內容、結構,揭示其思想體系。賈連翔《清華簡〈五紀〉中的"行象"之則與"天人"關係》(《文物》2021 年第 9 期)分析清華簡《五紀》中的"行象"之則的內容,討論《五紀》所涉"天人關係"問題,指出其思想內核當屬"天人合一"。

小寺敦《以清華簡〈繫年〉爲中心看楚地區的歷史觀》(《青銅器與金文》第 6 輯,

2021 年)概述《繫年》各章内容和紀年,分析其叙事結構,指出其叙事核心存在周、晋、楚的先後流轉,有很强的楚國"烙印",並參考清華簡《楚居》和其他主要描寫春秋時代的史書諸篇,探討戰國時代接受清華簡諸篇地區人們的歷史觀。

劉濤《清華簡〈湯在啻門〉所見人事觀和宇宙觀》(《煙臺大學學報(哲學社會科學版)》2021 年第 1 期)討論清華簡《湯在啻門》所展現的人事觀和宇宙觀,人事觀主要涉及"成人之道""成邦之道",宇宙觀在主要體現在"成地之道"和"成天之道",認爲《湯在啻門》的内容有顯著的道家思想傾向。

3. 人物、族群

程浩《清華簡〈五紀〉中的黄帝故事》(《文物》2021 年第 9 期)解讀清華簡《五紀》中關於黄帝傳説的記載,認爲其中蚩尤爲黄帝之子的相關内容對現有認識突破很大。熊賢品《從清華簡〈治政之道〉看"黄帝四面"神話及相關問題》(《中國區域文化研究》第 4 輯)結合清華簡《治政之道》等材料,認爲"黄帝四面"爲"黄帝方四面",指黄帝任用賢人管理四方,而與黄帝長相、形象無關。

張建宇《由清華簡〈繫年〉訂正趙國早期世系》(《出土文獻》2021 年第 4 期)結合清華簡《繫年》訂正趙國早期世系,認爲趙桓子于公元前 441 年前後驅逐獻侯自立,其後由桓子之子接任趙氏主君,十七年後,趙獻侯在國人的擁護下重新奪回君位。

王青《試論先秦時期的"游民"及其社會影響——清華簡〈越公其事〉補釋》(《中國史研究》2021 年第 1 期)結合清華簡《越公其事》,認爲勾踐時的"游民"不僅包括因戰争而失去土地的流離失所之農民,還包括游學、游宦的士人,泛指脱離土地,不事農作之人,並討論先秦時期"游民"的作用。

李世佳、張睿霖《楚人"芈"姓由來再論》(《中州學刊》2021 年第 4 期)認爲芈姓源於清華簡《楚居》篇所載楚人嫡系先公季連之始居地隈山,借地名而獲,且與季連之母女嬇有密切聯繫。

4. 史地

肖洋《楚靈王"南懷之行"地名考》(《歷史地理研究》2021 年第 4 期)比較清華簡《繫年》中所載楚靈王"南懷之行"與《左傳》昭公四年、五年楚靈王伐吴相關史事,認爲其中所涉及的朱方、棘等地名,均在今淮河流域。李煜《清華簡〈繫年〉所載地名與〈左傳〉合證》(《廣州大學學報(社會科學版)》2021 年第 1 期)將《繫年》中漢陽等地名與《左傳》記載進行合證。

楊永生《清華簡〈繫年〉"京師"與平王東遷》(《史學月刊》2021 年第 5 期)認爲《繫年》中的"京師"指晋南之京師,在今山西臨汾盆地一帶,平王東遷是王政向霸政轉變的肇因之一。

　　魏棟《清華簡〈繫年〉雞父之戰戰地探賾》（《文史》2021 年第 1 期）梳理《繫年》“雞父之湄”與《水經注》雞水水系及“雞父之湄”的淵源關係，認爲雞父地望位於鳳臺縣西北古雞水、雞陂一帶。

　　蘇浩《清華簡“少鄂”與兩周之際申國史地再考》（《簡帛研究二〇二一（春夏卷）》）確認古本《竹書紀年》及《繫年》中的“西申”實爲南陽之申，認爲《繫年》中的“少（小）鄂”當在今南陽夏餉鋪一帶，因滅國復立，而被稱爲“少（小）鄂”。

　　王暉、張巧巧《清華簡〈説命〉“員（圜）土”當今無定河流域考——兼論傅説之都“説邑”》（《中國歷史地理論叢》2021 年第 4 期）通過清華簡《説命》，梳理傳世文獻中所載傅説早年居住的傅巖、北海之洲、圜土之上的關係，認爲北海之州位于北方的荒晦之域，傅巖是傅説及其部族爲失仲服勞役之地，“圜土”在今無定河流域一帶，是傅説打敗赤狄之後的都邑“説邑”。

　　彭華《四方之民與四至之境——清華簡〈越公其事〉研究之一》（《出土文獻》2021 年第 1 期）認爲清華簡《越公其事》第 7 章“東夷”與“西夷”之“夷”是古越語“海”的漢字記音，“東夷”（東海）與“西夷”（西海）指的是今杭州灣的東部和西部。

　　5. 史事、制度

　　鄭伊凡《春秋戰國時期楚縣公的多重身份屬性》（《歷史地理研究》2021 年第 4 期）以清華簡《繫年》中記載的魯陽公的身份爲切入點，探討春秋戰國時期楚國縣公的多重身份屬性，認爲春秋戰國時期的楚縣公具有不同於秦漢以後“地方行政長官”而具有的爵稱性身份、封邑主性質、中央性地位和“在地化”傾向。張弛、鄭伊凡《清華簡〈繫年〉第二十三章與〈史記·六國年表〉對讀——戰國早中期相關史事、年代與地理問題芻議》（《出土文獻》2021 年第 1 期）將清華簡《繫年》第 23 章與《史記·六國年表》對讀，對相關史事的年代、地名提出了新的意見，還討論了這一時段内《六國年表》的編纂方法。

　　王紅亮《清華簡〈繫年〉與〈春秋〉三〈傳〉載先蔑史事新證》（《殷都學刊》2021 年第 1 期）根據清華簡《繫年》記載，認爲《左傳》謂先蔑在令狐之役中“將下軍”説有誤，並還原令狐之役中先蔑的相關史事。

　　王紅亮《殽之戰後秦楚結盟與春秋争霸格局變遷新探》（《軍事歷史研究》2021 年第 2 期）認爲清華簡《子儀》中的“取及七年”爲殽之戰結束、施行惠民政策後的第七年，即秦康公二年（前 619 年）。

　　劉亞男《據清華簡〈良臣〉論〈左傳〉〈史記〉的一處矛盾》（《史學史研究》2021 年第 3 期）根據清華簡《良臣》中的記載對《左傳》《史記》關於子産卒年的矛盾進行了訂正，認爲子産卒年當從《左傳》，在魯昭公二十年（鄭定公八年，前 522 年），並分析《史記》

記載出現錯誤的原因是誤將魯定公九年"殺鄧析"之子然(駟歂)當作子產。

張少筠、代生《清華簡〈趙簡子〉初探》(《簡帛研究二〇二一(春夏卷)》)認爲清華簡《趙簡子》中作爲年長而位尊的范獻子對趙簡子提出"勸誡",是合乎禮儀的做法,並無惡意,成鱄以國政之轉移説明要注重節儉,戒除奢靡,都是對趙簡子的"教誨",這與趙簡子廣納賢才、節儉其身、謹慎處事作風的形成可能相關;兩則軼事主題一致,或許正是該篇"作者"將其書寫在一起的重要原因。

楊博《由清華簡鄭國史料重擬兩周之際編年》(《學術月刊》2021 年第 8 期)指出清華簡《繫年》第二章與《鄭武夫人規孺子》中涉及西周滅亡、平王東遷的史事時提到的"三年"是鄭國史官有關"平王東遷"年份的確切記載,並通過將二者繫聯,重新推擬清華簡鄭國史料記述下的兩周變局。

陳美蘭《先秦謚號探微——以厲、頃爲例》(《出土文獻研究》第 19 輯)利用西周到戰國出土資料所見國君謚號,對傳統認爲是惡謚的"厲""頃"加以檢討。

6. 其他

劉彬徽《楚國曆法建丑新證》(《江漢考古》2021 年第 4 期)利用包山楚簡、新蔡葛陵簡、兔子山簡等出土文獻資料論證楚曆的歲首爲冬柰,以建丑爲正。

李均明《清華簡〈算表〉運算過程解析——陰陽開合説》(《出土文獻》2021 年第 2 期)結合《算表》的結構特點闡述陰陽開合的運算過程,認爲引線在運算過程中起着聯繫各種要素的作用,它通過對相關數碼的覆蓋、開啓和交匯的變化,達到運算的目的,其變化規律與中國古代陰陽轉化的理念吻合。衣撫生《清華簡〈算表〉再研究》(《山西大同大學學報(自然科學版)》2021 年第 1 期)認爲清華簡《算表》具備計算整數開平方的功能,計算方法與《算術書》"方田"算題相近,我國產生具有開平方功能的計算器的時間可提前至戰國時期。

二、戰國金文、陶文、璽印文字研究

戰國金文、陶文、璽印文字的研究情況,分文字考釋、歷史研究兩部分來介紹。

(一) 文字考釋

1. 銅器銘文

劉餘力《蘇公鼎及相關問題考略》(《江漢考古》2021 年第 4 期)認爲洛陽理工學院文物館藏蘇公鼎爲戰國晚期秦國器物,釋其銘文"安居穌公鼎二斗二升",認爲"安居"爲地名,"蘇公"可能爲原居住於陝西關中一帶的蘇氏,後遷居洛陽。劉餘力《莆子鼎銘文考略》(《文物》2021 年第 7 期)認爲洛陽理工學院教育博物館藏戰國有銘銅鼎爲戰國中期魏國銅器,認爲銘文中的"高翼"與傳世文獻中的"翼"鄰近,在今山西翼城一帶,"莆"讀爲"蒲","莆子"即"蒲子",古地名,戰國時屬魏,"半"寫作"牟"是魏國文字的特點,"齋"讀爲"齋",爲戰國時期韓、魏兩國特有的容量單位。劉餘力《洛陽出土銘文銅器考釋二則》(《中原文物》2021 年第 3 期)認爲洛陽理工學院教育博物館藏安邑大官鼎爲戰國早期魏器,釋其銘文"白易安邑大官"。

顧巖《安徽六安出土寺工鼎銘文補述》(《文物》2021 年第 11 期)補釋安徽六安出土寺工鼎銘文,認爲腹部銘文"九年寺工周工㪍"之"寺工"爲戰國時期秦國中央手工業生産機構,"周"是銅鼎製造時的寺工工師名,"㪍"爲工匠名;腹部耳右側銘文"西共二斗右七"之"西共"爲西縣共廚的省稱;腹部"西共"銘右側銘文"十五斤/午七十四",十五斤爲器重,午七十四爲登記編號;子口外側刻銘"北鄉武里容二斗中十六斤"之"北鄉"當指北鄉縣。

盧路《競孫鬲器主名之字考釋》(《出土文獻》2021 年第 2 期)將競孫諸器所記器主名隸定爲"䶵"或"蠪",指出爲與"朝""籥""躍"等字音近之字。

陳曉聰《梁十九年亡智鼎銘文新解》(《出土文獻》2021 年第 2 期)認爲梁十九年亡智鼎後半段銘文應讀爲"訓(申)于茲,多㿾(歷)年萬(勱)不(丕)承",並結合鼎銘"多㿾年",認爲《保訓》"王念日之多㿾"意爲"王考慮到自己生病的日子太長"。

王磊《讀金文札記六則》(《戰國文字研究》第 4 輯)對六處青銅器銘文提出釋讀意見,如釋合陽鼎蓋銘"巳",認爲是以地支爲編號;指出《銘圖續編》1154 號戟銘"王子寅"是文獻所記載的楚公子寅,楚康王熊昭的同母弟;釋陝西富縣出土兵器銘文"十年陝戟",指出爲戰國中期魏國兵器;釋戰國晚期兵器十八年蒲反令戈"筴""午"。

趙埔燊《元年東垣厄小考》(《戰國文字研究》第 4 輯)認爲《銘圖三》卷四第 1719 號器"元年東垣厄"爲趙惠王元年器。

凡國棟《曾侯乙墓出土車書的自名》(《出土文獻研究》第 19 輯)認爲曾侯乙墓車書銘文"君廣"下一字,隸定爲鈦,從金,太聲,讀作"書",是器物的自名。

于夢欣《試説古文字中的"兜"》(《出土文獻》2021 年第 2 期)結合古文字"兜"字,將仢夫人孎鼎中舊釋"嬴"或"攜"的字等改釋作"兜"。

2. 兵器銘文

李春桃《隨大司馬戈銘補考》(《出土文獻研究》第 19 輯)結合"虜"古文字形體結構及字形演變,論證隨州文峰塔墓地出土隨大司馬戈銘"虜"字,指出該字虎頭下部形體並不封口,是承襲"鑪"字早期寫法中足部作燕尾形不封口的寫法而來。

吳良寶《戰國兵器地名"比陽"小考》(《中國文字學報》第 11 輯)根據銘文中"冶"

字寫法,推斷十七年比陽令戈是魏國兵器,該比陽可能秦始皇東巡經過的比陽,而七年令雍氏右庫戈加刻的秦文字地名"比陽"才是《漢志》比陽縣;認爲三晋各國的兵器上也存在鑄或者刻寫上置用地、機構的現象。

湛秀芳《三晋兵器人名考釋三則》(《戰國文字研究》第 4 輯)考釋三晋兵器銘文中的三個人名,如把舊釋"桃"之字改釋作"兆"等。

劉秋瑞《新見廿一年邦啬夫戈考》(《中山大學學報(社會科學版)》2021 年第 5 期)認爲新見廿一年邦啬夫戈銘文中的"邦"應讀爲"扶",即《水經注》中的"扶亭",地望在今河南省周口市扶溝縣,爲魏國兵器,鑄造時間在魏襄王二十一年。

楊燦《定興縣文物保護管理所藏八年鄎王嘗戈銘文補釋》(《文物春秋》2021 年第 4 期)釋定興縣文保所收藏八年鄎王嘗戈銘文,將原釋爲"造"之字隸定爲"怎",讀爲"作",原缺釋二字補釋爲"鄲(單)佑"。

劉剛《荆州博物館藏五十二年秦戈銘文補正》(《中國文字學報》第 11 輯)認爲荆州博物館藏五十二年秦戈銘文"蜀"後之字釋爲"假",爲代理之義,戈所附銅鐏上有"脊中"可能是該戈的鑄造地,銅戈胡上的"丹陽"應爲置用地名,此戈出土地可佐證徐廣"丹陽在枝江"之説。

3. 銅器銘文綜合研究

李家浩《關於東周器名"和"及其異體的釋讀——兼釋戰國文字"酬"和人名、複姓中的"和"》(《文史》2021 年第 3 期)考釋東周器名"和"及其異體字,認爲"和"及其異體所從"口"釋爲"冐",在銘文中用爲"梐"或"銷",指盌一類器皿;指出戰國人名、複姓之中的"和"也應該釋爲"梐";戰國竹簡文字"酬"在簡文中用爲"醋"。

張飛《談三晋文字中一種特殊寫法的"家"》(《中國文字研究》第 33 輯)認爲《殷周金文集成》11337 號"六年令戈"及一件戰國有銘銅戈舊釋作"命"或"令"之字當釋"家",可能是戰國魏地"家陽"省稱。

4. 陶文

吕金成《莒陶文的發現與研究》(《印學研究》第 17 輯,2021 年)對莒故城出土陶文的發現、内容、關聯陶文的異同加以分析討論。吕金成、李琦《莒陶文芻釋》(《印學研究》第 17 輯)對《莒國陶文》所收戰國陶文加以考釋。孫剛《莒故城出土陶文考釋二則》(《印學研究》第 17 輯)釋莒故城出土陶文"夋""齊五""綫"等字詞。

樊温泉、張新俊《新鄭新出陶文擷英》(《戰國文字研究》第 3 輯)考釋新鄭鄭韓古城出土戰國晚期陶文,釋"君(尹)顗""君(尹)快""君(尹)頜""王牙""馬倍""馬儈""彭助"等陶文。張新俊、樊温泉《新鄭新出陶文"彭嘉"考釋》(《戰國文字研究》第 3 輯)考釋新鄭新出陶文"彭嘉",認爲"嘉"字可能受到楚文字的影響,也可能是韓國文字自身演變發展的結果。

王立新《關於鄭州出土"亳"字陶文的一點看法》(《江漢考古》2021 年第 6 期)補論鄭州商城東北部出土舊釋"亳"之字仍應釋"亳"而非"京""亭";帶"亳"字戳記的陶豆應是戰國時期人們在"亳墟"之上祭祀成湯的祭器,"亳"字陶文仍可作爲鄭州商城一帶東周名"亳"的證據及商城爲湯都之亳的一條重要依據。

楊爍《木葉堂藏戰國陶文選錄》(《戰國文字研究》第 3 輯)選取 20 件木葉堂收藏的戰國燕下都遺址所出陶文,加以釋讀。

張振謙《燕陶文考證十則》(《戰國文字研究》第 4 輯)考釋《陶文圖錄》等著錄書所收燕國陶文十則,如釋"缶(陶)攻(工)得"等。

楊爍《燕陶文補釋四則》(《中國文字學報》第 11 輯)釋燕陶文四則,如釋天津出土的一枚燕陶文"攻人躬"之"人","攻人"讀作"工人",爲燕陶文中"𢖩"的釋讀補充字形證據;將"右宮𢆶魚"釋作"右宮𢆶(韓)魚";釋"鼻𣇎",謂爲陶工名。

張振謙《燕系璽陶文考釋三則》(《印學研究》第 17 輯)考釋燕系璽陶文三則,如釋《陶錄》"缶攻₌士",讀作"陶工士";釋《陶錄》"缶攻₌呂",讀作"陶工呂"。

曹磊《新出齊陶文拾零六則》(《戰國文字研究》第 4 輯)釋《齊陶文集成》所收陶文六則,如釋"庫""紀""甘土"等字詞。周雪潔《齊陶文札記三則》(《戰國文字研究》第 4 輯)釋《齊陶文集成》所收陶文三則,如釋"堵門""晏者",皆爲地名。

麥茵茵《戰國璽印陶文釋讀七則》(《漢字漢語研究》2021 年第 1 期)將《陶文圖錄》5·49·4-5 釋爲"虞陶蔡",5·28·1 釋爲"張質";《新出古陶文圖錄》韓 013 釋讀作"此",韓 051 釋讀爲"家慎",韓 075 及韓 076 釋爲"上俌"。

湯志彪《先秦璽印研究四則》(《中國文字研究》第 33 輯)認爲《陶文圖錄》7·7·3、7·7·4 的陶文"司苑"是職官。

徐在國《古陶文珍品著錄的集大成者——〈步黟堂古陶文集存〉》(《戰國文字研究》第 3 輯)對《步黟堂古陶文集存》從品相、拓制質量、内容編排等方面加以評價,其間對多枚戰國陶文加以考釋解讀。

5. 璽印文字

李家浩《真山楚國官印文字的復原和解釋——兼談戰國文字地名後帶"邦"字的資料》(《戰國文字研究》第 3 輯)釋蘇州真山 D1M1 戰國晚期楚墓出土銅印"上相邦鉨",認爲"上相"是地名,"邦"是郡一級的行政區,"上相邦鉨"是鎮守楚國邊郡"上相"地方官署所用的印。

施謝捷《"疋蘇嗇夫"璽別解》(《印學研究》第 17 輯)將新見兩方璽印"疋蘇嗇夫""疋嵞嗇夫"之"疋蘇(或嵞)"讀作"胥靡",推測爲三晉韓國遺物。

趙平安《試釋戰國璽印封泥中的“祈父”》(《文物》2021 年第 8 期)從古音通假的角度,將《古璽彙編》中收録的一組戰國齊官印中的“垕叟”二字讀作“祈父”,並據“祈父”爲“司馬”的舊説分析了齊系璽印“祈父”“司馬”並見的現象。

湯志彪《先秦璽印研究四則》(《中國文字研究》第 33 輯)認爲《古璽彙編》1443 中的人名當釋讀作“庋”,即《説文》新附的“庪”字,1843 中的人名是“圖”字;《古璽彙考》第 247 頁人名是“鴿”字。

張振謙《燕系璽陶文考釋三則》(《印學研究》第 17 輯)釋《古璽彙編》1341“衛生₌得”,讀作“衛甥得”。

徐俊剛《讀印叢札(三則)》(《印學研究》第 17 輯)釋《古璽彙編》0275“競忻厶璽”之“忻”,“競忻”是人名,“競”即“景”,楚國公族之氏,楚景平王之後,該璽爲私璽,把楚官璽“迵敷”讀作“通捕”。

麥茵茵《戰國璽印陶文釋讀七則》(《漢字漢語研究》2021 年第 1 期)將《古璽彙編》2880 釋讀爲“恭謹”,2505 號釋讀爲“樂陶”。

李春桃《吉林大學藏古璽印釋讀舉隅》(《出土文獻》2021 年第 4 期)結合吉林大學藏戰國古璽原璽印面照片、鈐本等信息,對個別璽印進行研究,對以往存在争議的説法加以判斷,並對過去闕疑或釋讀有誤的觀點進行了重新考證。

李春桃《古璽文字考釋四篇》(《印學研究》第 17 輯)對戰國時期四則古璽印文加以考釋,如把顧氏《集古印譜》“公孫汨”之“汨”改釋作“番”或“播”,《中國書法》等所見“公先”讀作“公孫”。

孫合肥《戰國齊璽“敖冢”補説》(《印學研究》第 17 輯)對二方戰國古璽加以考釋,分别釋爲“王敖冢信璽”“王敖冢”。

紀帥《“士氏中可”璽考——兼論三晋璽文中“氏”“力”二形的訛混現象》(《印學研究》第 17 輯,2021 年)釋“在(士)中可”,梳理三晋玺文中“氏”“力”二形的訛混現象,對三晋文字中从氏的昏、眂等字加以考釋。

張新俊《依石山房藏戰國古璽印文字考釋一則》(《印學研究》第 17 輯)認爲《依石山房藏戰國古璽》038“緌”,可分析爲从立,纇省聲(戰國文字“粨”可讀作“類”),其中的“立”也可看作聲符(石鼓文“其朔孔庶”,从立聲,讀作類)。

李琦《〈古璽印圖典〉釋文校議二則》(《印學研究》第 17 輯)認爲《古璽印圖典》6030、6551 號璽印釋文中的“羽堰”“習中”當釋爲“翨”,6448 號璽印釋文中的“覓”讀爲憲。

程燕《古璽札記四則》(《戰國文字研究》第 4 輯)釋《盛世璽印録》(續三上)中的 012 號璽印“弼”、057 號“邯那”、062 號“悟食”、063 號“貴”。

馬超《晋官璽釋讀一則》(《戰國文字研究》第 4 輯)認爲一枚晋官璽"谷司寇"上一字從竹從喪,讀作桑,桑谷用作地名,戰國屬魏,後屬秦,在上郡。

張文成《讀璽札記五則》(《戰國文字研究》第 4 輯)釋《諸子徙信燕趙璽印》所收戰國璽印五則,如認爲"奚惑"之"奚"改釋作"䌷",或讀爲施,用作姓氏;"戀善"之"戀"分析爲加注才聲的"兹"字,改釋作慈,"慈善"爲吉語印,或與"慈和"義近;"鄲坺(市)"之"鄲"分析爲"𨛸","鄲"字的繁文,或是"邯鄲"之省稱;"郜绾"之"郜"改釋作"郘",用作姓氏;"柤绾"之"柤"改釋作"柏"。

滕勝霖《林鄉司武璽及相關問題考辨》(《中國文字研究》第 34 輯)釋《山東新出土古璽印》017 號官璽"林鄉司武";結合楚簡中"興"的一種寫法,對荆門市漳河車橋大壩戰國墓葬所出大武戈銘文進行了釋讀。

吳良寶《古璽考釋三則》(《漢字漢語研究》2021 年第 4 期)對晋古璽中的三個地名進行考證,將"夕易"讀爲"昔陽",認爲該官印是趙國之物,與齊國兵器中的"夕易"爲同名異地的關係;印文"戎垀"即《史記》所載中山靖王子"戎丘"侯國所在,分析該印可能是趙國或中山國之物;複姓"酉㚔"或"㚔酉"可讀爲"浚道"或"柳棼",認爲從"夋卣"戈銘文來看,後一説的可能性更大。

尉侯凱《"匀蜀金"璽印考》(《四川文物》2021 年第 2 期)認爲《天津市藝術博物館藏古璽印選》"匀蜀金"之"匀"讀作"鈞","鈞蜀金"指三十斤蜀地生産的銅、銀等金屬塊,並認爲該璽應是一枚烙印,用途是在蜀地生産的金屬塊或封緘上戳打印記,根據文字特點判斷該璽印係戰國時期三晋璽印。

紀帥《釋三晋古璽中的"印"字》(《漢字漢語研究》2021 年第 4 期)將三晋古璽中舊釋"色"之字改釋爲"印",並釋讀三晋古璽中從"印"的"迎"和"疕"字。

5. 封泥文字

李家浩《烙印文字和封泥文字"攻市"》(《印學研究》第 17 輯)論證烙印文字和封泥文字"攻(工)市"用作地名的可能,推測可能位於韓、楚之間。

賴怡璇、田煒《談談新見的齊"即墨吏徙鹽之璽"封泥》(《中國文字研究》第 34 輯)釋新見戰國齊國封泥"節(即)墨事(吏)遲(徙)盧(鹽)之鉨(璽)",認爲"節"與"墨""吏"字形皆具有齊文字特徵。

6. 貨幣文字

張振謙《莒刀範文字雜釋六則》(《印學研究》第 17 輯)考釋莒故城出土刀幣範文"它""丘"等字。

翟勝利《齊國"六字刀"銘文及相關問題再論》(《中國國家博物館館刊》2021 年第 3 期)將齊國"六字刀"銘文第二字隸定爲"遮",釋爲近或趄,讀爲開拓之拓;第四字分析爲从立从長，釋爲跩，讀爲長，意爲長遠之長，讀爲"齊拓邦長大刀"，其年代在戰國中晚期，鑄行時間在齊威、宣、湣之際。

7. 其他

王挺斌《秦駰玉版銘文補釋》（《出土文獻》2021 年第 1 期）釋秦駰玉版銘"厥氣寍凋"之"寍"，用爲"藏"。

（二）歷史研究

劉洪濤《先秦楚國的須矛複氏》（《文史》2021 年第 2 期）根據楚國銅器須矛生鼎蓋銘文"須矛生"、戰國楚系姓名私印人名"須矛加"，認爲《左傳》中的"須務"就是"須矛"，須矛氏很可能是先秦楚國的氏族。

曹錦炎《阜平君鐘虡銘文小考》（《中國文字學報》第 11 輯）釋阜平君鐘虡銘文，認爲阜平君爲趙國封君，約在趙武靈王時期，二次所刻的"陽文君"即趙豹，曾任趙國相邦，該套鐘虡是趙國阜平君所用"外樂"之樂器，後爲陽文君趙豹所得。

吳良寶《戰國時期三晉官印斷代舉隅》（《中國文字博物館集刊》2021 年）結合傳世文獻和同時期出土戰國文字資料，從疆域變遷的角度對部分三晉官印的年代問題進行考察。

黃尚明、關曉武《試論曾國銅器銘文的紀年法》（《江漢考古》2021 年第 2 期）梳理曾國青銅器銘文資料，認爲曾國在戰國時期采用楚國大事紀年的曆法，但是並没有采用楚王在位年代的紀年方法。

于軍《新見燕"十六年十三月"陶文簡説》（《戰國文字研究》第 4 輯）釋新見一件燕"三級監造"殘陶文，認爲其中"十六年十三月"之"十三月"可與傳世青銅器銘文所見"十三月"互證，該陶文反映燕國曆法與置閏情況。

田成方《鄝器與姬姓鄝國、楚鄝縣》（《中原文物》2021 年第 6 期）認爲鄝公鑄公子瘙戈之"鄝公"爲戰國早期楚鄝縣的縣公。

史黨社《文字資料所見戰國時代趙之西境》（《出土文獻研究》第 19 輯）結合戰國時期兵器銘文、陶文等文字資料，考察趙、秦之間幾個時段勢力分布的變化，認爲至遲在秦有上郡的公元前 328 年之時，趙在陝北還占有扞關和圜陽、西都，以及中陽等地；公元前 306 年"胡服騎射"之後，趙的西界，北到達河套一帶，南與趙仍占有的扞關、圜陽相呼應；公元前 281 年前後，秦之勢力範圍擴展到廣衍，秦趙在窟野河、納林川之間形成對峙；秦王政初年前後，秦奪取了趙之九原、雲中等郡，趙之西境退縮至河東。

附記：本文蒙宋華强、陳書豪等先生提供寶貴修改意見，謹致謝忱。

作 者 信 息

（以中文姓氏筆畫爲序）

丁義娟：河北科技師範學院文法學院

王凱博：山東大學文學院

朱國雷：清華大學人文學院歷史系

李芳梅：江蘇師範大學語言科學與藝術學院

李婧嶸：湖南大學法學院

肖　毅：武漢大學文學院

肖芸曉：普林斯頓大學東亞研究系

吳昊亨：吉林大學考古學院古籍研究所、“古文字與中華文明傳承發展工程”協同攻關創新平臺

邱　洋：復旦大學出土文獻與古文字研究中心、“古文字與中華文明傳承發展工程”協同攻關創新平臺

何有祖：武漢大學簡帛研究中心、“古文字與中華文明傳承發展工程”協同攻關創新平臺

宋少華：長沙簡牘博物館

范鵬偉：陝西師範大學歷史文化學院

胡平生：中國文化遺產研究院、“古文字與中華文明傳承發展工程”協同攻關創新平臺

馬楚婕：復旦大學歷史地理研究中心

袁　證：武漢大學簡帛研究中心、“古文字與中華文明傳承發展工程”協同攻關創新平臺

袁開惠：上海中醫藥大學科技人文研究院

唐　佳：武漢大學文學院

陳　晨：河北師範大學文學院

陳　寧：武漢大學簡帛研究中心、“古文字與中華文明傳承發展工程”協同攻關創新平臺

孫梓辛：中山大學歷史學系

孫興金：山東大學文學院

張雅昕：武漢大學簡帛研究中心、“古文字與中華文明傳承發展工程”協同攻關創新平臺

黄錦前：新疆大學歷史學院

董　飛：山東師範大學歷史文化學院、山東師範大學齊魯文化研究院

楊　芬：長沙簡牘博物館

趙　斌：中國社會科學院大學歷史學院歷史系

趙培燊：吉林大學考古學院、“古文字與中華文明傳承發展工程”協同攻關創新平臺

趙懷舟：山西省中醫藥研究院

劉同川：武漢大學簡帛研究中心、“古文字與中華文明傳承發展工程”協同攻關創新平臺

劉洪濤：江蘇師範大學語言科學與藝術學院、語言能力協同創新中心，山東大學文學院

謝偉斌：湖南大學嶽麓書院、“古文字與中華文明傳承發展工程”協同攻關創新平臺

圖書在版編目(CIP)數據

簡帛. 第二十五輯 / 武漢大學簡帛研究中心主辦
. —上海：上海古籍出版社，2022.11
ISBN 978-7-5732-0534-6

Ⅰ.①簡… Ⅱ.①武… Ⅲ.①簡(考古)–中國–文集
②帛書–中國–文集 Ⅳ.①K877.54 - 53 ②K877.94 - 53

中國版本圖書館 CIP 數據核字(2022)第 211021 號

簡帛(第二十五輯)

武漢大學簡帛研究中心　　主辦

上海古籍出版社出版發行

(上海市閔行區號景路 159 弄 1 - 5 號 A 座 5F　郵政編碼 201101)

　(1) 網址：www.guji.com.cn

　(2) E-mail：guji1@guji.com.cn

　(3) 易文網網址：www.ewen.co

上海顥輝印刷廠有限公司印刷

開本 787×1092　1/16　印張 19　插頁 2　字數 351,000

2022 年 11 月第 1 版　2022 年 11 月第 1 次印刷

ISBN 978 - 7 - 5732 - 0534 - 6

K · 3297　定價：98.00 元

如有質量問題，請與承印公司聯繫